1 MONTH OF
FREE
READING

at

www.ForgottenBooks.com

By purchasing this book you are eligible for one month membership to ForgottenBooks.com, giving you unlimited access to our entire collection of over 700,000 titles via our web site and mobile apps.

To claim your free month visit:

www.forgottenbooks.com/free722541

ISBN 978-0-656-24806-3
PIBN 10722541

DE LA
FRANCE,

DANS LEQUEL ON VOIT

Tout ce qui regarde le GOUVERNEMENT ECCLE-
SIASTIQUE, le MILITAIRE, la JUSTICE, les
FINANCES, le COMMERCE, les MANUFACTU-
RES, le nombre des HABITANS, & en général
tout ce qui peut faire connoître à fond cette
Monarchie :

EXTRAIT

Des MEMOIRES dreſſés par les Intendans du Royaume,
par ordre du Roi LOUIS XIV. à la ſollicitation de
Monſeigneur le Duc de BOURGOGNE, pere de
LOUIS XV. à préſent régnant.

AVEC

Des MEMOIRES HISTORIQUES ſur l'ancien Gouvernement de
cette Monarchie juſqu'à HUGUES CAPET.

Par Monſieur le COMTE DE BOULAINVILLIERS.

On y a joint une

Nouvelle CARTE de la FRANCE diviſée en ſes Géneralités.

Nouvelle Edition.

TOME SEPTIE'ME.

A LONDRES,

Chez T. WOOD & S. PALMER. 175?.

EXTRAIT DU MEMOIRE

DE LA

GENERALITE'

DE PERPIGNAN,

OU PROVINCE

DE ROUSSILLON.

Dreſſé par ordre de Monſeigneur le Duc
DE BOURGOGNE en 1710.

Par M.......... Intendant.

E Département ou Pro-
vince de Rouſſillon eſt un
petit Païs ſitué entre la
Mer & les hautes monta-
gnes des Pyrenées à l'entrée de la Catalogne, qui a été uni à la France en
dernier lieu par la conquête qu'en fit

ROUSSIL-
LON.

le feu Roi Louis XIII. en l'année 1642 & par la ceſſion qu'en a faite la Couronne d'Eſpagne par le célébre Traité des Pirénées en l'an 1659, lequel après une guerre de 25 ans, rétablit la paix entre les deux Nations. Les bornes de cette Province ſont à l'Orient à la Mer Méditerranée, à l'Occident, &c.........

Ses bornes.

La nature du Païs eſt fort inégale, y ayant dans un ſi petit eſpace des plaines & des montagnes entre leſquelles pluſieurs. ſont fort conſiderables, parce qu'elles ſont des ſuites & des dépendances des grandes chaînes des Pyrenées. L'Auteur a deſtiné un Article à la fin de ſon traité pour expliquer en particulier ce qui regarde les diverſes proprietés du Sol du Rouſſillon & pour faire connoître auſſi le caractére des habitans. Cette étenduë comprend trois Vigueries ou petites Provinces, ſçavoir le Rouſſillon proprement dit, le Conflans & la Cerdaigne. Le Rouſſillon propre contient encore une ſubdiviſion d'une petite étenduë de Païs qui eſt nommé le Valeſpit, de forte que le Viguier, c'eſt-à-dire, le Régent, le Magiſtrat de ce canton prend le *titre* de Viguier du Rouſſillon & du Valeſpir. Le Conflans compend pareillement une autre éten-

Diviſion de cette Province.

duë de Païs qui eſt dite la Sous-Vigue-
rie de Capſir. Enfin la Cerdaigne eſt diviſée en Cerdaigne Françoiſe, c'eſt-à-
dire, celle qui a été cédée à la France
par le traité des Pyrenées, & celle dont
l'Eſpagne s'eſt réſervé la proprieté, de
laquelle la France s'eſt miſe en poſſeſſion par droit de conquête ſur les Ré-
voltés de Catalogne du règne de Philippe V. juſques en Sept. 1707, qu'elle a
été renduë ſous l'obéïſſance de ſon légitime Souverain. La Ville de Perpignan eſt aujourd'hui la Capitale de
toute la Province, quoi que ce ne ſoit pas
une Ville ancienne; mais ſa grandeur,
le nombre de ſes Habitans & ſes fortifications l'ayant diſtinguée de toutes les
autres, elle eſt devenuë le lieu de la réſidence du Goûverneur, du Conſeil Souverain ou Parlément, de l'Intendant &
enfin de l'Evêque même, lequel a été
transferé par une Bulle expreſſe de l'an
1602 de la cité d'Elne qui n'eſt plus
qu'un Village, en celle de Perpignan,
de maniere toutefois qu'il conſerve le
titre de ſon ancien Siège conjointement
avec celui du nouveau. Cet Evêque eſt
naturellement Suffragant de l'Archevêché de Tarragone, mais depuis l'union
du Rouſſillon à la France il a été ſoûmis

par raiſon de politique & par emprunt ſeulement à l'Archevêché de Narbonne auquel ſont portés les appels des ſentences renduës par l'Official d'Elne, ou de Perpignan.

Ce Diocèſe comprend le Rouſſillon entier avec le Valeſpir & le Conflans & eſt parfaitement égal dans ſon étenduë au Département, à l'exception de la Cerdaigne Françoiſe qui ſe trouve encore ſous l'Evêché d'Urgel & deux Villages de la frontière du Languedoc, nommés Tantavel & Viugran qui ſont du Diocèſe de Narbonne. Le Clergé du Rouſſillon ſi nouvellement ſoûmis à la France, & d'ailleurs faiſant partie de la Province Eccléſiaſtique de Tartagone, n'a encore pû s'unir avec le Clergé du Royaume, & par même raiſon il ſe trouve éxempt des Décimes ordinaires, extraordinaires & du don gratuit; mais il eſt ſujer à la Capitation comme tout autre Membre de l'Etat, à la difference que la ſienne eſt très-modérée. On peut conſiderer ce Clergé ſous deux titres particuliers qui en font la diſtinction eſſentielle, car ou il eſt ſujet à la Juriſdiction Epiſcopale, auquel cas il eſt dit Clergé non éxempt; ou bien il eſt immédiatement ſoûmis au Pape & par

là tiré de la Jurisdiction commune , auquel cas il est dit Clergé éxempt.

Le Clergé éxempt est composé des
Abbayes & Maisons Religieuses, lesquelles en conséquence des privilèges
généraux accordés à leurs Ordres ou des
Commissions particulieres ont droit de
se choisir un Chef qui les gouverne sous
l'autorité du St. Siège. Le Chef present
est l'Abbé d'Arles , avant lui étoit l'Abbé de la Réale & encore auparavant
c'étoit l'Abbé de St. Martin de Canigou.
L'Auteur reconnoît que comme cette
prééminence n'est point attachée aux
titres ni aux maisons & qu'elle dépend
d'une Election présumée libre , il est
aisé aux Intendans de faire tomber le
choix sur la personne de la Province
qui est jugée la plus attachée aux intérêts de la Couronne, ou qu'ils jugent
les mieux intentionnés pour la Religion
& l'avantage public. Passant ensuite au
détail il dit que l'Abbaye d'Arles , Ordre de St. Benoît , Congrégation de
Clugny, non réformée , de la Province
de Tarragone est située dans le Valespir
& qu'elle est la plus considerable tant
par son revenu qui est estimé 6000 liv.
de rente au profit de l'Abbé qui est régulier , sans la Mense Monacale, que

par l'étenduë de fa Jurifdiction particuliere qui forme un petit Diocèfe à
part, lequel comprend fix groffes Paroiffes avec tout leur territoire. La feconde Abbaye eft celle de St. Martin de
Canigou, auffi réguliere, du même
Ordre, de la même Province, laquelle
vaut 3500 l. de revenu avec une Jurifdiction encore plus étenduë que la précédente, puifqu'elle comprend fept Paroiffes. La troifiéme eft l'Abbaye de St.
Michel dans le Conflans, de l'Ordre de
St. Benoît, ancienne Congrégation de
Valladolid, de laquelle la Jurifdiction
eft fort confidérable, puifqu'elle s'é-
tend fur 12 Paroiffes; fon revenu ne
l'eft pas moins, montant à 9000 l. de
rente; mais elle eft poffedée en commande par l'Evêque de Perpignan fur
la nomination du Roi, en conféquence
de l'Indult général qui lui fut accordé
l'an 1669 par le Pape Clement IX. La
quatriéme eft celle de la Réale, fécularifée dès l'année 1583 & poffedée par
des Chanoines fans extinction du titre
Abbatial, dont l'Evêque de Perpignan
eft aujourd'hui pourvû fur la nomination du Roi. Cette Maifon eft fituée
dans la Ville & vaut à l'Abbé 2000 liv.
La cinquéme encore fituée dans le Va-

lefpir eſt l'Abbaye de St. Geneix, de l'Ordre de St. Benoît, reformé, Congregation de Valladolid , elle dépend de l'Abbaye de Montferrat en Catalogne & eſt poſſedée par des Religieux de cette même Abbaye; le Supérieur prend le titre de Préſident & agit avec aſſez d'indépendance pendant la guerre qui met un obſtacle à la Juriſdiction de l'Abbé de Montferrat , quoique ſon autorité ſoit encore reconnuë malgré la différence de Domination. La ſixiéme eſt l'Abbaye de Talbone anciennement de l'Ordre de St. Auguſtin , mais en laquelle il ne reſte ni Moines , ni veſtiges de Monaſtere, elle eſt ſituée dans la Montagne de l'Albere dans le Valeſpir & vaut 900 liv. au Titulaire. La ſeptiéme eſt l'Abbaye de Jan en Conflans dans la Montagne de Mouſſet, laquelle étoit autrefois de l'Ordre de Ciſteaux, mais où comme dans la précédente il ne reſte aucune trace de Monaſtere , elle vaut 750 l. de revenu à celui qui en poſſede le titre ſur la nomination du Roi.

A l'égard des Prieurés, l'Auteur en croit le détail aſſez inutile & donne néanmoins celui des principaux ; ſçavoir celui de Cornelia en Conflans, le-

quel étoit anciennement de l'Ordre de
S. Auguftin, & eft à prefent Chef d'un
Chapitre féculier, il vaut 4400 liv. de
revenu & eft à la nomination du Roi ;
celui de St. Feliou d'Amon 700 l. anffi
de nomination Royale ; & celui de Se-
rabone dans le haut Valefpir, lequel ne
vaut que 400 liv. & eft uni au Chapitre
de Solfone. Il faut mettre de plus au
nombre du Clergé éxempt les biens de
l'Ordre de Malthe qui confiftent en 4
Commanderies dépendantes du grand
Prieuré de Catalogne, Langue d'Arragon ; & à ce fujer l'Auteur remarque
comme une fingularité particuliere de
l'ufage de cette Langue que les Bourgeois nobles de Perpignan font reçus
pour un degré dans les preuves de Chevaliers de Juftice. Après ce détail du
Clergé éxempt dans lequel l'Auteur auroit pu faire entrer les Monafteres de
fimples Religieux & Religieufes, qui
dans le Païs d'obédience ne font pas
moins éxempts de la Jurifdiction Epifcopale que les Abbayes & Prieurés en
titre ou les biens de l'Ordre de Malthe,
il paffe au détail du Clergé féculier ; &
commençant par l'Evêché il dit que le
Siège de Perpignan, connu dès les premiers tems du Chriftianifme fous le

nom de l'Evêché d'Elne vaut à prefent 18000 liv. de rente. Que la Cathédrale dédiée foûs l'invocation de S. Jean eft deffervie par 15 Chanoines qui ont été tranfportés d'Elne & par un bas Chœur affez médiocre. Que dans la Ville de Perpignan il n'y a point d'autre Eglife célébre que celle de la Réale dont il a été parlé. Le Diocèfe en général comprend............ Cures, dont le revenu quoi qu'inégal monte environ à........ proportionnellement des plus foibles aux plus forts. On peut compter encore dans le Diocèfe plufieurs Eglifes renommées par la devotion des Peuples & les Pélérinages, ou bien par les cérémonies particulieres, proceffions & autres que l'on y pratique en certaines fêtes, mais comme le détail en feroit fort long & d'une très-médiocre utilité l'Auteur ne s'y eft point arrêté. A l'égard du génie de ce Clergé éxempt & non éxempt & du caractère général de la pieté des Peuples, l'Auteur en dit peu de chofe & laiffe feulement entrevoir qu'en ce Païs comme en plufieurs autres la dévotion eft beaucoup plus extérieure qu'intérieure, confiftant en pratiques bizarres & en repréfentations Tragi-comiques pour lefquelles le Peuple témoigne un

zele très-ardent. L'Auteur ne juge pas
néanmoins ces défauts irréparables & il
eſt perſuadé qu'il n'y en a point que l'on
ne ſurmontât à la fin , tant par l'inſtruction que par la patience ; mais
comme ces moyens ſont extrêmement
longs, il en propoſe un beaucoup plus
abregé, qui eſt d'introduire autant qu'il
ſe pourra des François dans les Bénéfices du Rouſſillon : il eſt vrai, comme
il le reconnoît lui-même que cet expé-
dient eſt très-difficile à pratiquer à l'é-
gard des Cures, à cauſe de l'ignorance
de la langue du Païs quoique ce ſoit des
Paſteurs ordinaires que l'on doive plû-
tôt attendre l'inſtruction des Peuples
de la Campagne & la correction des
mœurs communes, tant parce qu'ils en
ſont les Inſpecteurs continuels que parce que le Miniſtère de la parole ne doit
point demeurer oiſif entre leurs mains ;
mais d'autre part il eſt évident que le
Peuple ne ſçauroit profiter de leurs avis
& de leurs exhortations, s'ils n'ont la
facilité de ſe faire entendre, même avec
plaiſir par ceux qui les doivent écouter,
il n'y a point d'hommes ſi ſauvages que
l'éloquence ne touche, & l'on ne doit
pas plus mal eſperer des Habitans des
Pyrénées que de ceux des Alpes ou de

l'Auvergne : mais cette difficulté de parler la langue du Païs n'arrête point l'Auteur, il croit qu'il n'y a pas tant de différence de la langue qui eſt en uſage
dans le Languedoc d'avec celle du
Rouſſillon que l'on ne pût former de
bons Eccléſiaſtiques dans la premiere
de ces Provinces pour le ſervice de la
ſeconde : il croit encore que l'on pourroit avec beaucoup d'utilité faire paſſer
en France la jeuneſſe du Rouſſillon qui
ſe deſtine à l'Egliſe pour y recevoir les
inſtructions les plus importantes au Miniſtère où ils ſe deſtinent, & enfin il
eſpere que de ces deux moyens réünis
on pourroit attendre un amendement
conſidérable dans les mœurs du Clergé
& du Peuple également.

A l'égard du Clergé Supérieur il y a
deux uſages contre leſquels l'Auteur ne
peut retenir ſon zèle ; le premier eſt celui des coadjutoreries reprouvé par tous
les Canons & en particulier par le Concile de Trente reçu à tous égards dans
le Département ; le ſecond eſt celui qui
eſt uſuellement nommé perſonat rede-
mit, & il conſiſte dans l'établiſſement
d'une forte penſion ſur le Bénéfice réſi-
gné, laquelle penſion eſt auſſi-tôt rache-
tée par le Réſignataire, de telle ſorte

A 6

que le Réſignant jouït toute ſa vie durant du prix total du rachapt, à condition néanmoins qu'il doit être employé
après ſa mort en œuvres pieuſes à ſa
volonté. Il n'y a perſonne qui ſur cet
expoſé ne conçoive d'abord que cet
uſage eſt une véritable vente des Bénéfices & par conſéquent un abus Simo-
niaque contre lequel il eſt néceſſaire de
ſe pourvoir, loin qu'il puiſſe être toleré ni diſſimulé. Pendant le Miniſtére de
Mr. de Louvois qui donnoit une attention particuliere à cette Province, on
a conſtamment gardé pour règle à l'é-
gard des Maiſons Religieuſes que le
Supérieur fut François de Nation, &
que la moitié des Communautés en fut
auſſi compoſée ; il eſt certain que par
ce moyen l'eſprit François ſe commu-
niquoit davantage ; mais d'ailleurs comme cela faiſoit une eſpece de violence,
puiſque pour remplir cet ordre à la lettre il falloir éloigner de ce Païs la moitié des Religieux & Religieuſes de chaque Communauté, il a été négligé dans
la ſuite : l'Auteur remarque à ce ſujet
que le Peuple du Rouſſillon ſe nomme
& s'eſtime Catalan & regarderoit comme une dégradation & une injure le
nom de François ou de Catalan Fran-

cifé. Au furplus l'Auteur eftime qu'il
eft de la juftice & de la bonté du Roi
en forçant les Eccléfiaftiques du Rouffillon de venir en France puifer l'inftruc-
tion & prendre la forme des mœurs, de
donner les ordres pour qu'ils y foient &
biens reçus & agréablement traités,
comme auffi de les dédommager par des
Bénéfices du Royaume de ceux que l'on
fera poffeder dans leur Païs par des
François naturels. L'Auteur paffe après
cela au détail du Gouvernement Militaire, & après avoir dit que Mr. le Duc
de Noailles eft Gouverneur en Chef &
Capitaine Général, emploi auquel il a
fuccedé à fon pere, de forte que Mr. de
Quinçon en eft à prefent Lieutenant Général & jouït de 18000 l. de rente, il y
a un Lieutenant de Roi de nouvelle
érection qui eft du Païs & a acheté fa
Charge comme les autres Lieutenans
de Roi : il ajoûte que la Province contient huit Places fortifiées, fçavoir Perpignan qui a une Citadelle avec un Etat
Major féparé de celui de la Ville, Salces, Collioure, Villefranche, Bellegarde, le Fort des bains, Prat de Mouillou & Mont-Louis, fans compter le Fort
Adrien, élevé par Mr. le Duc de Noailles pour tenir en bride la Ville de Puy-

cerda Capitale de la Cerdaigne Efpa-
gnole. Les Etats Majors de Perpignan,
Salces, Collioure & Villefranche font
dits les quatre Anciens , & en cette qualité font payés par les Etats du Languedoc; ceux de Mont-Louis , Bellegarde , du Fort des Bains, de Prat de
Mouillou font payés par l'extraordinaire des guerres; il n'y a d'ailleurs point
de difference entr'eux étant tous grands
Etats Majors, confiftans en Gouverneur,
Lieutenant de Roi , Major, un ou deux
Aides Majors à l'exception du Prat de
Mouillou & du Fort des Bains où il
n'y a qu'un Commandant & un Major
& de Salces où il n'y a point de Major.
L'Auteur n'eft point entré dans le détail
des noms de ces différens Officiers parce qu'en effet il n'y a rien de plus fujet à
changer, il fe contente de nommer ceux
de la Ville & Citadelle de Perpignan ,
fçavoir.........

Le Gouvernement de Prat de Mouillou renferme auffi celui du Fort de la
Garde qui eft une efpece de Reduit bâti
au deffus de la Ville, laquelle n'a aucune fortification; les Compagnies qui y
font en Garnifon montent alternativement au Fort & à la Ville : l'Auteur
ajoûte qu'il y a divers autres poftes où

la nécessité de la guerre & du service
obligent d'y mettre quelquefois des
Troupes & des Commandans, mais
que comme ces établissemens sont passa-
gers & ne sont point sur les Etats de la
Cour, il seroit inutile d'en traiter en
particulier. Le Gouvernement de Collioure est composé de la Ville qui est
fortifiée de la Citadelle & du Miradou
pour lesquels trois il n'y a qu'un Etat
Major, mais le Gouverneur de cette
Place a encore sous ses ordres le Fort S.
Elme, dont le Commandant particulier lui est subordonné, ainsi que celui
du Port Vendus, la Tour de Massane,
toujours gardée par un détachement de
la Garnison de Collioure comme l'étoit
autrefois la Tour de Maletote ou du
Diable, bâtie au sommet des plus hautes montagnes & qui est à présent abandonnée. Bellegarde n'est à proprement
parler qu'un poste fortifié & où à peine
se peut-il dire qu'il y ait d'autres habitans que la Garnison, on y a joint un
Fortin ou le Lieutenant de Roi fait sa
résidence comme le Gouverneur dans la
Place principale. Villefranche outre les
Fortifications de la Place a un Château
qui a son Commandant particulier mais
soûmis au Gouverneur principal. Le

Mont-Louis a une Citadelle jointe à la Ville, mais Salces n'eft qu'un gros Château. Les Milices ordinaires de la Province confiftent en trois bataillons de 13 Compagnies à 45 hommes chacune & deux Efcadrons de Maîtres, lefquels font levés & entretenus par le Païs, & foudoyés par le Roi ; mais les Milices extraordinaires ou fecondes Milices, comme on les appelle dans l'ufage, qui ne font levées que dans les grandes occafions, comme feroit un approche d'ennemis ou le défaut de Troupes réglées pour la fûreté des Places, confiftent en Sommetans & en Fuzeliers ou Miquelets de Montagne, les Sommettans font les Païfans en général. Les Fuzeliers font au nombre de quatre Bataillons de treize Compagnies chacun avec leurs Officiers, le tout levé, entretenu & payé par le Roi fans autre charge du Païs que la fourniture des hommes, ils doivent être regardés comme une excellente Milice, fur tout lors qu'elle eft employée dans les montagnes, c'eft pour cela que l'on en a tiré un Bataillon que l'on fait fervir très-utilement depuis long-tems, tant en Dauphiné que dans les Cevennes, l'Auteur les compare à des Houzards

d'Infanterie , & dit que, comme fi la
deftinée de tous les établiffemens qui fe
font en France étoit de ne pouvoir du-
rer long-tems , celui-ci eft déja gâté
premierement par les ornemens d'or &
d'argent qui ont été ajoutés aux habits
dont les Fuzeliers faifoient ufage dans
le Païs , chofe peu convenable à des
hommes dont il n'y a qu'une extrême
indigence qui puiffe moderer la fierté
naturelle , accompagnée d'une très-
vaine oftentation : fecondement parce
qu'on a permis ou toleré que les Capitaines rempliffent le nombre de leurs
foldats de tous ceux dont ils ont trouvé
à propos de s'accomoder , ce qui fait
qu'à préfent cette Milice eft tellement
mêlangée qu'il n'y a pas à peine la moitié des naturels Miquelets ; mais l'inconvénient des vains ornemens dont on
a voulu embellir ces Bataillons ne fe
borne pas au déreglement de l'efprit &
des mœurs , il y a plus , puifque pour
acquitter les dettes contractées chez le
Marchand pour ces nouvelles parures,
pour éviter une banqueroute totale &
pour trouver un fonds fuffifant tant à
l'entretien effectif de la Troupe qu'au
payement de la dette contractée à cette
occafion , on eft reduit à paffer les

Compagnies complettes, quoi qu'il
s'en manque proportionnellement au
moins 10 & 20 hommes par Compagnie.

L'Auteur fait fuivre le détail de la
Nobleffe à celui du Gouvernement Militaire & dit qu'entre la Nobleffe originaire du Païs, il n'y a qu'une feule bonne Maifon qui eft celle d'Ortaffa, &
confifte en Mr. d'Ortaffa. qui en eft le
Chef & eft........ Il ajoûte qu'il s'en trouve néanmoins plufieurs autres originaires de Catalogne, dont les principales
font celles de Blanc, qui par une diftinction particuliere prétend tirer fon
origine de Savoye, & celle d'Oms qui
eft purement Catalane. La premiere a
pour Chef le Marquis de Blanc, Gendre de Mr. de Quinfon & de la feconde
font Dn. Juan & Dn. Francifque d'Oms
avec une veuve. Les autres meilleures
Maifons de Rouffillon quoique de même origine font celles de Tamaris, celle de Maiguerel dont eft le Marquis d'A-
guilar, autre que celui de même nom,
Grand d'Efpagne de la premiere Claffe,
celle de Capons, dont le Préfident
Capons, & celle de Sinifter, dont........
L'Auteur ne parle point de la Maifon
de Montelar, dont un Chevalier du St.

Efprit Lieutenant Général des Armées
du Roi & Commandant d'Alface, homme de mérite & de réputation fous le
Régne préfent, ni de la Maifon des
Comtes d'Ille du nom de Duvivier, originaire du Languedoc, parce que l'une
& l'autre font éteintes: mais fur le fujet du Comte de Calvo, auffi Lieutenant Général & Chevalier du S. Efprit,
il dit qu'il fut admis à faire des preuves
teftimoniales de fa Nobleffe fous le prétexte que les titres fe trouvoient à Barcelonne, où il ne lui étoit permis ni de les
aller prendre ni de les envoyer chercher;
mais il ajoûte que loin que fa promo-
tion fit un effet avantageux dans le Païs,
on en diminua l'eftime générale de la
Chevalerie du St. Efprit, fans pouvoir
fe perfuader que Mr. de Calvo fut véritablement d'une naiffance convenable
à un fi grand honneur. Il y avoit en
Rouffillon une Maifon bien fupérieure
à toutes les précédentes en grandeur
d'origine & en antiquité, s'il étoit vrai
que l'ancienne Maifon de Foix fubfiftât
encore dans une Branche qui fe diftin-
gue par le furnom de Bearn; on affûre
que cette Maifon a fuccedé à celle de
Graillé dans la poffeffion des Comtés de
Foix & de Bearn........ & des droits fou-

verains dont ils ont joüi plus long-tems
que tous les autres Seigneurs voifins des
Montagnes : mais il eft aujourd'hui
bien difficile de prouver démonftrative-
ment la vérité d'une telle origine, car
outre que les plus grandes Terres ont à
grand peine confervé leurs titres au
milieu de la France, on fçait que les
Peuples voifins des Pyrenées ont plus
tard que tous les autres abandonné la
fimplicité des mœurs qui a fait recou-
rir à l'ufage des Contrats & des Actes
publics pour affûrer la poffeffion des
particuliers ; ainfi tout ce que l'on peut
faire à l'égard de la juftification d'une
femblable origine eft de s'en rapporter
à l'eftime commune de la Province ;
mais ce témoignage même n'eft pas
avantageux à la Maifon qui fait le fujet
de cet article, puifque l'Auteur eftime
que quoi qu'elle foit noble, elle n'a
aucun fondement à s'attribuer l'origine
dont elle fe pare. Pour le refte de la
Nobleffe, l'Auteur dit fans balancer
qu'elle eft prefque généralement iffuë
des Bourgeois nobles de Perpignan,
après quoi expliquant ce que c'eft que
cette qualité de Bourgeois nobles, il dit
que les anciens Rois d'Arragon ont
autrefois attribué à différentes Villes de

leurs Etats le droit de faire une certaine quantité de Nobles choisis du nombre de leurs Citoyens , ce qui revient
à peu près à ce que nous appellons en
France Noblesse de la cloche attachée à
l'éxercice de la Mairie ou l'Echevinage
de certaines Villes ; il y a pourtant cette différence que le Bourgeois Noble
n'est point Gentilhomme ni ne peut le
devenir non plus que sa postérité que
par lettres du Prince ou par le moyen
des Charges qui conferent réellement
la Noblesse , sa condition le restraint à
la possession de certains priviléges dont
le principal est de pouvoir parvénir à la
Mairie alternativement avec un Gentilhomme , desquels sont exclus les Bourgeois mécaniques, & l'on a déja vû que
par rapport aux preuves nécessaires pour
entrer dans l'Ordre de Malthe Langue
d'Arragon Prieuré de Catalogne la qualité de Bourgeois Noble est reçûë pour
le premier dégré sans aucune difficulté.

La Ville de Barcelonne est la premiere de la Catalogne qui paroît avoir
joüi de ce privilége , puisque celui de
Perpignan n'a été accordé qu'à l'instar
du sien; le nombre des Bourgeois que
cette Ville peut ennoblir chaque année
n'est fixé que depuis peu de tems, le

Roi l'ayant reſtraint à deux ſeulement pour éviter le déſordre & la confuſion, cependant il ne paroît pas que la déclaration renduë ſur ce ſujet ait eu juſqu'à preſent tout l'effet néceſſaire, & l'Auteur remarque que la Ville de Perpignan a nommé même dans les derniers tems quatre, cinq & juſques à ſix Nobles par année, ce qui eſt un abus manifeſte & intolerable du privilège & une contravention dont les ſuites peuvent être importantes tant au public qu'aux particuliers qui ſe croiront pourvûs de la Nobleſſe bourgeoiſe ſans l'être en effet, ce qui ſe trouveroit en perte des ſommes qu'ils ont payé pour l'obtenir. L'Auteur paſſe enſuite au détail de l'adminiſtration de la Juſtice, & dit que la Province reconnoît en général l'autorité d'un Conſeil ſupérieur établi à Perpignan, lequel eſt aujourd'hui compoſé d'un premier Préſident, de deux autres Préſidens, un Commiſſaire Clerc & ſix Laïques, deux Avocats Généraux & un Procureur Général ; il y a auſſi deux Conſeillers d'honneur : l'Abbé d'Arles qui en eſt un, prétend poſſeder cet honneur comme un droit de ſon Abbaye, cependant il n'y a été reçu qu'en conſéquence des lettres qu'il a ob-

tenu du Roi pour fa perfonne ; le Gouverneur de la Province & en fon abfence le Lieutenant Général qui y commande ont droit d'intervenir à l'affemblée & même d'y préfider quelque part
qu'elle fe tienne dans le Palais ordinaire ou dehors. L'établiffement de ce Confeil qui a fuccedé à un Confeil Royal
particulier de l'inftitution des Rois
d'Efpagne fe rapporte à la réunion du
Rouffillon, c'eft-àdire, aux derniers
mois de la vie de Louis XIII, qui en a
fait la conquête en 1642, cependant
il n'a reçu fa perfection qu'après la paix
des Pyrenées lorfque la poffeffion & la
proprieté en ont été pleinement acquifes
à la France par la ceffion du Roi d'Efpagne; fa fonction eft de juger par appel
& fouverainement toutes les affaires civiles & criminelles qui y font portées,
en cela pareilles à toutes les autres
Cours fupérieures du Royaume. La
forme des procédures y eft fort bizarre,
car encore que les Ordonnances du
Roi y ayent été enregiftrées pour être
éxécutées felon leur forme & teneur,
comme par tout ailleurs, le Confeil
prétend qu'il lui eft permis de conferver telle partie des ufages & de la Jurifprudence du Païs qu'il juge à propos,

& de-là il résulté un mélange presque arbitraire des usages de France & d'Espagne, sans que l'on puisse dire sur quoi est fondée la préférence accordée aux uns ou aux autres selon les occasions. Le Conseil connoît aussi de toutes les affaires qui concernent le Domaine du Roi, mais d'une maniere aussi irréguliere que tout le reste, c'est le Procureur Général & les deux Avocats Généraux avec 2 des Présidens & Conseillers du Conseil Souverain à tour de rôle qui sont Juges de ces matières en premiere instance. Le Président ou Conseiller qui se trouve de service en cette Jurisdiction prend alors la qualité de Conseiller du Domaine, mais comme dans le cas de l'Appel les mêmes Juges ne sçauroient connoître la cause, il arrive souvent en conséquence que le Tribunal souverain manque de Juges suffisans pour les terminer.

Il y a un grand Procès pendant au Conseil du Roi entre l'Evêque de Perpignan & le Conseil supérieur pour faire décider si le Conseil peut connoître des procès en crimes intentés contre les Ecclésiastiques & des appels comme d'abus; l'Evêque prétend que le Roussillon étant un Païs d'obédience où

la

la Bulle *in Cœna Domini* eſt publiée tous
les ans & éxécutée, où le Concordat ni
la Pragmatique Sanction n'ont jamais
été reconnus, on ne ſçauroit y admettre les appels comme d'abus, ſans vio-
ler toutes les regles, outre qu'il paroi-
troît une affectation peu convenable à
la Juſtice du Roi de ne faire exécuter
dans une Province de ſon obéïſſance
que ce qu'il y a de contraire au droit
commun de l'Egliſe, & d'y ſupporter
toute ſorte d'autres uſages contraires à
ſes ordonnances, de ſorte qu'il eſpere
qu'ayant pris le parti depuis long-tems
de laiſſer ſubſiſter les anciens uſages du
Païs, on ne les changera pas dans la
ſeule choſe qui touche l'Egliſe. Le Conſeil d'autre côté prétend que la voye du
recours n'étant admiſe ni poſſible dans
le Rouſſillon, n'y ayant plus ni Chancelier Eccléſiaſtique, ni Juge delegué
par le Pape auquel il ſoit poſſible de
s'adreſſer en cas de recours, & n'y ayant
aucune apparence que le Roi ſouffre jamais qu'il s'en établiſſe aucun dans la
Province, il eſt d'une abſoluë néceſſité
d'admettre les appels comme d'abus,
ou d'attribuer à l'Evêque une autorité
ſans bornes, contre laquelle les ſujets
du Roi n'auront ni recours ni protec-

tion. Quant aux Jurifdictions inférieures elles font éxercées ou par les Juges
du Bailli fur le peuple, ou par les Juges du Viguier fur les Nobles, fur quoi
il eft néceſſaire de dire que tant les Viguiers que les Baillis ne jugent point
eux-mêmes, mais qu'ils font obligés
d'établir des Juges en leur nom qui vuident toutes les affaires portées à leur
Jurifdiction, fauf l'appel qui des uns
ou des autres eft porté au Confeil fupérieur.

Outre les Jurifdictions ordinaires,
il y en a une autre particuliere à la
Province, laquelle eft proprement celle du Gouverneur, on la nomme la Capitainerie, dont la compétence eft de
connoître de toutes les caufes relatives
aux privileges des Officiers de la Capitainerie ou Gouvernement de Rouſſillon ; l'appel s'en porte au Confeil fupérieur, non pas en qualité de Cour fouveraine, mais feulement comme à des
Commiſſaires delegués par le Roi en
cette partie, & en effet c'eft le premier
Préfident & le Doyen des Confeillers
feuls qui décident fouverainement ces
fortes de caufes. L'Auteur remarque
comme une fingularité que par les Lettres patentes de l'érection du Confeil

fouverain, il eft expreffement porté que le premier Préfident doit être François d'origine & de naiffance, & que néanmoins il n'y en a pas eu encore de tel, le Sieur de Trobet qui a le premier rempli cet emploi, étant originaire de Catalogne & Catalan de naiffance, & le Sieur d'Albaret qui lui a fuccedé étant né dans la Savoye.

Ayant enfuite à traiter de la Finance il commence par une nouvelle divifion de la Province en l'énumération des Villes fans attention à leur ufage militaire : il dit que le Rouffillon proprement dit contient outre Perpignan Capitale, Ille, Rivefaltes, Thony ou Elné; que les Villes du Valefpir font Collioure, Argelais, le Boulou, Cevete, Arles & Prat de Mouillou; à quoi il ajoûte que Collioure eft un trèspetit port de mer dans lequel il n'y a que les plus petits bateaux qui puiffent trouver l'abry, mais que le Port Vendus feroit capable de contenir même de gros vaiffeaux auffi facilement qu'il fait les tartanes s'il étoit entretenu & nettoyé. Quant aux Villes du Conflans, l'Auteur compte Tinlet, Prades, Villefranche & Olette, comme dans la Cerdaigne Françoife le Mont-Loüis &

Caillagoulſe. Toutes ces Places & même les autres lieux du Païs ont des revenus conſiderables & tels en effet qu'il leur plaît de les établir, d'autant que par un uſage général de l'Eſpagne, les Magiſtrats des Villes ſans obtenir aucun octroi du Roi, ont le droit d'affermer les droits excluſifs à telles perſonnes qu'il leur plaît pour les boucheries, la glace & autre choſe de cette nature néceſſaires à la commodité & même à la ſubſiſtance des Villes, ce qui avec les droits coûtumiers du trentième & quarantiéme de toutes les ventes en détail produit des revenus ſi clairs, ſi nets & ſi conſiderables, que l'Auteur a jugé en devoir inſtruire particulierement la Cour, & ſpécialement la Ville de Perpignan. Le Païs en ſe donnant à la France a expreſſement ſtipulé une entiere éxemption d'impôts & de ſubſides, laquelle lui a été pleinement accordée ; cependant malgré la convention réciproque on n'a pas laiſſé d'y introduire la Capitation par laquelle on impoſe annuellement ſur le Païs la ſomme de 100000 l. à laquelle le Roi a bien voulu reſtraindre l'impoſition ſans y comprendre toutefois la Capitation des troupes qui ſe retient par le Tréſorier, mais

plus expreſſément ſans y comprendre la
Capitation des Ecciéſiaſtiques de la Province pour laquelle ils ne payent que la
ſomme modique de 10000 l. On leve
outre cela 6000 l. pour être employées
aux fortications avec une autre ſomme
qui n'eſt ni fixe ni reglée, ce qui ſert à
payer les logemens de certains Officiers
qui ſe trouvent tantôt en plus grand &
tantôt en moindre nombre dans la Province, tels ſont ceux de l'Artillerie, les
Inſpecteurs & Ingénieurs, les Commiſſaires de guerre, & en général ceux qui
ſe trouvent employés dans la Province
pendant l'hyver; on impoſe pareillement ce qui eſt néceſſaire pour les gages
des Viguiers & Baillis de la Province,
pour ceux d'un Commis au fourage &
un leger ſupplément en faveur des Maîtres des poſtes nouvellement établis dans
le Païs : ces différentes ſommes qui peuvent en total monter à 15500 liv. ſont
levées par une ſeule & même impoſition, & comprennent en général & en
particulier toutes les charges pécuniaires de la Province : il eſt vrai que l'on
s'efforce autant qu'il eſt poſſible d'y introduire les affaires extraordinaires, ſur-
tout lorſqu'elles ne paroiſſent avoir que
des prétextes favorables au bon ordre

B 3

& à la Police, toutefois il y en a eu
d'autre nature pour lesquelles on a obligé la Province de compofer à fort-fait
& alors l'impofition néceffaire a été
jointe à celle de la Capitation. Après
tout ce feroit peu fi le Païs n'étoit affujetti à une charge réelle beaucoup plus
confiderable & de telle nature que l'on
ne fçauroit jamais parvenir à en faire
une jufte évaluation, c'eft qu'en général la moitié de tous les fourages du
Païs, foins & paille appartient au Roi;
l'Auteur ne dit point à quel titre, ou
fi c'eft par un ufage ancien, ce qui peut
faire préfumer que comme il ne fe pratique rien de pareil dans les Provinces
voifines, & que d'ailleurs la fecherelfe
naturelle du terrein rend la fubfiftance
des Troupes de Cavalerie tout-à-fait
difficile, il a été indifpenfable d'obliger
les Peuples au payement d'une denrée
qui leur eft bien plus aifé de fournir que
l'argent. Perfonne n'eft éxempt dans la
Province de cette contribution, fi ce
n'eft les Eccléfiaftiques & les Gardes du
Gouvernement qui n'y ont point encore
été affujettis, mais comme à cet égard
tout dépend de l'ufage & de l'éxigence
des occafions, on ne peut non plus affûrer fi ces éxempts continueront de

l'être, que de décider ſi à l'avenir on
ſe contentera d'une moitié de ce qu'on
pourroit prendre en entier. Au reſte,
l'Auteur remarque avec beaucoup de
ſageſſe que dans la recette de cette contribution il y a d'extrêmes abus, leſquels s'ils étoient ôtés en rendroient
l'utilité beaucoup plus grande pour le
ſervice, & le payement beaucoup moins
onereux aux habitans.

A l'égard du Roi, il eſt certain que
comme il prend à ſon profit la moitié
de tous les fourages, il ſeroit impoſſible
que les Troupes qu'il fait hyverner dans
la Province en puiſſent trouver d'autres
que celui qu'il fait réſerver dans ſes magaſins, auſſi delivre-t'on par les ordres
du Gouverneur & de l'Intendant ces
mêmes fourages aux troupes, à qui on
en retient la valeur ſur leurs places de
fourage, ainſi ce qui eſt denrée par
rapport aux Peuples, devient denrée
pour le Roi ; mais il arrive d'une part
que l'Habitant qui cherche à s'échaper
à la rigueur de l'ordre commun, ne dé-
clare jamais ſa récolte au juſte & ſe
ménage toûjours une reſerve où il
ſçait que les Commiſſaires ne tou-
cheront pas. Mais d'autre part ces mêmes Commiſſaires qui n'ignorent pas

B 4

que l'on fraude le Roi autant que l'on
peut, ne se bornent pas si précisément
à la moitié ordonnée, qu'ils n'en prennent la quantité qui leur convient principalement dans les occasions où l'on
prévoit que la Province sera chargée
d'un plus grand nombre de Troupes &
où ils s'imaginent qu'il reste suffisam-
ment de fourage au Propriétaire pour
sa consommation particuliere : on porte
même quelquefois le désordre si loin,
comme il a été pratiqué en cette année
1710, que les enlevemens de fourages
faits sur les Sujets du Roi n'auroient été
ni plus rigoureux ni plus domageables
sur les terres des ennemis, de sorte qu'il
n'en est aucunement resté pour les bestiaux qui ont vécu un hiver d'herbes
seches & abandonnées de la campagne
ou de celles que l'on a découvertes sous
les neiges des montagnes. Cependant
loin que l'intérêt du Roi se trouve joint
à une vexation si prodigieuse il est arrivé que l'on n'a fait contre l'ordinaire &
contre la règle précise aucune diminution des fourages qui ont été livrés, sous
le prétexte que le Roi ne compte jamais
les pailles qui sont distribuées par son
ordre aux Troupes de cavalerie & d'Infanterie. De plus il arrive encore que le

païfan découragé laiffe perdre & abandonne la plus grande partie des pailles
qu'il pourroit conferver tant pour le
Roi que pour lui-mêmé; parce que la
coûtume du Païs n'eft pas de battre les
grains avec le fleau comme il eft d'ufage
en France, mais de les amaffer dans les
aires à la campagne, où l'on foule le
grain & la paille fous les pieds des
beftiaux, apres quoi le grain étant retiré l'on ferre la paille où on l'abandonne
felon que le propriétaire le trouve à
propos, mais toûjours de telle façon
qu'il n'y a rien à dire à celui qui négli-
ge de la mettre à profit. Or entre plufieurs expédiens qui peuvent être pro-
pofés pour le plus grand profit du Roi
& pour le foulagement des peuples; il
paroît dabord, quoique l'Auteur ne le
dife pas, que la maniere toute militaire
dont fe fait le recouvrement de cette
contribution met le premier obftacle au
bon ordre en général & au profit des
deux parties, de forte que le premier
remede dépend d'une nouvelle façon
de faire ce même recouvrement. Secon-
dement il paroît que la difficulté d'affembler ces fourages en des lieux commodes au logement des Toupes, mul-
tiplic néceffairement le nombre des ma-

gafins, en forte qu'il s'en rencontre dans
les moindres lieux, lefquels on eft obligé d'abandonner à la bonne foi des Confuls, qui pour l'ordinaire ne fçavent ni
lire ni écrire, & encore moins ce que
c'eft que rendre compte, d'où il s'enfuit que le pillage pratiqué par les Commiffaires eft une perte fans profit d'aucune des deux parties par un pillage
fubféquent.

Mais il feroit aifé d'établir un certain nombre de gros magafins comme
dix ou douze en toute la Province, lefquels étant diftribués dans les lieux les
plus commodes au logement de la cavalerie & gardés par des hommes deftinés à ce feul emploi, auxquels on ne
payeroit que des gages très-modiques,
qui pourroient même être impofés fur
toute la Province, on feroit éxempt de
la néceffité de difperfer les troupes comme l'on a fait aujourd'hui, au grand
dommage de la difcipline, & l'on feroit
affuré que tout ce qui auroit été enfermé dans les Magafins tourneroit au véritable profit du Roi & de fa cavalerie.
Il eft vrai que la difficulté des voitures,
caufée par la foibleffe & le petit nombre
des chevaux & beftiaux de la Province
paroît faire un obftacle infurmontable à

ce projet, mais l'Auteur croit qu'en
cessant d'exiger à la rigueur la moitié
des fourages, loin d'autoriser que l'on
en prenne à discretion, & usant d'ailleurs de quelque gratification envers
ceux qui se chargeroient des voitures,
on pourroit aisément faire conduire les
fourages des lieux particuliers dans les
endroits où l'on destineroit de faire hyverner les Corps entiers, on pourroit
même selon l'Auteur proportionner la
demande des fourages au nombre des
Troupes que l'on voudroit avoir dans
le Païs : en un mot il est persuadé qu'au
lieu du désordre qui y règne à cet égard,
on y introduiroit aisément une méthode nouvelle plus utile au Roi & plus
favorable à ses sujets, & sur cela il pro-
pose l'éxemple de la Cerdaigne Françoise où le recouvrement se fait en cette
maniere à la grande satisfaction des
Peuples. Enfin il ajoûte qu'il ne faudroit
point être avare de ce qui se trouveroit
de fourages non consommés au bout de
l'année, & qu'il en faudroit faire l'imposition au tems de la récolte, afin que
chacun connût en même tems ce qu'il
est obligé de donner & ce qui lui doit
demeurer en assûrance, sur quoi il seroit en état de se précautionner. Toute-

fois ce n'eſt pas encore tout, car l'on a
introduit depuis quelques années l'uſage des corvées pour la voiture des vivres, munitions & autres choſes néceſſaires au ſervice des armées, ce qui
joint à ce peu de nourriture qui reſte
aux beſtiaux du Païs fait une charge
très onéreuſe aux habitans, & laquelle
bien peſée, merite au moins au ſentiment de l'Auteur qu'on les éxempte des
affaires extraordinaires que l'on tache
d'y introduire journellement.

A l'égard du Domaine du Roi, l'Auteur n'en fait aucun détail parce qu'il
fait partie de la Ferme générale du Domaine du Languedoc & que les comptes
s'en rendent en entier à la Chambre des
Comptes de Montpellier ſans que l'Intendant particulier du Rouſſillon s'en
mêle en aucune maniere. Il en eſt de
même de la Gabelle qui a été introduite
dans le Païs ſous le prétexte d'avoir un
fonds pour payer les gages du Conſeil
ſupérieur, ſur quoi il faut entendre la
petite Gabelle & non celle qui eſt en
uſage dans les Provinces du Nord de la
France. A l'égard des Traites Foraines,
droits d'entrée & de ſortie qui ſe levent
ſur toutes les marchandiſes qui paſſent
du Languedoc en Rouſſillon ou reci-

proquement, le produit en eſt très-conſiderable ſelon l'Auteur; mais comme
les comptes s'en rendent pareillement à
Montpellier, & que l'Intendant particulier n'en prend aucune connoiſſance,
il eſt hors d'état d'en donner aucun détail. Il y a enfin un autre droit, dit le
Reale de Villefranche, appartenant au
Roi, & lequel néanmoins l'Auteur croit
n'être jamais venu à ſa connoiſſance,
qui ſe leve dans le Païs même ſur certaines eſpèces de marchandiſes tranſportées de lieux en autres & paroit établi premierement pour le payement des
gages du Viguier du Conflans, & ſe-
condement pour les gages des Profeſſeurs du droit François établis à Perpignan; le ſurplus de cette impoſition eſt
diſtribuée ſelon les beſoins & les ordres
particuliers de l'Intendant ſans que le
compte s'en épure en aucune Juriſdiction : raiſon ſur laquelle l'Auteur ſe
fonde pour juger qu'il a été juſqu'à
preſent ignoré & du Roi & de ſes Miniſtres : la ferme du droit de Réale de
Villefranche pour l'année 1710 a été
portée à.........Le Conſulat de mer de la
Ville de Perpignan, ce qui n'eſt autre
choſe que la Juriſdiction Conſulaire
des Villes du Royaume, jouït encore

d'un droit qui eſt nommé l'Impériage,
lequel ſe leve ſur tous les fers qui ſe fabriquent dans les forges de la Province
& ſur certaines autres marchandiſes
tranſportées de lieux en lieux ou ſor-
tantes du Rouſſillon, & eſt à preſent affermé 10000 l. Ce produit eſt deſtiné
premierement au payement des gages &
dettes du Conſulat de Mer, ſeconde-
ment à quelques aumônes d'un uſage
conſtant, troiſiémement aux frais extraordinaires des cérémonies publiques,
Te Deum, feux d'artifice, &c. le ſurplus eſt employé par les ordres de l'Intendant aux dépenſes qu'il juge les plus
utiles au ſervice du Roi ou à l'intérêt
de la Province; ainſi le compte de l'Impériage ſe rend & s'épure pardevant lui
ainſi que celui du Reale de Villefranche
ſans la participation d'aucun autre Tribunal. C'eſt à cela que ſe terminent
toutes les obſervations que l'Auteur a
pû faire ſur le Gouvernement Eccléſiaſtique, Militaire & Civil de la petite
Province de Rouſſillon, à quoi il eſt
en effet difficile de rien ajoûter ſi on ne
la conſidere ou par rapport à la nature
de ſon terrein & au caractere de ſes
Habitans, ou par rapport à l'Hiſtoire
& aux anciens monumens qui ſe dé-
couvrent de tems en tems dans le Païs.

ROUSSIL-
LON.

·A l'égard du terroir il se divise en
plaines & montagnes & il dit que généralement parlant celles-ci sont assez fertiles, sur tout dans le Conflans où l'on
est étonné de les voir cultivées jusques
à un pouce de terré dans tous les endroits susceptibles de culture, mais que
malgré tout le travail des Habitans &
leur application, la Plaine l'emporte
infiniment au dessus des montagnes par
la graisse naturelle & la qualité de son
terroir; il dit qu'elle est couverte d'oli-
viérs & qu'elle rapporte par tout des
bleds en abondance; cependant il y
distingue particulierement un canton
nommé Salangue, lequel il dit l'un des
plus fertiles qui se puisse trouver dans
l'Univers: cependant cette heureuse
Plaine ne laisse pas d'avoir ses mauvais
endroits, tels sont le canton nommé les
Apres, qui signifie proprement ce que
l'on ne peut arroser & les Garrigues de
Salces où l'on ne recueille rien: au
dessous de la même Ville de Salces
en tirant vers la mer il y a des marais assez considerables qu'il ne seroit pas difficile de dessecher & dont
l'utilité seroit d'autant plus grande que
le défaut des foins & des fourages est le
véritable inconvénient de la Province
en général. On nomme Riveral tous

les bords de la Riviere de là Tet en re-
montant vers le Conflans , & ce canton
doit encore être compté au nombre des
meilleurs de la Province auſſi bien que
tout ce qui ſe trouve du côté d'Elne &
d'Argelais entre Perpignan & les montagnes du midi. Au reſte en général les
pâturages ne ſont ni bons ni abondans
ſi ce n'eſt dans les montagnes où il s'en
rencontre quelques-uns de propres à la
nourriture des chevaux ou plutôt des
poulains. Les vins de la Province ſont
généralement parlant de bonne qualité,
il s'en trouve même de délicats , quand
ils ont été faits à la maniere de France,
l'on en loue la ſeve & la chaleur auſſi-
bien que la délicateſſe , mais ils ont le
défaut de ne ſe point conſerver , ſoit à
cauſe des chaleurs du Païs , ſoit à cauſe
qu'il ne s'y trouve aucunes bonnes ca-
ves ; le vin muſcat de Riveſaltes a une
grande réputation & eſt véritablement
excellent quand il eſt tranſporté à Paris
& au Nord de la France où le climat
lui eſt plus favorable , mais il s'en faut
beaucoup qu'on le boive ſi bon ſur les
lieux. Au reſte il ſe trouve de très-bon-
nes mines de fer dans tout le Valeſpir &
le Conflans , d'où l'Auteur conclut qu'il
ne manque aux Habitans du Rouſſillon

-que le génie du commerce pour en faire un auſſi conſiderable qu'aucune Province du Royaume, mais il reconnoit
en même tems qu'ils en ſont tellement
éloignés qu'ils n'en ont pas même l'idée;
& la meilleure raiſon qu'il en donne
eſt leur indifference pour les richeſſes,
fondée ſur la grande ſobrieté à laquelle
ils ſont accoutumés par l'éducation, en
ſorte qu'il n'y a que la néceſſité qui les
puiſſe obliger à ſe donner les mouvemens qu'exige le Commerce, c'eſt ainſi
qu'ayant beſoin des Seigles de la Cerdaigne, ils y portent de l'huile & du
vin qui y ſont de bon debit.

La Montagne dite du Canigou paſſe
dans le Rouſſillon pour être la plus haute
cime des Pyrenées, & la preuve que l'on
en donne eſt qu'il y a de la neige au
ſommet preſque toute l'année, mais
cette preuve eſt très-équivoque, n'y
ayant point de montagnes d'une certaine élevation qui ne ſoit diſtinguée
par le ſéjour de la neige, par la ſeule
raiſon qu'elle atteint la moyenne région
de l'air dans laquelle il peut y avoir
comme il y a en effet pluſieurs dégrés
d'élevation : le Canigou eſt ſitué préci-
ſément entre la plaine du Rouſſillon,
le Valeſpir & la Cerdaigne. L'Auteur

ne compte que trois rivieres dans la Province, encore les regarde-t'il plutôt comme des torrens dangereux & nuifibles par l'interruption que leurs débordemens mettent dans le commerce que comme des bienfaits de la nature, il dit qu'ils font communément fans eaux, que leur lit eft rempli de gros fables & de groffes pierres qui y roulent des montagnes à la fonte des neiges, & que c'eft un obftacle infurmontable à la conftruction des Ponts qui font d'ailleurs peu neceffaires, étant également inutiles & quand il y a beaucoup d'eau & quand il n'y en a point, parce que l'on paffe alors toutes les rivieres à pied fec. Au refte il en compte trois principales, l'Agli qui prend fa fource dans les montagnes de Cerdaigne, paffe à Rivefaltes où il y a un Pont, & de laquelle on détourne quantité d'eau pour arrofer les terres deffechés par l'ardeur du foleil; la Tet qui vient du même Païs de Cerdaigne & qui paffe à Perpignan, où il y a pareillement un pont, & enfin le Tech qui fort du haut Valefpir & qui a un pont au lieu de Ceret. A l'égard des canaux qui ont été projettés & même éxecutés en partie pour rendre le commerce d'entre le Langue-

.doc & le Rouſſillon & plus ſûr & plus
commode en évitant tous les dangers de la navigation dans une mer auſſi baſſe & auſſi ſujette aux tempêtes que le Golfe de Lyon, même pour éviter les infeſtations des Corſaires & pour la conduite des troupes dans le Rouſſillon avec diligence, ſûreté & commodité, il dit que l'on a tiré un canal de l'étang de Salces vers Perpignan, & qu'il eſt avancé juſqu'au lieu S. Hyppolite, mais que l'ouvrage en eſt demeuré à ce point par la diſtraction que la longueur de la guerre a néceſſairement cauſée ; ce ne ſeroit pas toutefois aſſez au ſentiment de l'Auteur de perfectionner ce canal ſelon le premier projet ſi l'on n'établiſ-ſoit un baſſin près de la Ville de Perpignan, lequel fut capable de contenir outre les bâtimens convenables aux canaux & aux étangs du Languedoc ceux qui pourroient monter de la mer à Perpignan par le moyen d'un autre canal d'environ deux lieuës de longueur que l'on pourroit tirer de l'une à l'autre. L'Auteur aſſûre que dans la diſpoſition du terrein il n'y auroit rien de ſi beau qu'un tel ouvrage, comme par rapport à l'avantage public il n'y auroit rien de plus utile au ſervice & au bien général

de la Province. Les anciens ont eu certainement des vûes particulieres pour la
conduite des eaux de ce Païs-là & ont
paſſé juſqu'à l'éxécution de leurs projets, quoique l'on n'y comprenne rien
aujourd'hui ; l'Auteur pour en donner
un éxemple rapporte la découverte faite
nouvellement d'une Salle ſoûterraine
magnifiquement bâtie & voutée qui a
été découverte à quelque diſtance de
Perpignan, laquelle n'a pu ſervir que
d'un reſervoir pour les eaux qui étoient
conduites par huit aqueducs differens,
ſi toutefois l'on peut croire que dans ce
nombre il n'y en eut pas au moins la
moitié qui ſerviſſent à l'écoulement : ce
Bâtiment extraordinaire n'a aucune infcription qui puiſſe faire connoître ni le
temps de ſa conſtruction ni ſon uſage
& comme les gens du lieu ſont peu cu-
rieux d'antiquité ou de recherches &
que les gens de guerre que le Roi employe dans la Province ne le ſont pas
davantage, on a abſolument négligé de
s'en mieux inſtruire.

L'Auteur finit ſon memoire par des
remarques fort ſenſées ſur le génie & le
caractere des Peuples du Rouſſillon,
mais véritablement dignes d'un Intendant, c'eſt-à-dire, d'un Miniſtre deſ-

tiné à renverfer l'ordre commun pour
fubftituer fes propres idées & fes maximes, quoi qu'il en puiffe couter à celui
qui eft fujet à l'obéïffance. Il dit donc
que la nation eft généralement parlant
belliqueufe & qu'elle poffede à un degré
éminent les qualités propres à faire de
bons foldats, qu'elle a beaucoup de
hauteur, de fierté & de courage, qu'elle eft accoutumée à une vie dure & la-
borieufe & à une fobrietée qui n'eft pas
même connue parmi nous; mais ces
belles difpofitions font rendues inutiles
par la férocité naturelle & l'éducation
fauvage & particuliere que la Jeuneffe
y reçoit, par le mepris qu'ils font des
mœurs étrangeres, par la haine infinie
qu'ils ont pour l'ordre & la fubordina-
tion, par leur averfion particuliere pour
la domination Françoife, & par leur
attachement pour les mœurs Catalanes,
qui eft tel que Barcelonne eft leur houf-
fole, en forte qu'à l'égard de la mode
& du gout ils ne donnent leur approba-
tion & leur eftime qu'à ce qui vient de
cette Ville ou à ce qui y eft pratiqué.
Il n'y a point de particulier dans le
Rouffillon qui ne foit armé & qui ne fe
ferve de fes armes avec valeur dans l'oc-

casion & toûjours avec beaucoup d'a-
dreſſe, c'eſt ce qui fait penſer à l'Auteur que quelque confiance que l'on
croye pouvoir prendre en eux, vû leurs
diſpoſitions communes, il ſeroit beaucoup plus ſûr de les déſarmer & de les
reduire à la culture des terres & au
commerce. Les lieux où le Peuple paroit le plus mal intentionné ſont Prat de
Mouillou, Arles, Ceret & Prades. Il
n'en eſt pas de même à Courtonge,
quoique ce ſoit le poſte le plus avancé
vers la frontiere, on y remarque que
les Habitans ſont véritablement affec-
tionnés à la France; mais de toutes les
Places du Rouſſillon il n'y en a point
où les Habitans & ſur tout la Nobleſſe
ayent plus véritablement le ſang Eſpa-
gnol qu'à Perpignan, cet eſprit eſt répandu juſques dans le Conſeil ſupérieur
& l'on remarque même dans ſes Jugemens tant au civil qu'au criminel l'extrême différence qu'il ſçait mettre entre
un naturel du Païs & un François, de
ſorte qu'il eſt vrai de dire que l'on n'y
ſouffre cette Nation maîtreſſe que par
l'impoſſibilité d'en ſecouer le joug, lequel par conſéquent eſt ſupporté avec
une impatience & un mécontentement

fecret qui oblige l'Auteur à repeter qu'il
n'y aura jamais de véritable fûreté avec ces gens là qu'en les défarmant & les reduifant à la néceffité de fe-donner au commerce. Pour cela il propofe comme un premier moyen d'indifpenfable néceffité l'abolition des droits d'entrée & de fortie établis à la frontiere du Languedoc & du Rouffillon, puifque fi l'on veut les appeller en France, il eft impratiquable de leur en interdire les entrées; fecondement il feroit néceffaire que l'Intendant s'appliquât à former peu à peu des Compagnies de commerce & qu'il favorifât leurs profits autant qu'il le pourroit avec juftice. 3°. Il feroit utile comme l'Auteur l'a déja montré de remplir les Bénéfices d'autant de François naturels qu'il fe pourroit. 4°. Il faudroit attirer toute la jeune Nobleffe en France, foit en l'attachant de bonne heure au fervice, foit en lui procurant l'éducation au Collége des quatre Nations & ailleurs fans qu'il en coutât rien aux familles. L'Auteur eft toujours furpris quand il confidere que la Nobleffe qui fait la plus digne partie d'une Nation fi belliqueufe paffe toutefois fa vie dans une oifiveté & une fé-

néantife qui eft au delà de tout ce qu'il
en pourroit dire ; il affûre de plus qu'il
n'y a précifément dans le Service du
Roi du Corps de la Nobleffe de la Province qu'un petit nombre d'Officiers
qui fe trouvent dans le Régiment de
Royal Rouffillon, & que tous les autres croient avoir beaucoup fait &
mérité d'extraordinaires recompenfes
quand ils ont donné leurs enfans à Mr.
le Gouverneur de la Province pour lui
fervir d'Aides de Camp pendant quelques campagnes, ou quand ils ont pris
des emplois dans les Corps de la Milice du Païs, fur le fujet defquels il
prononce nettement qu'il n'y auroit
rien de meilleur à faire que de les caf-
fer & de les incorporer dans d'autres
Régimens, dont ils feroient obligés de
fuivre le deftin, & par là de s'attacher
au Service malgré eux. 5°. L'Auteur
feroit encore d'avis de fupprimer le
Confeil Souverain, & d'ajoûter tous
les Païs de fon reffort à celui du Parlement de Touloufe, on profiteroit par
ce moyen du génie proceffif des Peuples du Rouffillon pour les faire paffer
fréquemment en France à la fuite de
leurs propres affaires, & par conféquent

quent pour les accoûtumer aux mœurs
& aux manieres Françoises, au lieu
qu'à préfent c'eft un commun Proverbe
qu'un Catalan (car c'eft le nom que fe
donnent les Rouffillonois) ne doit point
paffer la fontaine de Salces fans avoir
fait fon teftament. De plus, la Jurifprudence & le Droit François s'établi-
roient peu à peu chez cette Nation qui
feroit à la fin obligée de ceffer de fe regarder comme totalement féparée des
Sujets du Roi, le Roi même y trouveroit un avantage préfent & réel par le
moyen de la finance qu'il tireroit du
Parlement de Touloufe à raifon d'une
augmentation fi confiderable de fon reffort, outre qu'il pourroit y attribuer les
19100 l. de gages & 4000 l. de gratification qui font à prefent payées à ce
même Confeil fupérieur, quoique les
Charges n'en foient point venales, &
qu'elles foient gratuitement conferées à
ceux qui en font revêtus ; or il eft certain que les fonds de ces 23100 liv. de
gages étant attribuées au Parlement de
Touloufe feulement au denier 22, le
Roi en tireroit un fecours de 500000 l.
mais il y a plus, car par ce même moyen
le Roi pourroit ériger un Préfidial à

Tome VII. C

Perpignan dont les Offices vaudroient encore au Roi une finance confiderable, le tout fans la moindre injuftice ou violence, puifque le Roi n'a contracté d'aucune façon avec les Membres du Confeil Souverain qui ne tiennent leurs Emplois que de fa feule grace, & que fi l'on vouloir par confideration recompenfer en quelque forte leurs fervices paffés, on pourroit leur laiffer leurs gages en tout ou en partie par forme de penfion viagère, ou tant qu'il plairoit au Roi. A l'égard de l'avantage effectif de la Province, l'Auteur eftime qu'il s'y trouveroit tout entier, puifque de la maniere dont la juftice s'éxerce dans ce Tribunal, les brigues & les cabales ont un effet bien plus certain que le bon droit pour affürer le gain d'un procès, & il en tire pour conclufion une preuve démonftrative contre l'opinion de ceux qui penfent que la vénalité des Charges eft un obftacle formel à la diftribution de la juftice, puifqu'il y a une difference entiere pour la régularité entre les Jugemens qui fe rendent en France, quoique les Charges y foient vénales, & ceux qui fe rendent en Rouffillon où

elles ne fe vendent point. 6°. Et enfin
pour dernier moyen de rendre le Rouffillon François & d'éteindre le génie
Catalan, l'Auteur propofe d'unir cette
Province au Gouvernement Général du
Languedoc fous le titre d'un 23ᵉ. Diocèfe, ajouté aux 22, qui compofent les
Etats de cette Province, on regleroit
à même tems la quote part que ce Diocèfe de Perpignan devroit porter dans
les charges de la Province que l'on aug-
menteroit à proportion : l'on prétend
que le projet déterminé du Cardinal de
Mazarin étoit de faire cette union, &
que dans cette vue il n'a jamais voulu
mettre les appointemens du Gouvernement du Rouffillon fur le pied des autres Gouvernemens abfolus ; cependant
le crédit particulier de ceux qui en ont
été revêtus, lefquels ont toujours regardé le Rouffillon comme leur Patrimoine, a jufqu'à prefent empêché cette
union fi néceffaire.

L'Auteur finit fon mémoire par le
projet de quelques affaires de finances
qui pourroient être utiles au Roi fans
être onéreufes à la Province. Il compte
pour la premiere création, un Office
de Subdelegué de l'Intendant dont le

Roi pourroit tirer 30000 l. l'éxemple de ce qui s'eſt pratiqué dans toutes les autres Provinces du Royaume lui ſuffit pour autoriſer ſa propoſition. Il prétend pareillement que l'érection en titre d'un Office de Commiſſaire du Domaine, donneroit lieu de tirer une finance conſiderable : en effet il a remarqué ci-devant que les Officiers du Conſeil ſouverain éxercent cette fonction de Commiſſaire à tour de rôle, d'où il arrive , que comme dans le cours d'une inſtance pluſieurs rempliſſent cette fonction l'un après l'autre, lorſqu'il faut porter l'appel au Conſeil ſouverain il ne ſe trouve pas de Juges en nombre ſuffiſant pour en connoître, ce qui fait un obſtacle au cours de la Juſtice ; mais d'ailleurs comme le nombre des affaires du Domaine eſt fort grand & qu'elles produiſent des épices conſiderables , il eſt certain que l'attribution particuliere produiroit au moins 25000 liv. même ſans aucuns gages, & ſi l'on en joignoit quelques-uns, il ne ſeroit pas difficile d'en faire payer le fond au denier 20. Pour les Officiers de la Monnoye qui ont été créés par Edit du mois de Juillet 1710, leſquels éxercent tout par

Commiſſion , l'Auteur aſſùre qu'il n'y
en a aucun qui ne fut en état d'en payer
finance au denier 15 , au moyén des
appointemens qui leur ſont attribués
par le même Edit , de ſorte que le Roi
en pourroit tirer une ſomme très-conſiderable dans ſes preſſans beſoins.

Fin de la Généralité de Rouſſillon.

EXTRAIT
DU MEMOIRE
DE LA
GENERALITE'
DE BORDEAUX.

Dreſſé par ordre de Monſeigneur le Duc
de Bourgogne en 1698.

Par Monſieur de Bezons, Intendant.

Bordeaux E Memoire eſt véritablement l'un des plus impar-
faits qui ait été dreſſé dans
les Provinces, la diction
en eſt ſi baſſe & ſi mal ar-
rangée, les redites y ſont ſi continuelles, l'ordre des matieres ſi confus & les
omiſſions ſi importantes, que la premiere idée dont on eſt frappé en le li-

fant, eft de condamner le choix que l'on a fait d'un tel Intendant pour gouverner un Païs qui a tant de réputation, vû fon infuffifance à en expliquer les moindres circonftances : voici néanmoins ce qu'on peut receuillir de fon ouvrage.

La Généralitè de Bordeaux ne comprend qu'une partie du Gouvernement Général de la Guienne, celle de Montauban fait le refte, mais dans fon étenduë elle renferme les Provinces fuivantes, le Medoc, la Guienne proprement dite, le Perigord, l'Agenois, Condomois, Bazadois, les Landes, la Chalofle & le Labour, la Soulle & la Bigorre. Ses bornes au Nord font l'embouchure de la Garonne, la Xaintonge & partie de l'Angoumois & du Limofin ; à l'Occident la Mer Océane ; à l'Orient partie du Limofin, le Quercy, la Lomagne & l'Armagnac; mais vers le Midi les Provinces de Soulle & de Bigorre ont des bornes particulieres, parce qu'elles font divifées du refte de la Généralité, laquelle fous cette exception fe termine d'ailleurs au Bearn, à la baffe Navarre & à la Riviere de Bidaffoa qui fépare le Labour des terres d'Efpagne. Les plus importantes Rivieres

Etendue de la Généralité

Ses bornes.

Ses Rivieres: la Garonne.

C 4

de cette étenduë font la Garonne qui entre dans la Généralité près de Valence, d'où paſſant entre l'Agenois & le Lomagne, elle arroſe la Ville d'Agen, le Port de Sainte Marie & Aiguillon où elle reçoit le Lot, elle paſſe enſuite à Tonneins, Marmande, Sainte Bazeille, la Reole, Langar, Cadillac, Riom & Bordeaux, d'où elle coule au Bec d'Ambès où ayant reçu la Dordógne à cinq lieuës de la derniere de ces Villes, ſon cours ſe trouvant augmenté juſqu'à porter les plus gros bâtimens, elle prend le nom de Gironde & ſe rend à la Mer vingt-deux lieuës plus bas, au lieu où l'on a bâti le Phare de Cordouan pour ſervir de Guide aux Vaiſſeaux tant de jour que de nuit. Cette grande Riviere apporte des commodités infinies à la Province, tant par le commerce avec les Etrangers qui ſe fait par ſon moyen, que par la facilité qu'elle donne au débit des denrées du Languedoc & des Païs les plus voiſins des Pyrenées, outre l'avantage qu'elle tire du Canal de la jonction des mers qui ſe rend dans la *La Baize.* Garonne proche de Toulouſe. Les principales rivieres qu'elle reçoit dans ſon cours tant qu'elle arroſe la Généralité, ſont du côté du midi la Baize, qui ayant

traverſé l'Aſtarac & l'Armagnac paſſe à BORDEAUX
Condom, à Nerac & ſe jette dans la
Garonne à Tours au deſſous d'Agen,
cette riviere ne porte bateau que depuis
Nerac au moyen des écluſes qu'on y a   *Le Lot.*
pratiquées. Du côté du Nord elle re-
çoit du côté d'Aiguillon le Lot qui eſt
une riviere beaucoup plus conſiderable,
laquelle vient de Cahors & arroſe dans
cette Généralité les Villes de Clairac,
Caſtelmoron & Villeneuve d'Agenois,
la navigation s'y fait auſſi par le moyen
des écluſes. Elle reçoit encore au deſ-   *Le Drot.*
ſous de la Reolle une petite riviere appellée le Drot qui vient du Perigord,
paſſe à Aimet, la Salvetad & Duras,
mais elle n'eſt point navigable. Enfin   *La Dordogne*
la Dordogne entre auſſi dans la Garon-
ne du même côté, c'eſt une forte riviere qui vient du Mont-d'or en Auvergne
& traverſe tout le Perigord où elle arroſe les Villes de Bergerac & de Sainte
Foy, d'où coulant à Libourne elle ſe
perd au deſſous du lieu de Bourg, à
l'endroit qui eſt nommé le Bec d'Am-
bès; elle reçoit dans ſon cours la Ve-   *La Vezere &*
zere qui vient de Tulles & de Brives &   *l'Ill.*
l'Ill qui vient de Perigueux, la navigation ſe fait ſur ces deux rivieres par le
moyen des écluſes & des chauſſées

qu'on y a pratiquées, mais pour la Dordogne elle porte des bateaux à plein canal & baigne les plus beaux rivages que la nature ait formés, particuliérement depuis Bergerac. *L'Adour.* L'Adour eſt une autre grande riviere qui ſe jette dans la mer trois quarts de lieuë au deſſous de Bayonne, elle prend ſa ſource dans les montagnes de Bigorrè au lieu nommé Remoula dans le voiſinage de Barage, elle paſſe au milieu de la plaine, où elle arroſe les Villes de Campan, Bagnieres & Tarbes, Capitale de la Province, elle entre enſuite dans la Généralité de Montauban où elle traverſe le Canton nommé de Riviere baſſe & une petite partie de l'Armagnac, enfin elle entre dans le Département à Aire d'où elle continue ſon cours par Grenade où elle commence à être navigable, Saint Sever, Dax & Bayonne. Elle reçoit à ſa droite la Douze qui vient de Rocquefort & du Mont de Marſan après qu'elle a paſſé à Tartus, & à ſa gauche, *Les Gaves.* 1°. les trois Gaves de Mauleon, d'Oleron & de Pau, après qu'elles ſe ſont jointes au lieu dit Peyrourade, où elles deviennent navigables par leur jonction, 2°. La Vidouze qui vient de baſſe Navarre & de Bidache & 3°. la Niéve qu'elle reçoit fous les murs de Bayonne, laquelle vient de St. Jean de Pied-de-Port. Il refte a faire une obfervation fur l'embouchure de l'Adour, laquelle continuoit autrefois fon cours le long du rivage bien au deffous du Cap Breton, où elle entroit dans l'Océan, mais en 1579 on s'avifa d'élever une digue au travers du canal pour obliger la riviere de couler droit à la mer, ce travail réuffit, de forte que la navigation eft préfentement abregée au dixième de ce qu'elle étoit, & que l'Adour s'eft formée elle-même le paffage qui eft nommé le Boucault, par où les Vaiffeaux viennent à Bayonne. A ce détail des rivieres, l'Auteur joint celui des deux Ports de mer qui font hors les rivieres, fçavoir la Tefte de Buch en Medoc, fituée fur un grand baffin nommé Arcaffon, dont l'entrée eft extrêmement difficile. Il y a onze Paroiffes fur ce baffin, mais la plus confiderable eft celle de la Tefte qui eft un Bourg habité de quantité de pêcheurs: Mr. de Marca, Auteur célébre, qui a traité des antiquités de ce Païs là, prétend qu'il y avoit autrefois fur le baffin une Ville qui portoit le nom de Boyas ou Cité Royale, mais il n'en paroît aucun vef-

Port de mer.
Tefte de Buch.
Baffin d'Arcaffon.

BORDEAUX tige, ce baſſin eſt à neuf lieuës de Bordeaux par terre, à dix-huit de l'embouchure de la Garonne, & vingt-quatre

Le Socas. de Bayonne. Le Socas de St. Jean de Luz qui eſt le ſecond de ces ports, eſt ſitué dans le Païs de Labour, & eſt l'ouvrage des Habitans d'Orogne, St. Jean de Luz & de Sibourg, leſquels voyant que la rade de St. Jean de Luz étoit trop mauvaiſe pour hyverner leurs Vaiſſeaux au retour des pêches & voyages de long cours qu'ils entreprennent tous les ans, imaginerent ce travail, il y a 60 ans, pour éviter d'envoyer leurs Vaiſſeaux à la Côte d'Eſpagne, comme ils étoient obligés de faire.

Idée générale L'Auteur venant enſuite à l'explica-
de la Guienne tion des différens Païs dont la Généralité eſt compoſée, dit qu'elle renferme ſix élections dont il donnera le détail ci-après; la Bigorre Païs d'Etats compoſé de 276 Paroiſſes; le Marſan Païs abonné, compoſé de la Banlieuë de la Capitale & des Baſtides qui comprennent 92 petites Villes, Bourgs ou Villages; de la Soulée, Païs qui ne paye aucuns droits à cauſe de ſon voiſinage avec l'Eſpagne & qui contient 69 Paroiſſes; & du Labour qui jouït de la

même éxemption , & n'a que 38 Paroiſſes toutes extrêmement peuplées à
caufe du voiſinage de la mer. Il ajoûte
que chacun de ces Païs abonde en différens produits , mais fur tout il y a une
prodigieuſe quantité de vignes qui rapportent des vins qui font enlevés par les
Etrangers , conſommés fur les lieux ou
convertis en eaux de vie; que c'eſt en
cela que confiſte le principal commerce du Païs, parce que les Anglois, Hollandois & Hambourgeois s'y fourniſ-
fent ; il dit encore que pendant la paix
les Peuples du Nord les plus éloignés y
envoient leurs vaiſſeaux pour s'en charger ; mais parce que toute la Province
n'eſt pas également fertile en vins il obſerve que les principaux vignobles ſe
trouvent dans l'Election de Bordeaux,
le Perigord, l'Agenois, le Bazadois,
la partie de l'Albret qui eſt de l'Election de Condom , le Chaloſſe qui fait
partie de l'Election des Lannes , la Bigorre & le Marſan. Il remarque de plus
que l'Agenois eſt le meilleur Canton
de la Généralité , étant arroſé d'un
grand nombre de rivieres qui facilitent
le débit de fes denrées , bled, vin ,
chanvre & tabac ; que le Condomois
rapporte auſſi beaucoup de bled , mais

De ſon com-
merce en vin.

En denrées.

que l'éloignement des rivieres navigables étant un obftacle à fon commerce,
fait que l'on voit peu d'argent dans le
Païs, la raifon qu'il donne de ce que
les gros lieux s'y trouvent placés défa-
vantageufement à l'égard du Commerce, eft la dépendance des Jurifdictions
de l'Armagnac, mais il eft plus naturel de penfer que les Peuples qui s'y
font établis ont plutôt fongé à fe procurer les avantages des récoltes favorables en choififfant un bon fol, qu'à fe
placer par rapport au commerce dont
on faifoit peu d'ufage avant que le luxe
d'une part & la néceffité de payer les
impôts de l'autre euffent appris à trafiquer les biens naturels de chaque lieu.
L'on fait quelque nourriture de beftiaux dans le Perigord, & particulièrement de cochons dont le débit apporte
beaucoup d'avantage à la Province. Les
Villes principales de cette Généralité
font Bordeaux, l'une des Villes du Royaume les plus marchandes, & Bayonne
Place très-importante par fa fituation, à
la frontiere d'Efpagne & fur le bord de
la Mer.

L'Auteur ayant enfuite à traiter fa
matiere dans l'ordre propofé par la
Cour, la commence par un détail hif-

torique, tellement abregé, que j'ai cru
devoir retablir entiérement cet article,
en reprenant l'Hiſtoire de la Guienne
dès ſon principe, parce qu'en effet elle
eſt fort ignorée. Je dirai donc 1° que
la Guienne eſt ainſi nommée par une
corruption évidente du nom d'Aquitaine qu'elle portoit au tems des Romains & longtems après ſous les premieres Races de nos Rois; que cette
appellation ne s'eſt introduite dans l'u-
ſage que depuis le Traité par lequel le
Roi St. Louis la ceda aux Anglois, en
ſorte que l'on peut préſumer qu'elle
marqua dès - lors la réduction de la
grande Aquitaine à l'étenduë que la
Guienne contient aujourd'hui, car l'on
ſçait que quoique Jules Céſar l'eut ren-
fermée entre la Garonne & les Pirénées,
Auguſte l'étendit juſqu'à la Loire, ajoû-
tant à l'ancienne Aquitaine les ſix Peuples les plus voiſins de la mer, Perigueux, Angoulême, Poitiers, Xaintes,
Bordeaux & Agen, auxquels il donna
le nom de ſeconde Aquitaine, formant
la premiere des huit autres Peuples compris entre la Loire & le Tarn, ſçavoir
Bourges, Clermont, Rhodès, Alby,
Cahors, Limoges, Mendes & le Puy.
Dans la ſuite l'Empereur Adrien ſoin

pour un meilleur ordre de l'Etat, foit dans la feule vuë de multiplier les Gouvernemens & les Charges, forma une troifiéme Aquitaine de la Novempopulanie, en lui donnant pour limites la Garonne, la mer & les Pyrenées : les neuf Peuples de ce Canton étoient, felon Mr. de Marca, qui a relevé les fautes des Auteurs précédens, les Habitans d'Eauffe, d'Auch, de Bazas, de Tarbes, de Dax ou Aqs, de Leictoure, le Labour, *Lapurdum*, le Bearn & le Commenges qui renfermoit auffi le Couzerans : cette étenduë comprenoit néanmoins 11 Cités, fçavoir Eauffe, Auch, Dax, Leictoure, Bayonne, Commenge, Couzerans, Tarbes, Bazas, Bearn & Oleron. Cette divifion fubfiftoit encore au tems d'Honorius, où il faut prendre la premiere époque des changemens confidérables arrivés à l'Aquitaine, puifque ce Prince l'aliéna de fon Empire en la cedant à Ataulfe Roi des Gots, fi toutefois il n'eft plus à propos de rapporter cette ceffion au Patrice Conftance & à l'année 419, il eft certain néanmoins que ces Peuples ne fe trouverent en poffeffion des trois Aquitaines que fous le régne d'Evaric en 466. Alaric qui lui fucceda en 484, ne conferva point cette grande Domination, puifqu'ayant été défait par Clovis en 507, il perdit les Aquitaines, en forte que les Gots fe trouverent renfermés dans la Septimanie ou Languedoc, dont ils avoient une poffeffion plus légitime, comme leur ayant été cedée authentiquement par Honorius. Clovis étant mort en 511 & fes Etats ayant été divifés entre fes enfans, l'Aquitaine fe trouva le partage de Clodomir Roi d'Orleans qui mourut en 524, en la bataille de Voiron en Dauphiné, qu'il donna contre Gondemar Roi de Bourgogne; fes enfans ayant été maffacrés, Clotaire I. poffeda l'Aquitaine, & après le Roi Gontran y porta la guerre jufques dans la Commenge où il détruifit la fuperbe Ville de *Convena* en 585 pour avoir donné retraite au faux Gondebault qui fe difoit fils de Clotaire. Le jeune Clotaire ou le fecond de ce nom réunit l'Aquitaine au refte de la Monarchie, mais ce fut en fon tems que les Gafcons, Peuples originaires des Pyrenées & de la Bifcaye, que l'on peut prendre pour la pofterité des anciens Cantabres, commencerent à s'y faire connoître; ils profiterent fi bien des divifions de ce Prince avec les Rois

Theodebert & Thierry d'Auftrafie,
qu'ils occuperent le Bearn, la Soulle &
le Labour ; on auroit pû les en chaffer,
mais on fe contenta de les rendre Tri-
buiaires & de leur donner un Chef qui
fe nommoit Genialis ; la Paix ne dura
guères, ils commencerent leurs cour-
fes dans l'Aquitaine, furent repouffés
en 635 & leur Duc Aighina vint de-
mander pardon au Roi Dagobert, mais
comme les divifions de la France ne firent qu'augmenter depuis ce tems-là,
ainfi que la foibleffe des Rois & les in-
juftices de leurs Maires, ces Peuples fe
fervirent de la conjonĉture pour rentrer dans l'Aquitaine en l'année 663 &
la difpofition des naturels du Païs leur
fut fi favorable qu'ils les reçurent dans
leurs demeures, leur partagerent des
terres, & fe choifirent tous enfemble
un Chef auquel ils donnerent le nom
de Duc : le premier qui porta ce titre fe
nommoit Loup, & avoit été employé
dans la Province par le Roi Childeric
II, il commença à régner en 696, Eudes fon fils ou fon gendre & fon fucceffeur fut beaucoup plus puiffant que lui,
& s'affujettit une grande partie de l'A-
quitaine, il fut fouvent mêlé dans les
troubles de la France, ayant foûtenu le

Maire Rainfroy contre Charles-Martel, il s'empara même de la personne du Roi Chilperic III. qu'il enmena en Aquitaine, mais par un Traité qui succeda à cette guerre, il le remit entre les mains de Martel, sans néanmoins devenir meilléurs amis, puisque ce dernier ravagea presqu'aussi-tôt son païs jusqu'à la Garonne. La puissance de Martel étoit alors tellement établie, qu'Eudes ne se jugea pas en état de la pouvoir renverser tout seul, & c'est ce qui le porta à faire alliance avec le Gouverneur Sarrazin de la partie de l'Espagne d'en deçà la riviere d'Ebre, il se nommoit Munieza, on prétend qu'il lui donna l'une de ses filles en mariage, & qu'avec les secours qu'il lui fournit, il recommença la guerre contre Martel, mais dans le même tems Munieza fut arrêté par l'ordre d'Abderame Gouverneur Général de l'Espagne, de sorte que Eudes abandonné, auroit été contraint de subir la loi de son Adversaire, si l'irruption subite du même Abderame dans la France ne les eut engagés à se réunir. Son expédition fut si prompte & l'on y apporta si peu de résistance, qu'il parvint en peu de tems jusqu'au rivage de la Loire.

Eudes qui le fuivoit avec une armée
pendant que Martel l'attendoit avec une
autre, le combattit à Tours, on affure
même qu'il eut tout l'honneur de la
victoire, Martel n'étant arrivé qu'à la
fin du combat, mais comme il y fit une
fort grande perte de fes Soldats, fon
Concurrent qui fe trouva le plus fort
après la défaite des Sarrazins, garda
fon avantage & l'employa toujours à
humilier de plus en plus le Duc Eudes,
qui fuccomba à la fin & mourut en 735
ou plutôt en 738.

On peut obferver au fujet de cette
guerre, l'une des plus fortes que la
France ait foûtenuë depuis fon établiffement, que l'entrée des Sarrazins dans
la France fut prétextée du feul deffein
d'attaquer les Etats des Vifigots avec
lefquels ils avoient une guerre ouverte,
mais qu'ils la firent au nombre d'environ 400000 hommes, armée fi formi-
dable en ce tems-là que les Provinces
ne pouvant fournir à fa fubfiftance, les
Chefs furent obligés de la divifer, en
forte que pendant qu'une partie affujet-
tiffoit le Languedoc, que l'autre étoit
occupée au fiége d'Arles en Provence,
le Général lui-même pouffa jufqu'à
Tours après avoir reduit toute la Guien-

ne , l'Angoumois , la Xaintonge & le Poiétou : la chronique de Fulde marque fa défaite au 22 Juillet 726, celle de Metz la rejette jufqu'à l'an 723, mais toutes les deux conviennent qu'elle arriva dans la plaine de Tours entre les rivieres de Loire & de Cher au lieu qui a été nommé St. Martin de Belle. Le fils du Duc Eudes nommé Hunaud , ne trouva après la mort de fon pere qu'un héritage fort diminué par un adverfaire preffant & animé à fa ruine , ce qui l'engagea à employer toutes fes reffources pour conferver au moins ce qui lui reftoit: dans cette intention il lia fes intelligences , avec quelques Seigneurs François mécontens de l'Ufurpation de Charles - Martel , & particulierement avec Gerard de Rouffillon , l'un des plus puiffans de la Bourgogne , il jugea même pouvoir employer le fecours des Sarrazins d'Efpagne & du Languedoc , & avec ces moyens il porta la guerre jufqu'au cœur de la France. Toutefois la fortune le fervit mal , il fut repouffé devant la Ville de Sens. Martel à fon tour porta fes armes jufques à Avignon & à Narbonne , d'où il chaffa les Sarrazins , & enfin après avoir foumis le Languedoc & la Provence, il vint attaquer Hunaud dans le centre de ſon Païs, ce malheureux Prince fut vaincu non-ſeulement par Charles, mais par Pepin ſon fils , de ſorte que rebuté de la fortune , il voulut eſſayer d'attraper le repos dans un Cloitre où il ſe retira en 744, laiſſant ſon Etat à Gaiffer ſon fils.

Celui-ci forcé par la même néceſſité que ſon Pere , ſoûtint la guerre contre Pepin auſſi long-tems qu'il régna , il perdit le Château de Loches où il fut forcé, & ſe battant toujours en retraite, il ne ſe trouva réduit à l'extrêmité qu'aprés avoir réſiſté durant 24 ans contre des forces bien ſupérieures aux ſiennes ; alors le Sceptre ayant paſſé à Charlemagne, le vieux Hunaud qui vit ſon fils attaqué par un nouvel ennemi à qui la jeuneſſe & l'activité donnoient un grand avantage , ſortit de ſon Monaſtere & par la même adreſſe qu'il avoit autrefois employée pour ſa propre défenſe, r'anima l'affection de ſes ſujets , & les fit revolter contre le nouveau Roi, il porta même ſes intrigues jüſqu'à diviſer la Maiſon Royale , engageant le Roi Carloman à faire la guerre à ſon frere, mais çe Prince étant mort peu après Charlemagne, eut le loiſir de ſui-

vre cette guerre pied à pied & de renfermer le Moine Hunaud dans les montagnes de Gafconne, ce fut en ce lieu
qu'il trouva la fin de fes avantures ;
Loup Duc particulier des Gafcons ayant
jugé à propos de faire fa paix à fes dépens, il le livra entre les mains du Roi.
Mais l'inimitié des Gafcons ne s'éteignit point avec la race de Gaiffer, les
motifs de la Religion ou de l'intérêt
perfonnel ayant porté Charlemagne à
entreprendre la guerre d'Efpagne contre les Sarrazins en l'an 778, les Gafcons qui avoient penfé affamer fon armée en interrompant les convois & qui
l'obligerent par ce moyen à repaffer les
montagnes plutôt qu'il ne l'auroit voulu, tomberent fur fon Arriere-garde,
dans le retour enleverent fon bagage &
cauferent une efpece de déroute qui eft
connuë dans l'Hiftoire fous le nom de
la Journée de Roncevaux, c'eft-là que
le Roi perdit le brave Roland que l'on
dit avoir été fon neveu; dans la fuite
les Gafcons livrerent eux - mêmes les
principaux Auteurs de cette action afin
d'obtenir le pardon de tous les autres.
Mais comme Charlemagne jugea que
ces Peuples remuants ne fe contien-
droient pas long-tems, & qu'il fe per-

(notes marginales :)

Cloi-

éceffité
contre
gna, il
où il fut

ité qu'a-
ns contre

Charle-
i vit fon
emi à qui
oient un

ro
es

mort peu
de fui-

fuada qu'un des principaux motifs de leur inquiétude étoit qu'ils vouloient avoir un Prince particulier de leur Nation, il voulut que la Reine fa femme accouchât dans le Païs, ce qui arriva la même année 778 dans le Palais de Chaffeneuil près d'Agen où elle mit au monde deux jumeaux, au plus jeune defquels, qui fut Louis-le-Débonnaire, il conféra le titre de Roi d'Aquitaine, & établit en même tems des Comtes dans toutes les Cités pour les gouverner & les contenir dans le devoir, cela ne pût néanmoins empêcher qu'en l'année 801 les Gafcons ne fe foulevaffent de nouveau à l'occafion d'un nouveau Comte que le Prince avoit établi à Fezenfac, mais il les chatia rigoureufement.

L'Empire étant échu à Louis-le-Débonnaire par la mort de Charlemagne, il tranfporta le titre de Roi d'Aquitaine à Pepin fon troifiéme fils dans un Parlement tenu à Worms en 817, ce Prince fut l'un des plus animés dans la conjuration contre fon pere, ce fut lui qui le contraignit à l'abdication forcée qui a été le premier degré de la ruine de la maifon de Charlemagne ; il fut néanmoins grand Fondateur ou Reftaurateur

rateur d'Abbayes, & notamment de S.
Jean d'Angely de S. Cyprien, de Poitiers & de Brantofme ; il mourt en 738
& fut enterré à Sainte Radegonde de
Poitiers, laiffant Pepin II fon Succeffeur, Charles-le-Boffu qui fut Archevêque de Mayence, & Berthe que l'on
dit avoir été femme de Gerard d'Alface
dit auffi de Rouffillon. Pepin II irrité
du partage donné à Charles-le-Chauve
fon oncle, fe joignit à l'Empereur Lothaire, & perdit conjointement avec
lui la cruelle bataille de Fontenay donnée le 25 Juillet 741. Il fe retira depuis dans fes Etats, mais comme il
étoit le plus foible des Rois qui parta-
geoient la France, & que fon oncle
Charles jugea le pouvoir aifément dé-
pouiller, il n'y fut jamais en repos foit
par la guerre ouverte, foit par les troubles domeftiques qu'il lui fufcita, ayant
armé fes fujets contre lui, & particulierement Ranulphe Comte de Poitiers,
& Sanchès Comte de Gafcogne ; ceux-ci
lui livrerent enfin ce malheureux Pepin,
lequel fut enfermé à Saint Medard de
Soiffons, & obligé d'y prendre l'habit
de Moine ; il trouva cependant moyen
d'en échapper, mais ce ne fut que pour
périr avec plus de rigueur ayant été une

feconde fois livré à fon oncle qui le renferma dans une noire prifon où il mourut en 854. Après fa mort Charles-le-Chauve fe fit couronner folemnellement Roi d'Aquitaine, puis il en ceda le titre à l'un de fes enfans qui l'a porté jufqu'en 866; mais comme les dangers de l'Etat & d'une défection générale augmentoient de plus en plus, il fe réfolut enfin de partager l'Aquitaine à des fujets fidèles qui fuffent intereffés à contenir les Peuples; c'eft pourquoi après avoir établi des Comtes ou Vicomtes dans les Villes principales il conféra le titre de Duc ou Chef de la Province entiere à Ranulphe de Poitiers qui l'avoit fi bien fervi contre fon neveu le Roi Pepin; mais comme il vint à mourir il fit paffer la même dignité à Gerard Comte de Bourges, & enfuite à Bozon dit le vieux Comte de la Marche: les Grands commençoient alors à perpétuer dans leurs familles les Gouvernemens des Provinces, c'eft pourquoi Bernard Comte d'Auvergne frere de Ranulphe s'oppofa au préjudice que le Chauve faifoit à fes enfans par cette création de Ducs d'une autre Race, & leur conferva l'Aquitaine. Quelques années après la Maifon de Charlema-

gne commençant à manquer de fujets
heureux, celle d'Anjou ou plutôt de
Bourgogne vint fur les rangs, & afpira
manifeftement à la Monarchie : Eudes
fils du Marquis Robert s'en mit en poffeffion & difpofa de l'Aquitaine en faveur d'Aimar fils d'Emmenon Comte
d'Angoulême, l'un des plus zélés par-
tifans des Rois Pepin I & II. cet Aimar
mourut en 901. Malgré cette difpofition l'Aquitaine revint à la lignée de
Ranulphe par le moyen de Guillaume
Comte d'Auvergne, dont le grand crédit obligea le Roi Raoul d'en inveftir le
Duc Ebles Second, dont le fils Guillaume auffi II, fit un Traite final avec Hugues Capet qui le conferva & fa poftérité dans la poffeffion de cette Province.

Pendant ce cems-là la Sénéchauffée
de Bordeaux avoit auffi fes Comtes ou
Ducs particuliers qui s'éteignirent en
la perfonne de Brifque Héritiere de
Guienne & des Comtes de Bordeaux &
d'Agen, laquelle époufa Guillaume IV,
Comte de Poitou, Duc d'Aquitaine, à la
fin du dixième fiécle, & lui porta ce
grand héritage, qui depuis eft demeuré
dans la maifon de Poitou jufqu'à la
Reine Eleonor fille du Duc Guillaume

D 1

IX, laquelle ſe trouvant ſéparée du Roi Louis-le-Jeune porta toutes ces Provinces dans la Maiſon d'Angleterre en épouſant le Roi Henri II, en l'année 1152. Richard Cœur-de-lion qui leur ſucceda eut quantité de guerres avec les Seigneurs particuliers de la Gaſcogne, qu'il extermina la plûpart pour former à leurs places de nouvelles maiſons : ce Prince mariant ſa ſœur Jeanne à Raimond VI, Comte de Toulouſe, lui donna l'Agenois pour ſa dot, elle le tranſmit à ſon fils le jeune Raimond, dont la fille auſſi nommée Jeanne le porta à Alphonſe frere du Roi S. Louis; mais comme après la mort de Richard ſans enfans le Roi Jean ſon frere fut jugé coupable de felonie & de trahiſon par Arrêt des Pairs de France, & qu'en conſéquence ſes grandes Seigneuries furent confiſquées, il ſe fit d'étranges guerres, principalement pour la conſervation de la Guienne, elles furent enfin terminées par un Traité de l'année 1259, par lequel Henri III, Roi d'Angleterre renonçant aux autres biens patrimoniaux qu'il prétendoit en France, ſe contenta de la Guienne depuis la Charente juſqu'aux Pyrenées, & ſe ſoûmit à les tenir en Fief de la Couronne

de France. Par ce Traité, que les igno-
rans ont blâmé mal à propos, S. Louis
s'affûra la poffeffion légitime de tout le
refte , & acquit le Domaine Souverain
de la Guienne qu'il n'avóit pas ; il eft
vrai qu'il lui en couta l'Agenois , le
Quercy & le Limofin , mais outre qu'il
y perdoit peu dans un tems où ies impôts n'étoient pas encore établis il y gagnoit la paix, fa tranquillité perfonnelle,
& le repos de fes Peuples : on n'étoit
pas encore accoùtumé à fe former des
droits & à les foùtenir par la violence ,
il falloit que la confcience fut appaifée
avant que d'écouter les raifons de la
bienféance & de l'intérêt; que fi avant S.
Louis on en a ufé autrement , il faut
avouer du moins que les exemples an-
térieurs à ce tems-là font plus rares que
les autres : quoi qu'il en foit , ce traité
fut confirmé en 1279 par le Roi Philip-
pe-le-Hardi , mais en 1293 le Roi Ed-
ward I , ayant refufé l'hommage , Philippe-le-Bel fe mit en poffeffion de la
Guienne par le Miniftère de fon Connêtable : les Anglois y rentrerent néanmoins bientôt après , & Bordeaux leur
ouvrit fes portes en 1308. Le feiziéme
fiécle fut très-favorable à cette Province
pendant qu'elle fut fous le Gouverne-

D 3

ment du Prince de Galles Edouard, fils d'Edouard III Roi d'Angleterre : ce Prince porta fa gloire au plus haut point où elle ait été, il y conduifit le Roi Jean de France après l'avoir pris à Poitiers, & ce fut de Bordeaux qu'il partit pour conquerir l'Efpagne accompagné de fes Gafcons, par le moyen defquels il triomphoit toujours. On peut dire que ce fut lui qui les accoûtuma à la guerre & qui leur apprit à defirer l'honneur des combats, car de fon tems toute la France fe remplit de foldats Gafcons ; auxquels, quoique cruels & intéreffés, on ne peut refufer les éloges d'une grande bravoure. Leur poftérité s'eft depuis tellement aguerrie que l'on peut affûrer qu'aucune Province ne fournir une plus grande quantité d'Officiers aux armées du Roi, & l'on ajoûte qu'aucune autre n'a nourri tant de fujets qui ayent éclaté dans de grandes Charges, puifque l'on y compte cinq Connêtables & 22 Maréchaux de France depuis qu'elle a été reprife fur les Anglois en 1453, car quoique Bordeaux fe fut foûmife au Roi Charles VII par le Traité de Fronfac de l'année 1451, cette Ville r'ouvrit fes portes aux Anglois prefqu'auffi-tôt, & ce ne

fut que par la Bataille de Castillon en
Perigord où le Géneral des Anglois fut
tué, qu'elle perdit l'esperance d'etre
jamais possedée par ses anciens Maîtres.
Louis XI donna la Guienne en appanage à son frere auparavant Duc de
Normandie par un Traité de l'année
1469, mais il ne la posseda guères,
étant mort en 1472, empoisonné par
Jean Favre Versois Abbé de S. Jean
d'Angeli son Aumônier ; son corps fut
enterré dans l'Eglise de St. André de
Bordeaux, & depuis la Guienne n'a
plus été séparée de la Couronne.

A l'égard des Provinces particulieres
comprises dans la Généralité, l'Auteur
en donne un détail beaucoup meilleur
que de l'Histoire générale : il dit que
le Perigord a été possedé par la Maison
de Tallerand durant plusieurs généra-
tions, qu'il fut confisqué sur Archambault V. en l'année 1399 & la Seigneurie donnée à Louis de France Duc d'Orleans frere du Roi Charles VI; que
Charles son fils étant prisonnier en Angleterre le vendit en 1437 pour 16000
Reaux d'or à Jean de Bretagne Châtillon Comte de Penthievre, lequel mourant sans enfans, le laissa à Françoise
fille aînée de son frere Guillaume Vi-

*Histoire par-
ticuliere du
Perigord.*

D 4

comte de Limoges femme d'Alain Sire
d'Albret & mere de Jean qui devint
Roi de Navarre par son mariage avec
Catherine de Foix & Bisayeul du Roi
Henri IV. qui réunit le Perigord à la
Couronne avec toutes les autres Terres
de la Maison d'Albret. L'Auteur auroit
pû ajoûter que le Perigord fut adjugé à
Jean d'Albret par un Arrêt rendu contre Jean de Brosse Seigneur de Boussac,
époux de Nicole de Bretagne, fille de
Charles Baron d'Avaugour frere des
Comtes de Penthievre & Vicomte de
Limoges; mais le même Arrêt en ayant
adjugé le tiers à Louis XII, lors Duc
d'Orleans, ce Prince la ceda à Jean
d'Albret quand il fut parvenu à la Couronne. Et par rapport à la Maison de
Tallerand il auroit pû marquer son origine en la personne d'Elie premier Comte de Perigord vivant en 970, que l'on
estime avoir été fils du vieux Bozon
Comte de la Marche, ou être le même
qu'Elie Rudel Tige des Seigneurs de
Pons; il tomba dans la disgrace du Duc
de Guienne pour avoir causé la mort
d'Ebles Evêque de Limoges & fut condamné à perdre sa Comté; ce fut apparemment dans l'intervalle de sa dépos-
session qu'Audebert fut investi de la

Vicomté de Perigueux, lui que l'on peut regarder comme un exemple de la liberté que les Seigneurs François avoient alors de se gouverner indépendemment des Rois, puisqu'il reste une lettre de lui, écrite au Roi Robert, où il lui marque avec hardiesse qu'il ne tient point sa dignité de sa grace, mais de la puissance qui l'avoit lui-même établi Roi, c'est-à-dire, du consentement de tous les Seigneurs. On peut encore remarquer qu'Archambault II, Comte de Perigord mort en 1289, eut un fils puîné Seigneur de Caumont, auquel on rapporte l'origine de la Maison de Caumont, dont une branche a pris le surnom de la Force depuis l'alliance de Philippote de Beaupoil, héritiere de la Force en 1550 mere du premier Maréchal de ce nom ; toutefois Moreri ne donne la filiation de cette Maison que depuis 1346. La derniere remarque à faire sur l'histoire du Perigord regarde ce qui donna lieu à la confiscation jugée contre Archambault IV, en 1396 & son fils de même nom en 1399, sçavoir leur attachement aux intérêts de l'Angleterre dans un tems où cette Couronne ne leur pouvoit donner aucun secours, sçavoir le régne de

D 5

Richard de Bordeaux. Ils eurent d'ailleurs aſſez peu de ſageſſe pour oſer courir & piller les terres de France, ce qui donna lieu au Maréchal de Boucicault de porter la guerre en Perigord où il aſſiegea & força le Château de Montignac, dans lequel le dernier de ces Comtes avoit eu l'imprudence de s'enfermer.

Hiſtoire particuliere du Marſan & de Bigorre. Après l'Hiſtoire du Perigord, l'Auteur donne celle du Marſan & de la Bigorre conjointement, car quoique l'un & l'autre euſſent eu leurs Seigneurs particuliers dans les neuf, dix, onzième ſiécles, ces Provinces s'unirent par le mariage de Pierre Vicomte de Marſan, fils du Comte Loup Aznar avec Beatrix héritiere de Bigorre en l'année 1118, elle étoit fille de Centule II. Comte de Bigorre, dernier mâle de la race de Bearn qui avoit ſuccedé à celle de Raimond Souverain de la Bigorre en 495. De ce mariage vint Centule III. Comte de Bigorre & de Marſan, pere de Stephanie heritiere de l'une & de l'autre femme de Bernard Comte de Commenges, laquelle ne laiſſa auſſi qu'une fille nommée Petronille, dont les différentes alliances donnerent lieu dans la ſuite à de longues conteſtations entre ſes hé-

rìtiers : elle époufa 1°. en 1192 Gafton Vicomte de Bearn mort fans enfans
en 1215, 2°. Hugues d'Arragon Comte de Cerdaigne dont elle fe fépara pour
caufe de parenté, fans jugement de l'E-
glife, ce qui fit bâmer fon troifiéme
marïage avec Guy de Montfort, fecond
fils du Comte Simon de Touloufe qui
étoit trop-bien avec les Eccléfiaftiques
pour ne la pas deffendre des recherches
éxactes qu'ils faifoient en ce tems-là,
elle eut deux enfans, Alix & Pétronil-
le ; en quatrième nôces elle époufa Aimar de Rançon Seigneur de Taille-
bourg, après la mort du quel elle paffa
à de cinquiémes nôces avec Bozon de
Mathas, Seigneur de Cognac en Angoumois, dont elle eut encore une fille
Marthe, époufe de Gafton, feptiéme
Prince de Bearn, mais fon aînée Alix
fut mariée à Efquivat fecond du nom,
Seigneur de Chabanois & de Confo-
lant, & la cadette à Raoul de Teiffon
tous deux de la même Province que
fes deux derniers maris. La Comteffe
Pettonille fit fon teftament en 1251 &
nomma pour héritier Efquivat III. fon
petit-fils, auquel elle fubftitua fon frere
Jourdain ; en cas de mort fans enfans de
l'un & de l'autre, elle appella à l'héré-

BORDEAUX dité de la Bigorre & du Marſan. les enfans de Gaſton Prince de Bearn , le dernier de ſes gendres , à l'excluſion de
Raoul Teiſſon mari de ſa fille Petronille & de Laure Sœur d'Eſquivat III ,
Vicomteſſe de Turenne ; cette diſpoſition donna lieu de diſputer de la vali-
dité du teſtament , & la choſe miſe en
arbitrage devant Roger Comte de Foix,
il adjugea la Bigorre à Eſquivat & lui
fit épouſer ſa fille , mais il mourut ſans
enfans après avoir inſtitué ſon oncle Simon de Monfort & enſuite ſa ſœur
Laure pour ſon héritiere. Nouvelle querelle , parce que Conſtance de Bearn ,
fille de Marthe de Mathas & de Gaſton
VII , prétendit que cette diſpoſition étoit
contraire à celle de ſon ayeule Petronille de Commenges , elle ſoûtenoit même que tous les enfans qu'elle avoir eu
Guy de Montfort étoient inhabiles à
ſucceder , étant nés pendant que le mariage du Comte de Cerdaigne ſubſiſtoit
encore. D'ailleurs la Comteſſe Alix , fille
aînée de Petronille avoit après la mort
d'Eſquivat paſſé à un ſecond mariage
avec Raoul de Courtenay Seigneur d'Il-
liers fils de Robert Seigneur de Cham-
pigueulles , dont elle eut Mahault de
Courtenay Comteſſe de Chietti qui pré-

tendit que la succession lui étoit dévo-
luë. Le Roi d'Angleterre se mêla dans
cette querelle prétendant la Souveraineté de la Bigorre en qualité de Duc de
Guienne ; mais elle lui fut encore dis-
putée par l'Evêque & le Chapitre de
N. D. du Puy en Velay , parce qu'en
l'année 1062 Bernard second Comte de
Bigorre & Clémence sa femme avoient
mis leur Comté sous-la protection de
la sainte Vierge honorée en cette Eglise , & l'avoient assujettie à la redevance
de 3 liv. par chacun an. Enfin l'affaire
portée à la Cour de France , elle y fut
jugée aux Parlemens de Chandeleure ,
& la Toussaints 1292 en faveur de l'E-
glise du Puy : Constance de Bearn fut
dépossedée malgré les Peuples qui l'a-
voient acceptée pour Dame & le Roi
de France traita ensuite des droits de
l'Eglise du Puy , qui lui furent cedés si
authentiquement que Philippe-le-Bel
fit porter la qualité de Comte de Bigorre au troisiéme de ses enfans , qui fut
depuis le Roi Charles-le-Bel ; toutefois
il se prévalut encore d'un autre droit ,
sçavoir de la donation faite par Esqui-
vat III à son Oncle Simon de Montfort bien que revoqué, parce que Simon
l'avoit remise à Thibaut de Champa-

gne Roi de Navarre avec la Forterelle
de Lourde, depuis elle vint à Philippe
le-Bel par son mariage avec l'héritiere
de Champagne. Ces différentes disposi-
tions n'empêcherent pas le Prince de
Galles Duc de Guienne de donner de
son autorité la Bigorre à Jean de Grailly
second du nom, mais les armes de
France l'en depossederent en 1389, &
Charles VI. en fit don au Comte de Foix,
Gaston Phœbus, dont les successeurs la
rapporterent dans la Maison de Grailly
par le mariage d'Isabelle héritiere de
Foix avec Archambault de Grailly, dont
le fils Jean Comte de Foix, de Bearn &
de Bigorre obtint en 1428 la pleine
main-levée de cette derniere Terre par
un Arrêt solemnel, il fut pere de Gaston IV Roi de Navarre & ayeul de Catherine qui porta cette Couronne avec
les autres Principautés de sa Maison
dans celle d'Albret, de qui elles ont
passé à la Couronne de France en la personne de Henri IV. Que si l'on repasse
avec quelque reflexion sur cette ancienne Histoire, dont un détail aussi abregé
que celui-ci ne peut donner qu'une idée
très-imparfaite, à l'égard des évenemens, on en peut néanmoins retirer le
fruit de connoître que les maximes de

Gouvernement, les raifons d'Etat, les Loix auxquelles les Peuples font les plus accoûtumés, les Grandeurs particulieres les mieux reconnuës & les plus autorifées, tout cela eft le jouet de la fortune, ou pour mieux dire de ceux qui deviennent les maîtres : on voit les efforts de Richard Cœur-de-lion pour détruire les anciennes Seigneuries de la Guienne & en former de nouvelles de l'obéïffance defquelles il put être mieux affûré ; telles ont été la Maifon de Bruch ou Grailly & celle d'Albfet ; on voit enfuite cette autorité Angloife bien établie & même portée au comble de la gloire fous le Gouvernement du Prince de Galles, mais on voit en même tems cette gloire obfcurcie par les divifions d'une Noblefle inquiette qui cherche elle-même la protećtion d'une Couronne à laquelle elle dût bientôt fa propre ruine ; on voit perir les grandes Maifons d'Armagnac & de Perigord, partie dans d'horribles prifons, & partie fur l'échaffaut ; on voit receuillir à la Maifon de Grailly tout ce qui reftoit de grandeur dans la Guienne, la porter dans celle d'Albret & leurs fucceffions réunies redonner à la Maifon de Bourbon, dans une branche cadette, l'éclat

& les richesses qu'elle avoit perdues par la chute de l'aînée; enfin on voit arriver Henri IV à la Couronne & y retenir les Domaines de toute la Guienne, que les Seigneurs d'Albret & de Grailly avoient amassés l'un après l'autre pendant quatre siécles, en sorte que l'on a pu dire que si Henri IV a hérité de la plus belle succession du monde, la Couronne a acquis par son avenement un Domaine aussi étendu que celui que la Reine Anne de Bretagne lui avoit apporté cent ans auparavant; mais on verra ci-après à quel point les anciennes idées sont changées sur l'estime que l'on pouvoit faire d'un tel Patrimoine, puisque l'on n'en a conservé aucune partie, tant on est bien persuadé que les terres dont on donne ou laisse à présent la jouïssance aux particuliers leur appartiennent moins qu'aux Rois, Maitres absolus de tous les biens de l'Etat.

Etat de l'E- glise.
Archevêché de Bordeaux. L'Auteur passe immédiatement après le détail historique à celui de l'Eglise dans la Généralité, & commençant par l'Archevêché de Bordeaux il dit que le Siége est très-ancien, ayant été fondé dès-le premier siécle de la Religion par Saint Gilbert; entre ses successeurs on

compte Auriental qui affifta au Concile d'Arles tenu contre les Donatiftes en 314, St. Delphin qui en affembla un autre à Bordeaux en 385, dans lequel Prifcillien fut condamné; les autres Prélats illuftres de cette Eglife ont été Gofcelin de Pathenay, Elie & Gerard de Malemort, Simon de Rochechouart, Bertrand Got ou de Goin, depuis Pape Clément cinq, les Cardinaux de Canteloup, Hugocioni, de Foix, d'Efpinay, de Grammont, du Bellay & de Sourdis : mais il ne faut pas oublier parmi le nombre de ces Archevêques le fameux Artus de Montauban, qui de mignon de François I. Duc de Bretagne, & de meurtrier du Prince Gilles fon frere paffa dans l'Ordre des Celeftins & fut élevé à la Prélature par la faveur de Louis XI. Cet Archevêché qui eft à prefent poffédé par Mr. de Befons, auparavant Evêque d'Aire, vaut environ 30000 liv. de revenu, dont les Terres de Montravel, Beluez & Biganocque en Perigord fourniffent une grande partie, elles ont été acquifes en 1307 par le Cardinal de Canteloup, fucceffeur en ce Siége du Pape Clément V, fon oncle. Le Diocèfe de Bordeaux contient 450 Paroiffes & 50 Annexes

BORDEAUX

diviſées en 10 Archiprêtrés. Les Suffragans de ce Siége au nombre de neuf
ſont les Evêques d'Agen, d'Angoulême, de Poitiers, de Luçon, de la Rochelle, de Perigueux, de Xaintes, de
Condom & de Sarlat, deſquels 4 ſeulement ont leurs Diocèſes en cette Généralité ; mais l'Archevêque de Bordeaux non content de cette grande étenduë de Juriſdiction, s'attribue en qualité de Primat de Guienne la reviſion
des jugemens rendus par l'Archevêque
d'Auch & reçoit tous les appels qui lui
en ſont portés, toutefois ce droit eſt conteſté & ne paroît pas même aſſez fondé.

Chapitres. L'Egliſe Cathédrale de Bordeaux dédiée
à St. André eſt fort bien bâtie avec deux
belles Tours qui en ornent l'extérieur ;
le Chapitre eſt compoſé d'un Doyen,
3 Archidiacres, 6 autres moindres Dignités & 23 Chanoines : l'on voit dans
la même Ville le Chapitre de St. Severin établi dans l'un des Fauxbourgs dont
la Seigneurie lui appartient, c'étoit autrefois une Abbaye de l'Ordre de Saint
Auguſtin qui a été ſéculariſée dans le
treiziéme ſiécle, cette Collégiale eſt
compoſée de pluſieurs Dignités & de
ſimples Prébendes : le Chapitre de St.
Emilien près de Libourne eſt auſſi l'un

des plus confiderables de la Généralité; le Duc d'Epernon en a fondé depuis quelques années un autre à Cadillac, & c'eft tous les Chapitres dont l'Auteur faffe mention par rapport au Diocèle de Bordeaux. Les Abbayes de l'Ordre *Abbayes.* de St. Benoît réformé de St. Maur font Sainte Croix de Bordeaux, dont on attribue la fondation au Roi Clovis, valaut 10000 l. de revenu, elle eft poffedée par l'Abbé Malé Maitre des Requêtes ; Guiftres fur la riviere d'Ill au deffus de Libourne de 6000 liv. de rente ; St. Sauveur de Blaye non Reformée de 6000 l. à l'Evêque de Leiétoure; Sauvemajour fondée en 1077 à 5 lieuës de Bordeaux dans le Medoc par le bienheureux Gerard, Difciple de Saint Arnoul Evêque de Soiffons, vaut 8000 liv. & eft poffedée par l'Evêque de Frejus d'Arquin. Celles de l'Ordre de Cifteaux font Bonlieu fondée en 1162 entre la Garonne & la Dordogne dans le Païs d'entre deux mers, & la Faye dans le même canton fondée en 1147, elles ne valent l'une & l'autre qu'environ 4000 l. chacune. Les Abbayes de l'Ordre de St. Auguftin font Genes de la Plaine de 3000 liv. St. Pierre de l'Ifle en Medoc de pareil revenu, St. Pierre de Vertheuil de 2400 l. dans le même canton St. Romain de Blaye non Reformé de 8000 l. l'Abbé de Vaillac en eſt Titulaire, & St. Vincent de Bourg ſur la Gironde de 4000 l.

Prieurés.

L'Auteur qui n'avoit donné aucun détail des Abbayes précédentes n'a pas auſſi parlé des Prieurés, parce qu'en effet ils méritent peu de conſideration ſi ce n'eſt celui de S. Jacques de 1000 l. de rente à la nomination du Roi, & celui de Bardenal de 3000 liv. uni au Collége de Bordeaux. L'on peut encore ajoûter à cet article de l'Archevêché de Bordeaux que la Primatie de Guienne lui ayant été conteſtée durant pluſieurs ſiécles par l'Archevêque de Bourges, ce differend fut reglé par le Pape Clément V, qui débouta le Prélat de Bourges de ſa prétention & donna divers priviléges à l'Egliſe où il avoit ſi longtems préſidé.

Evêché d'Agen.

L'Evêché d'Agen vient après celui de Bordeaux, l'Auteur le croit ſi ancien qu'il le fait remonter au premier ſiécle de l'Egliſe, toutefois St. Capraix martyriſé en 303 en eſt reconnu pour le premier Evêque; ce Prélat a eu d'illuſtres Succeſſeurs, parmi leſquels on compte Phebadien en l'an 400, Gombaud de Gaſcogne, depuis Archevêque

de Bordeaux, Elie de Caſtillon l'un
des Prélats qui annulerent le mariage
de Louis-le-Jeune & la Reine Eleonor,
Guillaume de Pontoiſe , Simon de Cra-
maux & les Cardinaux de la Rouere &
de Lorraine. Cet Evêché contient 373
Paroiſſes & 101 Annexes, ce qui forme une étenduë très-conſiderable, mais
qui étoit beaucoup plus grande avant
que le Pape Jean XXII en eut démem-
bré le Diocèſe de Condom ; l'Evêque
d'à preſent eſt le Sieur Hebert qui a
ſuccedé au Pere Maſcaron , ſon revenu eſt de 35000 l. ou environ. La Cathédrale d'Agen eſt dédiée à St. Etienne , & le Corps du Chapitre compoſé
de deux Dignités avec 14 Chanoines
qui ont un bas chœur fort nombreux ;
il y a dans la même Ville la Collégiale
de St. Capraix compoſée de douze Chanoines & d'un Prieur à la nomination
du Roi qui a 10000 l. de revenu. Les
Abbayes de ce Diocèſe ſont Clairac à
preſent unie au Chapitre de St. Jean de
Latran de Rome , lequel y entretient
quelques Prêtres pour deſſervir l'Egliſe :
Cette Maiſon qui étoit la plus conſiderable de la Généralité valant au moins
15000 l. de revenu a été éteinte poür
témoignage de la réconciliation du Roi

Henri IV. avec le Pape, & par un effet de sa pieté envers l'Eglise Patriarchale de la Chrétienté ; Eyssex de l'Ordre de St. Benoit de la fondation du Comte Seguin dé Bordeaux qu'on dit avoir vécu au tems de Charlemagne & avoir été pere de Huon surnommé de Bordeaux l'un des Paladins, cette Maison ne vaut que 2600 l. de revenu, & St. Maurin du même ordre 4000 liv. Les Abbayes de l'Ordre de Cisteaux sont Gondon fille de Cadouin, fondée en 1123 de 2000 l. & Perignac de 3000, cette derniere est fille de Bonnefons en Commenges & la filiation de Merimond. Les Prieurés du même Diocèse sont ceux de Suril & de Garrigues de l'Ordre de Grammont de 1200 l. & celui de Montault de 800.

Prieurés.

Evêché de Condom.

L'Evêché de Condom vaut environ 30000 liv. de revenu, il a été formé d'une riche Abbaye rétablie l'an 1011 par le Duc de Gascogne Garcias Sanches le Courbé dont la Mense Abbatiale fut affectée au revenu de l'Evêché en 1549, les Religieux de l'Ordre de St. Benoît qui avoient été conservés depuis l'érection de cet Evêché furent sécularisés & changés en des Chanoines qui composent le Chapitre de la Cathédrale. Raimond Goulad Abbé de Condom en fut nommé le premier Evêque, c'eſt aujourd'hui le Sieur Milon qui en remplit le Siége ; le Diocèſe eſt compoſé de 140 Paroiſſes & 80 Annexes : d'ailleurs il n'y a aucune Abbaye dans ce territoire, mais ſeulement les Jacobins de Pouillans avec les Prieurés de Monaz & de Fremont de l'Ordre de S. Benoît, dont le dernier vaut 1600 l. de revenu. L'Evêché de Perigueux eſt d'un revenu bien moindre que les précédens, quoique l'étenduë de ſon Diocèſe ſoit beaucoup plus grande : on y compte 450 Paroiſſes non compris l'ancien diſtrict qui en fut détaché par le Pape Jean XXII pour former l'Evêché de Sarlat : la Cathédrale de St. Etienne ayant été ruinée par les guerres de la Religion, & ne pouvant être rétablie ſans une grande dépenſe, l'on jugea à propos il y a 30 ans de tranſporter le ſervice dans l'Abbaye St. Front, unie depuis long-tems à l'Evêché, & à cet effet on a uni pareillement la Menſe des Religieux au Chapitre de Saint Etienne. St. Front eſt reconnu pour le premier Evêque de Perigueux ; le revenu de cet Evêché n'eſt que de 12 à 15000 l. c'eſt à preſent le Sr. Clement, ci-devant Grand Vicaire à

BORDEAUX

Evêché de Perigueux.

Rouen qui le poſſéde. Les Chapitres de ce Dioceſe outre celui de la Cathédrale ſont Aubeterre & St. Aſtier anciennes Abbayes ſécularifées qui valent chacune

2000 liv. de revenu. Les Abbayes ſont Brantofme de l'Ordre de St. Benoît Reformé, dont l'Abbé de Vauban eſt Titulaire, cette Abbaye ne vaut guères que 4000 l. mais elle a perdu la plus grande partie de ſes biens, tant par les entrepriſes des Seigneurs, que par les guerres de la Religion & la mauvaiſe conduite des Abbés : Charlemagne en eſt reconnu pour le fondateur & il y fit de grands dons en biens temporels & en reliques, deſquelles la principale étoit le corps d'un des Saints Innocens qu'il portoit toûjours avec lui ; cette Fondation eſt de l'an 779 : Pierre de Bourdeille Abbé de Brantofme a rendu ſon non célébre par les Mémoires qu'il a laiſſés de la Cour des derniers Rois de la Branche de Valois. Tourey, autrement Tourtoirac ſur la Vezere de l'Ordre de St. Benoît eſt de 4000 l. de rente. Les deux Abbayes de filles dites les Nonnains de Perigueux & les Nonnains de Limoux, la premiere a 4000 liv. de de revenu, & la ſeconde ſeulement 2000, elles ſont toutes deux de l'Ordre

de

de St. Benoît. Celui de Cisteaux n'y a
que deux Abbayes, la Peyrousse fille de
Clervaux, fondée en 1153, & Bou-
chaud fille de Chatellier, fondée en
1159, la premiere vaut 4000 l. & la
seconde seulement 3000. L'Ordre de
Saint Augustin y possede l'Abbaye de
Chancelade, fondée en 1133 par les
Comtes de Perigord; cette Maison a
donné naissance à une réforme que l'on
nomme la Congrégation de Chancelade qui est reçue en plusieurs maisons
du même Ordre. Les Prieurés du même Diocèse sont St. Etienne de Perat de
2500 liv. & la Faye Juvillac de l'Ordre
de Grammont de 600 l. Il faut encore
y ajoûter les Jacobines de St. Pardoux
qui ont titre d'Abbaye, & celle de Bu-
gac dont Madame de St. Aulaste est
Abbesse. L'Evêché de Sarlat est moderne, comme l'on a déja dit, son institution n'étant que de l'année 1317, le
Pape Jean XXII ayant converti l'ancienne Abbaye de Saint Sadroc en l'Eglise
Cathédrale où il établit pour premier
Evêque l'Abbé Raimond de Roquecor;
on a uni depuis peu d'années au Chapitre de cette Cathédrale une autre petite Collégiale du Diocèse nommée St.
Anid, afin de rendre le premier un peu

BORDEAUX

Prieurés.

Evêché de Sarlat.

Tome *VII.* E

plus confiderable, parce que les revenus des Chanoines font très-foibles, celui de l'Evêque monte à 10000 l. Les
Abbayes de ce Diocèfe font Terraffon
de Bénédictins non Réformés de quarante mille liv. de revenu, cette Maifon eft extrêmement ancienne, l'Abbé
de Montmege en eft Titulaire. Cadouin de l'Ordre de Cifteaux & fille de
Pontigny, fondée en 1119 de 8000 l.
de rente à l'Abbé de Serignan; on conferve une relique précieufe en cette
Maifon qui eft le St. Suaire qui cou-
vroit la face de J. C. dans le tombeau:
& St. Amans de l'Ordre de St. Auguftin à l'Abbé de Sauveboeuf. On n'y comte qu'un feul Prieuré qui eft nommé St.
Cyprien. Les Evêchés fuivans font Suffragans de l'Archevêché d'Auch & font
partie d'une autre Province Eccléfiaftique. Celui de Bayonne n'eft connu fous
ce nom que depuis le milieu du douziéme fiécle, il étoit auparavant appellé
l'Evêché de Labour, *Lapurdenfis*, &
quoiqu'on l'eftime ancien on n'a pas
connoiffance de fes Prélats avant Saint
Leon qui vivoit en l'an 900, le Diocèfe ne contient que 72 Paroiffes, refte
d'une bien plus grande étenduë dans
la Navarre & le Guipufcoa qui en a été

retranchée à la follicitation de Philippe
II Roi d'Efpagne fous le prétexte d'éviter la contagion de l'héréfie; l'Evêque
d'à prefent eft Mr. de Beauveau du Ri-
vau qui en tire environ 15000 liv. Les
Abbayes du Diocèfe au nombre de 4
font la Force de Cambuel & St. George
de Mirabel de l'Ordre de St. Benoît, la
premiere de 2000 liv. la feconde de
3000 ; la Honce Maifon confiderable ,
& St. Sauveur de Bidache de l'Ordre de
Prémontré ; on y joint encore les Clariftes de Bayonne qui ont 2000 liv. de
revenu.

BORDEAUX

Abbayes.

L'Evêché d'Acqs ou de Dax eft beaucoup plus étendu & plus ancien que le
précédent , puifque l'on trouve les fouf-
criptions de fes Prélats dans les premiers Conciles de France, & qu'il renferme 243 Paroiffes ; fon revenu eft de
18000 l. le Chapitre de la Cathédrale
eft de dix Chanoines, avec une Communauté de Chapelains; celui du St.
Efprit dans le même Diocèfe eft de la
fondation du Roi Louis XI. Les Abbayes qui s'y trouvent font Sardes de
l'Ordre ds St. Benoit à l'Abbé d'Arta-
gnan de 4000 l. de rente , on la croit
fondée de l'an 960 par les anciens
Comtes de Dax; Caignotte du même

Evêché de Dax.

Abbayes.

BORDEAUX Ordre de 2000 l. feulement, & Dieu-
ville de l'Ordre de Prémontré de pareil
revenu ; les Clariftes de Dax ont auffi.
le titre d'Abbaye de 1000 liv. de rente.

Evêché de L'Evêché d'Aire. n'eft que de 18000 l.
d'Aire. de revenu ; & eft toutefois un Siège
confiderable qui femble deftiné depuis
quelque tems à fervir d'école aux Prélats qui font deftinés aux plus importans ; le Diocèfe eft divifé en deux Ar-
chidiaconés & fix Archiprêtrés, & contient des lieux confiderables, tels que le
Mont de Marfan, St. Sever, &c. L'Abbaye de Mar eft unie depuis long-
tems à cet Evêché fans que les Moines
en ayent été fécularifés, ils font de
l'Ordre.de St. Benoît non Reformés &
continuent le Service dans leur Eglife.
Les autres Abbayes du Diocèfe font St.
Sever Ordre de St. Benoît de 6000 liv.
de rente, fondée en 982 par Guillaume
Sanche Duc de Gafcogne ; Ponthault
de l'Ordre de Cifteaux, fondée en 1151
de pareil revenu que la précédente, & la
Grace - Dieu de l'Ordre de Prémontré de 5000 l. On y compte de plus les
Abbayes Collégiales de Pimbe, St. Giron & St. Loup, avec l'Abbaye de fil-
Evêché de les du Mont de Marfan. L'Evêché de
Tarbes. Tarbes n'a guères que 8000 l. de reve-

nu, mais son Diocèse est fort confiderable, comprenant 384 Paroisses, dont 113 sont de la Généralité de Montauban; l'Evêque est Préfident né des Etats de Bigorre; son Chapitre étoit autrefois Régulier de l'Ordre de St. Auguftin. Les Abbayes du Diocèse de l'Ordre *Abbayes.* de St. Benoît sont St. Sever de Ruftan, fondée en 558 de 3000 liv. de rente, mais hors de la Généralité; St. Orens de la Riole aussi de 3000 l. Caftes & St. Pey de Generes de pareil revenu, & l'Escaladieu de l'Ordre de Cifteaux fille de Morimond, fondée en 1137, cette Maison qui a 6000 l. de revenu & par conféquent l'une des plus fortes de ce Canton, est célébre pour avoir donné St. Remond furnommé de l'Escaladieu, Fondateur des Ordres Militaires d'Espagne qui reconnoissoient la supériorité de l'Abbaye de Morimond. On trouve dans le même Diocèse les Prieurés de Maderan, de St. Lisse & celui de Pruel de l'Ordre de Grammont. l'Evêché de *Evêché de* Bazas est le dernier de la Généralité, il *Bazas.* ne vaut guères plus de 10000 l. de revenu & contient 234 Paroisses avec 37 Annexes, il est possédé par Mr. de Gourgues frere d'un Maitre de Requêtes; le Siège en est ancien, quoique l'on ne connoisse point ses Prélats avant le Concile d'Agde de 506; la Cathédrale est dédiée à St. Jean-Baptiste. Les Abbayes de ce Diocèse de l'Ordre de St. Benoît sont Blasimont, fondée en 721 de 4000 l. de rente; St. Ferme situé dans le Païs d'entre deux mers, fondée en 1233 par Fremond citoyen de Bordeaux de 12000 l. & de l'Ordre de S. Bernard, Rivet de 1200 liv. & Font Guillaume, fondée en 1147 de 4000 l. il y faut ajoûter le Prieuré de la Réole dépendant de l'Abbaye de St. Benoît sur Loire qui vaut 10000 liv. cette Maison ayant été ruinée par les Normands, fut rétablie en 1004 par Guillaume Evêque de Bazas, il y a des Bénédictins Reformés.

Les Commanderies de l'Ordre de Malthe dans cette. Généralité sont la plûpart peu cousiderables, les principales sont celle de Bordeaux, celle de Condat près Sarlat & celle d'Argenteux près Condom. Chaque Evêché de la Généralité a ses Séminaires & ses Colléges, au sujet desquels l'Auteur fait les remarques suivantes. Bordeaux a 3 Séminaires, dont celui qui est nommé le Grand est gouverné par les Peres de Saint Lazare, qui sont aussi obligés à

faire certain nombre de Miſſions à la
Campagne : le ſecond Séminaire & qui
eſt néanmoins le plus ancien a été fondé par un Archevêque de Bordeaux en
1442 pour élever les jeunes Clercs aux
études, il y a trente écoliers ſous un Supérieur; le troiſiéme Séminaire eſt celui des Irlandois, établi & fondé par
la feuë Reine Anne d'Autriche pour
l'inſtruction des jeunes Clercs de cette
Nation. Le Séminaire d'Agen eſt occupé par les Peres de St. Lazare aux mêmes conditions qu'ils occupent celui dé
Bordeaux ; celui de Perigueux eſt tenu
par des Prêtres Séculiers en la forme de
celui de Saint Sulpice à Paris, ils font
auſſi des Miſſions à la Campagne ; le
Séminaire de Sarlat eſt entre les mains
des Peres de St. Lazare, auxquels l'E-
vêque a donné pour leur établiſſement
une maiſon de Campagne qu'il avoit à
demi lieuë de la Ville ; celui de Tarbes
eſt gouverné par les Peres de la Doctrine
Chrétienne ; celui de Bazas par les Bernabites, & celui de Condom n'eſt pas
achevé. A l'égard des Colléges de la
Généralité, l'Auteur obſerve que Bordeaux poſſede une Univerſité qui y fut
établie en 1441, peu avant la retraite
des Anglois, qu'elle eſt compoſée de 4

Facultés qui ont leurs Profeſſeurs, à l'exception de la Faculté des Arts, que la Théólogie eſt enſeignée dans tous les Monaſtères d'hommes de la Ville par des Profeſſeurs Membres de l'Univerſité, que les Jéſuites y occupent le principal Collège & ſont Patrons & Directeurs du ſecond, quoique le Principal y ſoit établi par les Jurats. Que les mêmes Jéſuites occupent les Colleges d'Agen & de Perigueux, qu'ils ont deux Maiſons à Bordeaux outre le Collège, ſçavoir la Maïſon Profeſſe & le Noviciat, qu'ils en ont une autre à Clairac où le Roi les a établis pour l'inſtruction des nouveaux convertis, & enfin une autre petite Maiſon à St. Macaire qui dépend du Collège de Bordeaux. Les autres Collèges de la Généralité ſont celui de Condom tenu par les Peres de l'Oratoire, ceux de Tarbes & de Nerac tenus par les Peres de la Doctrine Chrétienne, ceux de Dax, du Mont-de Marſan & de Bazas tenus par les Bernabites, celui de Bayonne tenu par des Prêtres Séculiers ainſi que celui de Sarlat qui ne paſſe point les baſſes Claſſes. L'Auteur ne dit rien des Monaſteres de la Généralité, ni du nombre de Religieux, Religieuſes & autres

Eccléfiaftiques des dix Diocèfes dont Bordeaux elle eft compofée, mais il paffe rapidement à l'explication du Gouvernement Militaire. -

Le Duc de Chevreufe eft pourvû du *Gouvernement Militaire.* Gouvernement général de la Guienne, & a fous lui deux Lieutenances Générales qui font divifées de la même forte que les-Généralités de Bordeaux & de Montauban, le Marêchal de Noailles poffède la premiere & le Marquis d'Ambres la feconde. Les Lieutenancès de Roi particulieres créées par l'Edit de 1695 font remplies, celle de Bordeaux par le Marquis de Vignoles Gentilhomme de Xaintonge qui a des Terres dans le Medoc; celle des Launes Païs de Labour & de la Soulle par le Sieur de Caupenne d'Amont, d'Ancienne Nobleffe, beau-frere du Marquis de Gaffion; celle de Perigueux par le Sr. de la Brouffe de Vertillac, & celle de Sarlat par le Sieur de Jumillac, fils d'une Sœur du Comte d'Auberterre. Entre les *Places fortes.* Places fortes de la Généralité dont l'Auteur donne le détail, la principale eft la Ville de Bayonne, dont la fituation *Bayonne.* avantageufe & la proximité de l'Efpagne ont donné occafion de faire une Place importante, outre les Fortifica-

tions dont elle eſt environnée & les 2
reduits qui font partie de ſon enceinte
elle a deux Châteaux & une Citadelle,
le Château-neuf & le réduit de Sainte
Claire ſont entre la Nieve & l'Adour,
le Reduit du St. Eſprit eſt à l'entrée du
Pont de l'Adour; le vieux Château eſt
la demeure du Gouverneur, & la Citadelle qui eſt de quatre Baſtions & de
nouvelle conſtruction eſt à la tête du
Pont de l'Adour du côté de France ,
donnant pleinement ſur le Port. Les
Bourgeois de Bayonne ont le droit de
garder eux-mêmes deux des trois portes
de la Ville, n'y ayant que celle du St.
Eſprit qui ſoit occupée par les Troupes
du Roi; le Duc de Grammont eſt Gouverneur en Chef; ainſi que du Païs de
Labour, il a ſous lui un Lieutenant de
Roi , un Major pour la Ville, le vieux
Château & le Reduit du St. Eſprit, un
Commandant & un Major pour le Châteauneuf & le Reduit de Sainte Claire,
un Lieutenant de Roi & un Major pour
la Citadelle. Bayonne eſt la ſeule Ville
fortifiée qui ſe rencontre ſur la route
d'Eſpagne à Bordeaux, & c'eſt ce qui a
engagé à en augmenter les Fortifications
au point où elles ſont, quoi qu'il reſte
beaucoup à faire pour les mettre à leur

perfection ; d'ailleurs la situation de cette Ville a un avantage qui ne se rencontre point autre part, qui est d'avoir deux rivieres où la marée remonte deux fois le jour. Les autres Places de cette Frontière sont 1°. la Redoute de Hindaye sur la Riviere de Bidassoa qui sépare la France de l'Espagne vis-à-vis de Fontarabie & à 200 pas de la mer, la Garnison est ordinairement de 2 Compagnies, & le Commandant reconnoit le Gouverneur de Bayonne. L'on a commencé de construire un Fort & une Batterie sur la côte, à demi quart de lieuë de Sibour pour assûrer les Bâtimens qui sont à la rade & dans le Port de Saint Jean de Luz ; où les ennemis pouvoient les venir brûler impunément auparavant. La Ville de Dax sur l'Adour se trouvant sur l'autre chemin qui conduit d'Espagne à Bordeaux a aussi été fortifiée, mais les ouvrages en sont mauvais, anciens & négligés, parce qu'il y a long-tems que l'on est persuadé qu'il n'y a rien à craindre pour la France de ce côté-là, outre que le nombre des Rivieres dont le passage est très-difficile, assûre naturellement cette Frontière ; le Marquis de Gassion en est Gouverneur & a sous lui un Lieutenant

Mauleon.

de Roi & un Major ; le Château de Dax peut renfermer jufqu'à trois Compagnies de Garnifon. On trouve dans le Païs de Soule-fur la frontiere d'Efpagne le Château de Mauleon, célébre de tout tems dans cette Contrée, l'on y entretient une morte-paye fous le commandement du Marquis de Monnines qui eft Gendre du Préfident de Gaffion.

Lourdes.

En Bigorre au bout de la plaine & à la tête des Vallées fe voit l'ancien Château de Lourdes fort renommé dans l'Hiftoire du Païs, il y a une Compagnie en garnifon fous le commandement du Sieur Duclans homme de fervice, autrefois Capitaine des Gardes du Maréchal de Navailles.

Bordeaux.

La Ville de Bordeaux a auffi fes poftes fortifiés, fçavoir le Château Trompette affis fur la Garonne, de forte qu'il eft abfolument maître du Port, le Château du Ha, qui eft à côté de l'Archevêché & le nouveau Château édifié en 1676 près des Bénédictins. Le Château Trompette fut commencé en 1454 dans la néceffité de contenir la Ville qui étoit encore affectionnée aux Anglois, le Roi l'a fait mettre en fa perfection en le changeant en une bonne Citadelle de fix gros Baftions où il y a

une forte garnison sous le commandement du Sieur de Repaie Gouverneur ,
d'un Lieutenant de Roi & d'un Major.
Le Château du Ha est aussi très-ancien,
la Garnison en est renouvellée tous les
mois du Château Trompette & consiste
en une seule Compagnie, celle du nouveau Château est de deux Compagnies;
le Commandant qui est le Sieur de
Melun frere du Marquis de Maupertuis
reconnoît celui du Château Trompette.
Blaye est encore une Place importante
par sa situation qui deffend l'entrée de
la Garonne , toutes ses fortifications
consistent en une Citadelle de 4 Bastions, la Ville ou Bourg n'ayant pas
même de murailles , mais comme la riviere a 1900 toises de large , & que le
canon ne peut assûrer une si grande largeur, le Roi a fait construire en 1689
une Batterie dans une petite Isle qui est
à 700 toises de la Blaye, & l'on y a
mis du canon à suffisance pour empêcher les vaisseaux ennemis de pénétrer
dans le fonds de la riviere, mais comme cette Isle se trouve de l'autre côté à
1200 toises du Medoc, on a établi sur
la côte opposite un autre Fort , dont le
canon croise la riviere , on y envoyoit
ci-devant un détachement de la Garni-

BORDEAUX ſon de Blaye avec un Commandant & un Major, mais il paroît que l'on a deſſein d'y mettre à l'avenir une garniſon fixe à cauſe de l'importance du poſte dont les Fortifications ne ſont néanmoins pas encore revêtues. Le Duc de St. Simon eſt Gouverneur de Blaye ayant ſous lui un Lieutenant de Roi le Sieur d'Aſtor frere du Sieur d'Aubarede & un Major.

Commandement Général.

Il a été en uſage depuis la guerre de 1689 de mettre un Commandant Général dans la Province & l'on a commencé par le Marquis de Sourdis, duquel la commiſſion s'étend à tout l'ancien Département des Généralités de Bordeaux & Montauban, c'eſt pourquoi les Elections de Coignac & de Xaintes y ſont encore compriſes, le Roi a jugé depuis plus convenable de donner le commandement général à un Marêchal de France, & c'eſt le Marêchal de Montrevel qui le remplit aujourd'hui. Pen-

Milices.

dant la même guerre la Généralité de Bordeaux a fourni trois Régimens de Milice de quinze Compagnies chacun & chaque Compagnie de 50 hommes, duquel nombre les Elections dont il vient d'être parlé donnoient huit Compagnies, mais en l'année 1694 ces Régimens furent reduits à un feul, compofé de 22 Compagnies à 60 hommes, outre lefquelles la Ville de Bordeaux donna une Compagnie de Grenadiers de cent hommes. De plus les côtes de la Généralité ayant été menacées par les ennemis, on jugea à propos de former quatre Régimens de Milice particuliers pour les employer où il feroit befoin, mais comme les Paroiffes s'en trouvoient extrêmement fatiguées, on ceffa de les affembler en 1695 & dans les 2 années fuivantes on les a fait fubfifter aux dépens des nouveaux Convertis. Dans le Païs de Labour il y a un autre Régiment de mille hommes, dont le Sr. d'Uftebie Bailli de ce canton eft Colonel, il eft deftiné à la garde de Bayonne dans les occafions de danger, auffi-bien que trois autres Régimens qui fc forment dans l'étenduë du Gouvernement de cette Place, & marchent aux ordres du Gouverneur. La Soulle & la Bigorre fourniffent auffi chacune un Régiment de Milice qui s'affemblent felon les befoins & les ordres qui leur font adreffés par le Commandant de la Province. Le Païs de Medoc fournit de fa part un Régiment de Dragons & des Milices à pied pour la deffenfe de la

BORDEAUX

Subdelegués.

côte. Il reste à parler des Officiers des Marêchaux de France, & 1°. des Subdelegués établis dans les différentes Sénéchausfées de ce Département pour connoître suivant l'Edit de création des querelles & point-d'honneur entre les Gentils'hommes, le Sieur Descoisse a acheté celle de Perigueux, le Sieur de Salles de la Beaume Forçat celle de Bergerac, le Sieur de Campagnac celle d'Agen, le Sieur de Monthaut Montalambert celle de Sarlat, & le Sieur Raymond celle de Condom, les autres

Marêchausfées.

Prévôtés.

n'ont point été levées. L'ancienne Marêchausfée de Guienne & Gascogne est composée d'un Prévôt Général qui a sous lui plusieurs Lieutenans résidans pour la plùpart dans la Généralité de Montauban. Celle de Bordeaux a seulement 7 Vice-Sénéchaux, sçavoir un à Bordeaux pour les Présidiaux de Bordeaux & de Bazas ; un à Agen pour ceux d'Agen & de Condom ; un à Nerac pour tout l'Albret ; un à Dax pour l'Election de Launes & le Païs de Labour & les trois autres à Perigueux, Sarlat & Libourne pour les Présidiaux des mêmes lieux.

Etat de la Justice.

Cette matiere nous conduit naturellement à parler de l'ordre de la Justice

& des différentes Jurifdictions établies dans la Généralité, voici ce que l'Auteur a jugé digne de remarque. Le Parlement de Bordeaux fut établi par le Roi Louis XI en l'année 1462, mais parce qu'en l'année 1469 ce même Roi fut obligé de ceder la Guienne au Duc Charles fon frere, il fe transfera à Poitiers où il tint fes féances jufqu'à la réunion de l'Appanage. Le reffort de ce Parlement s'étend fur les fix Elections dont la Généralité eft compofée, les Païs de Labour, Marfan, Tierfan & Gavardan, toute la Xaintonge & le Limofin, la Soule qui en faifoit autrefois partie a été démembrée en 1690, pour la foûmettre au Parlement de Pau. Dans les premiers tems de l'inftitution de ce Parlement, les Officiers n'y étoient qu'en petit nombre, les différentes néceffités arrivées dans la fuite ont obligé les Rois de les multiplier jufqu'à la quantité de 113, fçavoir un premier Préfident, 9 Préfidens à Mortier, dont 5 fervent à la Grand Chambre & 4 à la Tournelle, 90 Confeillers divifés dans les trois Chambres des Enquêtes qui en fourniffent 5 chacune pour former celle de la Tournelle. Du nombre des Confeillers des Enquêtes il y en a 4 qui ont commiſſion de Préſident, leſquels par conséquent n'augmentent pas le nombre des Officiers, mais il y a lieu de croire que l'on a fait dans ce Parlement ce qui a été pratiqué dans les autres depuis le tems où le Mémoire de cette Généralité a été dreſſé, c'eſt-à-dire, que l'on a érigé ces Commiſſions de Préſidence en titre d'Office, & qu'on les a augmentées d'un troiſiéme Préſident. Les Requêtes du Parlement de Bordeaux ſont compóſées de 2 Préſidens & 8 Conſeillers qui ne font point Corps avec les autres, de ſorte que ſi dans les premiers cinq ans de leur reception ils ne changent de Charges, & qu'ils veuillent après cela entrer en Parlement, ils n'y ont ſéance qu'au rang de leurs changemens; dans les cérémonies ils marchent néanmoins avec les autres au rang de leur reception. Outre ces Officiers il y a encore des Gens du Roi ordinaires, un Procureur & des Avocats Généraux. Le prix de toutes ces Charges eſt extrêmement diminué, celles des Conſeillers valoient 40000 liv. quand le Parlement fut rétabli à Bordeaux en 1690, elles ne valent pas à preſent 25000, celles de Préſident à Mortier vendues les dernieres ne l'ont été que 72000; les Charges des Requêtes ne valent que le tiers des autres. La premiere Préfidence eft remplie par le Préfident de la Trefne , d'ancienne famille de Robe; le Sieur du Vigier eft Procureur Général , & les Srs. Dufault & Dallon Avocats Généraux ; l'Auteur remarque que le Procureur Général a été de la Religion. Quoi qu'il y ait plufieurs différentes Coûtumes dans les diverfes Sénéchauffées du reffort du Parlement , il eft certain que le Droit écrit en eft la Loi commune & felon laquelle on rend tous les Jugemens, lorfque la Coûtume n'y déroge pas expreffément.

L'Auteur entre enfuite dans le détail des Jurifdictions du reffort du Parlement : on y compte 9 grandes Sénéchauffées ou Bailliages avec Siéges Préfidiaux , fçavoir la Sénéchauffée de Guienne , dont les Préfidiaux réfident à Bordeaux & à Libourne, & celles de Perigueux, Sarlat, Agen, Condom, Nerac pour l'Albret , Bazas & Dax pour Launes : tous ces Préfidiaux , à la referve de ceux de Libourne, Sarlat & Nerac ont été établis en 1551 par Edit d'Henri II; la même création en avoit placé un à Bergerac , mais il n'a point

BORDEAUX

Sénéchauffées
Préfidiales.

subsisté & la Sénéchaussé qui y est res-
tée ressortit dans le cas de l'Edit à Perigueux comme celles de St. Sever & de
Bayonne ressortissent à Dax, & celle du
Mont de Marsan à Condom. Les autres
Présidiaux n'ont été créés qu'en 1629
& même celui de Nerac ne fut établi

que dix ans après : il faut sçavoir à cet
égard que Henri II ayant érigé cette
grande Terre en Duché par Lettres de
l'année 1556, données en faveur d'Antoine de Bourbon & de Jeanne héritiere
d'Albret, il leur permit en même tems
d'établir quatre Siéges de Jurisdiction,
sçavoir celle d'un Lieutenant Général à
Nerac & des Lieutenances particulieres
à Casteljaloux, Tartas & Castelmoron,
mais comme Henri IV eut uni l'Albret
à la Couronne par son avenement, il
donna un Edit en 1607, par lequel il
autorise tous les Officiers de Judicature
de cette Terre à se dire être Officiers
Royaux. Le Roi ayant depuis cedé la
Duché d'Albret au Duc de Bouillon, en
échange des Souverainetés de Sedan &
Raucour, les Officiers ont prétendu
conserver l'Etat qui leur a été donné
par l'Edit de 1607. Le Duc de Bouillon au contraire a soûtenu que les Cas
Royaux devoient être portés au Prési-

dial de Nerac & que les Officiers des 4
Siéges devoient être pourvûs par lui,
c'elt le fujet d'une inftance pendante au
Confeil en attendant la décifion de laquelle les Officiers de Cafteljaloux & de
Caftelmoron ont pris des Provifions du
Duc de Bouillon, ceux de Tartas foû-
tiennent mieux la conteftation & jugent les affaires criminelles, même les
Cas Royaux en fe faifant affifter du Vice Sénéchal d'Albret. A l'égard de la *Bigorre.*
Sénéchauffée de Bigorre, elle n'eft devenue Royale que par le moyen de l'E-
dit de 1607 qui comprend tous les
biens unis à la Couronne; en conféquence de l'avenement de Henri IV, on
y créa un Préfidial en 1660 avec une
Prévôté des Marêchaux, mais ils furent
fupprimés quatre ans après, & la Sénéchauffée eft demeurée du reffort de
Touloufe comme elle étoit auparavant.
La Soulle a auffi fa Jurifdiction parti- *Soulle.*
culiere qui s'appelle Lifaire, les Nobles poffedans des Terres nobles en ce
canton, ont droit d'affifter aux Jugemens dont l'appel reffortiffoit au Préfidial de Dax, avant que l'on eut foû-
mis cette Province au Parlement de
Pau; les appellations du Juge Royal de

BORDEAUX

Autres ustices.

Mauleon vont auſſi à Pau depuis ce tems-là.

La Province comprend outre ces grandes Juriſdictions pluſieurs petites Sénéchauſſées ou Juſtices Royales qui dépendent des premieres ; celle de Blaye qui comprend 20 Paroiſſes reſſortit à Bordeaux ainſi que Vitrezay engagé au Duc de S. Simon; le Bourg & les 18 Paroiſſes de St. Macaire engagé au Duc de Foix ; la Prévôté d'entre deux mers contenant 45 Paroiſſes & la Juriſdiction d'Aubarez qui en a 5. Dans la Sénéchauſſée de Libourne on compte Saint Emilien qui a 5 Paroiſſes, Sauveterre qui en a 8, Sainte Foy 22, cette Terre fait partie de l'engagement du Marquis de Richelieu. Dans la Sénéchauſſée de Bergerac, il y a le Prévôt Royal du lieu, Mozins engagé au Duc de la Force, & Mouliers au Marquis de Biron. Dans l'étenduë du Préſidial de Perigueux eſt la Sinde engagée au Sieur Delmont Thivieres ; en celui de Sarlat Montpazier engagé au Marquis de Biron ; dans l'Agenois , Villeneuve , Marmande , Tournon, Pennes & Caſtillonois : l'Agenois & Condomois ſont engagés en leur entier au Marquis de Richelieu ;

dans le Marſan les 12 Paroiſſes de Gavardan engagées au Préſident de la Ca-
ze : Roquefort de Marſan étoit auſſi engagé au Sieur Daru Lieutenant Général
du Mont de Marſan , mais il vient de
la vendre au Conſeigneur de la même
Terre ; le Sieur de la Salle Caſſinet Conſeiller à Bordeaux , Villeneüve de Marſan , Grenade & St. Juſtin relevent de
la même Sénéchauſſée. Dans celle de
St. Sever il y a le premier Juge Royal
du même lieu , dans celle de Dax la
Prévôté Royale de même nom qui eſt
de 44 Paroiſſes, dans celle de Bazas la
Prévôté du même nom & la Juſtice de
Reole. Enfin dans la Sénéchauſſée de
Bayonne le Bailliage de Labour qui contient toutes les Paroiſſes du même Païs
à l'exception de celles qui font partie
du Duché de Grammont, Guiches, Bar-
dos , Vignefort, &c. . Dans la Bigorre
il y a auſſi pluſieurs petites Juſtices Royales dont le détail ſeroit inutile : mais
il eſt bon d'obſerver dans le général ,
qu'avant l'aliénation du Duché d'Albret, de l'Agenois & du Condomois &
celles qui ont été faites en conſéquence
de l'Edit de 1695, le Roi étoit Seigneur immédiat des Paroiſſes de la
plus grande partie de la Guienne &

Gascogne, à l'exception du Perigord, mais qu'il ne lui reste à presque plus de Seigneuries, sçavoir celles dont il ne s'est point trouvé d'acheteurs, & celles dont les Habitans ont financé de bonne volonté pour empêcher l'aliénation, tant il est vrai que de siécle en siécle les idées des Princes & les maximes du Gouvernement prennent des formes toutes différentes. Au surplus il est d'usage dans la Généralité que les Jurats de toutes les Villes ayent la Jurisdiction Criminelle & de Police dans leur ressort, laquelle ils éxercent par prévention ou concurrement avec le Lieutenant Criminel; cela se pratique d'autant plus aisément à Bordeaux, que les Jurats y sont mieux en état de faire éxécuter leurs Jugemens au moyen de la puissante Garde qu'ils ont dans l'Hôtel de Ville.

Noms des Sénéchaux de la Généralité

L'Auteur termine cet article par le nom de tous les Sénéchaux de la Province, sçavoir le Marquis de Montferrant pour Bordeaux & Libourne, le Marquis de Lauriere Pompadour pour le Perigord, le Marquis de Boissiere du nom de Durfort pour l'Agenois & Condomois, le Sr. de Sivrat de la même Maison pour le Bazadois, le Marquis de Lansac de Roquetailla-

de

de pour l'Albret; le Comte de Gondrin
pour Dax, St. Sever & Bayonne; le
Sieur de Ravignan de Mesmes, parent
du Préfident de ce nom, pour le Marfan; le Sieur d'Urtebie pour le Païs de
Labour; le Sieur de Mua Confeiller à
Touloufe pour la Bigorre, & le Mar-
quis de Moulins pour la Soulle. La Ta- *Table de*
ble de Marbre de Bordeaux de nouvelle *Marbre.*
création doit connoître en dernier reffort de toutes les affaires concernant les
Eaux & Forêts de la Généralité, & fera
compofée fuivant l'Edit de création
d'un des Préfidens à Mortier du Parlement, de huit Confeillers, qui conjointement avec le Grand Maître, le
Lieutenant particulier & 4 Confeillers
affectés à cet Office, jugeront toutes les
affaires qui fe pourront préfenter dans
le genre des Eaux & Forêts; cette Chambre n'avoit encore rempli aucune fonction au tems de la confection de ce Mémoire. La Maîtrife particuliere de Bordeaux inftruira les affaires dans la même étenduë que la Généralité, & ren-
dra fes jugemens qui feront éxaminés
en définitive à la Table de Marbre. Il y *Amirauté.*
a auffi deux Siéges d'Amirauté à Bor-
deaux & à Bayonne, compofés chacun
d'un Lieutenant Général & d'un Procu-

reur du Roi , leur fonction est belle par rapport au grand Commerce de la Province & à l'abord continuel des vaisseaux.

Finances.
Cour des
Aides.

L'Auteur fait suivre l'article de la Finance à celui de la Justice , & le commence par la Cour des Aides qui est le Tribunal Souverain en cette matiere: il dit qu'elle a été 1°. créée en 1689 & on la composa d'un premier Président , de 5 autres Présidens , & 25 Conseillers , mais comme les troubles de Bordeaux méritcrent l'indignation du Roi , & que les Cours Souveraines en furent transferées , le Parlement à Agen , comme il a déja été dit , & la Cour des Aides à Libourne , celle-ci ne fut rappellée qu'en 1690 , & alors on en augmenta les Offices d'un Président & de 3 Conseillers , ce qui fait à présent le nombre de 35 , la Charge de premier Président qui a valu jusqu'à 150000 l. ne passeroit pas à présent 100000 si elle étoit en vente , les autres Charges de Présidens ne valent que 45000 liv. & & celles de Conseillers que 20000 ; le Sieur de Sudirant qui a été long-tems Conseiller au Parlement étoit Chef de cette Compagnie lorsque l'Auteur a écrit ce Mémoire ; cette Cour juge souverainement les Appellations des fix Elections de la Généralité, celle de lá Juftice des Ports de Bordeaux, de Dax & de Bayonne & a l'attribution des Decrets des comptables de fon reffort. Le Bureau des Finances eft bien plus ancien que la Cour des Aides, puifqu'il reconnoît François I. pour fon Auteur qui l'établit d'abord à Agen, il n'étoit alors compofé que de ʒ Tréforiers de France, mais on y a fait dans la fuite tant d'augmentations, qu'il s'y en trouve à prefent 2ʒ, deux Procureurs & deux Avocats du Roi : les créations faites par Henri III, en 1ʒ77 & 1ʒ86 font celles qui ont porté plus de préjudice à ce Bureau fi l'on en éxcepte l'Edit de 16ʒ9 qui détacha de fa Jurifdiction les 11 Élections qui compofent à préfent la Généralité de Montauban, & celui qui en a pareillement arraché depuis peu les Elections de Xaintes & de Coignac pour les unir au Département de la Rochelle. Ces differens démembremens réduifent aujourd'hui la Généralité de Bordeaux & le reffort du Bureau des Finances aux fix Elections fuivantes, Bordeaux, Perigueux & Sarlat où les tailles font perfonnelles, Agen, Condom, les Launes, ou Dax, où les tailles font réelles; mais le Marfan, la Bigorre, le Païs de Labour & la Soulle ne font point foumis aux Jurifdictions du Bureau des Finances & de la Cour des Aides, tant parce que les deux derniers ne payent aucun droit ordinaire au Roi que parce que dans les deux autres l'ufage eft que les Senéchaux y connoiflent de toutes les matieres de Finances, lors néanmoins que l'Intendant ne les prévient pas ou ne leur en enleve pas le Jugement, comme il a droit de le faire quand il le juge à propos pour le bien du Service. Les

Fonctions du Bureau. Charges de Tréforier ne valent pas à préfent plus de 30000 l. & la Jurifdiction de leur Bureau fe réduit à la vérification des Etats au vrai des Receveurs des tailles & autres comptables du reffort, à recevoir les aveux, dénombremens, foi & hommage des terres non titrées qui leur font renvoyés par la Chambre des Comptes, & enfin ce qu'on appelle la petite Voirie, la grande étant au pouvoir de l'Intendant, quoi qu'il foit d'ufage qu'il foit affifté par un Tréforier de France dans cette fonction, mais il faut qu'il foit expreffément commis par Arrêt du Confeil; l'adrefle du brevet de la taille eft faite à l'Intendance & au Bureau des Tréfo-

foriers de France conjointement, ils
donnent féparément leurs avis à la Cour
fur lequel les Commiffions font expé-
diées, & le même Bureau eft en droit
d'y joindre fon attache, mais néanmoins il ne conferve aucune infpection
dans ce qu'on appelle le Département
qui dépend tout entier de l'Intendant.
Les Offices des Elections font extrêmement diminués de prix & de confidération, toutefois ceux qui en font revêtus ont le droit de vérifier les Rolles
des Tailles dans les lieux où ils ont réuni à leur Corps la Charge de Lieure-
nant Criminel qui a cette attribution
par un ufage particulier de la Province;
ils ont d'ailleurs la connoiffance des
procès en furtaux & des abus commis
dans l'impofition par les Collecteurs,
ce qui ne regarde que les Elections où
la Taille eft perfonnelle, ne pouvant y
avoir de pareils procès ni abus dans celles où elle eft réelle; ils ont auffi connoiffance en premiere inftance des conteftations au fujet des droits fur le papier timbré & fur le tabac. On travail-
loit au tems de la confection de ce Mémoire a faire un Reglement général
pour les Tailles perfonnelles, au fujet
defquelles l'Auteur dit que le Confeil

Taille.

F 3

du Roi a été fouvent importuné de mémoires, de projets & d'inftructions réï-
terées, & qu'il eft fort à defirer pour
les Peuples que l'on voye bientôt l'effet
des unes & des autres. Quant aux Tailles réelles, il dit que l'on fuit dans les
lieux où elles font en ufage le règlement de 1668, expliqué par une déclaration de 1696, donnée au fujet de
quelques articles dont l'interprétation a
paru néceffaire : on peut obferver en
paffant que cette forte de Taille a cela
d'avantageux qu'elle ne donne lieu à
aucune forte de conteftation, fi ce n'eft
à l'occafion de la nature des biens pour
connoître s'ils font nobles ou roturiers,
ce qui étant une fois décidé n'eft plus
fujet à aucun changement. La Taille de
la Généralité étoit extrêmement douce
dans les premiers tems, lorfque celle
de Montauban en fut détachée en 1634,
elle ne payoit y compris les Elections
de Xaintes & de Coignac que 795000 l.
& en 1636 que 849000, mais les augmentations qui ont été faites dans la
fuite la portoient en l'année 1688 à
1996987 l. dont les Elections de Xaintes & de Coignac acquittoient 649980 l.
en 1690 les Tailles furent augmentées
d'un dixiéme, mais parce que l'ufage

de l'Uftenfile fut introduit dans le même tems, on fut obligé en 1695 de diminuer le corps de la Taille d'une petite partie, d'autant plus que la Capitation y portoit une augmentation fi confiderable, que l'Auteur affûre que depuis qu'elle a été établie, les impofitions ordinaires des fix Elections de la Généralité ont monté à 4190572 liv. pendant tout le cours de la guerre, non compris les autres articles des revenus du Roi, & les affaires extraordinaires. Mais en l'année 1698 après la Paix les tailles ont été remifes fur l'ancien pied, & la Généralité n'a été impofée en cette année qu'à 2215268 l. encore y a-t'il 100000 liv. à déduire de cette fomme pour un ordre de non impofer en confidération de la perte que fouffrirent alors certaines Communautés par la gelée qui ruina leurs vignes. L'Auteur ajoûte que la difficulté extrême qu'il y avoit au recouvrement avant la paix eft un témoignage fuffifant qu'il y avoit peu de proportion entre le pouvoir des peuples & l'impofition qui leur étoit ordonnée, auffi fe promettoit-il que la paix & le relâchement des Taxes alloient réparer les dommages paffés, ne prévoyant pas que la guerre dût recom-

mencer ſi-tôt & engager le Gouvernement à de nouvelles & plus fortes dépenſes qu'il ne s'en étoit encore fait.

Il paſſe enſuite au détail des forces &
& charges de chaque Election, & dit
que celle de Bordeaux compoſée de
459 Villes, Bourgs ou Villages, & de
78000 feux, non compris la Ville principale payoit en cette année 1698,
452030 l. celle de Perigueux compoſée de 383 Villes ou Paroiſſes & 71000
feux, payoit 409009 l. celle de Sarlat
de 241 Villes ou Villages & 33160
feux, 221451 l. celle d'Agen où l'impoſition ſe fait par Communautés ou
Juriſdictions, ſelon le terme du Païs,
dont on en compte 133 qui ſont ſubdi-
viſées en 503 Villes, Bourgs ou Paroiſſes, & contiennent 83462 taxés,
payoit 483547 l. Il faut remarquer à cet
égard que le nombre des feux réels de
ces Elections eſt fort difficile à déterminer, parce qu'il y en a beaucoup qui
comme biens Nobles ou Eccléſiaſtiques
ne payent rien de la Taille ordinaire,
outre ceux qui n'ayant point de biens
en fonds ne payent aucunes charges.
L'Election de Condom compoſée de
180 Juriſdictions, diviſées en 512 Paroiſſes & 64451 cottes payoit 329216 l.

Enfin l'Election de Dax dite vulgairement les Launes, compofée de 268 Villes, Bourgs ou Paroiffes, & 32728 cottes, payoit 120415 l. De cette énumération il réfulte qu'en 1698 la Taille entiere de la Généralité, déduction faite de la fomme non impofable, n'étoit que de 2015668 l. payables par 2366 Villes & Bourgs ou Paroiffes, & 369057 cottes différentes. On peut terminer cet article par une remarque néceffaire fur la differente maniere d'impofer dans les Elections où la Taille eft ou réelle ou perfonnelle, qui fait que dans les premieres il n'y a perfonne éxempt de ceux qui poffedent des biens taillables de quelque condition qu'ils foient, mais l'Induftrie qui eft fujette à une taxe dans les autres Provinces ne l'eft point en ces lieux, fi ce n'eft dans les cas rares & extraordinaires ; dans les autres Elections au contraire la Taille eft perfonnelle & eft impofée dans le lieu du domicile de chaque contribuable par rapport aux biens qu'il poffede en quelque endroit que ce foit, & de cette efpèce d'impofition font éxemps les Nobles, les Eccléfiaftiques & & les Privilegiés par charges ou autres emplois, fuivant la difpofition du Règlement, &

Difference dans l'impofition de la Taille.

I 5

ainfi qu'il eft pratiqué dans les autres
Provinces. La premiere obfervation
qu'il convient de faire après cela pour
connoître la nature des Finances de la
Généralité, eft qu'elle eft toute entiere
hors de l'étendue des cinq groffes Fermes, & par conféquent reputée étrangere à l'égard du refte du Royaume;
c'eft par une fuite de ce règlement que
l'on a établi une infinité de droits d'entrée & de fortie pour toutes les marchandifes, lefquelles on divife néanmoins en deux efpéces plus générales,
fçavoir les droits de coutume & de
comptablie & ceux de convoy; les premiers font locaux & s'éxercent fpéciale-
ment dans la Sénéchauffée de Bordeaux
où ils font levés à l'entrée & à la fortie
de toutes les marchandifes, vivres &
denrécs contenues au tarif qui en a été
dreffé, fans exception du fel; le produit
de cet impôt monte aujourd'hui à 7 à
800000 l. quoique dans fon origine il
ne rapportât que très-peu de chofe à
l'Abbaye de Ste Croix à qui il appartenoit; les moines s'en défirent en faveur
de la Ville, laquelle leur accorda en
conféquence un enclos beaucoup plus
fpacieux que celui qu'ils poffedoient;
dans la fuite la Ville de Bordeaux ayant

eu le malheur de déplaire à quelques-
uns de nos Rois, comme à Henri II,
Louis XIII, & même à celui-ci, parmi
les punitions qui lui ont été impofées,
celle de la confifcation au profit du Roi
des droits de coutume ou de comptablie a été l'une des principales. Les
droits de convoy qui doivent leur commencement au tems de la réduction de
la Guienne à l'obéïffance du Roi Charles VII, furent établis fur certaine efpèce de marchandifes, qui devant être
tranfportées par mer aux lieux de leur
deftination, avoient befoin d'efcorte &
de convoi pour les affûrer contre les entreprifes des Anglois, nouvellement
chaffés de Bordeaux, lefquels faifoient
les derniers efforts pour en anéantir le
commerce, en conféquence les Bordelois s'affujettirent à paffer une reconnoiffance à deux ou trois petites barques,
dont le principal emploi étoit de conduite les vaiffeaux marchands au delà
de la Tour de Cardouan & de la Branche de la Gironde; mais comme dans
la fuite les Rois n'ont pas jugé que de
fimples particuliers duffent être autori-
fés à donner le fecours de conduite &
de convoy, ils s'en font appropriés le
droit, ont défendu à aucun particulier

F 6

d'y prétendre, & en conféquence on a porté par différentes déclarations le droit de convoy jufqu'à 20 l. fur chaque tonneau de vin, on a pareillement reglé par un tarif particulier le droit dont chaque efpèce d'autres marchandifes eft tenue, de forte que le produit total du Bureau, établi pour le recouvrement paffe fouvent trois millions en tems de paix, il eft vrai pourtant qu'il y a beaucoup de diminution pendant la guerre par le défaut général de commerce. La Coûtume de Bayonne eft *Coutume de Bayonne.* une autre efpece de droit local qui fe paye dans le Labour, dans l'Election des Launes & partie du Bafadois, les Bourgeois de Bayonne en font perfonnellement éxempts, auffi bien que toutes les marchandifes qui leur appartiennent en conféquence des priviléges qu'ils fe font confervés par leur capitulation avec le Roi Charles VII, ce même Prince accorda la proprieté de la moitié de ce droit à la Maifon de Grammont, alors très-puiffante en ce Païs, en échange du Château de Humblieres qui lui appartenoit dans la Ville de Bordeaux, c'eft le lieu où le Parlement tient aujourd'hui fes affemblées, le Duc de Grammont qui a fuccedé aux biens de l'ancienne Maifon, tire aujourd'hui environ 120000 liv. de la moitié, mais celle qui refte au profit du Roi n'eft pas tout-à-fait fi confiderable, à caufe des envois qui fe font en Efpagne, fur lefquels le Duc de Grammont prend fes droits à rigueur, au lieu que le Roi remet les fiens. Le Traité d'Arfac eft encore un droit local qui fe leve fur les marchandifes qui traverfent les Launes, le produit ne paffe pas 50000 liv. & l'entretien des Bureaux coûte prefque autant ; il y a pareillement d'autres droits qui fe payent à la fortie pour le Païs de la Généralité de Montauban & à l'entrée de tout ce qui vient des mêmes lieux par l'Agenois, Condomois & Perigord ; enfin il y a les droits particuliers de la Patente de Languedoc : tous ces droits ont leurs différens Bureaux, felon les lieux où ils font éxercés, mais fi l'Auteur a cru que le détail en feroit ennuyeux & inutile, il a la bonne foi d'avouer qu'à la referve des droits qui fe levent à Bordeaux & aux environs, le Roi tire très-peu de chofe des autres, parce que le nombre des Commis & des Bureaux eft fi grand que les frais de la Régie confomment la meilleure partie de leur produit. Que fi

BORDEAUX l'on interroge l'Auteur fur l'utilité que le Roi tire donc de cette contrainte qu'il impofe à fes Sujets & de l'argent qu'il leur fait payer fans en avoir le profit, il répond que les Bureaux empêchent le verfement des marchandifes, dont l'entrée n'eft permife que pour certains lieux défignés par les Déclarations du Roi ; il auroit peut-être fallu ajoûter à une réponfe fi finguliere une déduction des motifs de ces fortes de défenfes ou faire voir qu'elles font au moins de quelque utilité à S. M. ou à fes Sujets, mais comme cela n'étoit pas facile, il a mieux aimé paffer à d'autres confiderations.

Sel. La Gabelle & les Aides ne font point connues dans toute la Généralité de Bordeaux, le fel eft une marchandife libre, de laquelle on trafique comme de tout autre, mais il paye à l'entrée de la Généralité les droits de convoy & de comptablie qui font affez forts pour compofer une bonne partie du produit de cette Ferme. Il y a néanmoins quelques lieux exceptés. On donne aux Habitans de Blaye & de Bourg une certaine quantité de minots de fel dont ils ne payent que le prix du marchand & le droit d'entrée ; la Ville de Libourne reçoit

au contraire une certaine somme d'ar- BORDEAUX
gent au lieu de 300 minots de sel qui
devroient lui être fournis, à ce moyen
les Habitans achetent le sel au prix commun ; enfin la Ville de Bordeaux ne
paye que le droit d'entrée, mais le sel
qui remonte la Garonne est obligé d'acquitter le droit de sortie & d'être mu-
ni d'un Passeport du Fermier qui en
marque la quantité : il y a pareillement
des Bureaux à Bayonne & à Dax pour
la recette des droits du sel qui entrent
par l'Adour.

Le Domaine du Roi se reduit à peu *Domaine.*
de chose depuis les dernieres aliénations & l'engagement des deux grandes
Terres de la Province, l'Albret cedé
au Duc de Bouillon, l'Agenois & le
Condomois au Marquis de Richelieu ; toutes les Paroisses dépendantes
de Bourg & de Blaye, les Terres de
Gabaret, Roquefort & de Marson &
plusieurs Paroisses du Perigord ont été
vendues par engagement, en conféquence des derniers Edits donnés à ce
sujet, de sorte qu'il ne reste au Roi que
le Domaine des Villes, & huit ou dix
grosses Jurisdictions qui ont financé
pour empêcher leur aliénation. Pareil- *Greffes, Con-*
lement les Greffes des Justices Royales *trolle des ex-*
ploits.

ont été vendus, ou les Traitans jouïffent en conféquence de la même alienation, mais le Controlle des Exploits appartient tout entier au Roi depuis le remboursement des 2 fols qui avoient été alienés, & c'eft la principale partie de la Ferme générale du Domaine : il faut obferver à ce fujet que la Bigorre & la Soulle ne font point comprifes en cette Ferme, mais qu'ils font partie ainfi que le Bearn & la Baffe Navarre de la Ferme particuliere de la Généralité de Pau. Le papier & le parchemin

Papier timbré. timbré a lieu dans toute la Généralité à l'exception de Bayonne & du Païs de

Tabac. Labour qui en font éxempts. Le Tabac paye les droits ordinaires & ufités dans le refte du Royaume, mais comme il y a dans l'Agenois & le Condomois plufieurs Communautés ou Jurifdictions qui fement & receuillent cette plante en affez grande abondance, l'on a attribué au Fermier, outre le pouvoir de recevoir les déclarations des particuliers touchant leur récolte, ce qui les expofe aux vexations les plus dures, le droit d'acheter pár préférence tout le tabac qu'ils voudroient vendre, les Fermiers & les Marchands conviennent ordinairement, & après la livraifon faite, le

premier le fait paſſer à Marſeille, d'où
il ſe débite ſur toute la côte d'Italie, par
ce moyen la Guienne ſe reſſent preſque
auſſi peu que toute autre Province de la
quantité de tabac qu'elle produit. Les
autres Fermes particulieres de la Généralité ſont celles du Domaine d'Occident dont l'Auteur n'explique aucun
détail : celles de la marque des chapeaux, des cuirs, de l'or & de l'argent,
le Controlle des actes des Notaires, les
droits des petits ſceaux, toutes ces differentes Fermes avoient été alienées,
mais le Roi y eſt rentré depuis la paix :
le Controlle des dépens & les Offices des
Certificateurs........ ont été réunis aux
charges de Procureurs poſtulans des
Juſtices ordinaires, c'eſt pourquoi il
n'eſt plus à propos de les tirer en ligne
de compte, comme fait l'Auteur ; mais
les droits de controlle ſur les bancs de
mariage, qui avoient été mis en ferme
particuliere, ont depuis été ſupprimés,
ainſi que ceux de meſurage qui avoient
eu cours durant quelque tems, & ſe
ſont trouvés par trop à charge aux Peuples. Il auroit été du devoir de l'Auteur après l'énumération de tant de fermes particulieres de marquer en gros
ou en détail ce qu'elles produiſent, mais

BORDEAUX

Domaine d'Occident.

fa prudence ne lui a pas permis de s'engager fi avant, & il fe contente de dire que toutes enfemble & jointes à la taille ordinaire, elles n'équipolent pas le produit du convoy & la comptablie de Bordeaux.

Détail de la Généralité   Après cela voulant parcourir les différentes Elections du Département pour marquer les chofes particulieres qui s'y rencontrent, il retouche fa matiere dans l'ordre de fa premiere divifion, commençant par les Ports de Mer, au fujet defquels il dit que ceux qui fe trouvent fur l'embouchure de la Garonne font les plus confiderables & les plus fréquentés à caufe de la grande commodité du flux de la mér qui remonte près de trente lieuës dans la Garonne & 27 dans la Dordogne, les vaiffeaux ne remontent pourtant pas ordinairement au deffus de Bordeaux & de Libourne, mais il y vient de très-gros bâcimens portant jufqu'à 500 tonneaux. L'entrée de la riviere a quelque difficulté furtout à caufe que les vents néceffaires pour entrer ou pour fortir ne viennent pas toujours à fouhait ; mais cela n'empêche pas que dans les bons tems le Port de Bordeaux ne foit toujours rempli de *Blaye.*   cent gros vaiffeaux. Avant d'y arriver

on paſſe devant Blaye qui eſt le premier Port de l'embouchure; dont il a
déja été parlé ci-devant, mais il eſt néceſſaire d'obſerver ici que les vaiſſeaux
étrangers qui entrent dans la Garonne
ſont obligés d'y laiſſer leur artillerie,
ſuivant une ordonnance de 1475, qui
s'eſt toujours depuis éxécutée : la Baſſe
Ville n'eſt conſiderable que par les gros
magaſins de vin qui y ſont amaſſés tous
les ans en faveur des étrangers qui veulent s'épagner une plus longue navigation : la Ville haute ou Citadelle eſt
aſſiſe ſur un rocher & bien fortifiée. Ce
lieu étoit une Place de guerre dès-le
tems d'Auſonne comme il paroît par ſes
Lettres : Cherebert Roi d'Aquitaine y
mourut en 570 & y fut enterré auſſi-
bien que le fameux Roland que l'on
prétend avoir été neveu de Charlemagne; leurs tombeaux qui étoient en
l'Abbaye St. Romain furent ruinés par
les Huguenots, & peu après la Ligue
s'empara de cette Place qui ſoûtint en
1593 un ſiége contre le Maréchal de
Matignon, mais l'Armée d'Eſpagne qui
étoit venuë à ſon ſecours y fut défaite :
cette Place étoit connue ſous le nom de
Blavium & *Blavutum*, l'Itineraire d'An-
tonin en fait mention; on voit au tour

BORDEAUX de cette Ville de grands marais deffechés appartenans au Duc de St. Simon
qui rapportent une extrême quantité de
bleds, le territoire d'alentour eft fertile en la même éfpèce de grains; ainfi
que le refte de la Xaintonge, de foite
que quand la Traite en eft permife,
Blaye eft le lieu où il s'en charge le plus,
& cela répand de l'argent dans tous les
environs; il y croît auffi des vins rouges & blancsy dont il fe fait quelque
commerce.

Bordeaux. Bordeaux eft fitué fur la rive méridionale de la Garonne dans un lieu où
cette riviere forme un croiffant dont le
terrein eft revêtu de belles pierres &
forme un quai magnifique dans toute
la longueur de la Ville, c'eft-là que les
plus gros vaiffeaux viennent décharger
& charger les marchandifes; cette Ville
a été confiderable dès le tems des Romains qui la regardant comme la Capitale d'une grande Province, l'avoient
embellie d'édifices publics, l'Empereur
Gallien y bâtit un amphithéâtre qui
retient encore fon nom, mais il y avoit
une autre antiquité plus finguliere qui
a été abattue dans le tems que l'on a
augmenté les Fortifications du Château
Trompette, c'étoit un Temple avec

une colonade qui étoit vulgairement
nommée les piliers de tutelle, on a cru
que ce monument étoit du tems des
premiers Gaulois, mais c'est avec peu
de fondement. Bordeaux étoit la patrie
d'Ausonne, elle devint ensuite la conquête des Gots, puis des François, des
Sarrazins & des Normands qui la rui-
nerent, elle eut depuis ses Seigneurs
particuliers qui finirent en la personne
de Bisque, fille de Sanche Guillaume Duc
de Gascogne, sœur & héritiere de ses
trois freres, elle épousa Guillaume V
Duc d'Aquitaine, & lui apporta l'héritage de Gascogne. Cette Ville après avoir
été réünie au Domaine de la Couronne
a eu le malheur de se laisser engager à
des révoltes assez fréquentes, on sçait
de quelle maniere le Connêtable de
Montmorency la punit de sa rebellion
sous Henri I I, il n'en est pas moins
arrivé sous le régne de Louis XIV, mais
sa clémence a mieux triomphé des Bordelois & de leur inquiétude que n'auroient fait ci-devant la rigueur & la
force, & l'on peut assûrer qu'il n'y a
présentement point de Ville plus dé-
vouée que celle-ci à la volonté du Roi.
Bordeaux contient environ 5000 maisons & 34000 Habitans qui jouissent

BORDEAUX

de l'éxemption de la taille, elle eſt fortifiée de trois Châteaux qui ſervent également à ſa ſûreté & à ſa tranquilité ; &
enfin elle ſe trouve ſituée dans un Païs
très-abondant par lui-même, mais qui
le devient encore davantage par l'abord
continuel des marchandiſes de toutes
les Provinces voiſines qui ont la facilité
d'y deſcendre par les rivieres.

*Commerce
des vins.*

L'Auteur eſtime le débit des vins qui
s'y fait annuellement à 100000 tonneaux qui ſont tranſportés hors du
Royaume, mais il reconnoît en même
tems que ce n'eſt pas le ſeul terrein de
Bordeaux qui produit cette immenſe
quantité de vin, il vient de l'Agenois,
du Condomois, de la Généralité de
Montauban & beaucoup du Languedoc,
on ſuit à cet égard une tranſaction de
l'année 1500 paſſée entre les Etats du
Languedoc & la Ville de Bordeaux,
par laquelle le tems de la deſcen-
te des vins eſt fixé après le jout de
Noel, les Bordelois ayant voulu ſe
procurer celui de la primeur pour la
vente de leurs vins en particulier. Le

*Etat des
Marchands.*

commerce de Bordeaux ſe fait par trois
ſortes de perſonnes, les Marchands
François qui en font le moins, les Etrangers qui ſe ſont fait naturaliſer avant

l'année 1675, & ceux qui viennent s'établir à Bordeaux pour un tems illimité qui se retirent quand il leur plaît avec les effets qu'ils ont amassés, cette derniere espèce de Marchands étrangers fait le plus grand nombre depuis la révocation du privilege des Bourgeois de Bordeaux qui étoient éxempts du droit de comptablie avant l'année 1675, mais il faut dire encore que la plûpart de ces Etrangers font des Commissionnaires des Marchands Anglois, Hollandois, ou Hambourgeois, pour le compte desquels on charge les vins & eaux de vie de Bordeaux. Il y a deux Foires franches à Bordeaux qui ont été établies en 1565 en faveur du Commerce, la premiere commence au premier de Mars & finit au 15, la seconde commence le 15 Octobre & finit le 29, tous les vins vendus & chargés dans ces Foires font éxempts des droits de comptablie, mais la plus fréquentée des deux est la derniere à cause des vins de primeur qui peuvent arriver en Hollande & même plus loin avant Noel, quand la saison est favorable, on voit ordinairement jusqu'à 500 vaisseaux dans le Port de Bordeaux au tems des Foires, ils enlevent non-seulement les vins & les

Foires.

il for-
it éga-
ité, &
n Païs
is qui
abord
toutes
facilité

ins qui
o ton-
ors du
1 même
rein de
nmense
genois,
alité de
guedoc,
ction de
tats du
deaux,
descen-
jout de
oulu se
pour la
lier. Le
ar trois
chands
Etran-

eaux de vie, mais du vinaigre, des prunes, des fruits, de la rézine, &c. & le tout avec une telle confommation, que l'Auteur repete ici que les droits du Roi fur ces marchandifes montent dans la feule Election de Bordeaux à quatre millions de livres. Les Etrangers apportoient ci-devant à Bordeaux des étoffes, drapperies & toilles d'Angleter-re & de Hollande, mais l'entrée n'en eft plus permife par Bordeaux, on a même tellement chargé les marchandifes étrangeres dont l'entrée eft permife, qu'il eft déformais fans apparence qu'au-cune nation veuille y en apporter, & l'Auteur croit cette politique très dom-mageable au commerce, parce que n'y ayant point de vaifléaux François qui portent les denrées de Guienne dans le Nord, il n'eft point naturel de reduire les Etrangers à venir à vuide charger à Bordeaux. Qui dit commerce dit un trafic réciproque où le vendeur & l'a-chetcür trouvent leur compte, & fi tout le profit eft d'un feul côté, il eft impof-fible qu'il fubfifte longtems, outre que la vente des vins fe fait à moindre prix dans une telle circonftance, le Mar-chand Hollandois regagnant par où il peut ce qu'il perd à ne point vendre fa

propre

propre marchandife. Les Anglois viennent peu à Bordeaux, on y voit quelques Ecoffois, mais le fort du négoce
s'y fait avec la Hollande.

Libourne eft un Port confiderable fur
la Dordogne au Confluant de la riviere
d'Ill, le Païs des environs eft l'un des
plus beaux à la vuë, & l'un des plus
abondans qui foient en la Province,
toutefois on y charge peu de vaiffeaux,
les denrées fe tranfportant à Bordeaux,
comme au principal magazin de la
Guienne ; d'ailleurs Libourne eft le
lieu où l'on charge les fels pour les faire
remonter en Perigord & en Quercy.
Rien ne contribuera davantage à rendre
cette Ville floriffante que la perfection
des ouvrages commencés pour rendre
les rivieres d'Ill & de Vezere navigables, parce qu'alors elle deviendra l'entrepôt de toutes les marchandifes que
l'on peut tirer du Perigord & du Limofin par leur moyen, vins, eaux de
vie, fruits & chataignes, defquelles le
débit fera fort bon par le moyen des
enlevemens qu'en feront les étrangers.
Bourg eft un petit Port fur la Dordogne
à un quart de licuë du Bec d'Ambès,
dont le territoire rapporte d'excellens
vins blancs & rouges ; il y vient des

vaisseaux & des barques pour charger
tout ce qui s'y recueille. Tout le commerce qui se fait dans le bassin d'Arcaffon ou à la Tête de Buch confiste en
la resine qu'on y apporte des Launes &
qui se charge en ce lieu pour les autres
Ports du Royaume ; les habitans des
onze Paroisses d'Arcaffon font presque
tous pêcheurs & gens de mer ; l'entrée
du Bassin est extrêmement périlleuse à
cause des côtes qui la resserrent & du
peu d'eau qui se trouve à la Barre, mais
le dedans est fort à couvert.

Bayonne fur le Confluent de la Nieve
& de l'Adour est le dernier Port confiderable de la Généralité , cette Ville
est connue d'ancienneté fous le nom de
Lapurdum , & celui qu'elle porte aujourd'hui est moderne & purement Baf-
que , fignifiant un bon Port ; elle a eu
fes Vicomtes particuliers jufqu'à l'année
1193 , qu'étant finie elle fut unie par
les Anglois au Duché de Guienne : le
Roi Charles VII l'acquit & la joignit à
fon Domaine au mois de Septembre
1451 , depuis lequel tems elle s'est fi-
gnalée par une fidélité constante pour
la France. Sa fituation est tout-à-fait
belle & finguliere à cause des fortes rivieres fur lefquelles elle est assife ; le

port eſt grand & magnifique, mais l'entrée en eſt difficile parce que l'Adour change ſouvent de canal, ſe portant tantôt au Sud & tantôt vers le Nord, cela fait que la ſortie eſt encore plus difficile que l'entrée, parce que celle-ci ſe peut faire avec la ſeule marée en remorquant les bâtimens, au lieu que pour la ſortie il faut attendre le flux & les vents propres qui ſont depuis l'Eſt juſqu'au Sud. La Ville de Bayonne a peu *Son commerce.* de commerce avec le reſte du Royaume, ſi ce n'eſt pour la laine d'Eſpagne, elle en a encore moins avec l'Angleterri & la Hollande, mais toute l'application de ſes Marchands eſt le négoce d'Eſpagne, où ils profitent beaucoup, tirant directement par la mer ce qui eſt néceſſaire à la haute Navarre & à l'Arragon où il eſt porté par des mulets, tant à Pampelune qu'à Sarragoſſe, qui ſont les lieux d'entrepôt pour la Caſtille, après que les Villes même ſont ſuffiſamment fournies pour elles & celles des environs ; le ſucre & la caſſonade dont il ſe conſume beaucoup en Eſpagne à cauſe du chocolat, y étoient autrefois portés de Bayonne, mais les Arragonois & les Navarrois le tirent à préſent de St. Sebaſtien auſſibien que

BORDEAUX

les épiceries. Les retours qui fe font d'Efpagne font toûjours en laines ou en efpeces d'or & d'argent, de forte que le profit des Marchands de Bayonne ne fçauroit manquer d'être grand : il vient en cette Ville des mats de vaiffeaux par les Gaves d'Oleron & par la Nieve, ceux de la premiere route font ordinairement très-beaux & croiffent fur les montagnes d'Aft & de Baraton, d'où on les tranfporte par terre jufques aux Gaves, car c'eft le nom commun que l'on donne à toutes les rivieres de Bearn, & là ces bois font mis en radeaux & portés jufqu'à Bayonne par Peirourade; les mats de Nieve font beaucoup plus petits ; on conferve les uns & les autres dans des foffes, où ils demeurent enterrés jufqu'à ce qu'on les en tire pour les conduire à Breft ou à Rochefort felon les befoins des Arfenaux du Roï. La facilité qu'il y a à bâtir des vaiffeaux à Bayonne a fouvent invité à le faire, il y a quelques années que l'on en conftruifit un de 68 piéces de canon, mais la difficulté de le faire fortir de la bouche de l'Adour fut fi grande qu'on ne s'y eft pas expofé depuis, l'on fe contente d'y faire des frégates de 45 à 50 canons; le bois, le fer, le goudron font de très-bonne qualité en ce Païs & à très-grand marché. Les bâtimens de Bayonne vont tóus les ans à la pêche de la Baleine à l'extrêmité du Nord, & à celle de la Morue fur le Banc de Terre neuve: ce font les Bayonnois qui ont inventé l'art de réduire en huile & en favon la graiffe des Baleines pour éviter l'inconvénient que ce poiffon ne fe corrompit en le ramenant de fi loin; mais comme les voyages pour les aller chercher font fort longs, & que les équipages coutent plus qu'en Hollande, il eft certain que ce négoce fouffrira du dechet fi l'on n'augmente les droits fur les mêmes marchandifes venant des lieux étrangers, afin que ceux qui les trafiquent ne les puiffent donner à meilleur marché que les Bayonnois: A l'égard du Banc de Terre neuve, l'Auteur dit qu'il n'y a que cent ans que la pêche qui s'y fait eft en ufage, & que les Bayonnois alloient auparavant à la troque en Canada.

Quant à la rade de St. Jean de Luz où l'on entre par les mêmes vents que dans la Barre de Bayonne, les vaiffeaux y fouffrent beaucoup pendant la groffe mer, & font en danger même après que les vents ont ceffé de fouffler, par-

BORDEAUX
Pêche.

St. Jean de
Luz.

G 3

Socas.

Cap Breton.

Election s. Bordeaux.

ce qu'elle demeure agitée en forte que les plus gros cables fe coupent contre les rochers. Le port de Socas qui en eft voifin eft un ouvrage moderne des Bafques qui ont vû par expérience la néceffité de retirer leurs barques en fûreté pendant les hyvers, il ne faut point de vent pour y entrer, parce que l'on fe fert des grelins & cabeftans qui font fur les digues pour y remorquer les vaiffeaux, lefquels y demeurent à fec en baffe marée. Quant aux Ports du Cap Breton & du vieux Boucaut qui font au deffus de Bayonne, ils font ordinairement fermés par les fables, en forte qu'aucun bâtiment ne fe hazarde à y entrer hors les pinaffes & les barques de pêcheurs : tout le refte de la côte n'a aucun Port & eft par tout fort dangereux.

L'auteur entre enfuite dans le détail des Elections, & commençant par celle de Bordeaux, il dit qu'il n'y a rien digne d'obfervation dans les Villes du Plat Païs fi ce n'eft les ruïnes de l'ancienne Ville de Soulac, à l'entrée de la Garonne, qui eft à préfent convertie en un très-méchant village ; & le magnifique Château que le vieux Dûc d'Efpernon avoit fait bâtir à Cadillac, le

quel fe détruit abfolument faute de réparation. Le terrein de cette Election eft
divers felon les cantons : le Medoc eft
un Païs fablonneux, particuliérement
vers la mer , il y vient plus de bled que
dans le refte de la Généralité , particuliérement dans les marais deffechés &
tout ce qu'on appelle le bas-Medoc ; les
vins que l'on y recueille coutent beaucoup moins que les autres , parce qu'on
laboure les vignes à la charuë , ils font
rouges & fouffrent bien la mer ; on y
nourrit des beftiaux & particuliérement
des moutons ; on y trouve même des
haras de chevaux fort petits , & enfin
il y croit quantité de pins dont on tire
la refine : ainfi le Païs eft mêlé : les
vignes y ont infiniment fouffert des gelées dans les années 1696 & 1697 , on
a craint avec raifon d'en voir perir la
plus grande partie. Les environs de Bordeaux font chargés d'une extraordinaire
quantité des vignes dont le rapport eft
fort grand dans les bonnes années , mais
qui coutent toujours infiniment pour
leur culture , & à ce fujet il faut dire
qu'il y a trois cantons dont les vins ont
plus de réputation que tous les autres ,
le premier eft le territoire nommé les
Graves dans le voifinage de la Ville , il

*Vignobles de
Bordeaux.*

produit des vins rouges d'excellente qualité & qui fouffrent bien la mer , le fecond eft le Medoc dont il a déja été parlé , & le troifiéme eft le territoire de Langon , Barfac & autres lieux du rivage de la Garonne au deffus de Bordeaux qui produifent des vins blancs plus eftimés que tous les autres, & qui fe vendent très-cher. Mais la grande abondance des vins provient de ce que tout le refte du territoire de l'Election eft entiérement chargé de vignobles au point que l'on peut affûrer qu'il y en a trop, 1°. parce qu'il n'y refte point de terre pour le labourage , ce qui expoferoit le Païs à une diferte de bled continuelle fi les Provinces voifines & particuliérement la Bretagne ne l'en fournifloient , on remarque que cette derniere donne quantité de feigles pour la nourriture des perfonnes de travail, 2°. parce que tout le revenu de l'Election confiftant en vin, il arrive que quand il fe vend mal comme c'eft l'ordinaire en tems de guerre, ou que quand les vignes font gelées, le Peuple tombe tout d'un coup en pauvreté & en mifere. 3°. parce que la Province n'a pas affez d'ouvriers pour la culture , il en venoit autrefois un nombre de Xaintonge & autres Provinces voisines, depuis qu'ils ont cessé, le prix des gens de travail a haussé de plus d'un tiers, ce qui augmentant la dépense, hâte la ruine des particuliers.

· A l'égard des Elections de Perigueux & de Sarlat, l'Auteur les considere ensemble parce qu'elles composent une seule Province qui est le Perigord, il dit que le terrein est fort different selon la différente situation, que les rivages des rivieres de Dordogne & d'Ill sont extrêmement fertiles en grains de toute espece, qu'il y avoit aussi beaucoup de vignes, lesquelles ont été presque détruites par des grêles & des gelées arrivées depuis 1690, il ajoûte que les seuls cantons où il en reste une quantité suffisante sont Bergerac & Domme, que tous deux en produisent de fort bonne qualité. Les bords de la riviere d'Ill sont sujets à de terribles inondations qui ruinent les Peuples qui les habitent, & emportant leurs moissons, &c. détruisent leur demeure; la Ville de Perigueux qui y est assise en souffrit considérablement en 1698 ; les autres cantons de la Province portent de petits bleds & beaucoup de chataignes, dont une partie se consomme à la nourriture des Païfans & de leurs cochons, l'autre fe tranfporte vers Bordeaux, d'où on les fait paffer aux Païs étrangers. Les engrais des beftiaux ne font point confiderables en cette Province, à la réferve de celui des porcs, dont on peut dire que la plus grande partie du Peuple fait un commerce avantageux, parce que l'argent qui en revient eft prefque la feule reffource qu'on y ait pour payer les impofitions. Les forges de Perigord fourniffent de fi excellent fer que l'on en convertit la meilleure partie en ouvrages propres pour la marine, mais comme elles font éloignées des rivieres navigables, on s'eft fervi pour le tranfport des canons &. des autres ouvrages que l'on y fabrique des beftiaux que les Païfans emploient à leur labourage, il en eft crevé la moitié en pure perte pour le propriétaire, c'eft un des principaux dommages qu'ait reçu le Perigord. Au furplus cette Province a perdu dans les années de cherté environ le tiers de fes habitans, ce qui fait une diminution d'autant plus terrible, que la ruine de toutes les Villes reduifant ce qui refte au feul breuvage de l'eau qui eft contraire à leur naturel, ils n'ont plus leur ancienne force pour fe foûte-

·nir dans l'accablement du travail, ou la diminution de leur nombre les engage. Perigueux Capitale de la Province étoit anciennement nommée *Vesuna Petrogoriorum*, on y voit diverses antiquités Romaines, restes de sa premiere splendeur qui est à present fort diminuée, le Peuple y étant plus pauvre qu'on ne le pourroit croire, vû le nombre des habitans, mais on peut juger que la cause de cette multitude est la franchise de la taille dont cette Ville & sa Banlieuë jouïssent encore, en revanche l'Ustensile & les affaires extraordinaires l'ont réduite au point de misere où on la voit : ce fut dans ses environs que Pepin-le-Bref vainquit Gaifer Duc de Guienne dont il a été parlé. Bergerac est une Ville très-agréablement située sur la Dordogne, & qui fait l'entrepôt des marchandises qui passent de Lyon à Bordeaux, ou réciproquement, ses habitans sont assez riches, mais ils l'étoient bien davantage avant les changemens arrivés en matiere de Religion, on comptoit 40000 Huguenots, tant dans cette Place qu'en ses environs, dont la meilleure partie a quitté le Royaume. Louis XIII soûmit cette Ville à ses armes en 1621, les Calvinistes la

BORDEAUX

Villes.
Perigueux

Bergerac

G 6

BORDEAUX

Sarlat.

Election d'Agen.

Son produit.

poſſedoient depuis 1562, elle jouït en-core aujourd'hui de l'éxemption de la taille. Quant à la Ville de Sarlat elle eſt ſituée dans un fonds environné de mon-tagnes à deux lieuës de la Dordogne, les Habitans en ſont trés-pauvres, d'au-tant que le Païs outre qu'il eſt mauvais n'a que peu ou point de commerce, cette Place ſoûtint un ſiége en 1652 contre l'armée du Roi. L'Auteur n'a pas pouſſé plus loin le détail des Villes de Perigord.

Mais paſſant à celui de l'Election d'Agen, il aſſûre que c'eſt la meilleure partie de la Généralité, le terroir étant naturellement fort bon, & d'ailleurs coupé d'une quantité de rivieres qui en augmentent la fertilité, le ſeul canton qui eſt voiſin du Perigord eſt inférieur au reſte, tenant de la nature du dernier & étant rempli de chataignes comme lui. Il y a quantité de vignes dans tout l'Agenois dont les unes produiſent des vins forts & rouges capables de bien ſoûtenir la mer, les autres des vins d'une qualité inférieure que l'on con-vertit en eau de vie par cette raiſon & quelquefois par la trop grande abon-dance, d'autant qu'on ne pourroit les conſommer ni s'en défaire autrement.

Les territoires de Clairac, d'Aiguillon, les deux Tonneins & quelques autres Jurisdictions ont le privilège de semer, planter & élever du tabac, & les habitans s'en éjouïssent de telle sorte qu'ils ne laissent pas un pouce de terre sans culture, c'est pourquoi les fonds immeubles s'y vendent le double des autres Cantons. L'on cultive aussi quantité de chanvre dans les mêmes lieux & tout le long du Lot & de la Garonne, la consommation en a été si grande durant la guerre que les seuls Arsenaux de Marine en ont tiré jusqu'à 900 milliers : il y a aussi des fruits, particuliérement des prunes que l'on fait sécher, mais la principale quantité vient de la Rouergue & du Quercy, c'est une denrée de grand débit pendant la paix. Agen est une des plus anciennes Villes *Villes.* de France, c'étoit la Capitale de Nisio- *Agen.* briges que la beauté de sa situation & la fertilité de son terrein a rendu souvent l'objet de l'avidité des Barbares, elle se sent peu à présent de ses malheurs passés, mais son ancienne richesse est tellement déchue que l'Auteur dit en général qu'il n'y a point de plus pauvre Ville dans la Généralité, la raison qu'il en donne est la fainéantise de fes habitans qui n'aiment que la bonne chere, la vie douce & oifive, & laiffent faire tout le commerce aux Marchands des Bourgs voifins. Villeneuve

Villeneuve.

d'Agenois eft une des Places les mieux fituées de l'Election, elle eft arrofée par la riviere de Lot, mais quoique fon territoire foit très-abondant, il y a peu de Marchands, les habitans de Marmande fur la Garonne s'intriguent davantage pour le commerce, & plufieurs font celui des bleds, parce que le ter-

Clairac.

ritoire en produit quantité. Mais Clairac eft le lieu où il fe rencontre le plus de ces gens actifs propres à attirer la richeffe & l'abondance dans leur Patrie, le commerce y étoit très-vif avant la révocation de l'Edit de Nantes qui a obligé plufieurs des meilleurs Marchands à fe retirer, il y en refte néanmoins qui trafiquent des chanvres, du tabac, des eaux de vie & de toutes les denrées du Païs; en général le Peuple y eft à fon aife, ainfi que dans les Bourgs de Tonneins qui font fitués fur la Garonne au deffous de l'embouchure du Lot, l'un des Tonneins appartient au Duc de la Force, & l'autre aux Héritiers du Comte de Lavauguion, ces cantons étoient fort peuplés d'Huguenots, on y en comptoit 40000 avant leur fuite ou leur converſion. Aiguillon autre Ville d'Agenois, ſituée à l'entrée du Lot dans la Garonne a pluſieurs Marchands, particuliérement de chan-vre & d'eau de vie ; ce lieu eſt fameux par la prodigieuſe réſiſtance qu'il fit contre le Roi Jean Duc de Normandie, ce Prince l'aſſiégea ſur les Anglois avec une armée de 100000 hommes, & durant 6 mois des 14 que dura le ſiége, il y faiſoit livrer quatre aſſauts par jour, il y employa toutes les machines de guerre qui étoient connues en ce tems-là, l'on prétend même que ce ſiége eſt le premier où l'on s'eſt ſervi du canon, ces grands efforts furent inutiles, le Duc de Normandie perdit ſon armée, & la Ville demeura à ſon véritable Maî-tre. Sainté Foy autre Place ſur la Dor-dogne eſt le ſéjour d'un grand nombre de nouveaux Convertis, le Roi Louis XIII. la ſoûmit par ſes armes en 1621, il y a à preſent quelques bons Mar-chands qui trafiquent des vins, des bleds & des eaux de vie.

L'Auteûr explique l'état de l'Elec-tion de Condom par le détail des cinq Sénéchauſſées dont elle eſt compoſée, ſçavoir Condom & Bazas qui ſont Ro-

BORDEAUX

Son produit.

yales, Nerac, Casteljaloux & Castelmoron qui composent la plus belle partie du Duché d'Albret. Le territoire de
Condom rapporte quantité de Bleds,
mais toutes les terres qui sont voisines
de l'Armagnac sont fortes & de difficile culture, ce qui fait que le Peuple
y est très-pauvre, & pour augmentation de leurs miseres, ils sont sujets à
voir leurs moissons détruites par la grêle
qui est le fleau général du reste de la

Condom.

Guienne. La Ville de Condom dite anciennement *Condomium Vasconum* est
un lieu très-pauvre; elle fut surprise
& pillée en 1569 par le Comte de
Montgomery Chef des Huguenots, qui
en détruisit les Eglises que l'on a réta-

Bazas.

blies dans la suite. Les terres de la Sénéchaussée de Bazas sont beaucoup meilleures, elles rapportent des bleds abondamment, ainsi que des vins fort estimés, la Reole & Langon sur la Garonne en sont les endroits les plus riches:
Bazas est situé à deux lieuës & demi de
la Garonne dans un Païs triste rempli de
landes & de bois, son ancien nom

Albret.

étoit *Cassio Vosatum*. Les terres des Sé-
néchaussées de l'Albret sont assez inégales, celles qui sont depuis Nerac jusqu'à la Garonne sont de très-bon rap-

port en vins, bleds, chanvres & tabac, BORDEAUX
mais celles qui approchent des petites
Lannes font mauvaifes, ne portent que
des feigles & des pins dont on fait le
gaudron & le brai, quelques-unes fervent à la pâture des moutons; celles
qui dépendent de Cafteljaloux font le-
gères & tiennent beaucoup de la nature
des Landes, mais les dépendances de
Caftelmoron font beaucoup meilleures
parce qu'elles font en deçà de la Garonne vers Libourne & la Dordogne,
où le terrein eft incomparablement
meilleur. La Ville de Nerac, qui a *Nerac*
été autrefois très-confiderable du tems
que les Rois de Navarre de la Maifon
d'Albret y faifoient leur féjour, fe fou-
tient encore par le moyen du commerce que la navigation de la Baize y procure, mais elle a beaucoup fouffert à la
révocation de l'Edit de Nantes, parce
que tout le Peuple y étoit Huguenot &
d'ailleurs fort obftiné, il a fallu le réduire au changement par la force, & le
fuccès à caufé la ruine ou la fuite des
principaux Marchands, il en refte néanmoins affez pour faire dire à l'Auteur
que c'eft la meilleure Ville de l'Election; l'ancien Château des Rois de Navarre s'y voit encore, & l'Auteur en

*Election des
Lannes.
Son produit.*

Capbreton.

La Chaloſſe.

loue la magnificence, il appartient à
preſent au Duc de Bouillon.

L'Election des Lannes renferme un
Païs très-diſgracié de la Nature, il n'y
croît point de vins ſi ce n'eſt aux endroits qui ſeront expliqués dans la ſuite, les eaux y ſont mauvaiſes, les terres ne rapportent que du petit ſeigle,
peu de pâture pour les moutons & des
pins dont on fait le gaudron qui eſt le
ſeul revenu de ce Païs-là, les hommes
n'y vivent jamais vieux, & tout le Peuple y paroît miſérable; le voiſinage de
la mer a encore la malheureuſe diſtinction d'être appellé les Lannes ſauvages,
parce que les habitations y ſont plus
éloignées les unes des autres, & qu'il
y a moins de commerce, toutefois les
Paroiſſes y ſont extrêmement fortes, ce
qui marque que la vie y eſt moins dure
qu'elle ne le paroît. Capbreton eſt un
lieu de cette étenduë ſur le bord de la
mer qui eſt renommé par l'excellence
de ſes vins. La Chaloſſe eſt un autre
canton au delà de l'Adour que l'on
pourroit mettre au rang des meilleurs
Païs ſans la grêle qui le déſole toutes
les années, il y croît quantité de graïns
& de vins en fort grande abondance,
dont la qualité eſt parfaite pour le com-

merce du Nord : on en peut dire autant du territoire de Dax en defcendant
l'Adour jufqu'à Peirourade & le long
des Gaves qui eſt tout rempli d'excellens vignobles. L'Auteur s'étonne que
les Hollandois ne ſe ſoient pas aviſés de
prendre une partie de leurs proviſions
dans ces lieux, parce qu'ils pourroient
aiſément charger à Bayonne & y avoir
du bon marché, mais d'ailleurs il reconnoît que l'entrée de l'Adour eſt
trop difficile, & il juge que c'eſt ce qui
les a empêchés de s'y adonner ; toutefois en 1688, quand la guerre a com-
mencée, ils y venoient en plus grand
nombre qu'auparavant, & depuis la
paix ils en avoient repris le chemin
d'autant plus aiſément, qu'ayant dé-
chargé leurs marchandiſes en Eſpagne
où elles avoient meilleur débit qu'en
France, à cauſe des droits nouveaux
auxquels on les a aſſujettis, ils venoient
en peu de trajet à Bayonne ſe recharger
des vins de ces cantons. La Ville de
Bayonne tire preſque toute ſa ſubſiſtance de celle de Dax où les marchés
ſont très-abondans en toutes ſortes de
denrées ; cette Ville eſt riche & bien
bâtie, ayant un gros Château environné de Tours & un beau Pont ſur la ri-

viere d'Adour, elle a eu longtems ſes Seigneurs particuliers depuis Arnaud Loup vivant en 980 juſqu'en 1177 que Richard Duc de Guienne & depuis Roi d'Angleterre ſe défit de Pierre dernier Vicomte de Dax qui refuſoit de lui obéïr. Entre les Vicomtes de Dax l'Hiſtoire remarque Garcias Arnaud qui prit la Ville d'Ortès & conquit une partie du Bearn, il fut pere de Raimond Arnaud & celui de Navarrus qui fut défait & tué par Gaſton Vicomte de Bearn dans le douzième ſiécle. Dax étoit connüe des Romains ſous le nom d'*Aqua Tarbellica*, à cauſe de ſes eaux chaudes & minérales, on la nomma depuis *Aqua Auguſta*, & il y a des Auteurs qui en décrivent le nom général de l'Aquitaine. Aire eſt auſſi une Ville ancienne, elle fut nommée *Vicus Julii* à l'honneur de Jules-Céſar, les Rois Viſigots y ont fait quelque tems leur ſéjour, on y trouve les ruines de leur Palais, dans lequel on prétend que ſe fit la publication du Code Théodoſien, dont l'obſervation fut ordonné par Alaric; ce lieu n'eſt à préſent qu'un méchant Bourg, l'Adour qui l'arroſe n'y eſt point encore navigable, mais les environs en ſont aſſez beaux. St. Sever au-

trement nommé Cap de Gafcogne, jadis
Capitale du Païs des Gafcons, eft bâtie
fur l'Adour, l'on recueille quantité de
vins dans fon territoire, lefquels font
portés à Bayonne par la riviere. Enfin
Tartas fur la Douze eft le Chef-lieu de
la quatriéme Sénéchauffée de l'Albret
qui eft plus étenduë qu'aucune des autres, le Bourg du St. Efprit fitué vis-à-
vis de Bayonne en eft une dépendance,
cette Place eft à l'entrée des Lannes vers
l'Orient, les marchés font renommés
pour les feigles qui s'y vendent.

A ce détail des Elections l'Auteur fait
fuivre celui des Provinces féparées qui
font partie de la Généralité, & premierement celui de la Bigorre, dans laquelle il compte 276 Paroiffes & 2041
feux; c'eft un Païs d'Etats gouverné par
fes propres Habitans, fous les ordres
du Sénéchal ou Gouverneur qui lui eft
donné par la Cour, c'eft à lui qu'il appartient de convoquer les Etats tous les
ans & de les tenir affemblés pendant 8
jours feulement. Ces Etats font compofés des Députés de l'Eglife, de la Nobleffe & du tiers-Etat, l'Evêque de Tarbes y préfide toujours, & en fon abfence l'Abbé de St. Pé, comme étant
l'un & l'autre à la tête du Clergé de la

Province. La Nobleſſe eſt compoſée de
12 Barons & des autres Gentils-hommes, le Marquis de Lavedan eſt premier Baron, la Ducheſſe d'Elbeuf, fille
du Marêchal de Navailles y poſſede 2
Baronies, le Marquis de Monteſpan y
a celle d'Antin, le Duc de Grammont
celle d'Aſte, le Sieur de Rochechoüart
un autre. Enfin le tiers-Etat eſt compoſé
des Conſuls & Jurats des Villes de Tarbes, Vie, Bagniere, Lourdes, &c. &
des Députés des Vallées. L'ordre qui
s'y obſerve eſt que chaque Corps ayant
déliberé ſéparement, les Chambres s'aſſemblent pour réſoudre à la pluralité
de deux voix contre une, chaque Député y a la liberté de parler & de faire
ſes remontrances, mais il eſt tenu de

parler debout. A l'égard des impoſitions
qui y ſont ordonnées, elles ſont de 3
eſpèces, celles qui ſont faites au profit
du Roi conſiſtent en 12000 l. de ſubſides fixés qui ſont payées ſuivant le pied
ancien, pour l'entretien des Troupes
dans le Païs; 7000 l. pour l'ancien don
en diminution duquel il ſe prit 300 l.
pour les frais de l'Aſſemblée en 1674,
qui eſt un ancien don qualifié des quatre
lances & demi : le total des premieres
impoſitions monte à 20374 liv. Les ſe-

condes impofitions font celles qui regardent l'indemnité des Etapes, & fe
font au profit des lieux qui ont fourni
des logemens & les vivres aux troupes,
cette dépenfe eft liquidée par les Etats
& impofée fur toutes les Communautés
afin que la charge en foit égale. Les
dernieres regardent l'acquittement des
dettes publiques qui font fort confidérables , la Province devant en commun
plus de 20000 l. de rente , fans les dettes particulieres des Paroiffes qui font
au moins de la même force ; il étoit
pratiqué avant la guerre de payer annuellement outre les intérêts de ces
fommes duës quelque partie du capital,
mais les affaires extraodinaires ont tellement épuifé la Province , que tout ce
qu'elle a pû faire depuis ce tems-là a été
d'acquitter les premieres. L'Adour traverfe toute la Bigorre dans fa longueur,
mais elle n'y eft point navigable , les
lieux qu'elle arrofe font fertiles & bien
cultivés, il y croit quantité de foins ,
de feigle , d'orge , de millet, mais fort
peu de froment, les vignes y donnent
d'excellens vins, & parmi cette abondance le Peuple eft pauvre faute de commerce. Les Vallées qui s'avancent le
plus au Midi ont de fort bons pâtura-

ges, où l'on engraisse des bestiaux qui se vendent en France & en Arragon, car le commerce est si bien établi entre les deux Nations, & se fait avec tant de sentiment de part & d'autre, que dans l'année 1693, où la cherté des grains obligea l'Espagne à faire une défense d'en laisser sortir de son terrein, les Arragonois portoient du pain tout cuit dans les Vallées de Bigorre pour soulager leurs voisins sans contrevenir à la deffense de leur Monarque; d'un autre côté tous les Habitans de Bigorre passent volontiers en Arragon pour y travailler, & ils en rapportent de l'argent *Singularités* au bout de quelques mois. Les autres *de la Bgorre* singularités de la Bigorre sont 1°. la beauté de ses bois qui seroient d'une utilité infinie s'il étoit possible d'en faire usage; mais l'éloignement des rivieres & la difficulté des transports ne permettent pas d'en tirer aucun profit hors des lieux mêmes où ils croissent. 2°. Les eaux minérales de Barege, de Bagnieres & de Cauderes, ces dernieres sont peu fréquentées à cause de la difficulté des chemins, mais les premieres ont une grande réputation pour leurs effets prodigieux dans la guérison des blessures & le rétablissement des nerfs offensés,

ceux

ceux qui vont à Barege repaſſent nécel-
ſairement à Bagnieres, & s'y rafraichiſ-
ſent en beuvant quelques jours des eaux
du lieu, car il y en a de fortes & de
foibles, & une qui a la proprieté ſinguliere de reparer les déſordres des eſ-
tomachs les plus relâchés. 3°. Ses car-
rieres de marbre d'où l'on en tire de
toutes couleurs pour l'embelliſſement
des maiſons modernes. Tarbes Capitale
de la Bigorre n'a rien de plus conſiderable que ſon antiquité, puiſqu'elle étoit
un Siège Epiſcopal dès les premiers ſiécles de l'Egliſe, & ſon zèle pour le ſervice du Roi qui l'a porté à outrer ſes
forces pour payer ce qu'il lui a plu d'en
éxiger. Bagnieres a été ſi fréquentée des
Romains que l'on y découvre journellement des marques de la ſplendeur où
ils l'avoient miſe en conſideration de
ſes bains chauds, dont ils faiſoient un
grand uſage par tout où ils en trouvoient. On a toujours remarqué une
antipathie extraordinaire entre les habitans de la Bigorre & le Bearnois, cela
fait que comme les recettes du Païs ſe
délivrent entre les mains du Receveur
Général du Pau, les Etats ne manquent
jamais d'ajoûter pour clauſe à leurs délibérations que cette délivrance ne ſera

point tirée à conféquence pour les affujettir à la Chambre des Comptes de Bearn & de Navarre : il a déja été obfervé que la Bigorre eft du reffort du Parlement de Touloufe, de l'Intendance de Pau pour le Domaine , & de la Généralité de Bordeaux pour le furplus : il y a lieu de croire , vû fon éloignement du centre de ce Département que l'on a évité de la joindre avec des Provinces qu'elle regarde comme ennemies par une prévention fort ancienne.

Du Marfan. L'Auteur a ci-devant marqué que le Païs de Marfan eft compofé de la Ville du Mont de Marfan & de fa Banlieuë qui contiennent 744 feux taillables, & de ce qu'on appelle les Baftilles, c'eft-à-dire, les autres habitations du territoire qui en contiennent 1484 ; toute cette étenduë eft abonnée à payer 8000 l. pour l'impofition que l'on nomme Subfiftance des troupes , & 4500 liv. pour l'ancien don : l'impofition y eft réelle, quoi qu'à l'égard de la Ville principale les Maire & Jurats qui font le rolle de l'impofition, ayent ordinairement quelques égards à l'induftrie. On date le *Mont de Marfan.* commencement de la Ville du Mont de Marfan à l'année 1140, Pierre de Marfan époux de Beatrix Comteffe de Bigorre en eſt reconnu l'Auteur ; cette Place eſt ſituée à l'extrêmité des petites Lannes, il croît du vin & des ſeigles dans ſes environs, & la riviere de la Douze qui y paſſe y commence d'être navigable après ſa jonction à la Midouze. Grenade eſt l'un des lieux principaux des Baſtilles de Marſan, il eſt ſitué ſur l'Adour qui, les hyvers ou dans les groſſes eaux, commence d'y porter bateau. Les impoſitions de ce canton ſont portées à la recette générale de Pau, comme celles de Bigorre; mais la principale charge du Païs eſt celle des étapes qui ſont portées en pure perte par la totalité des lieux dont il eſt compoſé, & cela va ſouvent bien haut pour une petite étenduë. Le Païs de Labour eſt compoſé des communautés compriſes entre l'Adour & les limites d'Eſpagne, la baſſe Navarre & la mer, on y en compte 38, dont 30 forment l'Aſſemblée commune qu'ils nomment le Beliac, c'eſt le Sindic du Païs qui la provoque en conſéquence d'une permiſſion du Bailli, on y réſout toutes les affaires qui ſe préſentent & qui ſe ſont trouvées en quantité pendant la guerre, car quoi que le Païs ſoit franc, les affaires extraordinaires y ont eu leur cours.

H 2

Les Communautés du bord de la mer font toutes remplies de gens de marine, dont la profeſſion particuliere

eſt d'aller aux pêches de long cours ; St. Jean de Luz & Sibourg en font les lieux principaux , ils ne font féparés que par une petite riviere nommée la Muette , près l'embouchure de laquelle eſt le Port de Socas-dont il a été parlé ; les Villes font peuplées de gros Marchands qui font la dépenſe des armemens , des Maîtres & Capitaines de Navire & des autres gens de mer , d'ailleurs la terre du Païs eſt ingrate , on n'y recueille preſque rien , & les habitans tirent leur ſubſiſtance des Lannes & de Dax par la voye de Bayonne ; on fait quelques nourritures de beſtiaux au voiſinage de l'Eſpagne , & il s'y trouve auſſi des bois. Les Peuples de ce canton font ap-

pellés Baſques par un nom approchant de leur ancienne appellation *Baſcos* dont on a tiré ceux de *Vaſcos* , *Vaſcons* , & enfin *Gaſcons* , de forte qu'on peut les prendre pour les reſtes de ces anciens peuples , qui fous la premiere race de nos Rois vinrent s'établir dans la Novempopulanie , ils ont une langue particuliere , font bien faits pour la plûpart , hardis & fort alertes : le Païs de

Soulle & la baſſe Navarre ſont peuplés de la même Nation. Uſtazils eſt le lieu de réſidence de leur Juſtice. Il n'eſt pas néceſſaire de rien ajoûter à ce qui a déja été marqué de leur commerce avec les Eſpagnols, même en tems de guerre, puiſque c'eſt un uſage commun à toute la frontiere. Le Païs de Soulle eſt le *Du Pays de Soulle.* dernier de la Généralité, il eſt auſſi franc que celui de Labour des impoſitions ordinaires, mais il s'eſt ſenti auſſi bien que lui des affaires extraordinaires auxquelles les néceſſités de la guerre ont engagé la Cour ; il renferme 69 Paroiſſes aſſez mal peuplées & 810 feux, Mauleon en eſt la Capitale, ſon extrêmité méridionale aboutit à la Navarre & à l'Arragon, & comme les paſſages n'y ſont pas difficiles, la plûpart des Baſques y vont travailler dans le tems où l'ouvrage eſt bon, & y gagnent de l'argent qu'ils rapportent chez eux. La *Ses Etats.* Soulle eſt diviſée en ſept Cantons qu'ils nomment Degam, & ce ſont les Députés Généraux de ces Cantons qui décident les affaires, quoi qu'elles ſoient agitées en pleins Etats pour donner lieu à une diſcuſſion plus générale : ce Païs reſſortit au Parlement de Pau & à l'Intendance de Bearn pour les affaires du

H 3

Domaine, ce qui fait juger qu'il n'y a pas eu de raisons bien valables pour l'unir à la Généralité de Bordeaux hors celle qui résulte de l'usage.

Détail de la Noblesse. L'Auteur passe enfin au détail de la Noblesse, mais il y comprend celle qui est étrangère comme la naturelle ; il suffit selon lui de posséder du bien dans la Généralité pour mériter d'être compris dans cette énumération, où il ne fait d'ailleurs aucune mention ni de la dignité des Maisons, ni de l'étenduë des Terres, ni du revenu, & nous réduit par conséquent à nous contenter d'un simple vocabulaire. Le Duc de Bouillon pour la Duché d'Albret ; le Duc de la Rochefoucault pour les Terres de Montclart, Estissac & Cahuhac en Perigord & Agenois, ces trois Seigneuries forment une grande étenduë ; le Duc de la Force pour la Duché de son nom, les Terres de Castelnau, Boissés & Cugnard en Perigord, Tonneins, Dessous & Admé en Agenois, & Caumont en Condomois, les quatre premieres ont une grande étenduë ; le Duc de Foix pour Cadillac, partie de la Comté de Benauge, Castelnau en Medoc, la tête de Buch, Langon, Aimer qui est une terre exempte, Flais, Gurson, le Vi-

gnac & Montpon , le tout compofe plus
de 60 Paroiſſes. Le Marquis de Richelieu poſſede la Duché d'Aiguillon , l'A-
genois & le Condommois par engagement ; le Duc de Grammont la Souveraineté de Bidache où ſont unis les
droits du Duché de ſon nom , la Comté
de Louvigny , Ageniau & l'Eſparre , le
tout compoſant 50 Paroiſſes ; le Duc
de Duras la Duché de ſon nom avec les
Terres de Rauzan , Pajols & Blanque-
fort , faiſant 30 Paroiſſes ; le Duc de
Richelieu la Duché de Fronſac & Cou-
tras ; le Duc de St. Simon les marais
deſſeichés & les droits Domaniaux de
Blaye avec le Vitrezay par engagement.
Le Duc de Roquelaure la Comté de
Montfort , jouïſſant des mêmes droits
que la Vicomté de Turenne dont on l'a
dit un démembrement , la Comté de
Pequillent & St. Barthelemi , la Comté
d'Auvergne , la terre de Languais aux
mêmes droits que Turenne , Limeuil &
Bugi. Le Duc de Lauzun la terre de
ſon nom ; les Ducs de Ventadour &
d'Eſtrées les Terres de Caupenne , Au-
nac & Aurice ; le Duc de Noailles celle
de Nadaillac. Le Marquis de Chalais
aîné du nom de Talleran poſſede Exideuil , belle Terre dont le Chef-lieu eſt

H 4

BORDEAUX éxempt de la taille ; le marquis de Talleran puîné du même nom, Grignols & Beauville, la Terre de Bourdeille eſt en ſaiſie réelle , il en reſte un du nom demeurant en Xaintonge. Le Marquis de Roque-Epine la, Terre de Pui-roquelauie ; le Comte de Vaillac les Terres de Caſſeneuil , lieu de la naiſſance de Louis-le-Débonnaire , & Cançon. Le Vicomte de Pondeax les Terres de Caſtillon , Pondeax & St. Cricq. Le Comte de Grammont la Terre de Sauviac l'une des Baronies du Bigorre. Le Marquis de Hautefort les Terres de ſon nom & de Montignac. Le Marquis de Biron les terres de Biron, Montferrand, Badefol ; Montault , Mugron & Monpazier par engagement. Les Héritiers du Comte de la Vauguion Tonneins Deſſus & Valagne en Perigord. L'Auteur fait un autre article de la Nobleſſe qui demeure dans la Province , ſçavoir le Marquis d'Exideuil Talleran qui poſſede la Terre de Mareuil ; le Comte & le Vicomte de Ribeyrac ; le Comte & le Vicomte d'Aidie ; le Marquis de Miremont & autres du nom d'Aubuſſon ; les Sieurs de Marqueſac & de 'Dam', puiſnés de Hautefort ; le Marquis de Reynac premier Baron de

de Tal-
gnols &
e eft en
cm de-
quis de
-roque-
Terres
ance de
on. Le
de Caf-
Com-
Sauviac

de fon
quis de
errand,
Mon-
léritiers
onneins
L'Au-
Noblef-
e, fça-
alleran
uil; le
rac; le
le Mar-
u nom
efac &
rt; le
on de

Perigord de Maifon très-ancienne ; le Comte de Fenelon & le Marquis de Salignac freres de l'Archevêque de Cambrai ; le Marquis de la Marie ; les Srs. de Ponville, de Fonteville & de St. Mer Cadets de St. Aulaire Beaupoil ; le Comte de Gonor du nom de Gouffier, le Comte de Carlus du nom de Courtin de Bourzolles & Caumont par fubftitution, les Sieurs de la Douze & de Montancé du nom d'Abfac très-ancien, le Comte de Rouffil du nom de Barriere, le Sieur de Mauriac du nom de Taillefer, le Sieur de Ruffignac, le Sr. de Beauvais gendre du Comte de Fenelon du nom de la Clotte, le Sieur Dalmans du nom de Chauvieres, les Srs. de Mayac & de Calviment, le Marquis de Montmege du nom de Reilhac, le Marquis de Segur Pontchat & le Vicomte de Cabanac du nom de Segur, les Sieurs de Vaucancour, du Repaire & de Javerliac, le Sieur de St. Maurice du nom de Pons en Xaintonge, les Srs. de Canan, de Conazae, de Trechebout, de Clermont & de Moucet. Tout cet article regarde proprement le Perigord qu'il dit être le quartier de la Guienne, où il y a le plus de bonnes Maifons. Voici celles dont il parle dans le texte

H 5

de la Généralité , le Marquis de Poyane dans l'Election de Lannes, son grand pere & son oncle étoient Chevaliers de l'Ordre, le Vicomte d'Orthe de la Maison d'Apremont , le Marquis de Pinton du nom de St. Martin, ainsi que les Sieurs de Laucandolle & de Donazie , le Marquis de Fimarcon , les Sieurs de Montcarsin, le Comte de Campagne & le Marquis de St. Lary l'un des Barons de Bigorre tous du nom de Montlezun , le Marquis de Teobon du nom de Rochefort, le Marquis de Valence du nom de Timbrune. Le Comte de Clermont en Agenois & le Sieur de Birac du nom de Narbonne , le Sr. de Montsegur , le Comte de Lau , le Baron de Fumel , le Sieur de Flamarin , les Sieurs de la Poujade & de Cours du nom de la Goute , le Sieur de St. Hille, le Marquis de Poudenas , le Marquis de Boisse , les Sieurs de Sivrac & de Bleignac du nom de Durfort , le Marquis de Lavedan premier Baron de Bigorre , le Sieur de Bazillac, & enfin le Sieur de Castel Beinac de la branche de Navailles. L'Auteur s'excuse de n'en pas nommer davantage de peur de trop charger son recüeil.

Conclusion.   J'ai cru pouvoir terminer cet extrait

par une reflexion que l'Auteur a donné dans le corps de fon ouvrage fur l'état où l'on pourroit mettre aifément le revenu du Roi dans cette Généralité fans fouler le Peuple, & il le fixe à 6500000 l. dont il en compte 3600000 l. pour le produit de la comptablie, deux millions pour la taille, & le refte pour tous autres droits ufités dans la Province. Mais il ne fixe pas avec la même précifion les moyens qui peuvent y apporter un argent fuffifant pour donner la facilité de payer une fi groffe charge ; car après avoir dit que le commerce attire de l'argent d'Efpagne, & que les Peuples reculés de la Gafcogne qui vont travailler dans ce Royaume en rapportent des efpeces avec lefquelles ils acquittent leurs impofitions, il retombe fur les droits de comptablie dont le fel & le vin forment le principal produit; ainfi il reconnoit, fans le dire, que la culture de la terre eft en Guienne comme par tout ailleurs le principe de l'opulence, & même il donne lieu de pouffer cette idée bien plus loin, en affurant qu'il n'y a point de partie de l'Etat François qui ait moins cultivé les Manufactures que la Guienne, il ajoûte néanmoins qu'à Bordeaux la

H 6

tannerie eſt fort conſiderable , en Pe‑
rigord les forges , & les cochons en Bi‑
gorre , Soulle & Labour les eſpèces
d'Eſpagne , en Perigord & en Albret
près Caſteljaloux le papier dont on ſe
ſert communément en Hollande pour
l'Imprimerie.

Fin de la Généralité de Bordeaux.

EXTRAIT
DU MEMOIRE

DE LA

GENERALITE'

DE PAU,

Contenant le BEARN & la baſſe
NAVARRE.

Dreſſé par ordre de Monſeigneur le Duc
DE BOURGOGNE en 1698.

Par Monſieur GUYET, Intendant.

'Intendance de Pau la plus
petite du Royaume eſt
compoſée de deux Pro-
vinces, dont la diſtinc-
tion a obligé l'Auteur de partager ſon
Mémoire en deux parties pour donner

Le Bearn.
Ses Bornes.

Son étenduë.

Ses Rivieres.

à chacune un article féparé. Le Bearn qui eft la plus étenduë & la plus confiderable de ces Provinces a pour bornes du côté de l'Orient la Comté de Bigorre ; vers le Couchant la Prévôté de Dax partie de la Soulle & de la baffe Navarre ; au Nord le bas Armagnac, le Turfan & la Chaloffe ; & enfin au Midi les Montagnes d'Arragon & celle de Roncalde en haute Navarre. Son étenduë eft de feize grandes lieuës de Gafcogne en longueur fur douze de largeur, & dans cet efpace il renferme 464 Paroiffes. Il y a deux rivieres principales qui portent toutes les deux le nom de Gaves, la premiere qui eft furnommée Bearnoife, prend fa fource dans la vallée de Barrege en Bigorre, d'où elle coule par celle de Lavedan près l'Abbaye de St. Pé, elle entre en Bearn en laiffant à gauche les montagnes d'Affon & s'ouvrant enfuite paffage au travers d'une belle plaine de dix lieuës de longueur, elle lave les murailles de la Ville de Hay, trois lieuës plus bas celle de Pau, fix lieuës au deffous celle d'Orthez, & fix lieuës par delà elle entre dans l'Adour à un quart de lieuë de Peyrourade. L'autre Gave furnommée d'Oleron eft compofée de deux Gaves particulieres

celle d'Oſſau & celle d'Aſpe ; la premiere prend ſa ſource dans les plus hautes Pyrenées près le Village de Saillain
frontiere d'Arragon , d'où elle deſcend
avec beaucoup de rapidité par les montagnes & la Ville d'Oſſau , & paſſe trois
lieuës plus bas à la Ville d'Oleron où
elle reçoit la Gave d'Aſpe, laquelle ayant
pris pareillement naiſſance au plus haut
des Pyrenées , à l'endroit nommé Som-
port près du vieux Monaſtére de Ste.
Chriſtine & du lieu de Canfrave en
Arragon , coule à travers la vallée d'Aſpe , d'où elle ſe rend à Oleron près des
murailles de laquelle elle ſe joint à la
Précédente...Elles coulent enſemble à
Navarreins, trois lieuës au deſſous d'O-
leron , à Sauveterre trois autres lieuës
plus bas, puis ayant reçu la riviere de
Soulle dite la Suzon , elles ſe rendent
dans le Gave Bearnois au deſſous de
Peyrourade & ſe perdent enſemble dans
l'Adour au lieu dit Hourgave. Aucune
de ces rivieres ne porte batteau , tant à
cauſe de leur grande rapidité que des
roches qui ſe trouvent dans leurs lits :
le Gave Bearnois cauſe ſouvent de
grands ravages étant ſujet à des cruës
d'eau qui emportent les terres voiſines:
le Gave d'Oleron s'enfle auſſi ſouvent ,

mais la hauteur de fes rives empêche qu'il ne faſſe les mêmes défordres: toutes ces Gaves font extrêmement poiſſoneuſes, on y pêche des truites, des brochets, des faumons & des petits faumoneaux d'un gout excellent qu'on nomme Forquans.

Sénéchauſſée de Morlaas. La Province de Bearn eſt diviſée d'ancienneté en cinq Sénéchauſſées, ſçavoir Morlaas, Pau, Orthez, Sauveterre & Oleron. Les principales Villes de la Sénéchauſſée font Morlaas & l'Aubege, deſquelles la premiere eſt la capitale de la Province toute déſerte & ruinée qu'elle ſe trouve à préſent, il y avoit autrefois une monnoye qui ne ſubſiſte plus. L'Aubege eſt fort petite, ſituée à la frontiere d'Armagnac ſur une hauteur qui en rend l'aſpect fort agréa-
Sénéchauſſée de Pau. ble. Les Villes de la Sénéchauſſée de Pau, font Pau, l'Eſcar & Nay; la premiere qui eſt regardée comme la principale du Païs à cauſe de l'ancien féjour des Princes & de la réſidence du Parlement eſt petite mais bien bâtie, aſſiſe ſur une hauteur au pied de laquelle coule le Gave de Bearn & ayant l'aſpect des côteaux de l'autre côté plantés de vignes & de boſquets qui rendent la vuë très-agréable; le magnifique Château qui

s'y voit & qui a été honoré de la naiffance de Henri le Grand a été bâti par
Alain d'Albret dans le tems de la Régence qu'il eut des Etats du Roi Henri
II. fon petit fils environ l'an 1518. Lefcar ou Lafcar eft une Ville Epifcopale
fort ancienne qui a été connuë des Romains fous le nom de *Benarnenfium Ci-*
vitas; ayant été ruinée par les Normands,
elle fut rebâtie au milieu du dixiéme
fiécle & placée fur une hauteur arrofée
d'une grande quantité de fontaines,
d'où elle découvre une belle & fertile
plaine dans laquelle coule le Gave Bearnois qui n'en eft qu'à un quart de lieuë;
cette Ville fouffrit beaucoup en 1569,
lors du changement de Religion, le
Comte de Montgommery y dêpoüilla
les Eglifes de tous leurs vafes & ruina
les tombeaux des Princes de Bearn qui
fe voyoient dans la Cathédrale. Nay n'eft
qu'une petite Ville mais affez marchande, elle eft pareillement fituée fur le
Gave Bearnois quelques lieuës au deffus de Pau. On ne compte que la feule
Ville d'Orthez dans la Sénéchauffée de
même nom, c'eft une Ville bâtie fur
une colline au deffus de laquelle fe
voient les ruines d'une forterefse que
les Princes de Bearn de la Maifon de

PAU.

Lefcar.

Sénéchauffée
d'Orthez.

Moncade avoient élevé pour fervir de rempart à leur Province contre les Vicomtes de Dax & les Anglois qui leur fuccederent; le Gave paſſe au pied du

Sénéchauſſée de Sauveterre côteau. Dans la Sénéchauſſée de Sauveterre on compte les Villes de Sauveterre, Navarreins & Saillies; la premiere eſt très-petite mais bâtie comme les autres du Païs ſur une hauteur d'où elle découvre une belle plaine qui rend ſa

Navarreins. ſituation heureuſe & agréable. Navarreins eſt une petite Ville fortifiée de 4 Baſtions ſans aucun dehors, & l'ouvrage de Henri II. Roi de Navarre au tems duquel c'étoit une fortereſſe importante, le Roi y entretient encore une Garniſon de quatre Compagnies d'Infanterie ſous un Gouverneur qui étoit au tems de la confection de ce Mémoire le Sr. de Caſtelmore ancien Capitaine aux Gardes agé de 92 ans. Saillies n'a rien

Saillies. de conſiderable que d'avoir une fontaine ſalée dont on tire une aſſez grande quantité de ſel pour fournir tout le Bearn & la Navarre. Dans la Sénéchauſ-

Sénéchauſſée d'Oleron. ſée d'Oleron il y a les Villes d'Oleron, de Sainte Marie & de Moucin, les deux premieres ne ſont ſéparées que par la riviere qui coule entre elles, elles forment enſemble une enceinte conſidera-

ble & bien peuplée. La Ville d'Oleron
est ſi ancienne que l'on trouve la ſouſ-cription de ſes Evêques dans les premiers Conciles de France & d'Eſpagne, les Romains la connoiſſoient ſous le nom d'*Iluro* ou *Elorenſium Civitas*; le Siége Epiſcopal eſt dans la Ville de Ste. Marie: les Habitans de l'une & de l'autre ſont tous Négocians & font preſque tous le commerce d'Arragon, ils étoient riches avant l'année 1694 qu'il arriva à Saragoſſe le premier de Juin une ſédition dans laquelle tous leurs correſpondans en cette Ville furent pillés par la Populace & chaſſés après la deſtruction de tous leurs effets, on eſtime la perte que les Marchands d'Oleron firent en cette occaſion à plus d'un million de livres, & elle leur a apporté un ſi grand préjudice que depuis ce tems là le commerce a beaucoup de peine à s'y rétablir. La Ville de Moucin eſt auſſi fort peuplée, & ſes habitans ſont la plûpart gens de commerce, le territoire en eſt fort étendu & rapporte quantité de vins. Il y a de plus dans cette Sénéchauſſée 3 Vallées environnées des hautes montagnes qui ſont des branches de la chaine principale des Pyrenées, ces montagnes contiennent differentes mines de

plomb, de cuivre & de fer , & font couvertes en plufieurs endroits de fort beaux
fapins , defquels depuis 12 ou 15 ans
on a tiré des mats de vaiffeau parfaitement beaux & des planches pour dou-
bler les bâtimens , on s'en fert auffi pour
les lambris des maifons ajuftées. Ce qu'il
y a de plus confiderable dans la Vallée
d'Offau eft la montagne de même nom
que l'on tient l'une des plus hautes des
Pyrenées , on prétend découvrir du
plus haut de fon fommet les deux mers
à l'Orient & à l'Occident : il y a des
eaux minérales à Aigues-Caudes qui
font excellentes pour les maux d'efto-
mach & la guérifon des playes , ainfi
que celles nommées Aigues-bonnes à
caufe de leur vertu falutaire. Dans la
Vallée d'Afpe les eaux d'Efcot qui font
rafraichiflantes , & dans le voifinage
d'Oleron celles d'Ogen de pareille qualité : la derniere des Vallées eft celle de
Baretons qui n'a rien de fingulier.

Qualité du Bearn. En général le Bearn eft un Païs fec &
montueux dont les hauteurs ne font
couvertes que de Landes remplies de
fougeres , defquelles on ne tire autre
utilité que celle d'en fumer les terres ;
les plaines font beaucoup meilleures ,
on n'y feme que peu de feigle & encore

moins de froment, mais on y recueille quantité de millet qui eſt une ſorte de bled venu des Indes dont le Peuple ſe nourrit. Les autres récoltes du Païs ſont le vin qui y croit en quantité, & qui y eſt ſi bon que l'Auteur aſſûre qu'il n'y a point de Province où il s'en trouve de meilleur, les terroirs de réputation ſont Jurançon, Bellocq, Puis & Viebuz dans la Sénéchauſſée de Morlaas où les Anglois & Hollandois en viennent acheter parce qu'il ſouffre bien la mer. Le lin eſt encore un des meilleurs produits du Bearn, on le convertit en toiles qui ont leur débit en Eſpagne, auſſi-bien que les beſtiaux qu'on y engraiſſe & les chevaux qu'on y éleve, leſquels ſont petits, nerveux, & ont le pied propre à cheminer dans les montagnes. Ces differens avantages de la Province font que le Peuple y vit aiſément, mais l'argent n'y entre que par le commerce d'Eſpagne, ſoit au moyen de la vente des denrées, ſoit par le travail que les gens du commun y vont faire, duquel ils ſont toujours bien payés. La Nobleſ-ſe de Bearn eſt pauvre, parce qu'avant peu de revenu, elle n'a pas les mêmes reſſources que le Peuple pour s'enrichir. D'ailleurs le caractère propre des Bear-

Caractere & nombre du Peuple.

nois eſt l'aſſiduité au travail & l'induſ-
trie, la ſobrieté, l'œconomie, la pro-
preté, mais on leur reproche trop d'attachement à leurs intérêts & le manque
de ſincérité, ils ſont tous bien faits,
robuſtes & de taille commune: en 1695
on fit un dénombrement de tout le Peuple de la Province qui ſe trouva monter y compris les femmes à 198000 perſonnes, les mortalités de 1693 & 1694
en avoient emporté environ 6000.

Hiſtoire du
Bearn.

L'Auteur commence ſon récit Hiſ-
torique de la Souveraineté de Bearn
par la ſuppoſition que Jules Ceſar en a
fait la conquête & l'a uni à la Novempopulanie Province Romaine dont il
donne la Garonne, les Pirenées & la
Mer pour dernieres limites : il eſt aiſé
de voir combien il y a peu d'éxactitude
dans ce diſcours ; mais comme l'aſſu-
jettiſſement des Cantabres fait par Auguſte n'eſt pas éloigné de ce tems-là,
auſſi-bien que l'établiſſement de la Province de Novempopulanie, ce n'eſt pas
la peine de relever ſon erreur. Il prétend enſuite qu'Evaric Roi Got enleva
cette Province aux Romains, mais que
Clovis Roi de France la conquit ſur ſon
Succeſſeur, en ſorte que le Bearn reconnut abſolument la Monarchie Fran-

çoife jufqu'au régne de Clotaire II. fous
lequel il fe révolta ; il y a plus de vraifemblance à croire que l'incurfion des
Gafcons étant arrivée dans ce tems-là,
le Bearn fut un des premiers Païs dont
ils s'emparerent ; l'Auteur ajoûte qu'il
ne rentra fous l'obéïffance des Rois de
France qu'au tems de Charlemagne, ce
qui marque affez qu'il avoit fuivi le
fort de toute la Gafcogne en obéïffant
aux Ducs Eudes, Hunault & à Gaiffer.
En 820 Louis-le-Débonnaire ayant chaffé Loup Centulle nouveau Duc des Gafcons, donna felon l'Auteur l'inveftiture du Bearn à l'un de fes enfans dont il
voulut recompenfer la fidelité, mais on
ne connoît point fes fucceffeurs jufqu'à
Centule I. qui vivoit en 905. On pourroit inferer de-là que cette prétenduë
inveftiture n'eft pas vraye, puifqu'auffi bien le règne du Débonnaire n'eft
point l'époque de la proprieté des Fiefs,
c'eft même l'avancer beaucoup que de la
mettre à l'année 905, mais comme le
Bearn étoit éloigné du centre de la Monarchie, il eft probable que fes Gouverneurs ont été des premiers à ufurper la
proprieté, d'ailleurs on peut croire que
ces premiers Princes étoient la poftérité
du Duc Loup Centule comme on le dit

communément, l'affectation réiterée
d'en prendre le nom en sert de preuve.
Entre les Princes de cette famille, celui
qui a brillé plus que tous les autres a
été Centule IV, qui devint Comte de
Bigorre en 1078 par son alliance avec
Beatrix qui en étoit héritiere, il fut pere
de Gaston IV, qui lui succeda dans le
Bearn, & de Centule premier Comte
de Bigorre qui a été Chef de la seconde
Famille de ce nom. Gaston IV fut aussi
un Prince illustre, lequel après avoir
assisté Godefroy de Bouillon à la conquête de Jérusalem revint en France où
il accrut ses Etats de la conquête du
Païs de Soulle & de la Vicomté de Dax,
il mourut en faisant la guerre contre les
Infidéles en Arragon l'an 1130, son fils
Centule V. fut le dernier de cette famille, il mourut encore en Espagne en
1134, laissant le Bearn à sa sœur Guis-
carde veuve de Pierre Vicomte de Ga-
varet. Celle-ci le laissa pareillement à
Pierre son fils, mort en 1153, lequel
n'eut qu'un fils, mort sans postérité &
une fille nommée Marie, épouse de
Guillaume Seigneur de Moncade l'un
des grands de Catalogne; cette Vicom-
tesse de Bearn fut mere de Gaston VI,
premier mari de la Comtesse Petronille
de

de Bigorre dont il n'eut point d'enfans,
& de Guillaume Raimond qui fucceda
à fon frere en 1215 & mourut en 1223,
Guillaume fon fils & fon fucceffeur fut
pere de Gafton VII. l'un des plus grands
Princes de fon tems , & fameux par la
guerre qu'il foûtint contre les Anglois ,
il époufa Marthe de Mathas Comteffe
de Bigorre dont il eut la Comteffe Conftance dépoffedée de la Bigorre par Arrêt
du Parlement de Paris , & Marguerite
époufe de Roger Bernard Comte de
Foix auquel elle apporta la Souveraineté de Bearn en 1290. Roger Bernard
mourut en 1303 , laiffant Gafton I. de
la Race de Foix qui époufa Jeanne d'Ar-
tois fille de Philippe Scigneur de Con-
ches & fut auteur de deux Branches ,
l'aînée qui s'éteignit en la perfonne de
Gafton Phebus Comte de Foix, & Souverain de Bearn , qui après avoir vêcu
avec toute la gloire poffible, mourut
en 1391 ; & la cadette furnommée des
Vicomtes de Caftelbòn Seigneurs de
Montcade qui fut appellée à la fucceffion de Gafton Phebus en la perfonne de
Mathieu mort en 1398 ; & en celle d'I-
fábeau de Foix fa fœur époufe d'Archambault de Grailly Capìal de Buch,
& par elle Souverain de Bearn & Com-

te de Foix. La Maison de Grailly honorée de la Succeſſion de ces grandes Terres, ceſſa de porter ſon propre nom &
prit celui de Foix dont l'alliance ſembloit avoir mis le comble à ſa fortune:
Archambault mourut en 1412, laiſſant
Jean ſon ſucceſſeur dans ſes Etats, Gaſton Tige des Comtes de Candale, de Gur-
ſon & des Seigneurs de Villefranche; &
Archambault Seigneur de Noailles tué
ſur le Pont de Montereau avec le Duc
Jean de Bourgogne. Jean premier Comte de Foix & de Bigore Souverain de
Bearn ſe maria trois fois, laiſſa du ſecond lit Gaſton IV. qui lui ſucceda, &
du troiſiéme Jean de Foix Seigneur de
Lautrec, né poſthume en l'année 1453;
celui-ci épouſa Jeanne Daidie fille d'O-
det Comte de Commenge & de Marie
de Leſcun dont il eut les trois freres de
Foix ſi célèbres ſous le règne de François I. ſçavoir Odet Seigneur de Lautrec, Thomas Seigneur de Leſcun &
André Seigneur de l'Eſparre; avec Françoiſe femme de Jean de Laval Seigneur
de Château-Briant, morte le 16 Octobre 1537. Gaſton IV. Comte de Foix
épouſa en 1434 Eleonor héritiere de la
Couronne de Navarre fille de la Reine
Blanche d'Evreux & de ſon ſecond ma-

ri Jean d'Arragon, l'un & l'autre mou-
rurent en 1472, leur fils aîné Gafton
Prince de Vienne avoit époufé en 1461
Magdelaine fille du Roi Charles VII,
mais il mourut avant fon pere en 1470.
laiffant François Phebus Roi de Navarre après fon ayeul mort fans alliance en
1483, & Catherine héritiere de fa Coû-
ronne & de fes biens qu'elle porta dans
la Maifon d'Albret, de laquelle la poftérité eft trop connue pour la rapporter
ici. Henri IV. ayant receuilli tous les
biens des Maifons de Foix & d'Albret
parvint au Royaume de France en 1589,
toutefois l'union de fes Etats avec la
Couronne ne fut ordonnée qu'en 1620
par le Roi Louis XIII fon fuccefleur,
& depuis ils n'en ont point été alienés.

Après l'Hiftoire l'Auteur paffe au
Gouvernement du Païs, & dit que les
affaires y font traitées par les Etats qui
s'affemblent tous les ans en vertu d'une
Commiffion du Roi adreffée au Gouverneur ou Lieutenant de Roi en l'abfence du premier ; cette commiffion les
honore toujours du pouvoir d'y reprefenter fa perfonne, & en conféquence de cette commiffion celui à qui elle
eft adreffée convoque les Etats à un
jour & lieu certains écrivant à cet effet

I 2

des lettres circulaires à tous ceux qui ont droit d'y affister. Les Etats du Bearn font compofés de deux Corps , le Clergé & la Nobleffe n'en fait qu'un, le Tiers-Etat fait le fecond. Les Ecclé-fiaftiques qui ont entrée aux Etats font les Evêques de l'Efcar & d'Oleron avec les Abbés de Sauvalade , de Luc & de Larreule. A la tête de la Nobleffe il y a 12 Barons anciens & 4 moins anciens, mais tous les Gentils-hommes Seigneurs des Paroiffes, ceux même que l'ufage du Païs nomme Abbés Lays, c'eft-à-dire , qui poffèdent les Dixmes inféo-dés avec droit de patronage & nomination aux Cures, ceux enfin qui ont des terres érigées en Fief par bénéfice particulier du Prince , tous ceux-là ont droit d'entrée aux Etats , & on compte en tout 540 entrées dans le Corps de la Nobleffe. Le tiers-Etat eft compofé des Maires & Jurats, de 42 Villes ou Communautés dont le Roi eft feul Seigneur. L'Evêque de Lefcar eft Préfident né des Etats en quelque lieu qu'ils le tiennent , en fon abfence l'Evêque d'Oleron Préfide ou le plus ancien des Abbés. L'ordre de la féance eft que le Commiffaire du Roi étant affis en un fauteuil au haut, bout de la falle où fe tient l'Affemblée ,

les Evêques prennent leurs places à fa
gauche pareillement dans des fauteuils,
& les Abbés après eux dans des chaifes
à dos ; la Nobleffe occupe la droite par
le banc des douze Barons anciens , celui
des quatre Barons nouveaux & ceux du
refte des Gentils-hommes qui prennent
place comme ils fe trouvent fans diftinction ni préféance ; il y a de plus 2 Syndics généraux des Etats , l'un d'épée ,
l'autre de Robe , un Secrétaire & un
Tréforier. Le jour de l'affemblée étant
arrivé , les Etats députent au Commiffaire du Roi pour le complimenter, un
Baron portant toujours la parole ; l'ufage eft que le Commiffaire reçoit cette
députation debout & couvert, étant à
côté du fauteuil du Roi : après cette premiere cérémonie les Etats fe retirent au
lieu de leur Affemblée & nomment dix
Commiffaires, lefquels pendant les trois
premiers jours font occupés à recevoir
& éxaminer les requêtes qui leur font
préfentées , mais ce terme de trois jours
paffé ils n'en reçoivent plus. Les Sindics font rapport à tour de rolle au premier Corps de celles qui ont été éxa-
minées enfemble de l'avis des dix Commiffaires fur chacune d'elles, après quoi
l'on délibere , enfuite les mêmes Sindics

I 3

font rapport au tiers-Etat des mêmes requêtes & de l'avis du premier Corps. L'ordre de délibération eſt tel que quand le tiers-Etat n'eſt pas de même avis que le premier Corps, on le fait opiner juſqu'à trois fois pour la même affaire, que s'il perſiſte dans ſon ſentiment l'affaire tombe & l'on n'en parle plus, ou bien le Commiſſaire du Roi qui tient les Etats fait office pour concilier les deux avis, mais pour l'ordinaire quand il y trouve de la difficulté, il exhorte les deux Corps à ſonger à une autre affaire, ce qu'on ne refuſe guères particulièrement dans l'état préſent des choſes. Quand la délibération porte qu'il ſera préſenté un cahier au Commiſſaire pour obtenir la réparation de quelque grief, les Sindics le lui préſentent, & il y répond comme il le juge à propos à l'aſſiſtance de ſon Conſeil; mais quand d'autres délibérations portent qu'on ſe pourvoira au Roi dans les cas que le Commiſſaire ne peut décider, les Sindics envoient le cahier à l'Agent des Etats à Paris pour en ſolliciter la réponſe. Mais comme les Etats ne s'aſſemblent qu'une fois dans l'année, & qu'il peut arriver, & qu'il arrive en effet quelque quantité d'affaires

imprévues , auxquelles il eſt néceſſaire
de pourvoir par l'autorité des mêmes
Etats , il eſt d'uſage que chaque Corps
choiſit douze Commiſſaires , leſquels
enſemble forment ce qu'on appelle l'Ab-
bregé des Etats, auquel il appartient de
décider ce qui ſe préſente , pour être
néanmoins leurs délibérations approu-
vées ou rejettées aux Etats Généraux les
plus prochains. La convocation de l'Ab-
bregé eſt faite auſſi ſouvent que le cas
le requiert par les Sindics , en conſéquence néanmoins d'une permiſſion du
Gouverneur & de l'avis de l'Evêque de
Leſcar qui y préſide comme aux Etats
mêmes.Quand les Commiſſaires de l'Ab-
bregé ont été nommés , & que les affaires ont été déliberées, les Etats pro-
cedent à fixer les dons qu'ils font au
Roi , au Gouverneur ou Lieutenant de
Roi & autres gratifications ou charges
ordinaires & extraordinaires , après
quoi ils éliſent cinq Commiſſaires du
premier Corps , leſquels avec neuf du
ſecond calculent enſemble le montant
de la dépenſe générale , & en font la
répartition ſur les Paroiſſes du Païs au
nombre de 464 , à proportion des feux
qu'elles contiennent , à raiſon de tant
par feu payable en deux termes dont on

I 4

convient: les 9 Commissaires du second Ordre sont toujours les Jurats des Villes de Morlaas, d'Orthez, d'Oleron & de Sauveterre, & celui des trois Vallées autrement du Païs des montagnes, lesquels par un privilège particulier sont toujours les premiers Commissaires de l'imposition, les quatre autres sont les Jurats des autres Villes & Communautés qui roulent ensemble tour à tour. Les Commissaires ayant reglé la répartition générale, en remettent l'acte entre les mains du Tréforier pour en faire le recouvrement & pour acquitter l'Etat de dépense qui lui est pareillement remis; il rend compte de tout de 2 en 2 ans, c'est là la forme & la discipline que les Etats de Bearn observent de tems immémorial.

Histoire de la Religion. L'Auteur ayant ensuite à traiter de l'état du Clergé dans sa Province, commence cet Article par l'Histoire de la Religion qui y a souffert deux changemens importans, le premier quand de Catholique le Bearn est devenu Calviniste & le second au contraire. Le premier changement fut l'ouvrage de la Reine Marguerite de Navarre, sœur du Roi François I. qui dans le desir de science dont elle étoit entêtée fit venir près d'elle & dans les Etats du Roi son mari, Jacques le Fevre d'Etaples & Gerard Rouſſel Abbé de Clairác, qu'elle éleva à l'Evêché d'Oleron, ces deux perſonnes furent ſes maîtres dans la nouvelle Religion, & en jetterent les fondemens en Bearn : on prétend toutefois qu'elle revint au Culte Romain, & qu'elle mourut très-Catholique en 1549 au Château d'Ordois en Bigorre : ſa fille Jeanne auſſi Reine de Navarre, élevée dans les nouveaux ſentimens les embraſſa ouvertement, obligea ſon mari Antoine de Bourbon à en faire la même profeſſion, qu'il quitta néanmoins de peur d'irriter le Roi Henri II, mais il y retourna une ſeconde fois après la mort de ce Prince & redevint Catholique peu de tems avant ſa mort, arrivée en 1562 au Siége de Rouen. La Reine Jeanne étant après cela Maitreſſe abſolue fit des loix pour abolir la Religion Romaine dans le Bearn, elle fit ſaiſir les biens Eccléſiaſtiques pour en appliquer les revenus à l'entretien des Miniſtres & d'un Collège qu'elle fonda à Leſcar, mais elle mourut en 1572 dans un voyage qu'elle fit à Paris, & l'on ſoupçonna qu'elle y fut empoiſonnée en haine de ſa Religion. Henri IV.

I 5

fon fils protegea le Calvinifme comme
elle avoit fait avant fa converfion , &
même depuis il n'abrogea aucune des
loix établies en Bearn par fa mere , fi ce
n'eft qu'il y permit l'éxercice de la Religion Romaine ; le Roi Louis XIII.
rendit les biens aux Ecclefiaftiques en
1620 par un Edit qu'il vint faire éxécuter en perfonne pour obvier aux mouvemens qui auroient pû arriver , & depuis ce tems jufqu'en 1684 , on pouvoit compter que la moitié du Peuple
avoit quitté l'héréfie ; mais cette année il plut au Roi de révoquer l'Edit
de Nantes dans toute l'étendue de fes
Etats , & le Bearn fe trouva tout à coup
Catholique. L'Auteur avoue néanmoins
que ces nouveaux convertis s'acquittent mal en cette Province des devoirs
de la Religion Romaine, mais il prétend qu'ils ne font demeurés dans leur
opiniâtreté que par l'efperance qu'ils ont
toujours eue pendant la guerre du Prince d'Orange de voir rétablir leurs Tem-
ples , & il compte que comme la vani-
té de cette efperance s'eft fait fentir depuis la paix, il y a lieu de croire que
ces nouveaux fidéles feront à l'avenir
leur devoir avec plus de régularité. Il
obferve enfin qu'il n'eft prefque pas for-

ti de Huguenots du Bearn pour fe retirer dans les Païs étrangers.

L'Auteur traite enfuite l'Etat du Clergé dans l'ordre fuivant. Il dit que le Diocèfe de Lefcar comprend 178 Paroiffes, toutes de la Principauté de Bearn, que l'Evêché vaut 13 à 14000 l. de revenu, & que la plùpart de fes biens lui ont été donnés par Sanche, fils de Loup Duc de Gafcogne au tems de l'Empereur Louis-le-Débonnaire. Le Chapitre de la Cathédrale de Lefcar eft de fix Chanoines qui ont chacun 700 l. de revenu, & 18 Prébendés qui en ont 200, c'eft le feul Chapitre du Diocèfe. Le Diocèfe d'Oleron eft plus étendu que le précédent, ayant 209 Paroiffes en Bearn & 64 dans le Païs de Soulle, mais l'Evêché ne vaut que 10000 liv. le Chapitre de la Cathédrale eft comme celui de Lefcar, de fix Chanoines qui ont 800 l. & de 8 Prébendés qui n'en ont que 200, l'Evêché de Lefcar eft occupé par Mr. de Mefples, & celui d'Oleron par Mr. de....... nouvellement nommé. Il n'y a que quatre Abbayes dans le Bearn, Luc de l'Ordre de St. Benoît de 5 à 6000 l. de rente, Larrealle du même Ordre de 2000 l. Sauvalade de l'Ordre de Cifteaux, fille de

I 6

Guvont & dépendante de Morimont de 3000 liv. cette Maison a été fondée en 1127 par Gaston IV. le Heros du Bearn; la derniere est de filles & du même Ordre de Cisteaux nommée St. Sigismond, elle est en réputation d'être fort pauvre. On ne compte que trois Prieurés dans le Bearn que l'Auteur dit n'être d'aucune conséquence. Il y a à Pau un Séminaire pour le Diocèse de Lescar qui est sous la direction des Peres de la Mission; il n'y en a point dans le Diocèse d'Oleron. On compte aussi deux Colléges en Bearn, celui de Pau tenu par les Jésuites, & celui de Lescar par les Barnabites.

Gouvernement Militaire.

A l'égard du Gouvernement Militaire de la Province, l'Auteur dit que le Duc de Grammont en est Gouverneur en Chef, ainsi que de la Basse Navarre; que la charge de Lieutenant Général a été conservée à la Famille du Comte de Rebenac qui en étoit pourvu; que celle de Lieutenant de Roi est possedée par le Marquis de Lous; & qu'enfin le Bearn n'a aucune Place forte, à l'exception de celle de Navarreins dont il a été parlé: la Milice de la Province a été considerable avant sa réduction, elle étoit d'un Régiment de 30 Compagnies à 100 hommes chacune. Quant à la Juſtice de Bearn elle eſt adminiſtrée dans toute ſon étenduë ſelon les Coûtumes qui y ſont en uſage & qui ont le nom particulier de fore, *à foro:* les anciens Princes avoient une Cour de Juſtice qui portoit le nom de Cour Majour, laquelle terminoit en dernier reſſort les conteſtations qui lui étoient portées par appel des autres Juſtices, & elle étoit compoſée de deux Evêques & de douze Barons du Païs; mais Henri II. Roi de Navarre de la Maiſon d'Albret érigea en ſa place un Conſeil Souverain pour réſider à Pau, duquel & de la Châtellenie qui étoit pareillement une Cour ſupérieure, le Roi Louis XIII. a formé en l'année 1620 le Parlement de Navarre & Bearn réſident à Pau. Au mois de Janvier 1527 le même Roi Henri II. établit une Chambre des Comptes à Pau & pour reſſort lui donna la baſſe Navarre, le Bearn, les Comtés de Foix & de Bigorre, les Vicomtés de Marſan, Turſan, Gavardon & la Baronie de Captieux, les Vicomtés de Lautrec & de Nebouſſan, la Baronie d'Aſter, Villemure & les quatre Vallées d'Aure. En 1624 le Roi Louis XIII. unit à cette Compagnie la Chambre des Comptes de Nerac, pour ne former à l'avenir qu'un même Corps fous le titre de Chambre des Comptes de Navarre, & cette Chambre de Nerac comprenoit outre la Duché d'Albret, la Comté d'Armagnac & toutes fes dépendances, le Païs d'Eauffan, la Seigneurie de Riviere baffe, la Comté de Fezenfaguet & fes dépendances, la Comté de Rodez & les 4 Châtellenies de Rouergue, la Comté de Perigord & la Vicómté de Limoges. Par un Edit de l'an 1691 le Roi a fait un nouveau changement dans ces Compagnies en uniffant la Chambre des Comptes au Parlement ; & lui attribuant en cet état la connoiffance de tout ce qui appartient aux Chambres des Comptes des autres Provinces, même celle de la Monnoye, dont la Chambre avoit l'attribution dès fon premier établiffement; mais parce que l'on a été obligé de diftraire plufieurs Terres & Seigneuries du reffort de cette Chambre des Comptes pour former la Jurifdiction des Cours Souveraines établies à Bordeaux & à Montauban, on a uni au Parlement de Pau tout le Pais de Soulle qui dépendoit auparavant de celui de Bordeaux. En cet état le Parlement de Pau eft compofé d'un premier Préfident,

Parlement.

de 7 autres Préſidens à Mortier, de 46
Conſeillers, deux Avocats & un Procureur Général.

Outre ce premier Corps il y a dans le
Bearn comme il a été dit cinq Sénéchauſſées Royales, compoſées d'un Lieutenant du Sénéchal de la Province, qui étoit ci-devant le Comte de Rebenac dont la Charge appartient encore à ſa famille, d'un Procureur du Roi, il faudroit ajoûter d'un Conſeiller Garde-Seel, mais les Charges n'en ont point été levées : ces Juges connoiſſent de toute ſorte d'affaires civiles, à l'exception des decrets, mais ils n'ont aucune compétence pour les affaires criminelles, l'appel de leur jugement reſſortit nuement au Parlement. Outre ces Siéges de Juriſdiction le Bearn eſt partagé entre 13 Procureurs du Roi, nommés
vulgairement Procureurs des Parſans, deſquels chacun a un territoire limité, dans lequel ils ont droit d'informer d'Office, quoi qu'ils le faſſent auſſi à la requiſition des parties ; & ils remettent leurs informations au Parlement: de ces 13 Officiers il y en a 5 auxquels depuis l'année 1691, on a donné le titre de Procureurs du Roi dans les cinq Sénéchauſſées avec toutes les fonctions

ordinaires aux Procureurs du Roi des autres Bailliages ou Sénéchauſſées du Royaume. Au ſurplus le Roi eſt Seigneur Haut-Juſticier de toute la Province, les Seigneurs particuliers des Paroiſſes n'ont d'autre eſpece de Juſtice que celle qui eſt nommée Moyenne & Baſſe dans le reſte du Royaume, cependant leurs Jurats qui ſont leurs Juges connoiſſent de toute ſorte de nature d'affaires, ils font même les decrets privativement aux Sénéchaux & au Parlement, mais en matiere criminelle ils ne peuvent ordonner aucune peine afflictive, ils ont ſeulement le pouvoir de former leurs avis & de les envoyer au Parlement, & dans le cas où il n'échoit qu'une amende ou condamnation pécuniaire ils la peuvent ordonner, pourvû qu'elle ne ſoit pas bien conſiderable. L'appel de leur Jugement en matiere civile peut être porté au choix des parties ou devant les Sénéchaux, ou au Parlement. Il eſt à remarquer encore que toute partie a droit en quelque cauſe que ce ſoit de ſe pourvoir directement au Parlement ſans eſſuyer la Juriſdiction inférieure des Jurats ou Sénéchaux. L'Auteur traite enſuite de la Monnoye, & dit que de trois fabriques qui étoient autrefois dans la Province, sçavoir Morlaas, St. Pain & Pau, il n'y a que la derniere qui ait été maintenue, parce qu'il n'y a point affez de travail pour les occuper ; cette Jurifdiction eft compofée d'un Général Provincial de la Monnoye, d'un premier & fecond Juges Gardes, lefquels ne connoiffent que des conteftations qui arrivent entre les ouvriers de la Monnoye, mais qui à l'égard des délicts publics ou particuliers n'ont d'autre droit que celui d'informer & de porter leurs informations au Parlement qui juge ces matieres comme les autres en dernier reffort. La Maréchauffée du *Maréchauffée* Bearn eft dans le cas de toutes les autres Jurifdictions de la Province, elle eft compofée d'un Vice Sénéchal qui réfide à Pau, lequel a fous lui un Lieutenant, un Procureur du Roi, un Greffier & une Compagnie de 12 Archers repandus dans le Bearn & la baffe Navarre ; ce Prévôt n'a donc point le pouvoir de juger d'aucun crime, mais feulement d'informer des cas Prévôtaux & de remettre fon information au Greffe du Parlement.

L'Auteur termine fes obfervations *Etat de la Nobleffe.*

par un leger détail dès Maiſons nobles
de la Province dans l'ordre ſuivant. La
Maiſon de Lous dont le Marquis de ce
nom Lieutenant de Roi de la Province.
La Maiſon de Gaſſion qui a donné un
Maréchal de France & pluſieurs Officiers illuſtres dans les Armées & dans
le Parlement de Pau. La Maiſon de
Feuquieres de Rebenac de laquelle il ne
reſte que des filles; la Maiſon de Can-
dau & celle de Salettes dont étoit l'Evêque d'Oleron; la Maiſon de l'Abbadie
& d'Arboncaut dont eſt l'Evêque de
Dax; la Maiſon de Biron d'Arros; la
Maiſon de Vauzer Mioſſens; la Maiſon
du Haur; la Maiſon de Seudres, dont
quelques cadets portent le nom d'Albert; la Maiſon de Mezplez & la Maiſon de Neys. Les Baronies de Mioſſens,
de Courraze & de Leſtel appartiennent
au Comte de Marſan de la Maiſon de
Lorraine qui les a eues de ſa premiere
femme la Comteſſe d'Albret. Voilà tout
ce qu'il a plû à l'Auteur de marquer
touchant la Principauté de Bearn, ayant
ſoigneuſement obſervé d'ailleurs de ne
donner aucune connoiſſance des revenus du Roi ni de ce qu'il tire de la
Province.

La baſſe Navarre qui eſt l'autre partie de la Généralité de Pau ne contient qu'un des ſix Merindats ou Bailliages dont le Royaume de Navarre étoit autrefois compoſé : ſa ſituation la met entre la Soulle , le Bearn , le Païs de Labour & les Pirenées , elle a huit lieuës de longueur ſur cinq de largeur & contient 102 Paroiſſes avec 3 petites Villes , St. Jean Pié-de-port qui en eſt la Capitale , St. Palais & la Baſtide de Clarence : il n'y a que la premiere qui ſoit fortifiée d'une Citadelle bâtie ſur une hauteur , laquelle commande à tous les endroits par où l'on pourroit venir d'Eſpagne. Les principales Rivieres de cette étendue ſont la Nive qui venant des montagnes qui ſont au midi de la Navarre paſſe à St. Jean Pied-de-port & ſe va jetter dans l'Adour à travers la Ville de Bayonne , cette riviere ne porte point batteau , mais elle eſt flotable & nourrit une extrême quantité de Truites, 2°. la Bidouze qui prend ſa ſource dans les montagnes , paſſe à St. Palais & à Bidache & ſe jette dans l'Adour au deſſous de Guiche. La baſſe Navarre eſt un Païs montueux & naturellement ſtérile , qui ne rapporte qu'à force de

PAU.

travail, mais les fruits qui y croiſſent en petite quantité ſont excellens : les Habitans en ſont extrêmement laborieux, ils ſont d'un naturel très-vif & bouillant, de taille médiocre, ils ſe piquent de droiture & de bonne foi, ſont très-zélés pour la Religion & pour le ſervice de leur Prince, & en général ſont aiſés à conduire & à gouverner ; le caractere de leur eſprit ne les porte ni à l'étude ni aux ſciences, mais ils réüſſiſſent admirablement aux éxercices du corps ; ils parlent tous la Langue Baſque & ne ſubſiſtent guères que par le commerce d'Eſpagne auquel ils s'appliquent uniquement. Dans le tems que le Royaume de Navarre étoit poſſedé en ſon entier par un même Maître, le Merindat ou Bailliage de baſſe Navarre avoit droit d'aſſiſter comme les autres à la convocation générale des Etats qui ſe faiſoit ordinairement à Pampelune, ou à Olile ; mais depuis que la Reine Catherine de Navarre & ſon mari Jean d'Albret furent expulſés par le Duc d'Albe Général des Armées de Ferdinand V. Roi d'Arragon, ce qui arriva en 1512, le Roi Henri II. leur ſucceſſeur en inſtitua de nouveaux dans la baſſe

Etats du Païs.

Navarre pour y conferver la même forme de Gouvernement qui avoit été pratiquée pendant que le Royaume étoit
uni. Ces Etats font compofés du Clergé, de la Nobleffe & du Tiers-Etat
qui font chacun un Corps féparé. Le
Clergé qui eft le premier Corps eft
compofé des Evêques de Bayonne & de
Dax, de leurs Vicaires Généraux, du
Prêtre Major ou Curé de Saint Jean
Pied-de-Port, du Prieur de la Ville de
St. Palais & de ceux des Harembels &
d'Utziac. Le Corps de la Nobleffe comprend tous les Gentils-hommes poffedans terres ou maifons nobles dans la
Province, & enfin le Tiers-Etat eft
compofé de 28 Députés des Villes ou
Communautés qui ont droit d'affifter
aux Etats. Quand la convocation fe fait
à St. Jean Pied-de-port qui eft dans le
Diocèfe de Bayonne, l'Evêque de cette
Ville eft à la tête du Clergé, mais quand
c'eft à St. Palais Diocèfe de Dax, c'eft
l'Evêque du lieu qui obtient la préféance; la Nobleffe ne garde entr'elle aucun rang de diftinction, les fimples
Gentils-hommes occupent fouvent les
places qui fembleroient devoir appartenir aux Vicomtes & aux Barons, ces

2 Corps quoique féparés n'ont qu'une même féance dans laquelle les Eccléfiaftiques tiennent le premier rang. Le Député de St. Jean Pied-de-port préfide toujours au Tiers-Etat à caufe du titre de Capitale qui appartient au lieu de fa députation. Les Etats ont leurs Officiers, fçavoir un Syndic, un Secrétaire, un Tréforier & un Huiffier, & ils rempliffent leurs emplois comme il leur plait; l'Office de Syndic eft de faire les propofitions, de rapporter les requêtes qui font adreffées aux Etats, de mettre les matieres en déliberation & de recueillir les avis du Corps, car il faut obferver qu'il n'y a point de Préfident Général des Etats, mais que le Préfident de chaque Corps prend les avis des Membres qui le compofent, & forme la conclufion qu'il rapporte au Syndic. En matiere de Finance, l'avis du Tiers-Etat prévaut aux deux autres, mais dans les affaires ordinaires deux voix l'emportent fur la troifiéme. La Commiffion pour tenir les Etats eft ordinairement donnée par le Roi au Gouverneur où au Lieutenant de Roi, mais dans leur abfence S. M. en honore qui il lui plaît; en effet au tems que ce Mé-

moire a été dreſſé, les Etats tenus dans
les trois dernieres années avoient été
aſſemblés par l'Evêque de Leſcar pour
l'abſence du Duc de Grammont Gouverneur & du Comte de Rebenac Lieutenant de Roi. L'Ordre de tous les Etats
eſt tel en Navarre que dans le Bearn,
celui qui y eſt chargé des ordres du Roi
adreſſe des lettres circulaires à tous
ceux qui ont droit d'y aſſiſter, leur in-
diquant le jour & le lieu de l'aſſemblée;
on ne manque guères de s'y rendre, &
les Etats ayant pris leur féance, leur
premiere fonction eſt de nommer des
Députés des trois ordres pour aller complimenter le Commiſſaire du Roi &
l'inviter de leur venir déclarer les ordres dont il eſt chargé. Le Commiſſaire
va auſſi-tôt à l'Aſſemblée, où il reçoit
le compliment de celui qui eſt à la tête
du Clergé, lequel il écoute debout &
couvert, & lui repond dans la même
poſture, il communique enſuite ſa
Commiſſion & exhorte les Etats à finir
promptement les affaires & à accorder
au Roi les ſommes dont il a beſoin dans
les conjonctures préſentes, ſi non à
continuer l'impoſition de celles qu'ils
ont le plus recemment accordées, il ſe

retire enfuite accompagné des mêmes
Députés & envoye fa commiffion aux
Etats par le Secrétaire du Roi qui réfide auprès de lui avec une lettre de cachet adreffante aux Etats. Le Secrétaire
des Etats fait lecture publique de l'u-
ne & de l'autre & les fait enrégiftrer,
après quoi l'Affemblée fait choix des
Députés dont la fonction eft de dreffer
un cahier des griefs ou des Reglemens
qu'ils defirent être faits pour l'avantage
du Païs. Durant les 3 jours qui font accordés aux Députés pour dreffer les ca-
hiers, les Etats ne s'affemblent point,
mais le quatriéme jour ils entendent la
lecture & deliberent fur les articles qui
y font contenus, lefquels étant une fois
arrêtés font préfentés au Gouverneur
qui y donne fa réponfe en préfence de
l'Intendant & de deux Gradués qui font
cenfés reprefenter fon Confeil. Le cahier eft reporté aux Etats avec la réponfe par le Sindic des mêmes Etats qui
l'avoit préfenté, & fi les réponfes ne
font pas telles qu'ils fe flattoient de les
obtenir, ils fe pourvoient au Confeil du
Roi où le Commiffaire les y renvoye de
lui-même dans les chofes qui paffent fon
pouvoir.

On

On procede enfuite à la donation du PAU
Roi & à regler les impofitions qui doivent être levées, le tout en préfence de
l'Intendant qui eft autorifé à cette fonction par un Arrêt du Confeil en conféquence duquel il n'eft permis de faire
aucune impofition qui ne foit arrêtée en
fa préfence & fignée par lui-même.
Après ces différentes opérations les Etats
députent de nouveau au Commiffaire
pour l'avertir de la conclufion & le re-
querir de venir faire la clôture des
Etats ; il ne manque pas de s'y rendre
avec les mêmes Députés, & après avoir
écouté une feconde harangue du Chef
du Clergé, il termine les Etats par un
difcours obligeant dont la matiere eft
prife ordinairement du zèle commun
pour le fervice du Roi & de la prompte
expedition des affaires. Après la clôture
des Etats le Tréforier rend fon compte
aux Députés nommés expreffement pour
l'entendre, le tout en préfençe de l'Intendant. Les Donations fixes font pour
la perfonne du Roi 4860 l. pour la fubfiftance des Troupes 2000 liv. pour le
Gouverneur 7714, pour le Lieutenant
de Roi 2714, outre lefquelles fommes
le Roi accorde encore 900 liv. pour les

Donations des Etats.

frais de la tenue des Etats qui font payés au Commiſſaire ou Gouverneur ſur les deniers accordés à Sa Majeſté par les Etats.

Etat du Clergé.

A l'égard de l'Etat du Clergé dans la baſſe Navarre l'Auteur en fait un détail très-ſommaire ſe contentant de dire qu'elle eſt partagée entre les Diocéſes de Dax & de Bayonne, qu'il ne s'y rencontre ni Collégiales, ni Chapitres, ni Abbayes, ni Monaſteres, mais ſeulement quatre Prieurés-Cures de très-petit revenu. Quant à la Juſtice il y a

De la Juſtice

dans la Province un Sénéchal de robe courte qui eſt le Marquis de Monneins & un Siège de Sénéchauſſée Royale réſident à St. Palais, compoſé d'un Lieutenant Général, de 2 Conſeillers Aſſeſſeurs, d'un Procureur & d'un Avocat du Roi; ces Juges connoiſſent de toute ſorte d'affaires civiles & criminelles, & par appel de toutes les affaires jugées dans les Juſtices ordinaires, & ils reſſortiſſent nuement au Parlement de Pau, mais il eſt à l'option des parties de porter directement leurs conteſtations au Parlement ſans eſſuyer le premier & le ſecond degré de Juriſdiction. Il y a

Des Officiers de Finance.

de plus dans la Province deux Tréſo-

tiers Généraux des Maifon & Courone
de Navarre & deux Receveurs Généraux du Domaine; la fonction des premiers en leur qualité eft de recevoir les
donations faites au Roi tant pour fa
perfonne que pour la fubfiftance des
Troupes en Navarre & Bearn, Bigorre,
Marfan, Foix, Neboufan & les quatre Vallées, fur quoi ils acquittent les
charges de l'état du Roi. La fonction
des Receveurs du Domaine eft de recevoir le prix de la ferme & d'acquitter
les charges affignées fur le produit.

L'état des Milices de la baffe Navarre fe réduit à deux Régimens de fix
Compagnies chacun & de 50 hommes
par Compagnie, outre deux Compagnies franches de cent hommes chacune qui font deftinées à la garde de la
Ville de St. Jean Pied-de-Port. Les
Maifons les plus qualifiées qui poffedent des Terres en baffe Navarre font
celle du Duc de Grammont qui y a la
Souveraineté de Bidache, la Duché de
Grammont & plufieurs autres Seigneuries; celle du Duc de Luxembourg qui
poffede les Terres de Luxe & de Lofta-
bat, les Seigneurs de ces Terres étoient
anciennement Richombres du Royau-

K 2

me de Navarre, & le mot de Richom-
bre emporte la fignification de Grand
dans l'ufage d'Efpagne. Les autres
moins confiderables font celles de Mo-
nein, celle d'Etchaux, celle d'Huart,
celle de Belle Sunce, celle de St. Efte-
bat, celle de la Lanne, celle d'Armen-
daris & enfin celle de St. Martin.

Fin de la Généralité de Pau.

EXTRAIT

DE LA

GENERALITE'

DE LYON.

Dreſſé par ordre de Monſeigneur le Dvc
DE BOURGOGNE en 1698.

Par *Mr. LAMBERT D'HERBIGNY,*
Intendant.

 E Gouvernement du Lyon- LYON.
nois , qui a les mêmes limites que la Généralité ,

tes Provinces , Foreſt , Beaujolois &

quinze à ſeize de largeur. Ses confins *Etendue*
la Général

K 3

font au Couchant l'Auvergne avec une partie du Bourbonnois ; au-Nord le Brionnois & le Mâconnois, qui font partie de la Duché de Bourgogne ; à l'Orient le Rhône, la Saône, qui le féparent du Dauphiné & de Breſſe ; & au Midi le Vivarais & le Velay. A l'égard de la fituation des Provinces entr'elles, le Beaujollois éſt au Nord, le Lyonnois au Midi, & le Forêts à l'Occident, étant lui feul plus grand que les deux autres. Toutes leurs partiés font contigues à l'exception des Châtellenies de Rocheblaine & Pailheres qui font dans l'enclave du Vivarais : elles font partie du Forêt depuis que Humbert I. Dauphin de Viénnois les donna en dot à fa fille Alife, en la mariant à Jean I. Comte de Forêt. Le climat des trois Provinces éſt prefque également temperé & revenant à peu près à celui de Paris, parce que bien qu'elles foient plus méridionales de quatre degrés, les montagnes d'une part, & le vent du Nord qui y foufle ordinairement raffraîchiſſent l'air. La difpofition du terrein en côteaux perpétuels, & les chaines de montagnes qui les traverfent le rendent fort inégal ; il n'y a pourtant de véritables montagnes que dans le Beaujolois, où elles font rudes & ferrées. Il y faut joindre celles de Tarare , d'Izeron & de Riviere dans le Lyonnois ; celle de Pila qui lui eft commune avec le Forêt : le Mont-d'or qui eft un corps de montagnes qui s'allonge jufques aux portes de Lyon, celles qui font la féparation du Foreft & de l'Auvergne, & enfin celles qui le divifent du Vivarais. Le Mont-d'or eft peuplé de fix gros villages, dont le territoire eft fort heureufement cultivé. Les hommes y font grands & mieux faits que dans le refte du Païs. Les Romains faifoient grand cas du vin qui y croît, mais il n'eft pas du goût d'aujourd'hui. Les montagnes d'entre le Foreft & l'Auvergne font les plus hautes de toutes , & enfin celles du Vivarais font mêlées de vallons très-fertiles. Ces Provinces font auffi mêlées de plaines : celle du Foreft eft la plus grande de toutes , ayant neuf lieuës de longueur fur quatre de large. La Loire la traverfe toute entiere, & elle eft ceinte de montagnes de toutes parts , au contraire du Beaujollois dont les plaines font aux deux extrêmités fur la Saône & la Loire , le milieu du Païs étant rempli des montagnes dont on vient de parler. Il n'y a prefque point de Foreft dans ces

K 4

Provinces, ſi l'on excepté celle de Pra-
menou dans le Beaujolois, qui produit
environ 4000 l. de revenu au propriétaire, en planches de ſapin & bois à bâtir : il y a auſſi des ſapins ſur le Mont
Pila, dont on s'eſt ſervi quelquefois
pour la Marine, mais dans le Foreſt le
Roi n'a pas aſſez de bois pour les mettre en coupe reglée. Ceux que l'on a
échangés contre le Duc de la Feuillade
ſont grands, mais comme ils ſont éloignés du Commerce & des Rivieres, ils
ſont abſolument ſans débit, & ne rapportent qu'un très leger profit.

Son produit. En général le terrein des trois Provinces n'eſt pas bon, ſi ce n'eſt au voiſinage des grandes rivieres Saône &
Loire : les montagnes du Beaujolois
ſont toutes incultes & ſi arides qu'elles
ne ſervent pas même à pâturer les beſtiaux : la bonté & l'excellence de la
terre ne ſe trouve qu'aux environs de
Ville-franche, où l'on dit en Proverbe
que la lieuë de Danu, dernier Bourg du
Lyonnois, à Ville-franche, Capitale du
Beaujolois, eſt la meilleure du Royaume. On y recueille des bleds en quantité, des fourages & des chanvres ſi
fins, qu'on ne les employe point à la
Marine, tant a cauſe de leur prix, que

par l'ufage qu'en font les Habitans de
les convertir en toiles qui ont beaucoup
de réputation & de débit. Le plus grand
produit du Lyonnois eft en vin ; celui
de Côte-rotie qui croît fur le côté occidental du Rhône fe tranfporte jufqu'à
Paris & dans les Païs étrangers ; le vi-
noble de Condrieux excelle en vins
blancs, mais tout ce terrein ne rapporte point de bled, & on ne fubfifte
dans le Païs que de celui de Breffe ou
de Bourgogne, qui paffe jufqu'à la
Ville de St. Etienne de Foreft, car
quoique la plaine de la même Province
en rapporte confiderablement, comme
une grande partie eft terre legere & fa-
bloneufe, cette quantité ne fuffit pas à
la confommation qui fe fait dans le Païs
même. On recueille auffi des chanvres
dans cette plaine dont la Marine du
Ponant tire jufqu'à mille quintaux ;
mais cette récolte a fon incommodité,
car la néceffité de la faire rouir, fait
que toutes les rivieres & les étangs font
infectés pendant les mois de Juillet,
Aouft & Septembre, ce qui forme des
maladies ordinaires tous les ans, qui
font perir bien du monde, de ceux même les plus accoûtumés à l'air du Païs.
Ses côteaux du côté de Rouanne font

K 5

couverts de vignobles, qui rapportent des vins d'autant meilleurs, qu'ils ont leur débit à Paris par la Loire, mais ceux de Raine-zon ont plus de réputation & de qualité. Les montagnes qui joignent l'Auvergne font bien cultivées jufqu'à une médiocre hauteur; au delà elles font incultes & inhabitées, fi ce n'eft en Eté qu'on y conduit des beftiaux. Celles du côté du Vivarais produifent abondamment des chataignes que l'on connoit à Paris fous le nom de marons de Lyon. Il y a quelques mines dans le Païs, mais aucune n'eft travaillée, foit que les conditions fous lefquelles on accorde au Confeil la permiffion d'en tirer le métail foient trop onéreufes ; foit qu'en effet ces mines ne foient pas affez riches pour payer la peine des Entrepreneurs. On affûre qu'il y a une mine de plomb à St. Martin-laPlaine en Lyonnois, laquelle eft mêlée d'or : l'Auteur en a vû qui en venoit, mais il eft de fi bas titre, qu'il ne payeroit pas les frais. Il y a une mine de vitriol à Cheiffy, & un ruiffeau dont les eaux ont la proprieté de convertir le fer en cuivre. On ne fçauroit douter qu'il n'y ait eu des mines confiderables dans le Beaujolois, puifque les titres du

(marginal notes:)

LYON.

Pâtures.

Chataignes.

Ses mines.

Trefor de Ville-franche font preuve que
les anciens Seigneurs de la Province
avoient des Officiers fous le titre de
Gardes des Mines. Il y en avoit de
plomb & d'argent dans le voifinage de
Tarare , mais depuis que la découverte
des Indes a rendu l'argent commun, le
travail des petites mines a ceflé prefque
par tout , fi ce n'eft en Hongrie , Suede
& Angleterre , parce qu'en effet les efpeces nous viennent à bien meilleur
marché par le commerce , qu'elles ne
feroient par le travail des mines. Il y en
a une de couperofe dans la montagne
de Vautorte, que l'on a abandonnée
depuis peu à caufe de la rareté du bois
qui étoit néceflaire pour les travailler.
La mine de charbon , quoique la moins
précieufe, eft la feule qui foit cultivée
dans la Généralité , & on peut même la
mettre au nombre de fes richeffes naturelles , parce qu'il s'en fait une très-
grande confommation. On la tire dans
le voifinage de St. Etienne , & on l'y
employe au travail du fer , qui eft la
principale occupation des gens du Païs.
Il y a auffi deux fources d'eaux minérales qui font froides & chargées de
vitriol , l'une à St. Galmier en Foreft ,
& l'autre à St. Alban près de Rouanne.

K 6

La Saône, le Rhône & la Loire font les grandes rivieres de cette Généralité. Les deux premieres s'y trouvent dans leur force, mais la troifiéme ne commence à porter bátteau qu'à Rouanne à l'extrêmité de la Province : cette riviere fe groffit dans la plaine de Foreft des ruiffeaux qu'elle y reçoit, mais fon cours eft interrompu par des rochers dont le plus confidcrable eft à une lieuë de Rouanne & cft nommé le faut de Pinet. Entre les autres rivieres moins confiderables, il faut compter le Furan qui paffe à St. Etienne, dont les eaux font tourner une quantité furprenante d'artifices pour le fer, pour le fciage des planches de fapin, pour le moulinage de la foye & pour le papier. Le Lignon qui tombe des montagnes d'Auvergne dans la Loire, eft fort poiffonneux, mais fa principale réputation vient du Román d'Aftrée, où il eft fort célébré: Honoré, Seigneur d'Urphé qui l'a compofé, avoit fes terres dans ce quartier. Il y a deux autres petites rivieres dans le Beaujolois, le Rhein & la Zergue, qui fcroient bien d'une autre confideration, fi on éxécute jamais par leur moyen le projet de joindre la Saône avec Loire. Leur difpofition fem-

bleroit promettre le fuccès du deffein
que l'on a conçu, toutes deux ont leur
fource dans la Paroiffe de Poulle, le
Rhein coule à l'Occident & tombe dans
la Loire à Pereux, un peu au deffus de
Rouanne, la Zergue au contraire coule
à l'Orient & fe jette dans la Saône vis-
à-vis de Trevoux, de forte que ces 2
rivieres feroient les canaux de commu-
nication avec d'autant plus de facilité,
que dans la même Paroiffe de Poulle, il
y a un très-grand étang qui feroit commodément le point de partage, & dif-
tribueroit fes eaux dans l'une & l'autre
riviere. Mais quoique cela paroiffe aifé,
on y trouve de fi grandes difficultés,
que l'entreprife en a été fufpendue jufqu'à prefent. La principale confifte dans
la pente qui eft trop forte des deux côtés, & l'acceffoire dans la difpofition
des montagnes où coulent ces rivieres
qui font trop ferrées ou efcarpées.

 Il n'y a de Ponts confiderables dans *Des Ponts.*
la Généralité que ceux de Lyon fur le
Rhône & fur la Saône. Celui du Rhône *Celui du*
eft fort long ayant vingt grandes arches, *Rhône a Lyon*
& il y a deux chofes fort fingulieres
dans fa conftruction, la premiere qu'a-
yant été fait d'abord fi étroit qu'il n'y
avoit paffage que pour une charette,

on a été obligé de bâtir tout joignant
un autre Pont pareil, & pour les attacher l'un à l'autre & en faire une masse
solide, on a fait passer dans toutes les
arcades de grosses barres de fer, qui ont
des clefs à chaque extrêmité, par le moyen desquelles ces deux Ponts sont fer-
rés l'un contre l'autre; la seconde que
les arches n'étant pas assez larges, le
sable que le Rhône roule avec ses eaux
s'amassoit au passage, & bouchoit très-
souvent les arches principales; pour y
remedier un Architecte hardi a coupé
l'un des piliers du milieu, & des deux
arches n'en a fait qu'une en grossissant
les appuis qui la soûtiennent. Des trois

Ceux de la Saône. Ponts qui sont sur la Saône, il n'y en a
qu'un de pierre trop étroit & d'un abord
difficile à cause des ruës serrées qui y
aboutissent: les deux autres qui sont de
bois sont plus souvent à bas que debout: il seroit très-nécessaire de faire
l'un des deux de pierre; & le plus bas
par préférence à cause de la commodité & de ce que les culées sont déja bâ-
ties. La Ville de Lyon est obligée aux
réparations & entretien du Pont du
Rhône, & néanmoins quand elles sont
considerables, il est d'usage de les lever
par imposition sur la Province, mais

pour les Ponts de la Saône, ils font ré-
putés à la charge du Domaine, à l'exception des pavés & parapets ; cependant la·Ville paye toujours la dépenfe
qui s'y fait. Au furplus il y a 47 Ponts
de pierre tant petits que grands dans
toute la Généralité, celui de St. Rambert fur la Loire eft beau, mais inutile
depuis la chute des deux arches dont le
rétabliffement eft abfolument néceffaire.
·Rien ne feroit auffi plus utile au Commerce qu'un Pont à Rouanne fur la
même Riviere, puifque c'eft un des
plus grands paffages du Royaume : les
débordemens de la Loire les rendent
ordinairement dangereux & très-fou-
vent impratiquables.

Autres Ponts

Le Païs des environs de Lyon & tout
le long du Rhône & de la Saône eft fort
peuplé, mais tout le refte ne l'eft que
médiocrement felon l'ordinaire des ter-
reins maigres, où il n'y a d'ailleurs ni
commerce ni induftrie qui puiffe y fup-
pléer, les hommes n'y ont guères de
caractere marqué ; voici toutefois les
obfervations que l'Auteur a faites fur
leurs mœurs communes. Lyon étant
une Ville toute marchande, l'efprit de
cette profeffion y régne plus qu'aucun
autre. On y trouve de l'induftrie, de

Son peuple.

Caractere des Lyonnois.

LYON.

la foupleſſe , beaucoup d'attachement à l'ordre des affaires & à l'intérêt ; mais il ajoûte qu'il n'y a aucune Ville de telle importance qui ſoit ſi aiſée à gouverner : l'une des raiſons qu'il en donne eſt qu'il n'y a point de gens de qualité , & la feconde eſt la richeſſe des particuliers qui fait que par intérêt propre ils craignent tous les évenemens violens. La multitude ſubſiſte par l'occupation & le travail que lui fourniſſent les gros Marchands , & entre dans la même diſpoſition , de telle ſorte qu'il n'y a rien à craindre de cette Ville tant qu'il y aura du travail & que l'on préviendra la difette.

Des Habitans des autres Villes.

A Ville-franche de Baujolois les eſprits font extrêmement vifs , & cette vivacité ſe joignant à une pareſſe naturelle & au gout du plaiſir , produit dans cette Ville des diviſions inteſtines , des jalouſies & des mauvais procedés. Il ſemble même qu'elle n'ait été fondée que pour des eſprits bizarres. Humbert IV. Seigneur de Beaujeu , qui donna le terrein pour la bâtir au commencement du douziéme ſiécle , ſous la redevance de trois deniers par toiſe , entr'autres priviléges qu'il y accorda pour y attirer les Habitans donna aux maris celui de

pouvoir battre leurs femmes jufqu'à
l'effufion de fang fans en être recher-
chés : Il y a encore dans le territoire
un ufage tout-à-fait fingulier pour la
récolte des grains ; c'eft le petit peuple
qui la fait quand il le juge à propos &
fans congé du Propriétaire : il coupe
le bled , le lie & fe paye lui-même de
fa peine, en emportant la dixiéme ger-
be, cela s'appelle faire Cherpille. Si le
Maître du champ s'avifoit de s'y oppofer (car en effet le dégat y eft grand)
& que le peuple pût fe douter qu'il prit
à cet égard quelque précaution, le bled
mûr ou non fe trouveroit auffi-tôt
moiffonné. La Ville de St. Etienne eft
auffi fort divifée, mais c'eft plutôt un
effet de la dureté des efprits & de la
jaloufie du travail que de toute autre
chofe. A Montbrifon les efprits font
ouverts, enclins aux plaifirs, peu laborieux & peu agités de paffions. Quant
aux Païfans, ils font comme par tout
ailleurs, tels que leurs occupations ordinaires les rendent ; à St. Etienne où
font les manufactures de fer & dans les
montagnes où l'on travaille à la fcie
dans les bois, ils font rudes & groffiers,
par tout ailleurs il y a affez de douceur.
La Généralité eft compofée de 732

LYON.

De la cher-
pille.

Communautés taillables & de 13 en franc Lyonnois qui ne le font point, non compris la Ville de Lyon dont on fait monter le nombre des feux à 16600 habités d'environ 69000 ames, le refte du Païs contient 85500 feux & 394000 perfonnes. On eftime qu'avant la derniere guerre & les mortalités de 1693 & 1694, il y avoit un fixiéme de plus, mais la Ville de Lyon feule eft diminuée de 20000 ames.

L'Auteur compte 325 Familles nobles dans la Généralité, compofées de 530 perfonnes, non comprifes les femmes & filles, ni les enfans ayant leurs peres. Il ajoûte que s'il ne falloit compter parmi les grandes maifons, que celles qui réuniffent enfemble l'antiquité, l'illuftration & les grands biens, l'Etat particulier de cette Nobleffe auroit été fort court : mais qu'il s'eft propofé de faire connoître les plus diftinguées par l'un ou l'autre de ces endroits, quoi qu'il avoue en avoir omis plufieurs à raifon de leur pauvreté préfente. Il joint à ce premier Etat celui de la Nobleffe non domiciliée dans la Généralité, qui y poffede des Terres ; & enfin quelques obfervations fur la fucceffion des Terres principales. Du nom

d'Albon, l'Auteur compte trois Chanoines de la Cathédrale ou Comtes de
Lyon; le Marquis de St. Forgeux qui a
épousé l'héritiere d'Yvetot en Normandie du nom de Crevant; le Chevalier
d'Albon & le Comte de St. Marcel. Du
nom d'Apehon le Comte de Montrond;
le Comte & le Chevalier d'Ailly du
nom d'Arcy, originaire de Picaldie,
établi en Beaujolois depuis deux siécles;
les Srs. de la Varenne de Contouvre &
de Montfriol. Du nom d'Arod, le Baron de Montmelas & les Sieurs de Me-
zieu & de Lay ; le Sieur de St. Romain
Conseiller d'Etat, employé en diverses
Ambassades, étoit de cette famille qui
est originaire de la Paroisse de Riviere
en Lyonnois. Jean Arod acheta de la
Maison de Gonzague Nevers en 1568,
la Baronie de Montmelas qui vaut trois
mille liv. de rente & s'étend sur plusieurs Paroisses. Du nom de Baillon ou
Bailloni, originaire d'Italie & qui s'é-
tablit à Lyon en 1540, le Comte de
la Salle & le Chevalier de Saillans. La
Terre de Salle vaut 5000 l. de revenu,
& a été érigée en 1655. Du nom de
Barges le Sieur de Fremolles Châtelain
de St. Hian : il y a un hommage rendu
par cette Maison au Comte de Forest

LYON.

Camus.

en 1441. Du nom de Camus le Sieur de Chavannes, le Comte d'Argeny Bailli de Beaujolois, le Commandeur & le Chevalier de même nom, les Srs. du Jours & de Chatillon : Mr. Camus de Pontcarré premier Préfident de Rouen eft de cette famille. Du nom de

Chalus.
Charpin.

Chalus, le Marquis de St. Prieft. Du nom de Charpin, trois Comtes de Lyon appellés Genetines, le Sieur Genetines, le Commandeur du même même nom, le Baron de Soufy & l'Abbé de Halles.

Chateauneuf

Du nom de Châteauneuf, le Marquis de Rochebrune Commandeur de la Province & un Comte de Lyon Camerier de la Cathédrale : cette Maifon eft ori-

Chevriers.

ginaire du Vivarais. Du nom de Chevriers, le Comte de St. Maurice, les Sieurs de Paranges & de la Flechere.

Cremeaux.

Du nom de Cremeaux, les Marquis d'Entragues & de la Grange. Du nom

Crufol.

de Crufol le Comte d'Ufez Seigneur de Cufieu en Foreft : cette Terre eft entrée dans la Maifon par fon Ayeule du nom de Flageac ; elle vaut 4 à 5000 liv. de rente. Du nom de Damas, le Doyen &

Damas.

un Comte de Lyon, le Sieur de Damas du Rouffet, le Chevalier de Damas, le Marquis d'Antigny Gouverneur de Dombes, le Comte de Ruffé, un autre

Chevalier de Damas & le Sieur de la Piloniere. Du nom de Digoine le Sieur du Palais Bofever & le Commandeur : cette Maifon eft originaire du Charolois. Du nom de Fenouil, le Comte de Fenouil, fon fils Confeiller au Grand Confeil, & un autre du Fenouil. Du nom de Foudras, que l'on dit ancienne par titre de l'an 1200 & tirer fon origine d'un ancien Fuldradus, le Comte de Chateau-tiers, deux Comtes de Lyon & le Sieur de Courcenay. Du nom de Gagneres, le Comte de Souvigny & le Sieur de Belmont : ils ont obtenu des lettres d'ennobliffement & l'érection de la Terre de Souvigny en 1671. Du nom de Harene, le Sieur de la Condamine. Du nom d'Hoftun, le Comte de Verdun Lieutenant de Roi de Foreft. Du nom de Karadour, le Marquis de l'Eclufe : cette Terre fut achetée par Briand de Karadour originaire de Bretagne en 1397. Du nom de Murat-Leftang, le Baron de Leftang Seigneur de Virieu, il eft originaire du Dauphiné & poffede Virieu au droit de fa tante Suzanne de Murat, veuve de Gabriel du Faij Baron de Virieu. Du nom de Levy, le Marquis de Chateau-morand. Du nom de Luzy, le Marquis de Couzan par

LYON.

Digoine.

De Fenouil.

Foudras.

Gagneres.

Harene.

Hoftun.

Karadour.

Murat-Leftang.

Levy.

Luzy.

Du Maine.

Maugiron.

De la Marlée

Montd'or.

Nagus.

Rivoire.

*Rochefou-
cauld.*

Roſtaing.

requiſition du Sieur de Pelliſac ſon pere faite de la Maiſon de St. Prieſt. Du nom du Maine, le Comte du Bourg Seigneur de Changy en Foreſt, Lieutenant Général des Armées. Du nom de Maugiron, le Comte de Maugiron Bailli de Vienne Seigneur d'Ampuis en Lyonnois par une alliance de Clemence de Dreux en 1380. Du nom de la Marlée, trois freres dits Meſſieurs du Palais : il y a eu hommage de cette Famille au Comte de Foreſt, rendu en 1336. Du nom de Montd'or, les Sieurs de Vaugnoray & de Valſonne : ils ont des titres avant l'an 1300. Du nom de Nagus, le Marquis de Varennes Lieutenant Général. Du nom de Rivoire, le Marquis, le Comte & le Baron du Palais : cette Maiſon ſort d'Imbaut de Rivoire originaire du Dauphiné, qui épouſa Jeanne du Chevalier, héritiere du Palais ; il avoit une grande réputation de valeur, & ſe ſignala à la défenſe de Milan avec le Connétable de Bourbon en 1516. La Terre du Palais a été érigée en Marquiſat en 1626. Du nom de la Rochefoucaud, le Marquis de Rochebaron & le Comte de Gondrin. Du nom de Roſtaing, les Seigneurs de Vauchette en Foreſt, deſcendus d'Antoine frere aîné de Triftan, tous deux enfans de Jean de Roftaing Capitaine Chatelain de Surieu-le-Comtal en 1520. Triftan qui fit une grande fortune, fut Page du Connétable. Anne de Montmorency, Maître de la Garderobe de Charles Duc d'Orleans, après la mort duquel il s'attacha au fervice de la Reine Catherine de Medicis : fa femme fut fa Dame d'honneur, & il devint Lieutenant de Roi du Gouvernement de Paris & de l'Ifle de France, & Chevalier du St. Efprit. Du nom de Saconnay originaire *Saconnay.* du Païs de Gex, les Sieurs Douy & de Baco : il y avoit un Comte de Lyon en 1400 de cette Maifon. Du nom de Saconnains, les Sieurs de Prairieux & de *Saconnains.* Mont-Olivet : il y a eu auffi un Comte de Lyon en 1565. Du nom de Salemart, dont il a le titre de l'an 1270, les Sieurs de Reffis en Foreft. Du nom *Salornay.* de Salornay, le Sieur de Chante-prince : cette Maifon eft fort ancienne. Du nom *Sarron.* de Sarron, un Comte de Lyon, & le Sieur de Sarron : il y avoit un Comte en 1510. Du nom de Sainte Colombe, *Ste. Colombe* le Comte de l'Aubefpin Chanoine, le Comte & Chevalier de l'Aubefpin, les Sieurs de Nauton, du Poyet & de Saint Prieft-la-Roche. Du nom de St. Geor- *St. Georges.*

LYON. ges l'Archevêque de Lyon , le Bailli de Lyon, le Sieur de St. André & ſes deux freres Comtes Chanoînes. Du nom de

St. Prieſt. St. Prieſt , les Sieurs de Fontaines & de

Talaru. Suzy. Du nom de Talaru les Marquis & le Commandant de Chalmazel , un Comte de Lyon qui eſt Chantre & un

Thelis. autre Chanoine de Mâcon. Du nom de Thelis, le Sieur de St. Cyr Valorges , l'Abbé de l'Iſle Barbe , un Tréſorier de France & le Sieur de Thorigny : ils ont

Thon. des titres de 1300. Du nom de Thon , le Comte de Pradines gendre du Baron

Vaurion. de Sirops: il a des titres de 1329. Du nom de Vaurion, le Sieur de même nom : il y a eu un Comte de Lyon en

Villars. 1539. Du nom de Villars, le Maré-chal de Villars fils d'un Chevalier du St. Eſprit ; il eſt originaire de Con-

Villeneuve. drieux. Du nom de Villeneuve, le Ba-ron de Joux, dont un ayeul de même nom étoit premier Préſident à Dijon

Urphé. en 1505. Du nom d'Urphé le Marquis

Nobleſſe , de ce nom. Entre les Seigneurs non de-
étrangere. miciliés dans le Païs , l'Auteur compte le Maréchal Duc de Villeroy pour la Terre de Neuville ; le Duc de la Feuil-lade pour le Rouannès, le Duc d'Au-mont pour Cerües & Barvezé ; le Prin-ce Rohan pour d'Urbize ; la Ducheſſe

de

de Lefdiguieres pour Conzier ; Mar-
filly & la Farge ; le Comte de Vienne
la Vieuville pour St. Chamant; le Vicomte de Poligniac pour St. Pal & Chalençon ; le Marquis du Terrail pour
Proveins , &c.

L'Auteur traite enfuite historique-
ment ce qui regarde les lieux les plus
distingués de la Généralité , à quoi j'ai
cru pouvoir joindre la description abregée qu'il donne ailleurs en particulier
de chaque Ville importante ; & commençant par la Ville de Lyon, il obferve
que c'eft la feule de la Généralité qui eft
véritablement confiderable ; qu'elle contient 14000 maifons, en la diftinguant
des feux qui font pris pour des familles
dont plufieurs logent fouvent en une
même maifon ; & que la valeur du
fonds en vaut fuivant l'eftimation commune trente-fept millions , mais que
l'enceinte en eft bien plus grande qu'il
ne faudroit pour les contenir , parce
que cette Ville ayant été long-tems frontiere , il a falu pour la fortifier poufler
fes murailles à l'Occident & au Nord ,
jufqu'au deffus des montagnes qui l'en-
vironnent de ces côtés-là , & que cet
efpace eft rempli de vignes & de jardins ; qu'outre cela il y a quatre faux-

bourgs, celui de Vaife fur la route de Paris , celui de la Croix-rouffe vers la Breffe , celui de la Guillotiere vers le Dauphiné & celui de St. Juft ou St. Irenée fur le chemin de Montbrifon , lequel jouit des mêmes priviléges, comme il eft fujet aux mêmes charges que la Ville. La Guillotiere a été déclarée bourg du Dauphiné par Arrêt du Confeil donné en 1696. La Croix-rouffe jouït des éxemptions accordées au Païs Lyonnois; Vaife feul eft chargé des impofitions de la Ville & du plat Païs , ce que fes Habitans fouffrent avec beaucoup d'impatience malgré l'ufage. St.

Etienne de Foreft eft après Lyon la Ville la plus confiderable , quoi qu'il n'y ait pas bien long-tems qu'elle n'étoit qu'un Village. Charles VII. pendant la g   e des Anglois lui accorda la permiffion de fe clorre de murailles ; depuis cela les manufactures & le commerce y ayant attiré un grand Peuple, la vieille enceinte eft devenue inutile , & elle eft à prefent fans clôture : à la referve de quelques Marchands plus aifés que le commun, tout le refte n'eft qu'un amas d'Artifans infatigables , prefque tous occupés au fer, on les fait monter à 16000 ames. Montbrifon eft la Capi-

tale de Forest, c'étoit l'ancienne demeure des Comtes, & c'est à present le
lieu de résidence des Corps de Justice,
& d'une grande partie de la Noblesse
du Païs qui s'y retire pendant les hyvers. L'Auteur ajoûte que cela est bon
pour se divertir, mais que ce n'est pas
la voye de s'enrichir, ce qui fait que St.
Etienne l'a de bien loin emporté sur
cette Place. Villefranche est située dans
le meilleur Païs du monde, toutefois
le nombre des habitans en diminue journ-
nellement, ce que l'on attribue au grand
passage des Troupes qui fatigue les Peuples. Beaujeu autrefois Capitale du même Païs avant que Villefranche fut bâtie, est située au pied d'une montagne
sur laquelle on voit le Château des anciens Seigneurs, ce n'est plus qu'un
assez méchant Bourg. Sur le chemin
de Lyon à Saint Etienne se trouve la
Ville de St. Chamont qui peut passer
pour la troisiéme du Forest; il s'y fait
commerce de soye, de rubans & de
mercerie. Feurs est un lieu d'étape fort
miserable qui a été Capitale de la Province; les Romains l'appelloient *Forum
Segusianorum*, & c'est apparemment de
ce mot *Forum* que s'est formée l'appellation du Forest, puisque l'on ne peut

pas dire qu'elle vienne des bois de ce Canton où il y en a bien moins que dans tout le voisinage. Il y a une autre petite Ville aux extrêmités du Lyonnois & du Beaujolois nommée Anse, dans laquelle il s'est tenu anciennement des Conciles. Les Villages & Bourgs des environs de Lyon font ornés de maisons de bons Bourgeois, qui tous veulent avoir des jardins à la campagne : ils y dépenfent ordinairement beaucoup d'argent & rarement y voit-on rien qui réponde à leur dépenfe.

Histoire gé-
nérale & par-
ticuliere.
L'Auteur paffe à l'hiftoire générale & particuliere, en difant que tous les Peuples de la Généralité étoient d'abord nommés par les Romains *Segufiani libe-ri*, mais qu'ayant été reduits peu après en Province, ils furent compris dans la Lyonnoife premiere ; que les Bourguignons s'en emparerent au déclin de l'Empire, & qu'après la ruine de leur Etat ils pafferent fous la domination des François jufques à l'an 870 que Charles-le-Chauve ayant chaffé Gerard de Rouffillon du Gouvernement du Lyonnois & du Dauphiné, donna le premier à un nommé Guillaume, lequel partagea le Païs à fes trois enfans, parce que ce fut alors que les Seigneu-

ries devinrent héréditaires d'amovibles
qu'elles étoient auparavant ; depuis cela le Beaujolois a eu ſes Seigneurs particuliers dont il ſera parlé dans la ſuite.
Mais à l'égard du Foreſt & du Lyonnois ils ont été poſſedés tantôt enſemble & tantôt ſéparément juſques à ce
que le Comté de Lyon paſſa dans la
Maiſon de l'Archevêque & du Chapitre par les moyens ſuivans. On rapporte
l'établiſſement du ſecond Royaume de
Bourgogne à l'an 888 : Bozon en fut
le premier Roi, mais ſa poſtérité s'é-
tant éteinte, Rodolphe I. y fut appellé:
ſon petit-fils Conrard épouſa Mahaud
ſœur du Roi de France Louis d'Outremer, qui en conſideration de ce mariage ceda la Souveraineté de Lyon à
ſon beau-frere Ce Prince eut deux enfans Rodolphe & Burchard ; celui-ci fut
Archevêque de Lyon, & ſoit en vertu
de l'avantage de ſa naiſſance, ſoit par
la foibleſſe de ſon frere qu'il fit ſurnom-
mer le lâche, il s'attribua & tranſmit à
ſes Succeſſeurs une autorité preſque
ſouveraine dans la Ville. Rodolphe
étant prêt de mourir ſans enfans appella
à ſa ſucceſſion les Empereurs d'Allemagne en la perſonne de Conrad le Salique ; & depuis lui, tout ce qui avoit

L 3

appartenu aux Rois de Bourgogne fut
réputé terre de l'Empire ; mais les Seigneurs & l'Archevêque en particulier
profiterent encore mieux de l'éloignement des Princes Allemands, qu'ils n'a-
voient fait de l'imbecilleté de Rodolphe. L'Archevêque obtint de l'Empereur Frederic Barberouſſe en 1157 une
Bulle ſolemnelle, confirmative de tous
les privilèges de ſon Egliſe, & déja dès
l'année 1062 il y avoit eu une tranſaction entre lui & le Comte de Foreſt,
par laquelle ce dernier conſentit de partager avec le Clergé tous les droits utiles & honorables du Comté de Lyon.
Environ l'an 1160, les conteſtations
reconmencerent entr'eux, mais le Roi
Louis-le-Jeune ayant deſiré qu'ils s'ac-
commodaſſent, la même tranſaction
fut confirmée en 1167, ce qui dura
juſques én 1173, que pour le bien de
la paix & par l'avis du Pape il s'en fit
une ſeconde par laquelle le Comte de
Foreſt ceda à l'Egliſe de Lyon tout ce
qui lui appartenoit, tant dans la Ville
que ſon territoire, avec quelques terres
en Breſſe & en Dauphiné, & l'Egliſe
lui ceda en échange pluſieurs Seigneuries qui lui appartenoient en Foreſt &
en Beaujolois avec une ſomme de 1600

marcs d'argent pour la plus value des chofes cedées par le Comte. C'eft depuis cette époque que les Comtes de Foreft ayant difcontinué de prendre le titre de Comtes de Lyon, les Archevêques & les Chanoines fe le font attribué fans nulle conteftation. Cette Seigneurie comprend, outre la plus grande partie de la Ville, environ quarante Paroiffes du plat Païs qu'ils poffedent en toute Juftice, & leur vaut plus de quarante mille écus de rente, dont l'Archevêque a le tiers & le Chapitre les deux autres. Il s'obferve encore aujourd'hui que quand l'Archevêque eft inftallé ou qu'un Chanoine eft reçu, ils prêtent ferment d'obferver cette tranfaction, entre les mains du Lieutenant Général de la Ville, en préfence du Procureur du Roi.

L'Auteur raffemble ici quelques ob- *Obfervations* fervations particulieres, 1°. Que le fe- *particulieres.* cond Royaume de Bourgogne, ni l'Empire après lui, n'ont rien poffedé au delà des rives orientales du Rhône & de la Saône, à l'exception de la Ville de Lyon, & que cette diftinction fubfifte encore dans la navigation, où l'on appelle côte de l'Empire tout ce qui eft à gauche de ces rivieres; & côte du Royaume tout ce qui eſt à la droite. La Dombes même s'appelloit communément le Beaujolois de la part de l'Empire. 2°. Que le cours de ces rivieres a toujours été cenſé du Royaume, quoi que par un uſage nouveau, par rapport à la Finance ſeulement, tout ce qui paſſe ſur le Rhône ſoit aſſujetti à la Douane de Valence, comme paſſant en Dauphiné. 3°. Que ſi l'Egliſe de Lyon ne poſſede plus que quarante Seigneuries pour tout le Comté, il n'en faut pas conclure qu'il n'eut pas autrefois une plus grande étendue de mouvance; mais la raiſon eſt qu'elle a été négligée comme abſolument infructueuſe, les Fiefs ne payant en ce Païs aucune redevance, pas même en cas de vente, de ſorte que les Seigneurs de Paroiſſes s'étant fait honneur de relever nuement du Roi, le Clergé de Lyon qui n'y perdoit rien les a laiſſé faire, mais il a pris en même tems ſoin de conſerver la mouvance des rotures, parce que celles-ci ſont fort chargées par la Coûtume, payant le cinq ou ſixiéme denier & même le quatrième en quelques endroits en cas de vente & demi-lod à toute autre mutation : l'uſage du Beaujolois en cette matiere eſt de ne rien payer des ad-

judications par Decret. A l'égard du
Comté de Forest, il a été possedé par
les Descendans du Comte Guillaume I.
jusques en l'année 1112 par dix Comtes successifs, qui ont porté presque
tous le nom d'Artaud. Guillaume le dernier de tous étant mort jeune & sans
avoir été marié, sa succession passa à
Guy Raimond, fils puîné de Guy VI.
Dauphin de Viennois, & de Ide Rai-
monde de Forest sa tante. Dans cette
seconde race qui porta ordinairement
le nom de Guy, il y a eu onze Comtes
jusques à Jean qui mourut à 29 ans en
1372 en démence, où il étoit tombé
de la peur qu'il eut à la bataille de Bri-
gnais, ou comme d'autres le disent, de
la douleur qu'il ressentit de la part de
ses plus proches, son frere aîné Louis
y ayant été tué avec le Connétable de
France Jacques de Bourbon son oncle
& quantité d'autres Seigneurs. Cette
bataille se donna le 4 de Mars 1362.
Louis Duc de Bourbon recueillit sa succession du chef de sa femme Anne Dauphine d'Auvergne, fille de Bernard
dernier Dauphin & de Jeanne de Forest
héritiere des Comtes Louis & Jean ses
deux freres. Le Forest est demeuré dans
la Maison de Bourbon jusques en 1522

L 5

que la Duchesse d'Angoulême Louise de Savoye intenta un procès fatal au Connétable de Bourbon, dans la poursuite duquel le sequestre fut ordonné par arrêt du mois d'Août de cette année : les suites de ce procès furent la défection du Connétable & le jugement final rendu contre lui en 1527. Mais en 1533 le Roi voulant retirer ses enfans donnés en ôtages pour sa personne, & Charles-Quint ayant déclaré qu'il n'écouteroit aucune proposition, que l'on n'eut satisfait la Princesse de la Roche-fur-Yon sœur du Connétable, le Forest lui fut relâché le 17 Mars de cette année ; cependant Louise de Savoye en reprit la possession dès le septiéme du mois d'Août & en fit aussi-tôt donation au Roi son fils qui l'unit à la Couronne par lettres patentes de l'année 1531. En 1566 il fut donné au Roi Henri III. lors Duc d'Anjou pour partie de son appanage. En 1564 il fut cedé à la Reine Elizabeth d'Autriche à titre de Douairie, & depuis elle toutes les Reines veuves l'ont possedé successivement ; Louise de Lorraine en 1590 ; Marie de Médicis en 1611 ; & Anne d'Autriche en 1643.

Les Seigneurs de Beaujeu ont pris

leur orisne de Berard troisiéme fils du
Comte Guillaume I. il eut deux enfans
Guichard & Humbert , le dernier desquels étant mort fans enfans en 977 , il
laissa fa succession à Artaud fecond Comte de Lyon & de Forest fon cousin , lequel en fit le partage d'Umphred fon
troisiéme fils , duquel font fortis douze Sires de Beaujeu qui ont duré depuis
l'an 989 jufques en 1265 , & ont tous
porté alternativement les noms de Guichard & de Humbert. Ifabeau fœur de
Guichard dernier de tous , étant veuve
d'un Seigneur de Semur en Brionnois ,
dont elle avoit des enfans, époufa Renaud Comte de Forest , & lui porta la
Seigneurie de Beaujeu au préjudice du
premier lit : Louis dernier des enfans
de ce fecond mariage eut le Beaujolois
pour fon partage & prit le nom & les
armes de Beaujeu. On compte fix Seigneurs de cette feconde race , dont le
dernier ayant enlevé publiquement la
fille d'un Bourgeois de Villefranche ,
nommée la Bessée , la famille le pour-
fuivit en Juftice & obtint un decret
d'ajournement perfonnel : lorfqu'on lui
en fit la fignification , ce Seigneur nommé Edouard fit jetter l'Huissier par les
fenêtres de fon Château. Le Parlement

de Paris le decreta en prife de corps pour ce dernier fait & fit éxécuter le decret, en forte qu'Edouard fut conduit à la Conciergerie du Palais & y fut retenu plufieurs années, jufqu'à-ce qu'il en fut tiré par le crédit de Louis Duc Bourbon, à qui il fit & à Anne Dauphine fon époufe une donation univerfelle de fes biens, notamment de la Dombes & du Beaujolois, en cas qu'il mourut fans enfans; cette claufe eut fon éxécution étant mort trois mois après. Le Duc de Bourbon fatisfit en partie fes héritiers naturels du nom de Beaujeu & prit poffeffion du Païs; mais comme il leur reftoit encore quelque prétention, Anne de France Douairiere de Bourbon qui avoit long-tems porté le nom de Dame de Beaujeu, obtint en 1516 une renonciation formelle à la Seigneurie de Beaujeu de Philibert Seigneur d'Amplepuis dernier mâle de ce nom. Louife de Bourbon fœur du Connétable obtint en 1538 du Roi François I. par provifion feulement, la Seigneurie de Beaujeu, la Principaute de Dombes, la Seigneurie de Montpenfier en titre de Duché, le Dauphiné d'Auvergne, la Seigneurie de Combrailles & plufieurs autres terres qui furent laiffées définiti-

vement à fon fils Louis I. Duc de Montpenfier en l'année 1560, pour tout ce
qu'il auroit pû prétendre de la fucceffion du Connétable fon oncle, ou plutôt du partage qui étoit dû à fa mere.
Marie de Bourbon héritiere de la Branche de Montpenfier porta toutes ces terres à Gafton de France fecond fils du
Roi Henri IV. & n'en ayant eu qu'une
fille unique Mademoifelle d'Orleans,
cette derniere Princeffe a difpofé par
fon teftament de la Seigneurie de Beaujeu en faveur de Monfieur Philippe de
France Duc d'Orleans, & de la Principauté de Dombes par donation entre
vifs au profit de Louis-Augufte de Bourbon Duc du Maine, fils naturel du Roi:
les uns & les autres en font dans une
pleine poffeffion.

On voit ainfi que la Souveraineté du *Détail par-*
Païs de Dombes eft fondée fur ce qu'el- *ticulier de la*
le eft fituée hors les limites anciens du *Principauté*
Royaume de France & dans les terres *de Dombes.*
de l'Empire, de forte qu'encore que la
France fe foit bien augmentée au de-là,
les Rois par des confiderations particulieres ont bien voulu maintenir fes poffeffeurs dans leur ancienne indépendance reconnue par divers actes & principalement la tranfaction finale de 1560.

LYON.

Il paroît que dès-l'an 1032, à la mort de Raoul-le-lâche. La Dombes étoit déja une Seigneurie particuliere qui appartenoit aux Sires de Villars, de qui elle paſſa ſucceſſivement aux Seigneurs de Thoiré & Sires de Beaujeu, juſques aux Princes de Bourbon. La Principauté de Dombes conſiſte à preſent en 64 Paroiſſes & pluſieurs Villages qui en dépendent & s'étendent en pluſieurs branches dans la Breſſe. On montre au deſſus de Trevoux qui en eſt la Capitale une plaine en laquelle on prétend que ſe donna la bataille entre Severe & Albin, ce qui décida de l'Empire en faveur du premier l'an 198.

Son Revenu. Le revenu conſiſte en Gabelles dont la conſommation eſt d'environ trois mille minots, qui rendent au Prince de profit 55000 l. en droits d'Aides qui montent à 15000 l. en Domaines qui produiſent 19000 l. en péages qui vont à 15000 liv. le tout compris dans un bail général qui eſt de 105000 l. le droit annuel des Charges vaut auſſi quelque revenu ; mais de ſept en ſept ans, le Païs fait un don gratuit de 20000 l. & de vingt en vingt ans la recherche des francs fiefs vaut 10000 l. Il y a eu un temps où la monnoye de Dombes valoit beaucoup, prin-

cipalèment quand le Commerce des
piéces de cinq fols alloit bien dans le
Levant : on y a auſſi battu des ſequins
d'or au coin de St. Marc, dont les Ve-
nitiens ſe plaignirent. Le Bénéfice de
la monnoye valoit alors plus de cent
mille liv. mais il eſt fort diminué depuis. Le Beaujolois contient 126 Paroiſſes & ſon revenu eſt affermé à 24600 l.
autrefois toutes ces Paroiſſes étoient dans
la Juſtice immédiate de la Seigneurie,
mais Henri Duc de Montpenſier en alie-
na plus de 80. Il y a encore 300 Fiefs
dans la mouvance dont quelque-uns
valent juſques à 5 à 6000 l. de revenu.
Le Comte Gondras la Rochefoucaud
y eſt pourvû de la Capitainerie des chaſ-
ſes. Le Rouannois eſt un petit Pais qui
fait partie du Comté de Foreſt & qui a
tiré ſon nom de ſon lieu principal nommé Rouanne, qui eſt un gros Bourg
aſſis ſur la riviere de Loire à l'endroit
où elle commence d'être navigable.
Cette ſituation le rend un lieu d'entrepôt pour toutes les marchandiſes que
l'on y voiture de Lyon pour deſcendre
la riviere ; il eſt bâti à la rive occidentale & dans une Iſle où demeurent les
Marchands & les Commiſſionnaires,
c'eſt ce qui rend la néceſſité d'un Pont

*Detail du
Beaujolois.*

*Hiſtoire &
détail du
Rouannois &
de la Ville de
Rouanne.*

beaucoup plus grande, à cause de la difficulté de l'abord du côté de Lyon, on y compte environ 4000 ames. Le Païs de Rouannois n'appartient pas à un même Seigneur, quoique celui qui possede le Chef-lieu en prenne ordinairement le nom : les Seigneurs de Saint Maurice en Rouannois ayant acheté le Château de Rouanne du Comte de Forest, commencerent à se qualifier Seigneurs du Rouannois. En 1239 vivoit un Artaud Seigneur de St. Haon & de Rouannois; en 1291 le Comte de Forest racheta la moitié du Rouannois; en 1346 Hugues de Couzan possedoit l'autre moitié au droit de sa mere & de son ayeule, la premiere du nom de Saint Haon, & l'autre du nom de Rouanne.

Boisy. En 1380 deux freres natifs du Bourg de St. Haon à trois lieuës de Rouanne, étant neveux du Cardinal de la Grange, parvinrent à une grande fortune; ils portoient le nom de Boisy; l'un fut Evêque de Mâcon & ensuite d'Amiens, l'autre fut Président au Parlement de Paris : ils bâtirent conjointement en 1398 un Château dans la Paroisse de St. Martin, qui, de leur nom, fut appellé le Château de Boisy. Vers l'an 1430 Eustache de Levy, qui devint Seigneur

de Rouannes par son mariage avec Alize de Couzan, acheta la Seigneurie de
Boisy; vingt ans après Jean de Levy
leur fils vendit le tout à Jacques Cœur,
lors Argentier du Roi Charles VII. sur
lequel il fut incontinent revendu de
l'autorité d'une Chambre de Justice; &
Guillaume Gouffier Sénéchal de Xaintonge, Chambellan du Roi, s'en rendit adjudicataire. Son fils Artus la posseda sous le titre de Marquis de Boisy,
il fut Gouverneur du Roi François I.
alors Comte d'Angoulême; ce qui fut
l'occasion de sa grande fortune; quand
ce Prince parvint à la Couronne, il fut
honoré de la Charge de Grand Maître
& son frere Guillaume de celle d'Amiral. Ce Marquis de Boisy avoit eu beaucoup d'attachement à la Maison de
Bourbon, ce qui fut cause qu'en l'an
1516 la Duchesse Anne Douairiere conjointement avec sa fille Suzanne & son
gendre le Connétable de Bourbon, lui
firent don de là moitié de la Seigneurie
du Rouannois qui avoit été conservée
par les Comtes de Forest depuis l'achat
de 1291. En 1566 la Terre de Rouannois fut érigée en Duché pour la Maison de Gouffier par le Roi Charles I X.
Charlotte héritiere de cette Maison a

porté cette Terre en celle d'Aubuſſon par ſon mariage avec le Maréchal de la Feuillade, qui en 1667 obtint du Roi la continuation du Duché avec une augmentation très-conſidérable par l'échange de ſa terre de St. Cyr dans le Parc de Verſailles, avec les Châtellenies de Croſet, St. Haon, St. Maurice & Cervieres qui étoient du Foreſt & comprennent près de 30 Paroiſſes : avant cela la Duché ne s'étendoit que ſur 3, Rouannes, St. Romain & St. Martin. Il n'y a que ſept Fiefs dans la mouvance, tous de petite conſideration, mais la Juſtice eſt à préſent fort conſidérable & eſt éxercée par un Bailli d'épée, un Lieutenant Général civil, un Lieutenant Général criminel, un Aſſeſſeur, quatre Conſeillers & un Procureur Fiſcal. La Ville de Rouanne produit aſſez de ſujets pour ces différentes Charges : la terre vaut 15000 l. de revenu, les Charges déduites. Le Bac de Loire & les droits du petit Pont en valent 4700 & le coche d'eau autant. La Seigneurie

Seigneurie de Neufville. de Neufville appartenoit ci-devant à l'Abbaye de l'Iſle Barbe, ſous le nom de Vimy ; l'Archevêque de Lyon Villeroy ayant acquis une maiſon de plaiſance ſur le bord de la Saône, trouva

moyen de l'obtenir par un échange ;
l'augmenta de plusieurs acquisitions
dans la Bresse & l'a rendue une terre si
considérable qu'elle vaut 25000 l. de
revenu : il l'a ornée d'un Parc très-mag-
nifique & obtenu des titres Royaux
pour changer ce nom de Vimy en celui
de Neufville. Le Seigneur de St. Chamont prend le titre de premier Baron
du Forest. Environ l'an 1306 Matalon-
ne de Jares héritiere de St. Chamont
épousa Josserand d'Urgel, dont la famille étoit de tems immémorial en possession de la Terre de St. Priest ; leur
fils Briand d'Urgel recueillit leur succession qui fut partagée entre ses deux
fils Guy & Guichard qui quitterent le
nom d'Urgel, & ne garderent que celui de St. Priest : Guichard eut en partage la Terre de St. Chamont, & ses
successeurs l'ont possedée de mâle en
mâle jusqu'à la fin du seiziéme siécle,
que n'étant resté qu'une fille de cette
Maison Gabrielle de St. Priest, de qui
son pere avoit forcé l'inclination pour
être Religieuse, elle se fit relever de
ses vœux & porta la succession à Jacques Mitte de Chevrieres qui fut Chevalier du St. Esprit. Le Comte de Vienne de la Vieuville en a épousé l'héritiere.

Lyon. Outre la Ville il y a cinq groſſes Pàroiſ-
ſes qui valent en tout 15000 l. de revenu : il y a dans cette Terre un droit
ſingulier qui eſt que tout contract per-
manent , tel que contract de mariage ,
tranſaction finale , teſtament, &c. doit
un écu au Seigneur : il n'en tire néan-
St. Prieſt. moins que 180 l. par an. La Terre de
St. Prieſt ſeconde Baronie de Foreſt
vaut 4 à 5000 l. de revenu fixe & autant de caſuel : elle contient quatre Paroiſſes dont la Ville de St. Etienne eſt
l'une ; elle appartient à préſent à la Maiſon de Chalus, en conſéquence du mariage de Gilbert de Chalus , avec l'héritiere de St. Prieſt en 1624 , leurs enfans ont pris le nom & les armes de St.
Prieſt. La Maiſon de Chalus eſt origi-
Couzan. naire de l'Auvergne. La Terre de Cou-
Damas. zan , anciennement premiere Baronie
de Foreſt eſt le lieu d'origine de la Maiſon de Damas , qui a tiré ſon nom d'un
ancien Seigneur nommé Dalmatius ,
dont il paroit que les ſucceſſeurs ont
porté aſſez indifféremment tantôt le
nom de Couzan & tantôt celui de Damas. En 1430 Euſtache de Levy Seigneur de Quailus épouſa Alize de Couzan héritiere , & de ce mariage vinrent
deux fils ; l'aîné porta le nom de Cou-

zan & le Cadet celui de Quailus : il ne
reste de la premiere branche que le Marquis de Lugny qui a époufé Marguerite
de St. Georges mere de l'Archevêque ;
fon ayeul Claude de Levy avoit cedé la
Terre de Couzan à la Maifon de Saint
Prieft, qui la vendant au Sieur de Pe-
liffac du nom de Luzy, retint à foi la
qualité de premier Baron du Foreft :
cette Seignearie vaut 3 à 4000 l. de revenu. Les Seigneurs de Marcilly, de
Thianges & d'Aulezy du nom de Damas defcendent de Robert de Damas
Seigneur de Marcilly, lequel en 1291
vendit au Comte de Foreft la Scigneu-
rie de St. Bonnet-le-Château : il étoit
fils de Guy Seigneur de Couzan & de
Dauphine de Lavieu héritiere de S. Bonnet. Les Seigneurs du Rouffet, d'Anti- *Damas du*
gny, de Rufté & de la Piloniere portent *Rouffet.*
le même nom & les armes de Damas ;
mais leur defcente de la fouche de Couzan n'eft pas connue. Le Rouffet en Foreft eft entré dans leur famille en 1556 &
la Piloniere en Beaujolois en 1479. Dans *Château-*
le même tems que la Baronie de Couzan *morand.*
entra dans une branche cadette de Levy;
celle de Chateaumorand entra dans une
autre par le mariage de Bernard de
Levy Seigneur de la Voute avec Agnès
héritiere de Chateaumorand. Les Ducs

de Ventadour & Comtes de Chalus en font fortis; mais Antoine de Levy Evêque de St. Flour, petit-fils de Bernard, l'ayant euë en partage, il l'ôta à fa famille par le don qu'il en fit à fa mere Gabrielle Bartou de Montbas, mariée en feconde nôces à Antoine le Long de Chenillac, duquel elle eut la renommée Diane de Chateaumorand époufe d'Honoré Seigneur d'Urphé: c'eft pour elle que fon mari compofa le beau Roman d'Aftrée qui a immortalifé fa mémoire; mais comme ils n'eurent point d'enfans la Terre fut long-tems difputée entre les Maifons de Montbas & de Chalus Levy à qui elle eft enfin demeurée, & d'un cadet de laquelle elle fait à préfent le partage; elle a des extenfions en Foreft & en Bourbonnois & vaut environ 9000 l. de revenu. Le nom

de la Seigneurie d'Urphé fe prononçoit autrefois Ulphier & Ulphé, ce qui a donné occafion à quelques-uns de la dériver d'un certain Ulphe Seigneur Allemand que l'on prétend en avoir bâti le Château fous le règne de Louis-le-Gros. Cette Maifon a des titres certains depuis l'an 1200. En 1408 Guichard d'Ulphé étoit Capitaine Châtelain de Rouannois & Bailli de Foreft; en 1486

Pierre, qui le premier prit le nom d'Urphé, fut auffi Bailli de la même Province, fon fils Claude fe rendit fort confiderable, premierement par la faveur des Ducs de Bourbon & de Bretagne, &,enfuite par celle de Charles VIII. qui le fit Chevalier de l'Ordre & Grand Ecuyer; fon fils du même nom fut Gouverneur des enfans de France, Ambaffadeur à Rome & au Concile de Trente, & revêtu du Bailliage de Foreft que fes fucceffeurs ont confervé jufques à prefent : il avoit époufé Jeanne de Baffac Dame d'Entragues qui lui apporta cette Terre, laquelle fut le partage de fon fecond fils, dont la fille la porta dans la Maifon de Cremeaux. Le Château d'Urphé eft un très-ancien édifice bâti fur une des plus hautes montagnes du Foreft, celui de la Baftie eft dans la plaine au bord de la riviere de Lignon : il y a une très-belle Chapelle fort ornée & d'un travail particulier, qui a été bâtie par Claude II. à fon retour du Concile. La Terre d'Urphé fut érigée en Comté l'an 1578, elle confifte en 11 Paroiffes & vaut 8 à 9000 liv. de revenu. La Terre de Cremeaux vaut 3000 l. de rente, Arnulphe & Jean Vernin freres la poffedoient

De Cremeaux.

dès 1440; ils defcendoient de Pierre Vernin, lequel en 1388 étoit Juge de Foreft; & de Robert Vernin, lequel en 1346 étoit Secrétaire du Duc de Bourbon. Cette Famille a laiffé dans la fuite le nom de Vernin pour celui Cremeaux, auquel elle a joint celui d'Entragues, depuis l'alliance d'Urphé dont il a été parlé : le Seigneur de Cremeaux eft Lieutenant de Roi du Mâconnois, fon pere & fon Ayeul l'étoient auffi.

La Maifon d'Albon, l'une des plus confidérables du Lyonnois, furtout depuis la fortune du Maréchal de St. André, eft divifée en diverfes Branches. L'aînée étoit celle du Comte de Chazeuil en Bourbonnois, Seigneur de Sugny en Foreft, & Chevalier d'honneur de Madame, qui s'eft éteinte en filles ; l'une mariée au Seigneur de la Barge en Auvergne & l'autre principale héritiere au Comte de Verdun Lieutenant de Roi en Foreft : la Terre de Sugny lui vaut 12000 l. de rente & étoit entrée dans fa Maifon par fa Bifayeule héritiere de fon nom. La feconde branche à préfent aînée de celle du Marquis de St. Forgeux, portant le nom d'une Terre qui eft dans la Maifon depuis 1290. La troifiéme branche eft

celle

celle de St. Marcel dont la terre qui vaut 3000 l. de revenu eft venue de la Maifon de Galles par une héritiere. Mais de toutes les branches de ce nom aucune n'a reçu tant d'illuftration que celle de St. André ; la terre dont elle a pris fa diftinction étoit entrée dans la Maifon avant 1400, par le mariage d'Alix de l'Efpinaffe avec Guillaume d'Albon, & elle fut le partage d'un pulfné Guichard d'Albon, lequel s'attacha fi heureufement & utilement à Pierre Sire de Beaujeu, depuis Duc de Bourbon, que ce Prince avança beaucoup fa fortune devant qu'il eut la Régence du Royaume, & le fit en dernier lieu fon Lieutenant au Gouvernement de Languedoc & de Guienne ; fon fils Jean d'Albon fut Chevalier de l'Ordre & d'honneur de la Reine & Gouverneur de la Province entiere telle qu'elle étoit avant le démembrement de l'Auvergne, du Bourbonnois & de la Marche ; Jacques fon fils devint encore plus grand Seigneur ayant été premier Gentilhomme de la Chambre, Ambaffadeur en Angleterre, Maréchal de France & enfin l'un des Chefs de ce qu'on appelle le Triumvirat, pendant la minorité de Charles IX. il mourut à la ba-

Tome VII. M

taille de Dreux; fa fille Catherine promife au fils aîné du Duc de Guife étant
morte fans mariage, fa fucceffion fut
recueillie par Marguerite fœur du Maréchal qui la porta dans la Maifon d'A-

pehon. Antoine d'Albon aîné de la branche de St. Forgeux ayant été dans ce
tems-là forcé à prendre l'habit de Moine dans l'Abbaye de Savigny, ce Maréchal l'en rendit Abbé, puis Archevêque d'Arles & de Lyon. Cette Maifon
d'Albon a le fort de toutes celles qui
ont éclaté & qui font affez anciennes
pour que l'on en ignore l'origine; il
parut quelques écrits du temps du Maréchal de St. André qui la faifoient fortir des Dauphins de Viennois du nom
d'Albon, & quoique cette idée fe fut
éteinte avec la vie de ce Seigneur, il
plut au Comte de Chazeuil de la relever vivement & même d'écarteler fes
armes de celles du Dauphiné : les Marquis de St. Forgeux en ont fait autant,
& le titre principal fur lequel ils fe
fondent, eft un acte de 1398, par lequel Humbert Dauphin cede aux trois
freres Gui, Guillaume & Henri d'Albon qualifiés *Milites*, 300 liv. de rente,
à prendre fur le Tréfor Royal, en payement de 2786 liv. 10 f. Viennois qu'il

leur devoit. Meſſieurs d'Albon prétendent que cet acte eſt un partagé, quoi
qu'il n'y ſoit aucunement parlé de parenté ni de partage, mais c'eſt au moins
un titre de nobleſſe ancien & conſidérable. Les Regiſtres de la Ville de Lyon
font auſſi mention parmi les Bourgeois
vivans en l'année 1269 d'un André
d'Albon, il n'eſt point prouvé qu'il
fut pere des trois freres dont il vient
d'être parlé, mais c'eſt une démonſ-
tration formelle qu'il y avoit alors d'autres familles du nom d'Albon que celles des Dauphins & qu'elles n'avoient
rien de commun. La Maiſon d'Apehon, *Maiſon*
quoi qu'établie en Auvergne, eſt origi- *d'Apehon.*
naire de Foreſt & portoit autrefois le
nom de St. Germain, de la Seigneurie
de St. Germain Laval, ſitué à l'entrée
de la plaine, non loin de Rouanne. Il y
a un acte de l'an 1249, par lequel Artaud Seigneur de St. Germain accorde
certains priviléges aux habitans de cette
Ville. En 1302 le Seigneur du même
lieu en échangea la moitié avec le
Comte de Foreſt, qui lui ceda la Terre
de Montrond; en 1343 le Comte acheta l'autre moitié de St. Germain du Seigneur de Cruſſol à qui elle étoit venue
par le mariage de l'héritiere d'une bran-

che de St. Germain. En 1456 Artaud de St. Germain Seigneur de Montrond fut Bailli de Foreft & recueillit au droit de fa mere les biens de la Maifon d'Apehon, dont il prit le nom & les armes. La Terre de Montrond eft de 5000 liv. de rente en beaux droits & bien fituée fur le bord de la Loire, c'eft le partage d'un cadet ; fon aîné, qui avoit la terre de St. André de 5 à 6000 liv. de rente, n'a laiffé qu'une fille mariée au neveu de l'Archevêque de Lyon. Quant à la Terre de St. Germain qui étoit cenfée du Domaine, elle a été aliénée en faveur d'un frere du Pere de la Chaife,

Maifon de la Chaife. commé le Sieur Daix. Le grand Pere du R. P. de la Chaife étoit Prévôt des Marchands à Lyon & avoit époufé la fœur du P. Coton Confeffeur du Roi Henri IV. Il y a deux branches de cette Famille ; celle du Comte de Souternon qui poffede encore Aix & St. Germain, le tout valant 6 à 7000 l. de revenu ; & celle du Comte de la Chaife Capitaine de la porte, qui a dans le Beaujolois les Paroiffes de St. Etienne, la Varenne & Damas érigées en Comté fous le nom de la Chaife depuis 1682 ; cette Terre vaut environ 5000 l. de rente.

St. Georges. La Branche de St. Georges dont eft l'Ar-

chevêque de Lyon & celle du Marquis
de Verai Chevalier des Ordres & Lieutenant de Roi en Poitou , portant même nom & mêmes armes, se disent toutes deux cadettes d'une autre tige, dont
il se trouve un Seigneur dans le Calen-
drier des Jacobins de Poitiers, comme
mort en la bataille de 1356 ; l'ayeul de
l'Archevêque avoit été Lieutenant de
Roi du Bourbonnois. Chalençon est le
lieu d'origine & le premier nom des
Vicomtes de Polignac modernes ; cette
Terre s'étend pour la plus grande partie en Velay, il y en a trois Paroisses
en Forest qui rapportent 1800 liv. de
rente : on trouve un hommage de Bertrand de Chalençon rendu au Comte de
Forest en 1263 pour le Château de St.
Paul ; son petit-fils Guillaume de Chalençon épousa Vulpurge de Polignac &
par elle leurs descendans ont eu les biens
& le nom de Polignac. Rochebaron troisiéme Baronie du Forest ne consiste qu'en
une très-grande Paroisse & vaut 4000 l.
de rente : il y avoit une Maison de même nom, dont il y a titre de l'an 1150,
mais l'on n'en connoit guère la suite ;
200 ans après Antoinette de Rochebaron héritiere épousa Louis de Chalençon qui avec les biens de Rochebaron

en prit le nom & les armes : en dernier lieu une autre Antoinette auſſi héritiere ayant été mariée à Claude des Serpens Comte de Gondras en Beaujolois, n'en eut que trois filles, dont les deux aînées épouſerent les deux freres de la Maiſon de la Rochefoucault qui ont pris le nom de Gondras & de Rochebaron ; & ont laiſſé des ſucceſſeurs ; le Marquis de Rochebaron d'à préſent a épouſé l'héritiere de Surieu de la Maiſon de Sourdis. Surieu eſt une terre qui,

ci-devant compoſée de deux petites Villes & neuf Paroiſſes valant 12000 l. de revenu, eſt à préſent réduite à la moitié de ſa valeur & de ſon étendue ; elle appartenoit au Domaine, mais elle fut échangée par le Roi, en 1609, avec Gabrielle d'Alonville veuve de Guy de Rochouard Seigneur de Châtillon contre une partie de la Seigneurie de Fontainebleau & les terres de Monceaux & Auny, elle la vendit auſſi-tôt avec la Châtellenie de St. Marcelin à Jacques de la Vehire Seigneur de Montagnac, lequel ayant épouſé Anne de Roſtaing veuve de René d'Eſcoubleau Marquis de Sourdis, & n'ayant point eu d'enfans, la fit ſon héritiere : elle en diſpoſa dans la ſuite en faveur de ſon fils du

premier lit, dont est sortie la Marquise
de Rochebaron ; les Seigneurs de Berzé en Bourgogne portoient le nom de
Rochebaron. Ils possedoient en Beaujolois les terres de Camus & Burnezé
qui ont passé avec tous leurs autres biens
au Maréchal d'Aumont, ayeul du Duc,
par donation de sa tante héritiere du
dernier Seigneur de Berzé. Le Château
de Boutheon est l'un des plus beaux de
la Province, il est situé au bord de la
Loire dans un lieu assez élevé pour découvrir en Amphitéâtre toute la plaine de Forest : il fut bâti par Mathieu
bâtard de Jean II. Duc de Bourbon &
acheté il y a 120 ans par les Sieurs de
Gaudagne, dont la famille est originaire de Florence. Ils commencerent
leur établissement à Lyon environ en
1510 & ils y négocierent, de sorte que
quelques-uns de leurs descendans furent Échevins de la Ville. L'Auteur donne ici pour régle, qu'il n'y a point de
famille sortie de Lyon, qui ne soit aussi
sortie du négoce, mais que les étrangers ont l'avantage de le pouvoir faire
sans déroger à leur Noblesse s'ils la pos-
sedent déja : selon ce principe les Gaudagnes continuerent leur commerce
sans perdre la leur & acquirent en assez

M 4

Marginal notes:

Boutheon.

Maison de Gaudagne.

peu de temps des biens immenfes qui paflerent en proverbe dans le Païs ; Guillaume Gaudagnes qui avoit fait le négoce dans fa jeuneffe fous le nom des Héritiers, le quitta à la fin, époufa une fille de la Maifon de Sugny en Foreft, devint Sénéchal de Lyon, Lieutenant de Roi de la Province, & Chevalier du Saint Efprit en 1597; il ne laiffa que des filles, dont la troifiéme fut mariée à Antoine d'Hoftun la Beaune, originaire de Dauphiné, & devint mere de Balthazar d'Hoftun inftitué héritier univerfel par fon ayeul maternel, à la charge de porter le nom & les armes de Gaudagnes. Le Comte de Verdun fon petit-fils Lieutenant de Roi du Foreft a recueilli la fubftitution réduite à 20000 l. de rente & confiftant aux Terres de Verdun en Bourgogne, de Boutheon, May, Perigueux & Saint Etienne en Foreft; il n'a qu'une fille qui a été mariée au fils du Maréchal

Chalmazel. de Tallard mort depuis peu. Chalmazel eft une Terre de 2 à 3000 liv. de rente. En 1231 Arnaud de Marcilly qui en étoit Seigneur, obtint du Comte de Foreft la permiffion d'y bâtir un Château, ou Place forte : en 1370 Ma-

Maifon de Talaru. thieu Talaru en devint poffeffeur au

droit de fa femme, Beatrix de Marcilly: en 1376 fon oncle Jean de Talaru
devint Archevêque de Lyon & Cardinal ; en 1389 Amé de Talaru fils de
Matthieu fut auffi Archevêque. La Terre de Chalmazel a été le partage d'un
cadet dont la branche fubfifte encore &
refte la feule du nom ; outre cette Seigneurie le Marquis de Chalmazel poffede encore dans le Lyonnois la terre de
Beffenay, & en Foreft, celle de Saint
Marcel, de Phelins & d'Efcoftay qui
en eft la quatriéme Baronie : cette derniere a été le partage d'une fille mariée
dans la Maifon de Pierre-fort la Rouë en
Auvergne, dont la fille a époufé le Marquis de Rivarolles. Il y a en Lyonnois un
petit Fief nommé Talaru poffedé à prefent
par le Marquis de St. Forgeux, auquel
il produit 4 à 500 l. de rente que l'on
tient être l'origine de la Maifon qui en
porte le nom. Sainte Colombe eft une
Paroiffe du Beaujolois poffedée de tems
immémorial par une Maifon qui ne
rapporte néanmoins des titres que depuis l'an 1300, elle eft divifée en trois
Branches, l'aînée a ajoûté le nom de
Nanton au fien à caufe d'une héritiere
qui y entra en 1571 ; la feconde porte
le nom de St. Prieft-la-Roche, terre

Maifon de
Ste. Co-
lombe.

M 5

qui y eſt entrée avant 1400 par l'alliance de Catherine de Monteux ; la troiſiéme porte celui de Laubeſpin en 1510. La Terre de Varennes eſt un Fief dans la Paroiſſe de Quincié en Beaujolois, poſſedée par la Maiſon de Nagu depuis 200 ans ; le Marquis de Varennes d'à preſent eſt Lieutenant Général des armées du Roi, ſon pere l'étoit auſſi, ſon ayeul reçut l'Ordre du Saint Eſprit en 1633, ſon biſayeul étoit Gouverneur de Mâcon. En 1573 le Seigneur de Varennes acquit du Duc de Montpenſier la Juſtice des Paroiſſes de Quincié & de Marchamp : enfin en 1400 Jean Nagu étoit Bailli de Beaujolois. C'eſt-là que l'Auteur termine ſes obſervations ſur les lieux principaux & les maiſons illuſtrès de la Province.

Maiſon de Nagu Varennes.

Paſſant à l'Etat Eccléſiaſtique, il remarque que la Généralité contient cinq cent vingt-trois Paroiſſes & ſoixante-une Annexes, deſquelles le Diocèſe de Lyon en renferme 398 des premieres & 50 des ſecondes ; celui de Mâcon 68 Paroiſſes & 4 Annexes ; celui du Puy 14 Paroiſſes & une Annexe ; celui de Clermont 9 Paroiſſes & deux Annexes ; & enfin celui d'Autun huit Paroiſſes. Comme la Ville de Lyon étoit

Etat de l'Egliſe dans la Généralité. Enumeration des Paroiſſes & Diocèſes.

Egliſe de Lyon.

la principale des Gaules, lorfque l'E-
vangile commença d'être annoncé aux
peuples, on peut juger qu'elle mérita
des premieres l'attention des Apôtres
qui étoient les diftributeurs de la Parole de Dieu. C'eft en effet ce qui arriva, puifque St. Pothin Difciple de St.
Jean l'Evangelifte y vint des premiers
& qu'il fut foûtenu dans fon travail par
St. Irenée & fes Compagnons, que St.
Polycarpe y envoya peu après. Le premier s'arrêta à Lyon, les autres que
l'on nomme Andoche, Benigne & Tir-
fe furent porter la lumiere dans les Villes, voifines & fonderent les Eglifes
d'Autun, de Mâcon, de Langres & de
Châlons qui font encore fuffragantes de
celle de Lyon: c'eft ainfi que l'on prou-
ve la fupériorité de l'Eglife de Lyon,
en qualité de Métropole dès l'origine
de la Religion: on voudroit établir avec
la même évidence & de même titre
d'antiquité la Dignité Primatiale dont
elle joüit, mais cela n'eft pas fi aifé,
& après avoir éxaminé la matiere,
on eft contraint d'avouer qu'elle doit
fon établiffement aux conceffions des
Papes Gregoire VII. en 1073 & Urbain
II. en 1095 & 1099. Par ces Bulles les
Métropoles de Sens, de Tours, Rouen

M 6

Sa Dignité
& antiquité.

lui font affujetties, mais leur éxécution
a caufé beaucoup de troubles, la Métropole dé Rouen s'en. eft fouftraite dé-
finitivement par un Arrêt du Confeil
qu'elle a obtenu depuis peu : mais celles de Tours , Sens & Paris nouvellement érigées , y font à préfent foumifes
fans aucun contredit : ainfi quoique
plufieurs Archevêques de la Chrétienté
prennent le titre de Primat, on peut dire
que celui de Lyon eft le feul qui en
éxerce véritablement la fonction , n'y
ayant que lui qui ait les Métropoles dans

Ses Juftices fa dépendance. C'eft ce qui fait que la
Jurifdiction Eccléfiaftique a trois Tribunaux différens dans le Diocèfe , l'Of-
ficialité ordinaire , la Métropolitaine &
la Primatiale , ce troifiéme dégré de
Jurifdiction ne reconnoit aucune différence des Parlemens & reçoit tous les
appels qui y font portés , les Archevêques de Lyon ayant obtenu des Lettres
Patentes à cette fin par rapport au Parlement de Dijon : il n'y a rien de décidé par rapport à ceux de Bretagne & de
Rouen, les cas ne s'étant pas rencon-
trés, d'ailleurs il y a des Officialités en
Breffe & en Franche-Comté pour la Juf-

Diocèfe tice ordinaire de la métropolitaine. Le
de Lyon. Diccèfe de Lyon en général eft divifé

en dix-neuf Archiprêtrés, defquels dix
font en Lyonnois, Foreft & Beaujolois
qui comprennent les 398 Paroiffes dont
il a été parlé ; deux en Dauphiné qui en
ont cinquante ; & les fept autres ont
328 Paroiffes ; 64 en Dombes ; 17 en
Bourgogne ; 160 en Breffe ; 60 en Bugey, & 27 en Franche-Comté : partant le total des Paroiffes du Diocèfe
eft 776.

La Dombe & la Franche-Comté ne
contribuent rien aux chârges du Diocèfe.
Le Clergé entiér de la Breffe & du Bugey, au lieu de décimes & de don gratuit, payent au Roi 3000 livres tous
les ans, dont le partage entre les differens Diocèfes, eft reglé par une tranfaction de 1634, en forte que celui de
Bellay paye 430 liv. celui de Geneve
453 l. 10 f. celui de Lyon 1883 l. 10 f.
& ceux de Mâcon & de Châlons le
furplus. Quand on a voulu innover au
préjudice de cette regle, le Confeil a
caffé tout ce que l'on a entrepris, c'eft
pourquoi le refte du Diocèfe eft toujours fort chargé. La fubvention derniere avant la confection de ce Mémoire étoit de 68897 l. 14 f. Lorfque l'Archevêché de Lyon vient à vacquer,
l'adminiftration & la Régale appartien-

*Contribu-
tion des
Charges.*

*Vacance
de l'Arche-
vêché.*

nent de droit au Chapitre , mais il eſt obligé de remettre l'une & l'autre à l'Evêque d'Autun , lorſqu'il lui en fait la demande , & ſa poſſeſſion ne commence que de ce jour-là , comme elle ceſſe à l'égard du ſpirituel du jour que le nouvel Archevêque eſt ſacré ; & à l'égard du temporel au jour qu'il prend poſſeſſion. Ce droit qui eſt extrêmement ancien a produit ci - devant de grandes conteſtations , l'uſage préſent le réduit à ce qui vient d'être dit , mais dans le temps de l'adminiſtration le Chapitre ne ſouffre pas que l'Evêque d'Autun ſe ſerve dans l'Egliſe d'aucuns ornemens pontificaux , non pas même du camail & du rochet , ni qu'il occupe la place de l'Archevêque. Réciproquement l'Archevêque de Lyon a l'adminiſtration de l'Evêché d'Autun durant la vacance , mais il ne jouit pas de ſa regale qui appartient au Roi. Mr. de St. Georges eſt le cent vingt-quatriéme Evêque de Lyon depuis St. Irenée , car l'uſage n'eſt pas d'y comprendre St. Pothin : il a été élevé dans le Clergé de la Cathédrale dès ſa jeuneſſe par les ſoins de ſon oncle maternel qui en étoit Sacriſtain : Il fut l'un des Députés de l'Aſſemblée du Clergé de 1681,

peu après nommé à l'Evêché de Clermont, puis fucceffivement aux Archevêchés de Tours & de Lyon. On prétend que l'ancienne Cathédrale de Lyon
étoit l'Eglife de St. Nizier qui n'eft à
préfent qu'une Paroiffe, mais la plus
grande de la Ville. On bâtit dans la
fuite l'Eglife de St. Etienne, qui a fer-
vie de Cathédrale jufques à ce que l'on
édifia à fes côtés deux autres Eglifes ;
l'une de St. Jean qui eft Cathédrale depuis cinq fiécles, & l'autre de Ste. Croix
où fe font les fonctions Curiales: ces
trois Eglifes n'en forment proprement
qu'une feule, parce que tantôt leur
Clergé fe réunit à St. Jean & tantôt le
Clergé de la Cathédrale fe tranfporte
dans l'une des deux autres. Une des fin-
gularités de ce Service eft qu'il n'y a
jamais ni orgues ni mufique, ni livres
pour chanter, & que lorfque l'Archevêque Officie, on fait l'effai du pain
& du vin avant la confécration, ce qui
fe prend pour une marque de la Souveraineté dont il a autrefois joüi. Le Chapitre de St. Jean fut réduit en 1321 de
foixante-douze Chanoines à trente-deux
feulement, huit Dignités, un premier
Chanoine, un Maître de Chœur &
vingt-deux autres Chanoines. Les Di-

Eglife Ca-
thédrale.

Chapitre
& Clergé de
St. Jean.

gnités font le Doyen, l'Archidiacre, le
Précenteur, le Chantre, le Chamarier,
le Sacriftain, le Grand Cuftode & le
Prévôt. Les Dignités de Sacriftain & de
Cuftode font à la collation de l'Archevêque, les autres font remplies par le
Chapitre. Outre ces 32 Capitulans qui
font maintenus par Arrêt de l'an 1653
à fe dire Comtes de Lyon, tant en nom
collectif qu'en particulier, le Clergé de
la Cathédrale eft compofé de quatre
Cuftodes, defquels deux font Curés de
la Paroiffe de Ste. Croix & à la nomination du Doyen, & un autre Sacriftain
de St. Etienne à la collation du Grand
Cuftode; de fept Chevaliers qui font
gradués & font établis pour être le Confeil du Chapitre & rapporter les affaires devant lui; de vingt perpétuels dont
la fonction eft de chanter l'Office &
leurs places font affectées aux enfans de
chœur; de trente Habitués & de vingt-
quatre Enfans qui paffent par tous les
degrés de l'Ordination jufqu'à la qualité de perpétuel. A l'égard du Théologal, le Chapitre a fait juger que c'étoit
une fonction diftincte de fon Corps &
qu'il lui feroit libre d'en choifir un aux
gages de 600 l. qui auroit rang de dernier Chevalier.

La Nobleſſe des Comtes de Lyon
doit être prouvée de quatre quartiers
paternels & maternels, dont le récipien-
daire fait l'un comme dans l'Ordre de
Malthe, mais il eſt d'uſage que le cinquiéme quartier ſoit connu & qu'il paroiſſe par énonciation dans les autres
titres. La preuve ne ſe fait jamais au delà, le Chapitre nomme les Chanoines
qui ſont à recevoir, & la preuve ſe fait
quand ils ſont reçûs, ce qui eſt à remarquer d'autant qu'il y a beaucoup
d'éxemples de perſonnes nommées &
non reçuës qui ont porté toute leur vie
la qualité de Comtes de Lyon en conſéquence de leur ſimple nomination &
ſans prendre part aux fruits qui ne s'obtiennent que par la reception, laquelle
ſe fait par un Chapitre général dont il
ne ſe tient que quatre par an, & c'eſt
dans un pareil Chapitre que ſont nommés les Commiſſaires éxaminateurs de
la preuve. Les biens du Chapitre de
Lyon ſont de deux ſortes; le Comté à
ſon égard conſiſte en trente-deux terres,
& l'on diſtingue en chacune la manſion
& l'obéance : la premiere comprend
outre la demeure ou Château, tous les
fonds & droits de Juſtice : la ſeconde
les rentes, les dixmes & les caſuels. On

LYON. peut poſſeder enſemble juſques à quatre manſions, trois de droit & une par
réſignation. La manſion de droit eſt accordée à celui qui a le plus grand nombre de livres capitulaires, dont la manſion & la réſignation ne ſe peut faire à
une perſonne qui y auroit moins de
deux livres, mais en même tems celui
qui réſigne la manſion peut réſigner
juſqu'à deux livres. Les livres capitulaires ſont certaines portions des revenus des obéances qui ayant été miſes
enſemble en une maſſe, furent diviſées
& chaque terre évaluée à un certain
nombre de livres. Cet établiſſement n'eſt
que de l'année 1654, toutes les livres
d'une terre ſont d'égale valeur, mais
elles ſont inégales d'une terre à l'autre :
on avoit crû regler la choſe dans la proportion de ſix à quatre & à trois, c'eſt-
à-dire que la livre la plus foible ſeroit
la moitié de la plus forte & celle du milieu les deux tiers, mais comme la valeur des fonds a reçu de notables changemens depuis 1654, il ſe trouve des
livres capitulaires de 400 l. & d'autres
de 20 ſeulement, ce qui donne un
grand avantage à ceux qui choiſiſſent
les premiers. Quand donc il y a lieu de
prévoir qu'une bonne manſion pourra

Livres Ca-
pitulaires.

vacquer, car il y en a de 12000 l. de rente, quoique les livres n'y foient pas des meilleurs les premiers choififlans le prennent par préférence pour fe trouver les plus forts au tems de la vacance. Les autres biens du Chapitre font des maifons & des rentes dans la Ville, des commiffions de Meffes & des fondations ; à l'égard des maifons il y en a d'affectées à certaines Dignités, les autres fe choififfent par ancienneté. Les fondations paffent en diftributions manuelles qui fe font à ceux qui affiftent aux Offices, & c'eft le feul bien qu'ayent les nouveaux Capitulans, en attendant que quelque ancien venant à mourir, fa dépoüille tombe en partage, dont chacun choifit fa part felon le rang de Dignité qui attribue la double part & felon l'ancienneté, des prébendes ou commiffions de Meffes dont le titre peut être conferé à un Comte ou à tout autre Éccléfiaftique fervant dans l'Eglife, il y en a un tiers au Titulaire, un tiers deftiné à l'entretien des biens & un troifiéme tiers qui fe paye aux Perpétuels qui acquittent les Meffes d'obligation. Le Chapitre a une bourfe commune pour acquitter fes charges, & fon revenu confifte aux plus values des fermes d'obéance au-deſſus d'une certaine fixation ; au revenu d'une année de la dépoüille de chaque Comte qui meurt ou qui quitte ; au produit de la rente de Lyon qui y entre toute entiere ; au grand caſuel des terres ; en 5 ou 6000 l. de rente qui n'entrent point en partagé; & en certaine ſomme reglée que chaque Comte eſt obligé de mettre tous les ans pour la rétribution des perpétuels qui ont auſſi des maiſons affeétées à leur ordre. Cette œconomie ſuppoſée, un Comte en dignité peut parvenir en 25 ou 30 ans à poſſeder 7 à 8000 liv. de rente, un Comte ſimple 3000 & un Perpétuel 8 à 900. Au ſurplus le Chapitre a ſur tous les Prêtres de l'Egliſe une Juriſdiétion indépendante de celle de l'Archevêque qui s'éxerce par un Official & un Promoteur.

Egliſes Collégiales de Lyon. Les autres Egliſes Collégiales de la Ville de Lyon ſont St. Juſt compoſé de quatre Dignités, vingt-un Chanoines, un Curé & dix perpétuels qui ont douze mille livres de rente. C'étoit autrefois une Abbaye qui a été ſécularifée. St. Paul, compoſé de trois Dignités & huit Chanoines qui ont 3000 l. Ainay, *Athanacum*, ancienne Abbaye fondée par la Reine Brunehault au lieu ou Mi-

herve étoit autrefois adorée & qui prit
la réforme de Clugny dans l'onziéme
fiécle, a été fécularifée en 1684 & convertie en un Chapitre féculier fous la
direction d'un Abbé obligé à réfidence,
à peine de perdre les deux tiers des
fruits ; il eft compofé d'un Abbé , qui
eft l'Abbé de Vaubecour, à prefent Evêque de Montauban , un Prieur, 26
Chanoines , dont fix font d'honneur &
fix habitués qui ont enfemble 3000 liv.
de rente. Ce Chapitre oblige à la preuve de trois degrés de Nobleffe ceux qu'il
reçoit en fon Corps. Les Chapitres des
autres lieux de la Province font celui de
St. Chamont de trois Dignités , quatre

Aumôniers du Château , cinq Chanoines & quatre Prébendiers qui ont cinq
mille fix cens liv. ils font tous à la collation du Seigneur du lieu ; celui de
Notre-Dame de Montbrifon d'un Doyen , un Chantre & cinq Chanoines
qui ont 2800 liv. Celui de Villefranche
érigé en 1681 d'un Doyen, d'un Chantre & cinq Chanoines qui ont 2800 l.
peu après cette érection les Moines de
l'Abbaye de Joug-Dieu, *Jugum Dei*,
prenant occafion de la mauvaife fituation de leur maifon, obtinrent de l'Archevêque de Lyon d'être tranfcrés à

Villefranche & de faire le Service dans la Collégiale conjointement avec les Chanoines : ils y font au nombre de six, dont quatre ont des Offices Clauftraux & ont 2350 liv. de revenu. Cette Abbaye avoit été fondée en 1137 par Guichard Sire de Beaujeu. Celui de la Ville de Beaujeu compofé d'un Doyen qui a 1000 l. d'un Chantre qui en a 800, dix Chanoines & deux Chapelains qui en ont 3000. Celui d'Aigueperfe en Beaujolois compofé d'un Doyen qui a 600 l. cinq Chanoines réfidens qui ont 1500 l. trois Chanoines Curés & trois Chanoines tenus feulement à quarante jours de réfidence qui en ont 360. Le Chapitre de l'Ifle-Barbe eft compofé d'un Abbé Doyen qui a 6000 l. de 20 Chanoines & douze Perpétuels qui en ont 14000. C'étoit une Abbaye de l'Ordre de St. Benoît qui fut fécularifée en 1651, fa fondation n'eft pas connue, mais l'on fçait que Charlemagne la fit réparer, les annales Eccléfiaftiques de France en parlent fur l'année 521. Le Chapitre de St. Rambert qui eft à la collation de l'Abbé de l'Ifle-Barbe, eft compofé d'un Prieur qui eft l'Abbé de Villeroi qui a 7000 l. un Sacriftain qui en a 400 & dix Chanoines qui en ont 2000.

L'Auteur met à la fuite de ces Chapitres les Prieurés fimples qui fuivent ; celui de Clepe à la collation de l'Ifle-Barbe de 1000 l. l'Abbé d'Ambornay en eft titulaire. St. Romain-le-Puy à la collation de l'Abbé d'Aifnay de 5000 l. l'Abbé de Burulles en eft Titulaire. Bellegarde de la même collation à l'Abbé de l'Aunay 1600 l. Surieu le Contat à l'Abbé de Roftain de 1000 l. Un autre au même lieu fondé par la Maifon de Sourdis à l'Abbé Abeille de 450 l. Firmini uni au Séminaire de St. Irenée de Lyon de 1200 l. le Séminaire a fix Directeurs tirés de St. Sulpice de Paris.

Le Séminaire de St. Jofeph inftitué par Mr. de Coligny a fix autres Directeurs qui ont 3000 l. Les Miffionnaires de St. Lazare ont 900 l. St. Charles fondé pour les pauvres écoliers eft régi par les Peres de l'Oratoire. La Maifon de l'Oratoire à Lyon a neuf Prêtres & trois freres; le Collège de Montbrifon des mêmes Peres a quinze Prêtres ; un autre Collège à Notre-Dame de Grace des mêmes Peres en a dix. Il y a de plus à Lyon une maifon de nouvelles Catholiques & deux Hôpitaux; à St. Etienne & à Montbrifon chacun deux Hôpitaux; à Beaujeu, Rouannes, Perreux, St. Simphorien-le-Château & Feurs, chacun un Hôpital peu confidérable. Enfin l'Auteur, qui a voulu donner tout d'un coup l'état des Communautés féculieres de la Généralité, y compte 378 Prébendes, Chapelles ou Commiffions de Meffes, 22 Societés de Prêtres, 117 Vicaires, 55 Eccléfiaftiques non Bénéficiers dans la campagne & 90 à Lyon. L'Auteur continue fon détail de l'Eglife par les Communautés régulieres & les Bénéfices qui en dépendent. Il compte de l'Ordre de St. Auguftin, Belleville Abbaye fondée en 1160 par Humbert Sire de Beaujeu : l'Abbé de Vauban en eft Abbé & avec les Religieux il a 9000 l. de revenu. Le Prieuré de St. Irenée a un Prieur, l'Evêque de St. Flour qui en tire 2000 l. les Religieux en ont 4000. Le Prieuré de la Platiere dépendant de St. Ruf a un Prieur & quatre Religieux qui ont 2000 l. De l'Ordre de St. Benoît il compte l'Abbaye de Savigny de 15 Religieux & de 18000 l. de revenu, l'Abbé Boffüet titulaire en tire 8500 l. Celle de Joug-Dieu à l'Abbé d'Entragues qui en a 2500. Le Prieuré d'Ambierles à l'Abbé Taleman lequel avec fix Moines

nes

Communautés de l'Ordre de S. Auguftin.

De l'Ordre de Saint Benoît.

nes qui y résident a 10000 l. Celui
d'Arnas à Mr. Noët de 1800 l. Celui
de Bar à l'Abbé de Chalmazel Comte
de Lyon de 700 l. Celui de Champdieu,
dont le titre est uni au Séminaire de St.
Irenée, les Religieux ont 2000 l. Celui
de Charlieu dont le Prieur l'Abbé Sé-
naut & les Moines ont 4500 l. Celui
de Crozieu à un Religieux de Savigny
de 1000 l. Enfieu au Sr. Pecher de 120 l.
Denicé à un Religieux de 800 liv. Gu-
nieres à l'Abbé de Marillac Doyen de
Lyon de 600 l. Julie à l'Abbé Charier
de 1500. L'Hopital de Rochefort à l'Abbé de la Chaife de 2500 l. Marcelly à
l'Abbé de Maulevrier Comte de Lyon
de 900 l. Mornaud à l'Abbé de Murat
de 4000 l. Montrolier à l'Abbé d'Albon
Archi - Diacre & Comte de Lyon de
4000 l. Montier-Dieu à un Religieux
de 4000 l. Neftier à l'Abbé de Tulon
800 l. Noailles à l'Abbé de Seve Flecheres de 800 l. Pomiers à l'Abbé de
Roftain avec quatre Moines Reformés
de 3000 l. Rendans à un Chanoine de
St. Paul de Lyon de 500 liv. Rigny à
l'Abbé de la Chaife de 4000 l. Riorges
uni aux Jéfuites de Rouannes de 900 l.
Sail de Douzy à l'Abbé d'Albon. St.
Marcel à un Comte de Lyon de 500 l.

St. Albin de 1000 l. St. Julien uni aux Jéfuites de Lyon de 1500 l. St. Juſt en Chevalet à l'Abbé de Marillac Doyen de Lyon de 800 l. St. Maurice en Rouannois à l'Abbé Cantonnet Comte de Lyon de de 2000 liv. St. Nizier d'Azergue de 250 liv. St. Romain en Jares uni aux Jéfuites de Lyon de 1300 liv. St. Saturnin de 200 liv. St. Sauveur uni aux Jéfuites de Tournon de 8000 liv. St Victor en Chatelet de 400 liv. Salle en Beaujolois de 300 liv. il y a auſſi des Religieufes qui ont 900 liv. Salles lez Couzans 800 liv. Savignieu aux Miſſionaires de St. Lazarre de 1700 liv. Taluyes à l'Abbé de la Tournelle de 2000. Tarare à l'Abbé de Sarron Comte de Lyon de 1400 liv. Ternan au Sieur Violon de 900 l. Tiſi en regle de 1600 l.

Communautés de filles du même Ordre. L'Auteur rapporte enſuite les Abbaïes, Prieurés ou Communautés de filles de l'Ordre de St. Benoit. St. Pierre de 40 Religieufes & 38000 liv. de revenu. La Deferte du même Ordre de 30 filles & 4000 liv. Chazan transferée de Foreſt à Lyon de 30 filles & 3000 l. Brenne de ſix Religieufes. St. Benoit à Lyon de 40 filles. Blie transferée du Bugey à Lyon de 1300 liv. Legnieu de 12 Religieufes filles nobles ſans preuves.

Saint Thomas de fept filles. Alis de 6. Largentieu de 14 qui ont 3000 liv. La Bruyere de 16 qui en ont 2200. Ste. Colombe de 21 filles nobles fans preuves de 5000 liv. De l'Ordre de Cifteaux *De l'Ordre de Cifteaux.* l'Auteur compte l'Abbaïe de Valbenoifte près de St. Etienne fondée par Guy Comte de Foreft en 1184 de 5 Religieux & de 2500 liv. de rente. Les Feuillans de Lyon qui ont 600 l. L'Abbaïe des filles de la Beniffon-Dieu fondée par le Roi Louis le Jeune en 1138 de 30 Religieufes & 12000 l. de rente. L'Abbaïe de Bonlieu en Foreft auffi de filles. Celie de Sauvebenifte de 16 Religieufes & enfin les Bernardines de Lyon. Les Céleftins n'ont qu'un feul *Autres* Couvent à Lyon de 20 Religieux & *Couvens.* 12000 liv. de rente. Les Antonins en ont un autre de 14 Religieux & 8000 l. Les Jacobins 2. l'un de 40 Religieux à Lyon & l'autre de 40 filles à St. Etienne. Les Cordeliers 7 Couvens, 2 à Lyon de 80 Religieux, un à Villefranche de 10 & c'eft le premier de cet Ordre établi en France, un à Montbrifon de 12. à Ste. Colombe de 10. à la Baftic d'Urphé de 3 & à Charlieu de 5. Les Capucins ont 10 Couvens, 2 à Lyon de 100 Religieux, à Ste Etienne de 21, à St. Chamont de 20, à Montbrifon de 17, à Rouannes de 18, à Charlieu de 12, à Tarare de 16, à St. Bonnet-le-Chateau de 14. Les Recolets ont 6 Maifons, 2 à Lyon de 61 Religieux, une à St. Germain Laval de 16, une autre à Condrieu de 18, un Hofpice à Montbrifon & une Maifon à St. Genis Laval de 18. Les Picpus en ont quatre de 84 Religieux. Les filles de l'Ave Maria & Clariftes 6 Maifons, dont une à Lyon très-auftère de 30 filles, les aurres en renferment 205. Les Auguftins Reformés ont 2 Couvens à Lyon de 66 Religieux. Les Carmes Anciens & les Dechauffés chacun un Couvent à Lyon de 70 Religieux. Les Chartreux 2 Maifons, celle de Lyon de 19 & celle de Ste. Croix de 16. Les Camaldules une maifon au Val de Jefus. Les Minimes 5, fçavoir à Lyon de 30, à St. Chamont de 6, à St. Etienne de 6, à Feurs de 4, à Rouannes de 10. Les Trinitaires un Couvent Reformé à Lyon de 20 Religieux. Les Jefuites 4 maifons, 3 à Lyon, le grand College de 80 Peres, le petit Collège 16, le Noviriat de 8 & le Collége de Rouannes de 15. L'Ordre de Malthe

Ordre de Malthe. poffede à Lyon un Baillage qui eft la feconde Dignité du grand Prieuré d'Au-

vergne & vaut 11000 liv. de rente, il
eſt accompli par le Bailly de St. Georges. La Commanderie de Montbriſon de
2000 l. & celle de Chazelle de 6000 liv.
L'Ordre de Fontevraud, le Prieurê de
Beaulieu de 20 filles & 8000 liv. & celui de Jourcé de 15 filles & 10000 liv.
L'Ordre de l'Annonciade 2 Couvens de
60 Religieuſes ; le Verbe incarné, un
Couvent de 40 filles ; les Carmelites,
un autre de 30 filles; les Urſulines 12
Couvens & 409 Religieuſes; les filles
de Ste. Marie 7 Couvens où il y a 388
Religieuſes. Les Hoſpitalieres 2 Maiſons
à Saint Etienne où elles ſont 40 & à
Montbriſon où elles ſont 10 qui ont
8000 l. de revenu. Les filles pénitentes
ont 3 maiſons à Lyon qui ſont la retraite
des filles débauchées, ſoit de leur bon
gré, ſoit par force. Le détail dont l'Auteur a rempli cet Article de l'Egliſe, ſe
réduit à faire connoitre que ſes revenus,
pour ce qui en eſt expliqué, montent à
496030 liv. à quoi ſi l'on ajoute le revenu des Curcs à 400 liv. chacune, celui
des Vicaires & celui de tous les autres
Prêtres ou Religieux & Religieuſes à
raiſon de 200 liv. non compris les Man-
dians, il réſulte que l'Egliſe poſſéde
dans la Généralité 1176730 liv. de re-

LYON.

*Commu-
nautés de
filles.*

*Réſuſtion
Générale.*

N 3

venu. L'Auteur termine cet article par la confidération des Huguenots, qui ont toujours été foibles dans cette Généralité ; ils trouverent moyen en 1562 de s'emparer des Villes de Lyon & Montbrifon, mais ils en furent chaffés dès l'année fuivante & depuis ils ont toujours été dans un état fort bas, ils n'ont point eu de Temple dans le plat pays : celui de Lyon étoit fréquenté d'environ mille perfonnes lorfque la révocation eft arrivée, & de ce nombre on peut compter qu'il y en avoit environ 80 familles du Pays, le furplus étoit des Suiffes que l'on n'a point inquiétés, ou de la jeuneffe qui étoit à Lyon pour apprendre le trafic, cette jeuneffe s'eft diffipée ; mais les familles fe font retirées dans les Pays étrangers, emportant avec elles leurs meilleurs effets, à la réferve d'une vingtaine qui font reftées ayant fait abjuration ; quelques-uns d'entr'eux font affez bien le devoir de Catholiques.

Le Maréchal de Villeroy eft Gouverneur en Chef de la Province, ayant fuccedé immédiatement à fon pere & à fon ayeul qui en fut pourvû le 18 Février 1612. en furvivance du Sieur de Mandalot ; le Duc de Villeroy fon fils en eft Lieutenant Général fous lui, ayant fuccedé à l'Archevêque de Lyon son oncle. Cette seconde Charge est dans leur famille depuis le 21 Mars 1619. & l'on pourroit même compter depuis l'an 1607. que le Sieur d'Alincourt Ayeul en fut pourvû. Des deux Charges de Lieutenant de Roi de nouvelle création, le Chevalier de Villeroy en possédoit l'une pour le Lyonnois & Beaujolois ; le Comte de Verdun a acheté l'autre dans le Forest. Le Sieur de Massa de la Ferriere est Sénéchal ou Bailly d'épée du Lyonnois ; le Marquis d'Urphé du Forest, & le Sr. Camus d'Argeny du Beaujolois : les deux premiers possédent leurs Charges héréditairement en conséquence de l'Edit du mois d'Octobre 1693 ; le troisiéme dépend du Duc d'Orléans à cause de Beaujeu, le Roi lui donne seulement des provisions. Il n'y a dans toute la Province que la Ville de Lyon qui soit fortifiée, Charles IX. y avoit fait construire une Citadelle qui fut rasée sous son Successeur & quoique la Place n'ait aucun dehors, il est fait fonds par les Etats du Roi tous les ans de 15000 liv. pour l'entretien des murailles, courtines & bastions, ainsi que de 1200 liv. pour les gages du Capitaine des bastions & du Capitaine des portes & de 300 liv.

Fortifications de Lyon.

N 4

pour un Auditeur du Camp ou Juge des Troupes de garnison. Cette Garnison consiste en une Compagnie franche de 60 hommes, du Régiment Lyonnois qui est à la garde des portes pendant le jour, la nuit les bourgeois se gardent eux mêmes par une continuation de leur privilege, & comme ils le devroient faire aussi pendant la journée que cette Compagnie n'en fait la fonction qu'à leur place pour ne les pas distraire de leurs occupations; la Ville paye 12336 l. par an pour l'entretien de cette Compagnie & les frais du Corps de garde : le Sieur de Souſternon en eſt Capitaine.

Garde de la Ville. La garde de la Ville & des clefs eſt tenue du Roi par forme d'inféodation & le Conſulat de Lyon en fait hommage au commencement de chaque Regne entre les mains de Monſieur le Chancelier : le Service du guet & garde établit la qualité de Bourgeois de Lyon & lés privileges y ſont attachés. La Ville eſt diviſée en 35 quartiers, que l'on nomme Pennonages & les Officiers ſont appellés Penons, par rapport à l'ancien uſage des bannieres ſous leſquelles chaque quartier s'aſſembloit ; chacun fait la garde à ſon tour pendant une nuit & ce ſervice conſiſte à occuper depuis

9 à 10 heures du soir, jusques a 2 du matin 2 Corps de garde en deça & en delà de la Saône. Cette garde a commencé d'être pratiquée en 1507. elle fait rarement la patrouille si ce n'est dans les rues très-voisines ; mais il y a une Compagnie du guet, de 50 hommes, commandée par un Chevalier pourvû par le Roi à la nomination du Consulat qui s'acquitte de cette fonction ; il y a encore une Compagnie de 200 Archers qui sont commandés par un Capitaine à la nomination du Consulat, lesquels lui font cortege dans les cérémonies & doivent être toujours prets à l'éxecution de ses ordres. Enfin il y a un Major de la Place pourvû par le Roi, malgré l'opposition du Consulat qui prétend que c'est un Office Bourgeois : sa fonction est de prendre le mot du Gouverneur & de le donner à la Garde, il évite toujours de le prendre du Prevôt des Marchands en l'absence des Officiers du Roi, pour ne pas ravaler sa Charge.

Du Maître des Ports.

Le premier Officier Royal qui ait été dans Lyon est le Maître des Ports, auquel on donna 24 Gardes pour empêcher la sortie de l'or & de l'argent, & le transport des armes & munitions de guerre ; c'étoit lui qui donnoit les pas-

LYON. feports pour la fortie de la Ville, mais.
.bien que fes Gardes foient encore en
fonction , il a perdu le droit des paffeports dont le Gouverneur s'eft faifi ,
comme de la garde des clefs, qui devroit être, felon les termes des privileges , entre les mains du Confulat ; cependant l'une & l'autre de ces fonctions
reviennent au Corps de ville en l'abfence
du Gouverneur , & c'eft ce qui l'auto-
rife à prendre le titre de Commandant
Pierre encife. pour le Roi. Le Château de Pierre encife étoit autrefois la demeure des Archevêques & leur appartenoit , mais
après qu'ils eurent fait bâtir un autre
Palais près de leur Cathédrale , ils né-
gligerent celui-là : le Roi Henry IV. jugea à propos d'y mettre une garnifon :
le Cardinal de Lyon en ceda depuis la
propriété au Roi Louis XIII. au moyen
d'une recompenfe de 100000 liv. qui
furent employées aux affaires & bâtiment de l'Archevêché : il y a un Capitaine au gages de 600 liv. par an, &
une Garnifon de 30 foldats pour laquelle
De l'Arfenal. il eft fait fonds de 2438 l. L'Arfenal de
Lyon fitué au bord de la Saône eft fort
commode pour les embarquemens ,
mais fes magazins ne font ni affez grands
ni bien affeurés : la rafinerie de falpêtre

qui y eſt établie en rend 140 milliers par an , qui eſt tiré des Provinces voiſines , le Lyonnois n'en donnant au plus que 5 milliers. Le Marquis de St. Chamont, Melchior Mitte de Chevrieres , Chevalier des Ordres & Lieutenant Général de la Province , ayant obtenu du Roi la permiſſion de fortifier ſon Château , y fit élever 5 baſtions avec les courtines & un foſſé , le tout revêtu de belles pierres de taille , & ſur le terreplain il commença un bâtiment figuré en Majuſcule , lequel eſt demeuré imparfait.

Le paſſage des Troupes dans la Province ſe fait par 4 routes ordinaires ; celle du Bourbonnois paſſant par Pontchara, Thiſy , la Pelaudiere , ou par la Breſſe , Tarare, Regny, St. Haon ; celle du Mâconois paſſant par Villefranche , Anſe & Beaujeu ; celle d'Auvergne paſſant par St. Simphorien , Chazelle , Feurs , Bocuers & Nereſtable ; & enfin celle de Velay paſſant par Rinedegier , St. Etienne & Bus. Lyon eſt au centre de toutes ces routes & de plus celle de Dauphiné & de Breſſe y aboutiſſent ; ce qui fait que les faux-bourgs de la Guillotiere , Vaize & la Croix-rouſſe ſont extrêmement chargés de logemens. Il s'impofe tous les ans fur la Province 100 ou 120000 l. pour les étapes, mais pendant la derniere guerre où les paffages ont été beaucoup plus fréquens, l'impofition a monté jufquesà 350 ou 400000 l. la forme de cette impofition eft un Arrêt du Confeil qui fixe la fomme & commet le Gouverneur, le Lieutenant Général & l'Intendant pour en faire la répartition, avec pouvoir d'emprunter le tout ou partie jufqu'au recouvrement qui s'en doit faire. En conféquence de cet Arrêt ils adreffent leurs Commiffions aux Elûs, & le Receveur des Tailles en fait le recouvrement : le Gouverneur eft en poffeffion d'ordonner feul les payemens qui font à faire, mais il en éxamine les comptes & les arrête conjointement avec l'Intendant, comme pareillement ils font enfemble l'adjudication de la fourniture des étapes. Outre les Officiers ordinaires pour veiller au paffage des Troupes & aux fournitures des étapes, le Gouverneur y met encore un Commiffaire particulier, dont les droits & appointemens paffent dans le compte

Qartiers d'hyver. général. Il peut tenir commodément dans la Généralité 12 Compagnies de Cavalerie de 50 Maîtres chaque quartier d'hyver : les dernieres années l'on faifoit loger les Cavaliers par chambrées & on ne leur fournissoit autre chose que le lit, parce qu'à la place du feu & de la chandelle on leur payoit à chacun 3 s. & aux Officiers 4. & par place de fourage 13 s. au dessus des cinquiémes fournis par le Roi, desorte que les Troupes y étoient fort bien & l'Officier qui ne payoit que 7 à 8 s. de la ration avoit moyen de rétablir ses affaires sans que la Province en fut beaucoup chargée. Quant à la Milice de la Province elle n'a été que de 6 Compagnies de 50 hommes, converties depuis en 5 Compagnies de 60. les permissions que donnent les Gouverneur ou Lieutenant de Roi de battre la caisse pour lever des soldats, exceptent toujours la Ville de Saint Etienne & 2 lieuës à l'environ en faveur des manufactures du lieu. Il y a dans la Généralité 5 Prevôts des Maréchaux, à Lyon, Montbrizon, St. Etienne, Rouannes, & Beaujolois : le premier prend le titre de Prevôt général, les autres sont Provinciaux ; ceux de St. Etienne & de Rouannes sont de nouvelle création. Il y a de plus à Lyon un Lieutenant Criminel de Robe courte avec une Compagnie d'Archers particuliere.

Toute la Généralité de Lyon est du

Milice & levée des soldats.

Maréchaussée.

Gouvernement Judiciaire.

ressort du Parlement, de la Cour des
Aydes & de la Chambre des Comptes
de Paris, elle suit le droit écrit mêlé de
quelques usages particuliers. Il y a trois
principaux Siéges de Justice, la Sénéchaussée & Présidial de Lyon, le Bailliage de Montbrison & les trois petits
Bailliage d'Argental, St. Feriol & le
Chaufour : il y a de plus la Jurisdiction
des foires de Lyon, trois Maîtrises des
Eaux & Forêts & pour la Finance un Bureau des Trésoriers de France, un Hôtel des Monnoyes, cinq Elections, une
Maîtrise des Ports, une Jurisdiction de
la Douanne, cinq Juges des Traites &
trois Visiteurs des Gabelles. L'Auteur
traite de chacune de ces Justices en par-

Histoire de
la Justice de
Lyon.

ticulier. Les Archevêques de Lyon, s'é-
tant rendus Maîtres de la Ville dans le
X^e. Siècle, y faisoient rendre la justice
par leurs Officiers, dont le premier étoit
le Sénéchal ; mais après l'échange faite
avec le Comte de Forest & le Traité de
l'an 1173. le Chapitre prétendit avoir
une portion de la Justice en qualité de
Comte & établit des Officiers. Cette
multiplicité ne manqua point de fati-
guer les bourgeois, il se trouva même
que les Officiers du Chapitre avoient
abusé de leur pouvoir, de sorte qu'il

s'éleva une efpece de tumulte contr'eux qui fut fuivi d'un long démêlé. Le Siege de Lyon étoit lors vacant & l'Evêque d'Authun avoit l'adminiftration ; il crut pouvoir foumettre la Ville par la voye de rigueur & à cet effet la mit à l'interdit ; dans la fuite les parties s'étant rapportées au jugement du Roi St. Louis , ce Prince reçut la Juftice comme en dépôt, il en commit la garde au Bailly de Mâcon & établit deux Officiers dans Lyon pour la rendre. Les démêlés continuerent jufqu'à ce que l'Archevêque & le Chapitre convinrent enfin d'éxercer leur Juftice par les mêmes Officiers , mais le Roi qui étoit alors Philippe-le-Hardy, ne voulut point retirer les fiens, qu'après que l'Archevêque lui eut prêté ferment de fidelité , encore laiffa-t-il un Officier dans la Ville fous le nom de Gardiateur, pour maintenir l'éxecution des chofes réglées ; & parce qu'à toutes occafions les Bourgeois y avoient recours, il s'établit véritable Juge d'appel, deforte qu'en 1307. l'Archevêque & le Chapitre reconnurent par un Acte folemnel, la dépendance de leur Juftice de celle du Roi. En 1312. l'Archevêque lui ceda tout fon droit de Juftice & prit en échange quelques Terres qui lui fu-

rent données, deforte que le Roi établit
alors un Sénéchal en fon nom dans la
Ville ; mais en 1320. Philippe le Long,
à la priere du Comte de Savoye, rendit
au premier dégré la Jurifdiction à l'Archevêque Pierre de Savoye & retint feulement le reffort à fon propre Sénéchal :
par ce Traité auquel le Chapitre confentit, & parce qu'il fut auffi ftipulé que les
Officiers aufquels le Roi attribueroit le
reffort des appellations ne pourroient réfi-
der fur la terre de l'Archevêque, la Sénéchauffée de Lyon fut unie au Baillage de
Mâcon. Cette union a fubfifté jufques
en 1435. que par le Traité d'Arras Ch1r-
les VII. ceda le Mâconnois au Duc de
Bourgogne, il fallut donc en diftraire la
Sénéchauffée de Lyon ; & comme le Roi
poffédoit alors dans la Ville l'Hôtel de
Rouannes, qui étoit venu à fon trifayeul
le Roi Philippe de Valois, de la Suc-
ceffion des Dauphins de Vienne, qui
l'avoient euë felon l'apparence de quelque puîné des Comtes de Foreft, dont
il s'en trouve qui ont porté la qualité
de Seigneur de Rouannes, il y établit le

Préfidial de Lyon. fiege de la Sénéchauffée. Par l'Edit d'E-
rection des Préfidiaux, il en fut créé un
pour la Ville de Lyon, dans le reffort
duquel on mit, outre les trois Provin-

ces qui compofent la Généralité, le Baillage de Mâcon & la Juftice de la Confervation; mais ni l'un ni l'autre n'y font
demeurés ; celle-ci, parce que fon pouvoir a été élevé au deffus du Préfidial,
par l'attribution de juger fouverainement jufqu'à la concurrence de 500 liv.
& l'autre, parce qu'il a été érigé lui même en Préfidial, mais il a cedé pour une
efpece d'indemnité le reffort de la Cha-
tellenie de Charlieu qui eft de 18 Paroiffes. Le Chatelain de Charlieu & le Viguier de Sainte Colombe font les feuls
Juges Royaux dont les appellations ail-
lent au Préfidial de Lyon. En 1563. la
Sénéchauffée de Lyon fut accrue du premier dégré de Jurifdiction qui avoit
jufques là été poffedé par l'Archevêque,
celui-ci ayant négligé de payer fa part
de la fubvention de 300000 l. de rente,
à quoi le Clergé du Royaume avoit été
taxé, en conféquence d'une permiffioin
d'aliéner des fonds jufqu'à la concurrence fufdite, fon droit de juftice fut
faifi & adjugé au Roi pour 30000 liv.
fomme qui étoit abfordée par la part
qu'il devoit payer ; cependant le Roi
voulut bien lui accorder par-deffus une
rente de 1200. liv. qui a été augmentée
jufques à 2000. dont il eft fort bien payé.

LYON. Ainſi il ne reſte à l'Archevêque que la Juſtice de Pierre encife dont le quartier n'étoit pas encore compris dans la Ville en 1563.

Juſtice du Chapitre. Le Chapitre de ſon côté à conſervé la juſtice de ſon Cloître, dans laquelle il a été maintenu par l'arrêt de 1663. le Préſidial prétend y avoir été lezé par indignation duParlement, de ce qu'il avoitété le ſeul à ſe prévaloir de la déclaration donnée durant les troubles de Paris, qui autoriſoient les Préſidiaux à juger ſouverainement dans leur reſſort, & à cette effet il a obtenu un Arrêt du Conſeil de l'année 1669. qui le réſerve à ſe pourvoir ; mais l'affaire eſt demeurée ſans pourſuite & le Chapitre dans la jouiſſance. Le Bailly du Chapitre eſt Juge du Comté de Lyon, c'eſt-à-dire, de toutes les terres qui le compoſent par appel des Chatelains des lieux. L'Egliſe Collégiale de

Autres Juſtices de la Ville. St Juſt a auſſi ſa Juſtice dans ſon quartier, auſſi bien que l'Abbaïe d'Aiſnay dans ſon Cloître, ſeulement depuis le Traité de 1673. par lequel l'Abbé renonça à celle qu'il avoit en Belle-Cour & dans la Ville, au moyen de 1150 liv. de rente que le Préſidial lui céda en at-

Officiers du Préſidial. tribuant des gages ſur le Roi. Le Préſidial eſt compoſé de deux Préſidens, d'un

Lieutenant Général , qui eſt le Sieur F.
de Seve Flecheres à qui cette Charge
tient lieu de 150000 l. L'Auteur donne
la louange à ſa famille d'être la ſeule de
la Ville qui faſſe ſcrupule de trafiquer
de l'argent ſur la Place ; il a ſuccedé à
ſon pere & à ſon ayeul ; d'un Lieutenant Criminel , dont la Charge vaut
120000 liv. d'un Chevalier & deux
Conſeillers d'honneur ; de 28 Conſeillers , deux Avocats du Roi & un Procureur du Roi. La Charge de celui-ci
s'étendoit à toutes les Juriſdictions de
la Ville, avant l'année 1669 ; mais comme l'on en ſépara pour lors la Conſervation , le Sr. Vidaut qui en étoit pourvû , vendit ſa charge au Sieur Vaginay
140000 liv. qui reçut dans la ſuite de
l'Hôtel de Ville le rembourſement de
ſa Place à la Conſervation , liquidée à
40000 liv. c'eſt ſelon l'Auteur un homme d'eſprit , de ſçavoir & d'expérience
& d'ailleurs três-fécond en expédiens.
Les Foires de Lyon ayant été établies en
1419. au nombre de deux , augmentées
en 1467. juſques à quatre avec de grands
privileges , le Sénéchal en fut d'abord
inſtitué Conſervateur & Juge des différens qui pourroient arriver entre les
Marchands ; dans la ſuite il y fut com-

Juſtice de la Conſerva-tion.

mis un Juge particulier , & quoique l'on ne connoiſſe pas le tems de ſon érection , on eſt certain qu'il étoit avant le Regne de François I. En 1654. cette Juriſdiction étoit compoſée d'un Juge Conſervateur & tout enſemble Commiſſaire, Enquêteur & Examinateur ; d'un Lieutenant & d'un Greffier. Les Avocats & Procureurs du Roi étoient les mêmes que ceux du Préſidial. La Ville de Lyon traita lors de l'Office de Juge pour 130000 l. de celui du Lieutenant pour 63000 liv. & du Greffe pour 42000 l. elle donna 6000 liv. à chacun des Avocats du Roi & obtint en 1655 la réunion de cette Juriſdiction au Conſulat. En 1669. elle obtint un ſecond Edit , portant permiſſion de rembourſer le Procureur du Roi , & quelques nouveaux réglemens pour l'adminiſtration : en cet état voici quelles ſont les regles & les avantages de cette Juriſdiction. 1°. Elle a toutes les attributions des Juges Conſuls au fait de la marchandiſe & Juge en dernier reſſort juſques à 500 liv. 2°. Elle connoît , en qualité de Conſervation , de tous les différends qui naiſſent des négociations faites dans les Foires entre telle perſonne que ſe ſoit, ſans exception de qualité ou de Païs, tant en demandant qu'en défendant. 3°. L'appellation de ſes jugemens reſſortit nuement au deſſus de 500 liv. au Parlement de Paris, encore que les parties fuſſent domiciliées hors de ſon reſſort. 4°. Nonobſtant l'appel les jugemens s'éxecutent par proviſion en donnant caution & par corps. 5°. Ils ſont éxecutoires par tout le Royaume, ſans viſa ni paréatis. 6°. Ils s'éxecutent même dans les Pays étrangers. 7°. En matiere de Conſervation & éxecution des Jugemens, l'appoſition des ſcellés, la confection des Inventaires, les ſaiſies réelles, décrets des immeubles, ordres entre créanciers, diſcutions de biens, banqueroutes, inſtances criminelles, tout cela eſt de ſa compétence, privativement à tous autres Juges. 8°. La Juſtice y eſt renduë gratuitement & ſans autres frais que les droits du Greffe. Mais parmi tous ces avantages il y a des inconvéniens, dont le premier & le ſeul véritable eſt que les Procureurs y ſont les Maîtres des affaires, attendu la qualité des Juges, l'abbréviation des procédures, le changement continuel du Magiſtrat & la diverſité de leurs occupations, outre le nombre des affaires qui les accablent. Cette Juriſdiction eſt compoſée d'onze Juges, le Prevôt des Marchands qui en est le Chef; les quatre Echevins; un Exconsul & cinq Marchands, desquels le Roi en nomme deux & le Consulat les autres : ils servent tous pendant deux ans & se renouvellent alternativement de cinq ou de six tous les ans. Si le Prevôt des Marchands est gradué, il préside & fait toutes les instructions ; s'il ne l'est pas , il garde sa place , mais celui des Echevins qui est gradué prononce & fait la fonction ; s'il n'y a point de gradués dans le Consulat , ou que ceux qui le font soient absens ou recusés, un Officier du Présidial au choix du Consulat vient à la Conservation pour prononcer & prend la qualité de Viceregent. Le Procureur de la Ville fait les fonctions de Procureur du Roi , & le Sécretaire , celle de Greffier ; que si le Greffier est gradué , il conclut à la place du Procureur Général en son absence , sinon un Avocat est appellé pour cela.

Bureau de Police. Il y a de plus dans la Ville de Lyon un Bureau de Police établi en conséquence de l'Edit Général de Janvier 1672. & de celui de Juillet ensuivant, qui est particulier pour Lyon; il est composé de six Juges, qui peuvent être changés tous les six mois : c'est toujours un Officier du Présidial qui y préside, après

lui il y a alternativement un Elû, ou un
Commissaire Enquêteur, ou un Avocat;
le troisiéme Juge est toujours un Excon-
ful, les trois autres sont bourgeois de
la Ville ou Marchands & de leur nombre est toujours un Recteur de la Charité & un Recteur de l'Hôpital. Les amendes appartiennent à la Charité & les
confiscations à l'Hôpital. Il y a un Procureur du Roi en titre d'Office, qui est
du nombre des Juges, lorsqu'il n'y a
point de matiere à ses conclusions: 12
autres médiocres marchands ou artisans
sont choisis pour être ce qu'on appelle
bourgeois de Police, ils sont chargés de
faire les visites & d'en faire leur rapport;
lorsque la matiere excede la compétence
du bureau, l'Officier du Présidial s'en
charge & la rapporte à sa Compagnie.
La Police particuliere des arts & des mê-
tiers appartient à présent au Consulat,
en conséquence d'un arrêt de 1670,
qui en a exclus le Présidial, lequel alle-
gue plusieurs raisons au contraire, &
notamment celle de n'avoir point été en-
tendu dans ses défenses à une simple re-
quête expositive d'un fait entiérement
faux, qui est que le Consulat avoit toujours exercé la Police des arts & metiers;
cependant faute de poursuite, la chose

est demeurée dans les termes du Jugement : le seul art d'Imprimerie & Librairie est demeuré sous la Jurisdiction du Présidial ; les affineurs, écacheurs, & batteurs d'or sont soumis au Officiers de la monnoye, ainsi que les orphevres, pour ce qui concerne le titre de leurs matieres ; car pour les affaires de Communauté ils vont à la Police ordinaire.

Baillage & Présidial de Montbrison.

Il y a quatre Baillages en Forest ; mais celui de Montbrison porte le titre de la Province, parce que les trois autres sont très-peu considérables : le Présidial n'y fut établi qu'en 1638 & au lieu de neuf Officiers qu'il avoit alors seulement, il a été augmenté de deux Présidens, des Lieutenant Général, Criminel & Particulier, d'un Assesseur Criminel, de dix-neuf Conseillers, de deux Raporteurs & Vérificateurs des défauts, d'un Assesseur du Prevôt, deux Avocats & un Procureur du Roi. Mais en 1648. le même Présidial fut supprimé en faveur de celui de Lyon & pour dédommagement on accorda 4000 liv. d'augmentation de gages aux Officiers qui furent laissés au même nombre, avec faculté aux anciens de rembourser les nouveaux ; mais le tout a été négligé, dans l'espérance de r'avoir le Présidial, ainsi ils ont perdu

&

& les gages & la dignité ; mais ce n'eſt
pas le ſeul inconvénient qui leur ſoit
arrivé. En 1645. le Roi créa deux Séné-
chauſlées, l'une à St. Etienne & l'autre
à Rouannes avec droit de prévention ſur
les Châtelains Royaux & les Juges des
Seigneuries. Les Officiers de Montbriſon voyant échapper la plus grande partie de leur térritoire, financerent juſqu'à
70000 liv. pour le conſerver , & ſans
obtenir la ſuppreſſion des deux titres, il
leur fut accordé ſeulement de tenir l'une
& l'autre Juriſdiction à Montbriſon. En
1667, les Habitans de St. Etienne ayant
porté au Conſeil de grandes plaintes contre leur Seigneur , ils obtinrent que l'é-
xercice de la Sénéchauſſée s'y feroit &
que les Officiers de Montbriſon feroient
obligés d'y ſervir alternativement de ſix
en ſix mois , au nombre de neuf, le
Lieutenant Général n'étant point obligé
à ce ſervice, mais pouvant y aller quand
il lui plaît. En 1684. deux Conſeillers
originaires de St. Etienne obtinrent du
Conſeil la faculté d'y ſervir ſans diſconti-
nuation : à leur exemple, les nouveaux Officiers en demanderent & obtinrent tout
autant , de ſorte qu'inſenſiblement cette
Sénéchauſſée ſe ſépara du Bailliage de
Montbriſon , mais ſon diſtrict préſent

Tome VII. O

ne comprend pas tout ce qui lui étoit
accordé par l'Edit de création de 1645.
il se renferme aux bornes de l'Election ;
il faut ajouter à ceci que le Bailliage de
Montbrison est Juge des matieres du
Domaine, comme au temps des Comtes
de Forest, ayant été maintenu dans cette
possession par Arrêt contre les Tréforiers
de France de l'année 1685.

*Châtelle-
nies de Forest.* Le Forest est divisé en 26 Châtellenies
Royales, desquelles Surieu & St. Mar-
celin appartiennent au Marquis de Rochebaron ; Sernieres, St. Maurice, St.
Haon & le Croyet au Duc de la Feuillade
à titre d'échange, ce qui fait que les Officiers n'en font plus reputés Royaux ;
St. Victor & la Fouillouze engagées au
Sieur de Norestang ; St. Germain au Sr.
de Soutternon ; l'ancien Clepe-neronde,
la Tour en Jares, St. Jean de Bonnefond
& Rocheblaine engagées à divers particuliers, en conséquence de l'Edit pour
l'aliénation du Domaine ; partant il ne
reste en la main du Roi que Montbrison,
Châteauneuf, Marcilly, St. Bonnet-le-
Château, Chambeon, Feurs, Sivry-le-
bois, Donzy, Virignieu, St. Galmier
& St. Hean. L'usage du Pays est que les
Châtelains font aussi Capitaines des
lieux, ce qui a été cause pendant les

troubles que plufieurs Gentilshommes diftingués ont affecté ces fortes d'em-. plois, à caufe de l'autorité ; mais la plûpart s'y étant voulu maintenir fans faire éxercice de la Juftice, ont perdu leur caufe au Confeil. Le Marquis d'Urphé, outre fa qualité de Bailly de Foreft, eft Châtelain de Montbrifon.

Il refte à parler de trois petits Bailliages, defquels celui d'Argental eft le plus confidérable ayant quinze Paroiffes dans fon reffort ; les Officiers, au nombre de fix, en font riches & capables. Le Bailliage de Chaufour a peu d'étenduë, il a été autrefois en difpute entre le Comte de Foreft & l'Evêque du Puy, qui le ceda au premier à condition d'y établir un Juge réfident ; le Village de Chaufour s'étant détruit dans la fuite, les Officiers ont eu la permiffion de tenir leur Juftice à St. Bonnet, quoique hors de leur Jurifdiction. Quant au Bailliage de de St. Feriol il n'a prefque point d'étenduë hors du lieu qui n'eft qu'un médiocre Village.

Le Siège du Bailliage de Beaujollois eft à Villefranche, il eft à la difpofition du Duc d'Orleans comme Seigneur, & c'eft lui qui remplit les Charges ; mais le Roi en donne les provifions. Le Lieutenant-Général eſt le Sr. Mignot de Buſſy à qui ſon pere en a acheté la Charge 50000 l. l'Auteur loue ſon eſprit & ſon ſçavoir ; mais il taxe ſa condition. Le droit annuel eſt établi parmi ces Offi‑ ciers depuis 1596. On peut obſerver qu'il n'y a point à Villefranche de premier degré de Juriſdiction. Le reſte du Beau‑ jollois eſt diviſé en ſept Châtellenies, deſquelles Beaujeu, Belleville, Chame‑ let, St. Simphorien, Delay & Perreux. ſont en la main du Seigneur avec envi‑ ron trente Paroiſſes ; les deux autres qui ſont Thiſy & Amplepuis ſont aliénés avec la Juſtice de plus de quatre‑vingt Paroiſſes, dont les appellations vont au Bailliage. Par Edit du mois de Janvier

Maîtriſe des Eaux & des Forêts. 1689. il fut créé ſeize grandes Maîtriſes des Eaux & Forêts de France, entre leſ‑ quelles tout le Royaume a été partagé. Celle de Lyon comprend, outre la Gé‑ néralité, les Paroiſſes d'Auvergne & Dauphiné avec 4800 liv. de gages effec‑ tifs & pluſieurs autres droits ; le Sr. Ri‑ bier en a été pourvû. Il y avoit d'ancien tems un Maitre particulier établi à Lyon & un autre en Beaujollois à la diſpoſition du Seigneur, ainſi l'Edit de 1689 n'a rien changé à cet égard.

Bureau des Finances. L'Auteur traite enſuite du Bureau des

Tréforiers de France, dont il prend l'o-
rigine dès le tems qu'il n'y avoit en
France que 4 Tréforiers ou Généraux des
Finances ; il ajoute qu'après l'établissement des recettes générales, qui est de
l'année 1542. Henry II. créa en 1551.
un Tréforier de France pour chaque Généralité, & en 1557 un autre Officier
en titre de Général des Finances ; à celui-ci fut attribué la connoissance des
matieres de taille & de gabelle, & celles
du Domaine resterent au précédent ; en
1571 il fut créé par Charles IX. un second
Tréforier & un second Général dans chaque recette ou Généralité; en 1577. Henri
III. créa un cinquiéme Officier & par le
même Edit réunissant les fonctions & les
qualités des précédens sous le nom de
Tréforiers, il fut établi un Bureau dans
chaque Généralité pour le siége de leur
assemblée; dans la suite le nombre des Officiers a été augmenté au point qu'il est
aujourd'hui de 24 Tréforiers, y compris le
premier Préfident & les quatre Préfidens
inférieurs, deux Avocats, un Procureur
du Roi & un Greffier en chef. Le Bureau de Lyon a moins de fonctions qu'aucun autre, la Jurifdiction du Domaine
lui manquant abfolument, puifque le
Beaujollois & le Lyonnois ne font point

au Roi , & que la connoiſſance de celui du Foreſt appartient au Bailliage de Montbriſon ; cependant comme il n'eſt point de petite Charge dans une grande Ville , où il n'y a point de Compagnie Souveraine , le rang que donnent celle de Tréſorier les a rendu ſi conſidérables qu'elles ont valu juſques à 30000 écus ; elles ne paſſent pas 40000 l. pour le préſent : leur fonction eſt toute pareille à celles des autres Bureaux : celui du Corps qui aſſiſte au département des Tailles eſt toujours nómmé par une Lettre de Cachet & un autre obtient pareillement la Commiſſion des ponts & chauſſées.

Juriſdiction de la Monnoye. La Juriſdiction de la Monnoye de Lyon a plus d'éxercice qu'en tout autre lieu du Royaume , à cauſe du grand commerce des matieres d'or & d'argent qui ſe fait en cette Ville , outre qu'elles y ſont affinées, battues & travaillées pour les étoffes qui s'y fabriquent. Il y a deux Commiſſaires de la Monnoye dont les départemens ſont diviſés par la Loire ; celui qui réſide à Lyon a par ſa Commiſſion le pouvoir de juger du crime de fauſſe Monnoye en dernier reſſort , en ſe faiſant aſſiſter des Juges , Gardes & du nombre néceſſaire de Gradués ; il auroit même droit de porter ces ſortes de pro-

cès au Préfidial & de préfider au Jugement ; mais on ne veut pas l'y recevoir
dans ce rang là.

Il n'y avoit originairement que trois
Elections dans la Généralité, felon le
nombre des Provinces ; mais comme
celle de Montbrifon étoit trop grande,
on en forma deux autres en 1631. fçavoir
celle de Rouannes & celle de St. Etienne, les trois anciennes font de même
force, les dernieres font un peu plus foibles. Il y a deux Préfidens en l'Election
de Lyon, dont les Charges valent 20000 l.
& un feul Préfident dans les autres, que
l'on peut évaluer à 15000 liv. La Jurifdiction de la Maîtrife des Ports eft plus
ancienne dans Lyon que la Sénéchauffée, l'on a déja parlé de fes anciennes
fonctions qui font aujourd'hui réduites
aux paffeports des bateaux qui remontent le Rhône & à l'affiftance aux Jugemens des Traites Foraines ; elle confifte
néanmoins en trois Officiers, un Maître en titre, un Lieutenant & un Procureur du Roi. Les droits de la Douanne
de Lyon ayant augmenté à proportion
du Commerce de la Ville, Charles IX.
fe trouva engagé de compofer une Chambre pour connoître des affaires qui tom-
beroient en conteftation à cet égard &

Elections.

*Maîtrife
des Ports.*

*Jurifdiction
de la Douan-
ne.*

O 4

LYON. il la compofa d'un Tréforier de France, du Lieutenant Général, du Préfidial, du Maître des Ports & de fon Lieutenant ; on y ajouta depuis un fecond Tréforier ; mais comme tous ces Officiers n'éxerçoient cette Jurifdiction que par commiffion, le Roi par Edit de 1692. en a établi en titre d'Office, fçavoir un Préfident, un Lieutenant, quatre Confeillers & un Avocat, confervant aux affaires de la Maîtrife des Ports la fonction qu'ils y avoient auparavant ; en même tems on a augmenté leur Jurifdiction de la connoiffance des affaires qui naîtroient à Lyon au fujet de la Douanne de Valence & en général tout ce qui concerne les droits d'entrée & de

Des Traites. fortie. En éxecution de l'Edit de 1691. il a établi dans la Généralité cinq Tribunaux de la Juftice des Traites ; mais toutes les Charges n'en ont pas été levées à Sainte Colombe & à Saint Bonnet : il n'y a que le Juge à Rouannes ; le Juge, le Lieutenant & le Procureur du Roi à Saint Chamont, & à Saint Etienne, il y

Des Vifiteurs de Gabelles & Greniers. a un Greffier de plus. Enfin il y a dans la Généralité trois Juftices de Vifiteurs de Gabelles, compofées d'un Juge vifiteur, d'un Procureur du Roi & d'un Greffier. Dans le département de Lyon

font les Greniers de Lyon, St. Simpho-
rien-le-Château, Charlieu & les Cham-
bres dans Neuville, Sainte Colombe &
Saint Chamont. Dans le département de
Montbrifon, les Greniers de Montbri-
fon, Feurs, Sernieres, Saint Etienne,
Argental & Rouannes; & dans le dépar-
tement de Beaujollois les Greniers de
Beaujeu, Villefranche, Belleville &
Thify.

Nous voici enfin parvenus à l'Article *Finances*
de la Finance que l'Auteur traite avec fa *& Revenus*
juftefffe & précifion ordinaire, de forte *du Roi.*
qu'elle laiffent peu de chofe à defirer
de fa part fur cette matiere; il pofe premierement tous les articles & les fommes qu'ils produifent & il vient enfuite
à l'explication particuliere de ceux qui
le méritent. Le Domaine du Roi y compris les droits qui étoient nouveaux en
1698. produifoit 6000 l. La Taille, y
compris 24000 liv. que la Ville de Lyon
paye annuellement à la Recette générale
pour abonnement de l'ancienne fubvention, produifent 1152371 l. Les Aydes avec
le papier timbré rendent 400000 liv. les
Douannes de Lyon & de Valence y compris les droits que la Ville de Lyon tient
à ferme du Roi produifent 1090000 l.
Les Gabelles rendent annuellement

O 5

1200000 liv. Le droit de Seigneuriage, ou controlle de l'or & de l'argent 130000 liv. La Polette ou droit annuel des Officiers 14000 liv. Les Decimes du Diocèfe de Lyon 27810 liv. Le Don gratuit & fubvention des Eccléfiaftiques eft réglé à 16000 l. ou peu plus par chaque million d'impofition du Clergé. L'Auteur ne tire point en ligne de compte les droits nouveaux, tels que les controlles des Actes des Notaires, l'augmentation du controlle des exploits & les droits des petits fceaux, dont la Regie n'a pas eu de forme certaine. Il obmet pareillement le droit de marque des chapeaux, des cuirs, &c. Plus la ferme du Tabac qui eft au moins de 100000 l. Il ne parle point non plus de l'impofition de l'Etape, parce qu'en effet il l'a déja mife en ligne de compte pour 120000 liv. en temps de paix & pour 400000 liv. pendant la guerre. Il en eft de même pour l'impofition pour les Fortifications & le payement de la Garnifon de Lyon montant à 32000 l. Plus il ne met en compte l'Uftenfile de la Cavalerie que pour 382000 liv. celui de l'Infanterie pour 25500 l. Le quartier d'hyver 80000 l. La dépenfe du Régent de milice pour 17000 l. Les Capitations pour 415000 l.

dont le plat pays payoit 200000 liv. la
Nobleſſe & la Ville de Lyon le ſurplus.
Il ne tire point à ligne les affaires extraordinaires de la Province, ou particū-
lieres à la Ville de Lyon, que l'on prend
par eſtimation à 200000 liv. par an,
quoi que ce ne ſoit peut-être pas la moitié de ce que le Roi en a touché, ni le
20ᵉ de ce que le Peuple en a perdu. Partant le total des revenus annuels du Roi
pendant la derniere guerre, par rapport
à la Généralité ſeulement a monté à
5790181 l. & peut ſe réduire en temps
de paix à 4396181 liv. L'Auteur fait en-

ſuite l'état des charges de ces revenus; celles du Domaine ont été fixées par Arrêt
du Conſeil à 12500 l. les frais de Juſtice
peuvent monter année commune à 8300
liv. les Charges de la recette générale y
compris ce qui ſe paſſe au Tréſor Royal
à 450000 liv. les Charges des Gabelles,
tant pour gages anciens d'Officiers
qu'augmentation en franc ſalé 50000 l.
la dépenſe des Gabelles, les régies de la
Douanne & des marques, appointemens des Officiers & des Commis, pour
le tout 500000 : ainſi le total des Charges monteroit à 1020800 liv.

L'Auteur rend enſuite raiſon des choſes qu'il a établies dans les différens en-

LYON.

droits de son Mémoire & à l'égard du Domaine, il explique que la Ferme étoit sur le pied de 60000 liv. avant les aliénations ordonnées par l'Edit de 1695. que le Fermier y gagnoit 4 à 5000 liv. & que sur ce pied le Domaine du Forest y entroit pour 24000 liv. les prisons de Lyon pour 3000 liv. la rente que paye la Ville pour le droit de Resuë pour 3500 liv. la portion du controlle des exploits réservée au Domaine, les Greffes des affirmations, les amendes, la pêche & le droit de guêt & garde pour 30000 liv. A l'égard des Tailles, il dit

Tailles.

qu'avant l'année 1632. l'imposition entiere de la Généralité ne passoit pas 300000 liv. mais que pendant la derniere guerre elle a été portée à 1294686 livres qu'en 1688. elle montoit à 1197330 liv. & que depuis quelques années elle est réduite à 1152371. Il répete ce qu'il a dit touchant la différence de l'étape en temps de paix & de guerre & il ajoute que la taille de cette Généralité, quoi qu'arbitraire dans l'imposition, tient plus de la réelle que de la personnelle : il rejette avec raison les avantages supposés de taille personnelle & it que c'est bien moins une dispensation équitable qu'un prétexte ou un moyen aux aifés pour s'éxempter de payer leur jufte part des impôts. Tout ce que l'Auteur peut dire touchant l'origine de la fubvention de 24000 liv. que la Ville de Lyon paye à la recette générale, eft que les anciennes lettres ordonnant l'impofition femblent infinuer que c'étoit un droit de capitation, voulant qu'elle foit repartie fur les privilégiés & non privilégiés fans diftinction. Il y a dans la Généralité quelques éxempts.

1°. Les 13 Communautés du franc Lyonnois comprifes entre la Saône & la Breffe, elles payent pour toutes chofes un don gratuit de neuf en neuf ans de 3000 liv. & par ce que les affaires extraordinaires n'ont pas laiffé d'y avoir leur cours pendant la guerre, elles offrirent pour s'en éxempter un nouveau don gratuit à lever de neuf en neuf ans pendant la durée de la guerre & leur offre fut accepté par Arrêt. Lorfque le temps du don gratuit arrive, on expédie des lettres du grand feeau adreffantes au Lieutenant Général de Lyon pour en faire la répartition, & ces lettres prennent l'attache du Bureau des Finances : nulles perfonnes ne font éxempts d'y contribuer. On croit que ce petit pays qui étoit à l'Empire naturellement fe donna lui-même à la

France, à condition de jouir des immunités qui lui font confervées ; mais il ne s'en voit point de titre. 2°. Les Bourgeois de Lyon font éxempts de la taille, tant pour eux perfonnellement que pour leurs biens où ils ont mis Fermier ou Granger, enforte qu'ils peuvent tenir maifon à la campagne avec fon clos : Le droit de Bourgeoifie s'acquiert par la naiffance, & pour les étrangers par l'infcription dans les Régîtres, contenant une déclaration de biens. Les Notaires & Procureurs de Lyon ont été mis en poffeffion des mêmes droits fans attendre les dix années qui doivent fuivre l'infcription avant d'acquérir la jouiffance du privilége. 3°. Le Village de Chambonie dans la Paroiffe de Nereftable eft éxempt, par conceffion de Charles VIII. en confidération de la lance que ce Village lui préfenta à fon retour d'Italie. 4°. L'éxemption de la taille eft attaché à l'entretien de deux ou trois petits Ponts dans l'Election de Rouannes & ce bénéfice avec la Charge eft un bien de commerce qui paffe de main en main par vente ou donation. 5°. Le Bourg de l'Ifle barbe eft éxempt de Logemens de gens de guerre & de contributions ; fon éxemption eft bornée par l'ufage à celle de l'étape.

L'auteur a fixé le produit des Aydes sur l'évaluation du bail de l'année 1698. par lequel l'augmentation du papier timbré a été retranchée. Le droit de gros n'a point lieu dans le plat pays & n'est payé que dans la Ville de Lyon ; les eaux de vie entrant à Lyon en avoient été éxemptes jusques en l'année 1697. la raison de cette éxemption étoit qu'elles payent la Douanne, d'où on inféroit qu'étant réputées marchandises, elles ne doivent pas comme boisson : le Conseil n'a pas eu d'égard à ce prétexte. Il s'y en fait un assez grand commerce, auquel les Marchands prétendent que la multiplicité de droits fera préjudice. Les éxempts de l'Aide, sont 1°. Les foires de Lyon, pendant lesquelles tout éxercice de ce droit cesse, tant pour le gros que pour le détail, à l'exception des eaux de vie. 2°. Les Bourgeois de Lyon qui ont privilège de vendre toute l'année les vins de leur cave en détail sans payer de droit : ce privilége contribue infiniment à leur subsistance, parce que le produit de tout le Lyonnois & d'une partie du Beaujollois est en vins. Il suffisoit autrefois d'avoir demeuré an & jour dans la Ville pour jouir de ce privilège ; mais par Arrêt du 15 Juin 1688. tous

LYON.

étrangers font affujettis à attendre les dix années après l'infcription. Il faut encore expliquer que le Bourgeois ne peut vendre fon vin que dans fa maifon d'habitation. Le Fermier de l'Ayde avoit obtenu Arrêt pour le réduire à l'huis coupé & pot renverfé, mais la Ville a obtenu confirmation de l'ancien ufage, qui permet aux buveurs de s'affeoir fans affiete

Traites.

& fans manger. La Généralité de Lyon étant un Pays d'Aides, eft naturellement de l'étendue des cinq groffes Fermes, c'eft pourquoi fes Habitans ont été declarés éxempts des droits d'entrée & de fortie, tant pour ce qu'ils tirent des autres Provinces, que pour ce qu'il y envoyent, fauf aux Fermiers d'établir leurs bureaux fur les paffages des Pays non affujettis aux Aydes. Mais cet établiffement ne s'eft point fait & l'on a mis des bureaux pour 3 fortes d'autres droits, fçavoir la Douanne de Lyon, celle de Valence & le droit forain comprenant les impofitions foraines, la Refuë & le haut paffage. L'Auteur, jugeant que comme ces fortes de droits ne font pas particuliers à fa Généralité, ont pu être expliqués avec étendue par les autres Intendans chargés de dreffer des Mémoires pareils au fien, fe borne à rapporter ce qu'il penſe ne pouvoir tomber dans le cas d'être rebattu. Il obſerve donc que tous ces droits différens ſe réduiſent à trois eſpeces, droits d'entrée, droits de paſſage, droits de ſortie.

Douanne de Lyon.

La Douanne de Lyon eſt originairement un droit d'entrée établi ſeulement ſur les draps d'or, d'argent & de ſoye & payable dans la Ville : ſon établiſſement eſt inconnu ; mais elle étoit en uſage ſous François I. qui l'étendit à toute ſorte d'ouvrages d'or, d'argent & de ſoye, même aux ſoyes non ouvrées venant d'Italie, du Levant ou du Comtat, ordonnant que toutes ces marchandiſes ne pourroient entrer dans le Roïaume que par Lyon : dans la ſuite cette Douanne a fait un bien plus grand progrès, ayant été établie en Languedoc, Provence & Dauphiné; mais ce qui y regarde particulierement la Ville de Lyon eſt, que toutes marchandiſes qui y entrent, ſoit étrangeres, ſoit originaires y ſont aſſujetties, avec cette différence que les étrangeres payent par rapport aux évaluations des tarifs du Roi environ cinq pour cent de leur valeur ; & les originaires deux & demi. On prétend que ce dernier droit ne fut établi qu'en 1544. par forme d'octroy à la réquiſition des Echevins

LYON.

de la Ville. De ce principe que la Douanne de Lyon est un droit d'entrée, il s'enfuit qu'il ne se leve qu'une fois & que les mêmes marchandifes une fois acquitées ne doivent rien en repaffant aux mêmes bureaux ; il s'enfuit auffi que les denrées comme vins , grains, &c. n'y font point fujets. Au contraire de la

Douanne de Valence.

Douanne de Valence , qui étant un droit de paffage eft dû non feulement pour les marchandifes, mais pour toutes les denrées qui paffent ou font cenfées paffer par le Dauphiné & cela tout autant de fois que cela arrive : fon origine fe rapporte à l'année 1595 que le Roi Henri IV. ayant fait promettre 20000. écus au Seigneur d'Ifimieux Gouverneur de Vienne pour remettre cette Place à fon obéïffance , permit de lever une efpece de péage pour acquitter cette fomme ; l'éxaction difcontinua après le payement ; mais elle recommença bien-tôt avec une extenfion bien plus confidérable ; tout ce qui fort du Dauphiné, tout ce qui vient de Provence ou de Languedoc, tout ce qui defcend par le cours du Rhône pour ces Provinces y ayant été affujetti. Ce fut alors qu'on la nomma Douanne de Valence, car au temps du Seigneur d'Ifi-

mieux elle étoit appellée Douanne de
Vienne. Il y a pour accessoire de la
Douanue de Lyon le droit de sol pour
livre du droit principal & le droit
d'acquit, tous deux créés par Edit
de 1633 & 1639. avec un droit de
passage extraordinaire sur les soyes à
raison de quatre livre dix s. par balle
venant par terre & 9 liv. par mer; lequel droit ayant été établi à l'occasion
des guerres & souffert par usage a été
autorisé par le Conseil. Outre ces droits
qui sont régis par les Fermiers Généraux, il s'en leve deux autres, le tiers
surtaux & la subvention que la Ville de
Lyon tient à ferme pour 400000 liv.
dont elle en rend au Roi 340000, gar-
dant le surplus par forme d'octroi : il y
en a qui disent, qu'anciennement la
Ville avoit un octroy de 45000 liv. sur
la Douanne de Lyon & qu'en 1595.
cet octroi fut augmenté jusqu'à 60000
& que le payement fut assigné sur l'augmentation du tiers des droits de la
Douanne : toutefois on voit par un
compte de la Ville de l'année 1598.
qu'elle ne jouissoit encore d'aucun octroi fixe sur la Douanne, mais seulement d'un droit sur les épiceries, & fils
d'or & d'argent & les camelots, qui

LYON.

*Autres
Droits.*

*Tiers Sur-
taux.*

LYON.

rapportoit 43 écus, ainfi l'apparence
eft que la Ville de Lyon ayant au commencement du dernier fiécle demandé
quelque oĉtroi pour fupporter fes charges, il lui fut accordé de prendre le
tiers en fus des droits de la Douanne
jufquesà la concurrence de 60000 l. mais
comme dans la fuite le produit ordinaire
de la Douanne s'eft fort augmenté, le
tiers furtaux s'eft trouvé beaucoup plus
fort qu'il n'étoit accordé à la Ville & le
Roi a difpofé du furplus, tantôt en faveur de la Ville même, tantôt en faveur
des particuliers qu'il en a voulu grati-
fier : dans cet intervale la Ville en fit
une ferme certaine ; mais peu après la
déclaration de 1632. ayant établi une
nouvelle appréciation des marchandifes
fujettes à la Douanne, quoi qu'elle portât expreffement que le tiers furtaux ne
feroit payé que par rapport à l'ancienne
appréciation, une claufe expreffe du bail
le fit valoir fur le nouveau tarif, ce qui
s'eft continué par ufage à caufe du grand
profit que le Roi en tire. Le même ufage
a établi le payement du fixiéme denier
pour livre de la fomme du tiers furtaux,
de laquelle impofition il n'y a néanmoins
aucun titre. Quant à la fubvention, elle
doit fon origine aux guerres & aux be-

Subvention,

foins des années 1640 & 1641. dans lefquelles le Roi ordonna qu'il feroit payé dans toute l'étendue de fon obéïffance le fol pour liv. de toutes les marchandifes qui éntreroient en commerce. Le Confulat de Lyon traita de ce droit avec le Roi fous la condition de ne faire payer qu'au quarantiéme, ce qui étoit établi au vingtième dans le refte du Royaume; mais comme cet Edit portoit une claufe expreffe de fuppreffion à la fin de la guerre, il n'a point fubfifté en effet, fi ce n'eft à l'égard de la Ville de Lyon, quoique dans les baûx qu'elle en fait, elle exprime toujours la fuppreffion de ce droit à l'expiration; mais c'eft une claufe purement de ftyle. Outre ces droits il y a encore celui de deux fols pour cent fur toutes fortes de marchandifes à l'exception des foyes : c'eft un octroi accordé à la Ville de Lyon qui devoir finir l'année 1698. avec d'autant plus de raifon qu'il péche contre les régles effentielles du Commerce, s'étendant indifféremment & au même tau fur les marchandifes du Pays & les étrangeres, puifque où le Roi prend 5 l. pour l'étranger, ce droit oblige d'en payer 40 f. & où le Roi prend la même fomme de 5 liv. pour le Naturel, il en fait payer 4 liv. ceci s'entend, parce que les marchandifes étrangeres payent la Douanne à raifon de cinq pour cent & les naturelles deux & demi.

Droits particuliers de Lyon.

Ces différens droits dont la Ville de Lyon eft en poffeffion ont donné lieu à une prétention éxorbitante de fa part, qui eft, que tout ce qui eft fujet à la Douanne fut apporté à Lyon, quand bien ce n'auroit point été la route, ou qu'il eut fallu un voyage exprès: la conteftation a été décidée a l'égard du Dauphiné, du Languedoc, de Saint Etienne & de Saint Chamont, ainfi elle ne refte indécife qu'avec le plat pays. Il eft vrai que la Ville n'éxerce pas cette prétention rigouréufement; mais comme un fimple moyen d'empêcher les autres Villes de s'attirer fon commerce; toutefois l'Auteur dit que cette incertitude eft fujette à de grands inconvéniens, ceux qui entrent nouvellement a l'Hôtel de ville voulant porter les chofes à une rigueur qui ruine totalement le Commérce de la campagne. Les droits de fortie font la Refuë qui fe leve fur toutes fortes de marchandifes fortantes pour aller à certaines Provinces à raifon de huit deniers par livre de fa valeur; le haut paffage qui eft de même prix, &

Droits de fortie.

se leve sur certaines especes seulement ;
& l'imposition foraine, qui est du sol
pour livre sur tout ce qui passage en
Pays étranger. Ces droits sont Domaniaux & aliénés à la Ville de Lyon dès
l'année 1630. à condition néanmoins
d'en faire la perception à plus bas prix ;
cette aliénation a engagé la Ville à payer
diverses taxes pour y être conservée : il
reste à ajouter que les marchandises qui
ont acquitté les droits de sortie à Lyon
pour les Pays étrangers, venant ensuite
à sortir par quelque lieu de l'étenduë
des cinq grosses fermes, sont déchargées de la moitié des droits qu'elles y
payeroient. Voici les éxemptions de ces
droits généraux. 1°. Les Suisses & Allemands des Villes Impériales sont éxempts
des Douannes de Lyon & de Valence
& de tous droits d'entrée pour les marchandises originaires de leur Pays. 2°.
Dans le temps des foires de Lyon les
droits de sortie ne sont dûs pour aucune
sorte de marchandises. A l'égard de
l'éxemption des Suisses elle monte à plus
de 20000 liv. par an ; celle des Allemands ne va pas à 1500. Le fondement
de celle-ci est une concession du Roi
François I. de l'an 1515. qui est clausée
pour services rendus & entr'autres prest

*Exemp-
tions des
Suisses &
Allemansd.*

LYON. d'argent ; celui de la précédente remonte
au temps de l'Alliance de Louis XI. avec
les Suisses ; mais son principal appui est
le Traité de 1516. qui leur accorde
la liberté du trafic sans aucune nouvelle
imposition de droits & de péages. Chaque Roi a confirmé de temps en temps ce
privilège , de sorte qu'il est à présent
hors d'atteinte. Pour en jouir les particuliers Marchands sont obligés de re-
présenter des certificats authentiques du
lieu de leur naissance & en conséquence.
leurs noms & leurs marques sont inscrits
en un tableau , pour que les marchandises à eux adressées leur soient remises
sans droits : néanmoins après la réappré-
ciation de 1632.les Fermiers prétendirent
obliger les Suisses & les Allemands à
payer l'augmentation du droit; les premiers se pourvûrent au Conseil & obtinrent leur entier affranchissement, les se-
conds ne firent aucune diligence & sont
demeurés assujettis. Les Suisses prétendent de plus en vertu d'une clause insé-
rée dans la confirmation du Roi Henri
IV. qu'ils sont & doivent être exempts
de la taille pour les biens qu'ils peuvent
acquérir à la campagne : il est difficile
de décider la question , puisque si l'on
s'en rapporte aux exemples, il s'en trouve

pour

pour & contre; mais il y a fi peu de Suiffes dans le cas, vû que les riches marchands font établis en des villes éxemptes, que ce n'eft pas la peine de s'en em-
baraffer. La même Nation a depuis l'année 1658. un privilege plus confidérable, qui eft celui de tranfporter l'or &
l'argent provenant du trafic de fes marchandifes: ils obtenoient à cet égard un
paffeport du Gouverneur ; mais depuis
un Arrêt du mois de Décembre 1687.
ils font obligés d'y joindre celui de l'Intendant, fans lequel le premier n'auroit
lieu que pour les portes de Lyon : ils
n'obtiennent les paffeports que fur les
certificats d'entrée de leurs marchandifes,
par lefquels on juge de la quantité d'argent qui en eft provenu. Quant au privilege des Foires de Lyon qui a été accordé dans l'origine par les Rois Charles VII. & Louis XI. il confifte. 1°. En
ce que toutes marchandifes fortant de
Lyon pendant la foire & les 15 jours
francs qui la fuivent font éxemptes de
tous droits de fortie, refuë, haut paffage, &c. dûs à la fortie de Lyon dans
les autres tems. 2°. En ce que les mêmes droits qui fe leveroient en Languedoc & Provence & ceux qui fe pa e-
roient aux bureaux des cinq groffes fer-

Exemptions des Foires.

LYON. mes, font auffi fufpendus dans le même efpace de temps avec cette reftriction néanmoins que des droits, dus en Languedoc & Provence, il s'en paye le cinquiéme, qui étoit autrefois le droit de Regiffeur ou Commis, avant que ces revenus du Roi euffent été mis à ferme. Pour jouir du Bénéfice de la foire, il faut 1°..que les balles des marchandifes foient imprimées de la marque commune, qui font les armes de la Ville, en plufieurs & différens endroits, & qu'elles foient certifiées par un écrit du Commis du Confulat, contenant le nombre des marchandifes de chaque balles. 2°. Sortir dans les quinze jours fuivans immédiatement la foire : les Suiffes ont néanmoins un délai de quinze autres jours au-delà du terme, mais pour en jouir ils font obligés de fe faire infcrire à l'Hôtel de Ville, comme pour les droits d'entrée ils font infcrits à la Douanne.

Magiftrature des Villes. Après avoir ainfi traité ce qui concerne les revenus du Roi, l'Auteur paffe au détail des affaires publiques ; & commençant par celles de la Ville de Lyon, il dit qu'elle eft la feule qui ait des revenus & un corps de Magiftraturé aſſez conſidérable pour mériter une diſcuſſion. En effet les ſeules Villes du plat-pays qui ayent des octrois, c'eſt-à-dire des revenus qu'elles tiennent de la grace du Roi, ſont St. Etienne qui en a 1500 liv. & Villefranche qui en a 500. Montbriſon, Saint Etienne, Villefranche & Rouannes ont des Maires perpétuels en conſéquence de la création générale de 1692 & avec eux des Echevins, les autres n'ont que des Conſuls. Il étoit d'uſage dans la Province que les Echevins des lieux fiſſent le rolle de la taille ſans être chargés du recouvrement; le Roi a jugé à propos que la collecte ſe feroit à l'avenir comme dans les autres Provinces. On réclame contre le changement qui fait que les notables Bourgeois, ceux qui poſſedent les premieres Charges, refuſent d'éxercer les Magiſtratures des Villes qui les engagent à la garantie de la collecte, ce qui les rend inutiles à leur Partie: d'un autre côté l'Auteur juge que les Collecteur ne peut avoir trop d'autorité d'une part, ni trop de douceur de l'autre, pour l'indemniſer de la fatigue de ſon Emploi. Le Conſulat de Lyon eſt fort ancien, on en trouve des traces dès l'année 1260, mais il

Conſulat de Lyon.

P 2

s'en falloir beaucoup qu'il n'eut la forme préfente ; il y avoit alors 60 Confuls qui furent enfuite réduits à douze. Henri IV. en 1595 changea toute cette difpofition & régla l'Hôtel de Ville de Lyon fur le modele de celui de Paris établiffant un Prévôt des Marchands & quatre Echevins, qui fe renouvellent de deux en deux ans alternativement par année. La Prévôté eft ordinairement occupée par un Chef de Compagnie ou par un Tréforier de France ; l'Echevinat par les Confeillers du Préfidial ou par de notables Bourgeois. De tous ceux qui ont éxercé ces fonctions depuis un affez grand nombre d'années, il ne s'en eft trouvé que deux qui ayent mérité les recompenfes de la Cour & les louanges de l'Auteur, tous les autres ont été taxés pour caufe odieufe puifque c'eft pour malverfation. L'un de ces heureux eft Laurent Pianello Sr. de la Valette Prévôt en 1687 & l'autre Matthieu de la Fond Echevin en 1691. Au furplus le Confulat de Lyon annoblit la perfonne & fa pofterité avec permiffion de continuer le commerce en gros fans déroger ; c'eft une conceffion de Charles VIII. en 1496. qui a été confirmée de règne en règne ; d'ailleurs il eſt purement honorable n'étant accompagné d'aucun émolument , au contraire chargeant toujours celui qui l'éxerce d'une grand dépenſe précédente en faveur des pauvres.

A cette occaſion l'Auteur explique l'inſtitution & la forme de l'adminiſtration des Hôpitaux de la Ville au nombre de trois ; celui des Malades qui eſt très-ancien , celui de la Charité & l'Hôpital-général. Il n'y a rien de particulier à remarquer touchant le premier & le dernier, mais le ſecond doit ſon établiſſement à l'affreuſe famine de 1531, pendant laquelle, les peuples du bord du Rhône & de la Saône ſe trouvans réduits à la derniere extrémité, il s'en mit une grande partie en des batteaux, qu'ils laiſſerent deſcendre ces rivieres, dans l'eſpérance de perir ou de trouver du ſecours : cette flotte de malheureux aborda à Lyon le dix-neuviéme Mars au nombre d'environ 8000 perſonnes , qui furent reçuës par les Bourgeois avec une charité incroyable , chacun en ayant pris un certain nombre chez lui , mais comme l'incommodité en étoit trop grande, on les aſſembla dans un même lieu où ils furent nourris des aumônes de toute

Adminiſtration des Hôpitaux.

P 3

la Ville jufqu'au 19 de Juillet, que la moiffon fe trouvant prête chacun s'en retourna chez foi pour travailler & il fe trouva encore à la bourfe deCharité 280 l. de refte. Cette fomme étoit alors fi confidérable qu'elle fut jugée fuffifante pour continuer la charité aux pauvres de la Ville & depuis elle a tellement augmenté que l'Hôpital de la Charité dépenfe annuellement 180000 l. & l'Hôpital général 21000. il s'en faut bien néanmoins qu'ils ayent des revenus fuffifans, mais les Recteurs de toutes les deux font obligés de faire les avances néceffaires, c'eft pour cela qu'en entrant au Rectorat il eft d'ufage d'abord de payer 4000 livres pour les pauvres; chaque Recteur a fon Emploi particulier dont il fait les avances; mais celui du Tréforier eft le plus onéreux, parce que les fiennes vont ordinairement à 100 ou 120000 liv. celui qui eft chargé des enfans trouvés en fait auffi jufques à 50 ou 60000 livres & ils font les uns & les autres rembourfés à mefure que les charités des Fideles & les legs pieux viennent augmenter les fonds de ces maifons. Chaque maifon a fes Recteurs pris dans la plus riche Bourgeoifie, fçavoir, la Charité feize, y compris un

Comte de Lyon & un- Tréforier .de France; & l'Hôpital général quatorze fous l'autorité du Confulat. Les Recteurs ayant fervi deux ans à la Charité paſſent deux autres années à l'Hôpital & delà ils parviennent à la Chambre de la Confervation, qui leur donne entrée à l'Echevinat; mais ce n'eſt que par ces différens degrés qu'ils y peuvent venir; de l'Echevinat ils retournent à la Confervation pendant quelques années. C'eſt ainſi qu'ils peuvent acquerir en ces différens Emplois une capacité fuffifante pour être véritablement utiles à leur Patrie , pourvû d'ailleurs qu'ils ayent un fond d'intégrité qui les rende effectivement dignes de ces fonctions. Mais c'eſt ce qui paroît rare dans cette Ville, où tous ceux qui ont manié les deniers public ont mérité d'être taxés perfonnellement pour être déchargés de rendre leurs comptes, fur quoi l'on peut dire que c'eſt une tache infamante, qui n'auroit jamais du être foufferte & que le Corps de Ville devoit racheter plutôt de la moitié du bien des particuliers qui le compofoient. L'Auteur ajoute que quelques efprits ambitieux & intereſſés s'efforcent fouvent d'interrompre l'ufage de mériter l'Echenat par les Emplois des Rectorats, mais qu'il est nécessaire de s'opposer à cette innovation, qui ruineroit les Hôpitaux. Il termine cette matiere par l'usage des adoptions qui sont pratiquées dans les deux Hôpitaux, en faveur de quelques-uns des enfans qui y sont nourris, sur lesquels les Recteurs éxercent toute l'autorité paternelle, tant au fait de leur éducation que du mariage, des testaméns, donations ou successions, conformément aux Lettres Royaux de 1573. Au reste la dépenfe de ces maisons a augmenté avec la misere publique. En 1638, l'Hôpital général n'employoit que 44000 liv. en 1661 il étoit chargé de 450 personnes & il est à présent de plus de 700.

Chambre de l'Abondance. L'Auteur ayant parlé ci-devant de la Chambre de l'Abondance explique en-suite son institution & son Gouvernement : elle est composée d'un Echevin en charge qui préside; d'un ou plusieurs Ex-Consuls & de huit ou dix Bourgeois: leur fonction est d'entrenir une provision de bled suffisante pour prévenir les malheurs d'une disette; à cet effet chacun de ceux qui y entrent font obligés de faire fond de 10000 liv. dont l'intérêt & le principal font acquités sur la revente des bleds achetés, & la Ville répond du fond. Le Consulat est de plus obligé de lui remettre un fond pour faire les achapts nécessaires. Mais dans l'état présent cette Chambre est toujours prise au dépourvû & n'agit que quand le mal est arrivé : heureusement la Ville est située de sorte qu'il est malaisé qu'elle soit jamais affamée à moins d'une longue & terrible famine, dont il y a peu d'exemples en France : l'inaction de cette Chambre a toujours un autre principe que le défaut de Gouvernement qui est si souvent reproché aux Magistrats de Lyon ; c'est ce que l'on peut découvrir par l'état des revenus & des charges de la Ville. Le Corps de Ville, outre le Prévôt des Marchands & les *Corps de Ville.* Echevins est composé d'un Procureur génétal, d'un Secrétaire & d'un Receveur qui par leur institution devoient être électifs , & qui sont devenus perpétuels en conféquence de la finance qu'ils ont payée conformément aux Edits derniers. Les revenus de la Ville confistent en *Ses Revenus.* biens patrimoniaux anciens & nouveaux, en octrois & en fermes qu'elle tient du Roi. Les biens patrimoniaux font les boucheries, quelques maisons , rentes & fervices , le Greffe de la Con-

LYON. fervation, le droit des petits fceaux, le mefurage des grains & l'attache des bareaux, avec le droit de refuë à Lyon & Sainte Colombe qui rapporte environ 12000 l. Le plus ancien octroi de la Ville eft le barrage du Pont du Rhône d'environ 3000 l. & le dixième du vin vendu par les Cabaretiers, qui eft le feul droit qui ne ceffe point pendant la foire, le produit a monté à 90000 l. par an; mais il a fes crues & fes diminutions, parce qu'il fuit le prix courant. En 1495 il fut accordé à la Ville un octroi de 2 f. 6 d. par ânée de vin, en 1600 un autre octroi de 60000 l. fur le tiers en fus des droits de Douanne, qui eft appellé le tiers furtaux; en 1632 il fut encore accordé 10 f. par ânée de vin; en 1677 & 1679 on accorda encore 35 f. par ânée pour le payement des rentes viageres avec un droit fur le pied fourché dont la durée eft bornée par l'Edit au mois de Mars 1701, ce droit qui a monté à 180000 l. eft diminué de plus de 30000 l. Il entroit à Lyon 240000 ânées de vin, chargées de 3 l. 7 f. 6 d. d'entrée; la diminution eft de 80000 ânées; partant le produit n'eft que de 410000 l. Enfin l'octroi des deux pour cent fur les marchandifes à l'exception des Soyes, produit 200000 l. il finit avec l'année 1698 : le toral de ces octrois monte à 746000 l. Le tiers furtaux produit 215000 l. & le droit d'octroi, 175000 l. Le total eft de 400000 l. fur lequel la Ville profite de 60000 l. tirés en compte dans la fomme totale de l'article précédent. Enfin la Ville a fait une ferme générale de fes biens patrimoniaux & autres droits à l'exception de droit de Douanne, de celui de refuë, du dernier octroi fur le vin, du pied fourché, du Greffe de la Confervation, du droit des petits fceaux, de celui de mefurage & de l'artache des bateaux, le bail général monte à 695000 l. c'eft-à-dire 100000 l. moins qu'il ne valoit ci-devant ; & la Regie des droits exceptés monte au moins à 600000 l. ainfi le total des revenus de la Ville eft de 1300000 l.

Sur quoi elle paye au Roi
   pour la fubvention   24000 l.
Pour la ferme du furtaux   340000
Pour la refuë   3500
Pour les penfion & loge-
   mens   42000
Pour les robes & gages
   d'Officiers   31000
Pour les frais de Régie   22000
Pour les dépenfes ordinai-
   res de l'Hôtel de ville   48000
Pour les rentes & contracts
   de conftitution   100000
Pour les rentes viageres   400000
Aux Genois à fes Regif-
   tres   75000
En éxemptions   25000
Pour les droits de jauge
   & courtages pendant la
   guerre   130000.
Pour le Controlle des Ac-
   tes de Notaires   18000
              Total 1258500

L'Auteur paffe enfuite à l'éxamen
du Commerce de la Généralité & il
obferve d'abord à ce fujet que le terrein ayant peu d'avantages naturels &
étant fort refferré, on doit conclure

qu'il ne fubfifte que par le moyen du Commerce, qui lui donne auffi celui d'acquiter les groffes fommes que les trois Provinces payent au Roi. Il ajoute que la Ville de Lyon eft le mobile & le principe de tout le gain qui s'y fait, c'eft pourquoi . il eft d'abord obligé de faire attention à trois chofes différentes qui la concernent en particulier; fa fituation, fes forces & fa place du change. A l'égard de la premiere on fçait affez *Situation de* la facilité que les rivieres du Rhone & *Lyon.* de Saône & la proximité de la Loire donnent aux tranfports des marchandifes; mais le principal avantage de la fituation de Lyon eft d'être au centre du commerce qui fe fait entre l'Italie , l'Efpagne, la France; l'Allemagne, la Hollande & l'Angleterre. Ce feroit en effet une efpece d'entrepot pour ces différens Pays, fi les malheurs de la guerre & la quantité de droits qu'on y leve, n'éloignoient les marchands malgré eux; c'eft ce qui eft aifé de reconnoître par le grand commerce qui fe fait dans les foires où les négocians font attirés par la feule idée de la franchife , malgré les petits inconveniens qui s'y rencontrent. Les foires de Lyon ont fucce- *Foires de* dé à celles de Brie & de Champagne &. *Lyon.*

doivent leur établiffement au Roi Louis XI. qui voyant que la Ville de Geneve faifoit tout le commerce d'Italie & jugeant qu'il ne feroit pas aifé de faire changer de route au négoce qui fe portoit naturellement de ce côté-là, penfa l'attirer à Lyon en y établiffant quatre foires franches : le fuccès en fut tel que Geneve tomba prefqu'auffi-tôt, & n'a pu fe relever que depuis environ vingt ans, ce qui mérite une grande attention felon l'Auteur ; chaque foire dure quinze jours ouvrables. La premiere commence le Lundi d'après les Rois ; la feconde le Lundi d'après la Quafimodo ; la troifiéme le 4. Août & la quatrième le 3. Novembre. Elle font fuivies chacune d'un terme de payement ; celui des Rois commence le premier de Mars ; celui de Pâques au premier de Juin ; celui d'Août au premier de Septembre & celui de Novembre au premier de Décembre. L'ouverture de chaque payement fe fait en cérémonie par le Prévôt des Marchands, ou en fon abfence par un Echevin qui fe tranfporte avec fon Greffier dans la loge du Change le premier jour ouvrable de ces mois ; il y trouve les Syndics des Nations affemblés au nombre de fix, il leur fait d'a-

Payemens de Foires.

bord un petit difcours pour recomman-
der la probité dans le négoce & l'ob-
fervance des réglemens de la Place,
dont on fait lecture : le Greffier dreffe
fon procès verbal, & le lendemain, la
même Affemblée fe tenant dans l'Hôtel
de Ville, le Préfident, par l'avis de l'affiftance régle le prix du change pour
tous les endroits où la Ville de Lyon a
fes correfpondances; à vrai dire ce réglement n'eft que de pure cérémonie &
ne fert que dans les cas de conteftation.
A la rigueur tous billets faits à terme de
payement de foire feroient éxigibles
dès le premier jour de chaque mois de
payement, mais il eft d'ufage que pour
l'argent comptant ils ne font éxigibles
qu'au troifiéme jour de ferie du mois
fuivant. Les quinze premiers jours après

l'ouverture fe paffent à concerter entre
les créanciers & les débiteurs ou directement, ou par l'entremife des cour-
tiers, la maniere du payement, c'eft-à-
dire, fi l'on continuera le billet ou fi
on l'acquittera, foit en argent, foit en
écritures par virement de parties, c'eft-
à-dire, par compenfation. A cet effet
tous les Marchands & autres portant
bilan, fe trouvent dans la loge du Change depuis dix heures du matin jufqu'à

LYON. midi & par la confrontation de leurs bilans, voyant reciproquement leurs débiteurs & leur créanciers, ils ajuſtent ſi bien les compenſations qui ſont à faire entre les uns & les autres, qu'il y a tel payement où il ſe ſoude pour vingt millions d'affaires, & où il ne ſe débourſe pas cent mille écus comptant. L'uſage des viremens de parties a été introduit à Lyon par les Florentins ſur le modéle des foires de Bolzano en Tirol & de Novi dans la République de Genes : il y a néanmoins cette différence qu'à Lyon & Bolzano, les viremens ſe font par la ſeule confrontation des bilans & les notes que chacun fait ſur le ſien ; au lieu qu'à Novi ils ſe font par le miniſtére d'un Officier public, qui eſt le Chancelier de la foire, lequel en tient régître : cette méthode eſt la plus ſûre, parce qu'elle prévient mieux les banqueroutes, mais l'autre eſt plus favorable aux Marchands & ſoutient mieux leur crédit. En effet, il y a pluſieurs exemples à Lyon de gens qui ſe ſont ſoutenus par le ſçavoir faire de la Place, qui conſiſte à avoir beaucoup de dettes actives, qui ſont plus eſtimées ſur la place que de l'argent comptant. Tel donc qui n'a que le quart de l'ar-

Viremens de parties.

gent néceſſaire à payer ſes dettes, doit
avant le terme de payement en diſpoſer
ſur la Place, n'étant pas moins ſur de
s'acquitter juſqu'à la concurrence de ce
quart, mais il s'acquiert d'ailleurs une
réputation favorable pour ſes affaires,
qui lui donne crédit en la bourſe de
ceux qui commercent leur argent ſur la
place, & lui donne loiſir d'attendre les
remiſes de ſes correſpondans. Il faut
avouer auſſi que les Florentins qui ont
introduit cet uſage, ont été les premiers
à en abuſer; car c'eſt eux qui ont donné l'exemple des premieres banqueroutes : on ſçait qu'il en paſſa pluſieurs
Familles à Lyon lorſque celle de Médicis aſſujettit ſa Patrie, & les principales de celles-là ſont celles qui ont été
les premieres à y retourner après avoir
fait ceſſion en France. Malgré cet inconvenient il faut dire que la maniere
dont s'éxerce le change à Lyon eſt excellente, puiſqu'il n'y a point de Ville
où les Marchands trouvent plus de crédit: en effet par le moyen des bilans
les créanciers faiſant de trois mois en
trois mois une eſpece d'inventaire des
effets de leurs débiteurs, on prête d'autant plus volontiers qu'il ſemble que
l'on ne perd point ſon argent de vuë.

On tombe d'accord que Lyon eft redevable de la fcience & de la pratique du négoce aux Italiens & particulierement aux Florentins, mais ils n'ont pas montré leur art fans profit, car ils y ont fait de très-grandes fortunes & même en très-grand nombre, de forte que, comme il arrive dans les établiffemens qui réuffiffent, toute la faveur fut pour eux dans le commencement, on les combla de privilèges, & les Florentins en particulier eurent le droit de faire l'ouverture des payemens : dans la fuite les impofitions font venues fondre fur les négocians & les Italiens, dont l'amitié a été méprifée, n'ayant pû obtenir de part aux privilèges accordés aux Suiffes & Allemands, ils fe font retirés, laiffant tout le négoce entre les mains des François & des Suiffes. Il eft peu néceffaire d'ajouter que les correfpondances de la Ville de Lyon s'étendent partout le monde habitable, mais l'Auteur éxamine en détail les principaux Pays où elles s'appliquent & le négoce que l'on y fait.

Commerce d'Efpagne. A l'égard de l'Efpagne il y a peu de Marchands qui y trafiquent directement, les François fe fervent plus volontiers de l'entremife des Genois & ce

Commerce s'étend jufques aux grandes Indes; la dorure, les draps legers, les toilles, les futaines, le faffran & le papier font les marchandifes qui paffent de Lyon en Efpagne; celles qui en viennent font les laines, des foye, des drogues pour la teinture & des efpeces d'or & d'argent. Ce commerce a cette fingularité qu'il roule entierement fur là bonne foi des Efpagnols, qui prêtent leur nom pour la faire, vû qu'il eft défendu à toute autre Nation; cependant les Anglois & les Hollandois y ont beaucoup plus d'avantage que les François. 1°. à caufe de l'antipathie des deux Nations. 2°. par la quantité des vaiffeaux Anglois & Hollandois qui fe trouvent à Cadix au débarquement des Gallions. 3°. les Ifles de Curaçao & de la Jamaïque leur donnent moyen de débiter dans les Indes les manchandifes d'Europe, même celles de France à meilleur marché que les François ne fçauroient faire, eux qui n'ont que la voye des Gallions. D'ailleurs le commerce des étoffes d'or & d'argent, qui regarde particulierement la Ville de Lyon, a fouffert un grand déchet depuis que les Efpagnols des Philippines ont trouvé le moyen de tranfporter di-

LYON. rectement les étoffes dé la Chine, au travers de la mer du Sud, à Acalpulio, port du Royaume de Mexique d'où elles viennent en Espagne. Au fond il n'y a aucun commerce plus avantageux que celui d'Espagne, parce que c'est le seul qui rapporte des especes dans le Royaume, mais il faudroit pour y bien réussir ne pas tenir la porte fermée comme elle est. En Angleterre, en Hollande & à Genes, l'or & l'argent sont marchandises, elles y reçoivent un prix de convention entre le vendeur & l'acheteur, on est sûr d'en retirer quand on voudra à pareil prix autant ou plus qu'on n'y en a porté; en France, au contraire, les especes sont onéreuses, il faut les porter à la monnoye, y recevoir un prix de fixation qui fait perte au marchand, essuier d'ailleurs toute la dureté des Loix & la mauvaise humeur des Commis. Ces difficultés n'empêchent pas qu'il n'entre à Lyon pour environ cinq millions d'especes tous les ans, dont la moitié se peut compter pour retour de marchandises, l'autre moitié y vient pour le débit qu'on y trouve à la faveur de l'affinage. Enfin l'Auteur prétend que la guerre qui est si nuisible par elle même au Commerce, lui feroit plus avantageufe s'il étoit poffible de conferver la paix avec l'Efpagne, par la raifon qu'en troublant le commerce des Anglois & Hollandois par les prifes que l'on fait fur eux pendant la guerre, on les rebute de trafiquer en Efpagne, & ce Royaume pourroit tirer de la France feule tout ce qui lui eft néceffaire pour les envois dans les grandes Indes : au contraire dürant la paix ces mêmes Nations faifant un trafic paifible, prévalent certainement aux François. Il finit par un avis fur les Indultes que le Roi d'Efpagne prend fur les flottes des Indes, qui a toujours été reparti au marc la livre fur les marchandifes dont elles font chargées. On ne fait jamais de changemens à cette régle qu'au préjudice particulier des François; c'eft une vérité très-affûrée.

La Ville de Lyon envoye tous les *Commerce* ans en Italie pour fix à fept millions de *d'Italie.* marchandifes, draps, toiles, étoffes de foye or & argent, dantelles de même, merceries de toutes fortes, fur-tout des parures & des gentilleffes de mode; réciproquement l'Italie lui rend pour fix millions d'autres marchandifes, foyes, velours, damas, brocatelles, fatins, taffetas de Piémont & du Milanois. On pourroit douter si ce commerce qui ne semble pas apporter d'especes est utile à la Ville & au Royaume, mais pour cela il faudroit ignorer que la seule voye de faire passer des especes d'Espagne à Lyon est celle de Genes, & que les soyes d'Italie sont le fond de toutes les fabriques de Lyon. Le commerce avec

Commerce des Suisses. la Suisse se fait principalement à Zurich & Saint Gal, Berne, Basle, Schaffouse & aux deux foires de Surfach : Lyon n'y envoye au plus que pour la valeur d'un million, en draperie, grosserie, chapaux, saffran, vins, huiles, savons & mercerie. Les Suisses nous amenent des soyes & fleurets fabriqués a Zurich, des toilles, des fromages & des chevaux ; les toilles vont seules à 150000 liv. les fromages à 600000 liv. & les chevaux à un million : partant elle tire de nous trois fois autant que nous lui donnons, ce qui rendroit ce commerce très-désavantageux si la Suisse n'étoit considérée par des endroits plus considéra-

Commerce d'Allemagne. bles que le trafic. Lyon débite en Allemagne les mêmes marchandises qu'en Suisse, mais de plus grande quantité d'étoffes de soye, d'or & d'argent & même des plus belles ; les Allemands ayant beaucoup de gout & de délicateſſe ſur cela & pouſſant même la magnificence juſqu'à ne porter la même parure que peu de jours. Le ſeul commerce des étoffes va par an à 1500000l. & on ne tire pas d'Allemagne pour le quart en étain, cuivre, fer-blanc & mercerie : avant l'impôt exceſſif qui a été mis ſur le faux trait il en venoit beaucoup de Nuremberg. On ne ſçauroit donc dans la règle ordinaire douter que ce commerce ne fut utile, s'il n'étoit vrai dans le fait que les Allemands n'achettent rien qu'à crédit & ne vendent que comptant, ce qui fait que dans les occaſions de guerre nos Marchands ſont toujours au riſque de perdre toutes leurs avances ; ſi par les Traités de paix qui interviendront, il n'eſt accordé un temps pour retirer les effets.

Le commerce de Lyon avec la Hollande eſt mauvais de pluſieurs manieres *Commerce de Hollande* 1°. Parce que l'on n'y débite pas la moitié de ce que l'on en tire : les envois ſont des taffetas noirs des plus beaux, pour environ 300000 livres, quelques étoffes d'or & d'argent, des fruits de Provence, du verdet, des graines de Languedoc, le tout pour 200000 liv. on en tire au contraire des draps noirs, écarlate & gris, des toiles, étoffes des Indes pour environ 400000 liv. & des Epices pour 600000 liv. la feule commodité qui s'y trouve eſt l'acquit des lettres de change ſur Amſterdam, Rotterdam, Harlem, &c. Mais ce commerce a encore un autre inconvenient qui eſt que les négocians de Lyon en Eſpagne qui pourroient faire leurs retours en eſpeces, les font ſouvent paſſer à Amſterdam plutôt que de les faire venir en France; le tout à cauſe de la liberté & du gain. Le commerce avec

Commerce d'Angleterre. l'Angleterre étoit extrêmement conſidérable avant la guerre; la Ville de Londres tiroit ſeule près de trois millions en marchandiſes, taffetas luſtrés noirs, étoffes d'or & d'argent: & Lyon prenoit en Angleterre environ pour 800000 livres de draps fins, ſerges, bas d'eſtame, plómb, étain, mercerie, drogues de teinture & quelquefois des ſoyes de Levant; ainſi le commerce alloit aux trois quarts de profit; mais le Parlement d'Angleterre a triplé les droits ſur le taffetas pour diminuer l'avantage qui revenoit à Lyon d'un débit ſi extraordinaire, qu'il s'en vendoit en une ſeule foire pour 600000 l. en cent cinquante caiſſes de 4 à 500 liv. chacune. Les

Anglois

Anglois font véritablement fort atten-
tifs au Commerce, ils ont deux règles
principales ; la premiere, de ne permettre jamais l'entrée des étoffes dont ils
ont des fabriques chez eux ; la feconde,
de ne point permettre non plus l'entrée
de leurs Ports aux vaiffeaux chargés
d'autres marchandifes que celles qui
font propres à leur Pays. L'Auteur ajoute que comme l'Angleterre eft ouverte
de toutes parts il eft plus aifé qu'ailleurs d'y faire entrer des marchandifes en
fraude, d'autant plus qu'elles font toujours en fûreté quand elles font à terre,
mais d'ailleurs il y a de grands inconveniens à rifquer. Enfin dans l'état où
font les chofes, l'entrée des taffetas en
Angleterre eft chargée de cinquante
trois pour cent, au lieu de cinq, qui fe
payoient avant la guerre. On dit même que quelques François réfugiés en
ont établis des manufaĉtures : tout cela
ne peut être fans un grand préjudice à la Ville de Lyon : le refte du commerce de Lyon avec les Pays étrangers
eft affez foible ; le principal eft celui du Levant, où quelques Négocians
font intereffés avec des Genois & des
Marfeillois, l'Auteur croit que leur
fond va bien à 1500000 liv. il y a auffi

Tome VII.   Q

LYON. une focieté de Marchands de Lyon établie à Varſovie, mais on n'y envoye
que le rebut des étoffes de France.
L'Auteur croit qu'il eſt inutile d'entrer
dans le détail de tout ce que les Marchands de Lyon envoyent à Paris ou
dans les autres villes du Royaume &
réciproquement de ce qu'ils en tirent :
il ſuffit, ſelon lui d'obſerver que la
ſituation de cette ville la rend l'entrepôt des extrémités du Royaume &
qu'ainſi ces mêmes Marchands font la
plûpart du commerce ou pour leur propre compte, ou comme Commiſſionnaires des Marchands des autres villes.
Ainſi c'eſt par leur canal que les huiles
& les fruits ſecs de Provence paſſent à
Paris, auſſi bien que les droits, vins &
eaux de vie de Languedoc; pareillement les toiles de Picardie, Normandie, Bretagne, les petites étoffes de
Champagne, les bleds de Bourgogne,
les manufactures de chapeaux de tout
le Royaume paſſent à Lyon pour deſcendre en Provence & Languedoc. Il ne
reſte plus ſur cet article qu'à éxaminer
en particulier chaque eſpece de trafic.

Des Soyes. Celui des ſoyes qui eſt le plus étendu par rapport aux fabriques de Lyon,
conſiſte dans les années paſſables à

6000 balles, évaluées chacune à cent
soixante livres de poids de marc net,
de ce nombre il y en a environ 1400
balles du Levant, c'est-à-dire de la Province de Guilan en Perse; 1600 balles
de Sicile; de l'Italie 1500 balles; de
l'Espagne 300, & 1200 des Provinces
de Languedoc, Dauphiné & Provence.
Les soyes du Levant sont les plus gros-
sieres & ne sont ordinairement façonnées que pour la couture & pour servir
au filé d'or & d'argent; il y en a toutefois quelques unes de fines qui sont
propres pour les ouvrages de Tours,
où l'on envoye les plus fines de Sicile
retenant les autres pareillement pour la
couture. Quant aux soyes d'Italie les
plus belles & les plus parfaites, elles
sont gardées pour les ouvrages de Lyon,
on y en employe aussi quelque peu de
celles de France; mais presque tout se
prepare à Saint Chamont & à St. Etienne pour servir aux rubans, passemens,
tapisseries, broderies, &c. On estime la
consommation de Lyon à 3000 balles,
dont les étoffes en emportent les deux
tiers & le fil d'or le surplus; celle de
Tours est de 1500 balles; celle de Paris de 700; celle de Rouen de 200;
celle de Picardie aussi de 200 & celle

Qi 2

du refte du Royaume de 500, prefque toutes en foyes à coudre. Cette eftimation eft faite fur un pied médiocre & non par rapport à l'état préfent qui eft fort au-deſſous. Mais telle qu'elle eft, elle eft bien inferieure à ce que l'on rapporte de l'ancien débit qui fe faifoit à Lyon, où l'on comptoit 18000 métiers travaillans en étoffes de toutes fortes, au lieu qu'il n'y en a pas à préfent plus de 4000, & l'on tient que 6000 métiers confommoient 2000 balles de foye. Il faut ajouter que toutes les foyes du Levant en viennent graizes & que des autres Pays il en vient la moitié graizes & la moitié façonnées. Bien qu'il

Des Taffetas. fe faſſe à Lyon de toute forte d'étoffes de foye, il y en a deux néanmoins qui lui font particulieres; les taffetas qu'on appelle d'Angleterre & les riches étoffes d'or & d'argent : il fe fait des taffetas de toute couleur, mais la grande quantité eft des noirs fins & luftrés : à l'égard du noir, qui eft le plus beau du monde, on prétend que c'eft l'effet d'une proprieté particuliere des eaux de la Saône; mais pour le luftre, c'eft une invention moderne qui eft duë au mauvais état des affaires d'un fabriquant, qui vivoit il y a 50 ou 60 ans & fe

nommoit Octavio May. Cet homme
inquiet & agité de fon défaftre, qui
étoit prêt d'éclater, fe promenoit dans
fa chambre à grands pas, en mâchant
entre fes dents quelques brins de foye,
il tiroit quelquesfois cette foye de fa
bouche & l'y remettoit fans attention;
mais une fois étant venu à regarder
cette foye, il fut frappé de l'éclat qu'elle avoit acquis, cela lui fit faire réfléxion à la caufe de cette nouveauté qu'il
jugea provenir de ce que cette foye
avoit été bien foulée, mouillée &
échauffée. Il fit des expériences & réüffit
à donner le luftre au taffetas; mais auparavant de parvenir à une maniere fu-
re de luftrer il en brula beaucoup : cette découverte rétablit néanmoins fes affaires & fi fon fecret avoit été de nature à fe pouvoir cacher il y auroit gagné
des biens immenfes; depuis lui c'eft un
métier particulier dans Lyon que de
luftrer les étoffes. La maniere eft de
fouler & tordre la foye à force avant
de l'employer; après quoi on étend le
taffetas, on le mouille d'une certaine
façon ce qui s'appelle bailler l'eau &
l'on fait courir auffi-tôt fur l'étoffe un
brazier qui la féche dans le moment;
le point le plus difficile à attraper a été

LYON.
de donner le feu après l'eau pour sécher l'étoffe sans la bruler, c'est aussi ce que l'usage a reduit en art & en métier, qui établissent une profession séparée.

Etoffes d'or & d'argent.
À l'égard des étoffes d'or & d'argent, c'est le genie des fabriquans François qui en fait l'excellence; le travail peut être aussi beau & meilleur par tout ailleurs, mais il n'y a qu'en France où il se voit tous les jours des desseins nouveaux. Les étrangers ne les sçauroient imiter, mais ils les goutent & s'y connoissent fort bien. Un bon dessineur est à Lyon une partie essentielle de la Fabrique & quand il a du talent, sa seule industrie lui procure une part avantageuse dans la Société : on compte que la façon de l'étoffe fait les deux tiers de son prix, il s'en vend très-peu en détail dans Lyon & parce que c'est Paris qui règle la mode, ceux de Lyon même qui en veulent acheter les font venir de cette ville. Au surplus il se fait à Lyon des velours, des damas, des satins, moires, ferrandines, raz de saint Maur & quelques grisettes, le tout en petite quantité. Le travail des petites étoffes façonnées est propre à la fabrique de Tours, parce que les ouvries y sont excellens en la nuance des

Etoffes façonnées.

couleurs, qui n'eſt pas ſi bien entenduë
à Lyon, comme réciproquement. à
Tours on n'entend pas la maniere des
riches étoffes : Il y a encore cette remarque à faire ſur ces deux différentes fa-
fabriques, qu'à Tours il n'y a aucune
régularité ſur les longeurs, au lieu qu'à
Lyon on y eſt d'une éxactitude rigoureuſe, il y a deux largeurs pour le taffetas & une ſeule pour les étoffes. On

De la Dorure.

eſtime qu'il s'employe tous les ans à
Lyon en trait & filé environ cent trente mille marcs d'argent & mille marcs
d'or, ce qui revient à quatre ou cinq
millions : on donne d'abord à l'argent
trois façons auſquelles les ouvriers n'ont

Façon.

point de part, c'eſt un travail public
établi de l'autorité du Roi. 1°. L'argent
eſt apporté à l'affinage qui ſe fait à la
monnoye ſous l'inſpection des Officiers;
c'étoit autrefois un métier qui depuis
1690 eſt érigé en Charge avec titre de
Conſeiller du Roi. 2°. Il y a un Bureau où les lingots affinés ſont portés
pour être forgés & marqués. 3°. Ils
ſont tirés à l'argue dans ce même Bureau. Après ces trois façons les tireurs
y en donnent quatre autres pour en faire ce qu'on appelle du ſuper-fin; alors
ce trait eſt remis à l'écacheur qui l'a-

platit & il eſt enſuite filé ſur ſoye : toutes ces façons avec le travail des ba-
teurs d'or occupent au moins 4000 perſonnes & coutent bien 900000 l. Mais

*Eſtimation
géné ale des
Etoffes.*

comme après avoir parlé ſéparément
de la fabrique des étoffes & de la dorure il eſt néceſſaire de les rejoindre, parce que dans l'uſage elles ſe confondent
le plus ſouvent, l'idée générale que
l'on peut former du total, eſt qu'il entre dans l'une & l'autre environ pour
onze millions de matieres ; que les
préparations de ces matieres & les façons reviennent à plus de trois millions; que la vente qui s'en fait tant
par les marchands de Lyon que les autres du Royaume produit encore au-
delà près de trois millions; ainſi le total revient à dix-ſept millions en marchandiſes, dont les étrangers conſom-
ment le tiers, dans la ſuppoſition que
le commerce avec eux ſoit ſur le pied

*Des Futaines
& Bazins.*

où il étoit avant la guerre. La fabrique des futaines & bazins fut établie à
Lyon vers l'an 1580, elle étoit originairement dans le Milanez & le Piémont, mais comme les marchands de
Lyon ne l'en tiroient qu'à gros frais de
ſortie de ces Pays-là, d'entrée dans le
Royaume & de voiture, ils jugerent

qu'il étoit de leur intérêt d'établir la
même fabrique chez eux, ce qui réüſſit
& l'on a vu à Lyon juſqu'à deux mille
maîtres ouvriers, dont le commerce
montoit à plus d'un million & dont les
deux tiers alloient à l'étranger, en Eſpagne & Portugal. Deux inconveniens
ont ruiné cette fabrique au point qu'elle ne va pas à préſent à 100000 liv. le
premier eſt l'augmention de 20 liv. ſur
l'entrée du cotton filé ; l'autre eſt la
cherté des denrées dans Lyon particulierement du vin : les ouvriers de ces
étoffes gagnent ſi peu qu'ils n'ont pû
ſoutenir les frais de leur nourriture dans
la Ville, ils ſe ſont retirés en partie dans
le Foreſt & le Beaujolois, mais parce
qu'ils y manquent de bonnes matieres,
leur travail n'a plus de réputation.
Le reſte de ces ouvriers languit encore
dans Lyon & eſt à charge au Public.
L'Auteur ajoute que l'Etat ſouffre peu
de cette ruine, parce qu'il y a d'autres
manufactures pareilles établies à Marſeille & en Flandres, où elles ſont plus
en état de ſubſiſter, parce que les droits
y ſont bien moindres & d'ailleurs parce
que les futaines qui ſe débitoient en
Eſpagne ſont remplacées par les petites

Q 5

étoffes du Languedoc qui en tiennent la place.

Les Marchands drapiers prétendent que leur commerce avant la derniere guérre montoit à treize millions, dont les trois quarts alloient à l'étranger, fur tout en Savoye, Piémont, Milan, Rome, Venife & autres Villes d'Italie, Malthe, Suiffe, Alface, Lorraine & qu'à peine en cette quantité il y entroit pour 600000 l. de draps étrangers au nombre de fix à fept cent pieces à 300 liv. l'une portant l'autre. Ces draps quoi qu'en fi petite quantité leur étoient d'une extrême conféquence par la raifon que pour l'affortiment d'un Marchand drapier, il lui faut trois fortes de drap par rapport à la qualité, des fins en petit nombre, des médiocres & des plus groffiers en égale quantité & dix fois autant que des premiers. Or dans l'état préfent des chofes les Anglois & les Hollandois ont des deux premieres fortes, les François des deux dernieres ; & encore que celles-ci paroiffent de moindre confidération, il eft certain que fuppofant un affortiment entier, le marchand aura l'avantage par rapport au débit fur celui qui aura le plus des premiers. Mais il y en a encore une

autre raifon, c'eſt que les draps groffiers font d'un trop grand volume &
d'un trop bas prix pour porter aiſément
les frais d'un long tranſport & le paſſage en pluſieurs mains : le marchand qui
les tire direﬅement des lieux où ils ſe
fabriquent y gagne toujours ; les draps
fins, au contraire , peuvent ſupporter
aiſément ces mêmes frais par raiſon
contraire & parce que la petite quantité qu'il en faut ne fait pas une augmentation conſidérable ſur la totalité. Lors
donc que dans le Commerce, les marchands Italiens ou autres trouvoient entre les mains des marchands de Lyon
des aſſortimens complets, ils faiſoient
peu d'attention à l'augmention du prix
des fins qui étoit compenſée par le bon
marché des autres ; mais depuis qu'on
les a obligés à avoir des correſpondan-
ces ſeparées en Angleterre & Hollande
pour en tirer des draps qui ne ſe trouvent pas en France, comme le travail
de ces Pays-là eſt meilleur que le nôtre,
ils y ont pris auſſi les médiocres & le
commerce de la draperie de Lyon eſt
tombé tout à coup de plus de la moitié, étant reduit à moins de ſix millions.
Après avoir remarqué que le commer- De Toilc.
ce des toiles eſt celui qui s'étend le

Q 6

LYON. plus en Espagne & en Italie, l'Auteur ajoute que les Suisses y font un très-grand préjudice, depuis qu'ils se sont mis à imiter les manufactures de France; l'éxemption de droit, dont ils jouïssent, les mettant en état de donner leurs toiles à bien meilleur marché que nous, fait qu'ils ont toujours la préférence. Mais le plus grand mal est qu'ils débitent des toiles d'Hambourg & de Silésie sur le pied des toiles de leur cru, ce qui est une fraude & une contravention aux Traités.

De l'Epicerie. Le commerce de l'épicerie étoit autrefois le plus grand de Lyon & le plus assûré pour faire fortune, ce n'est plus rien aujourd'hui & plusieurs causes ont concouru à le détruire; la premiere est le changement arrivé dans la route que cette marchandise tenoit pour venir en Europe, depuis la découverte du passage autour de l'Afrique; la seconde, les droits excessifs qui sont sur l'épicerie, car au lieu que toutes les autres marchandises entrant en France & déclarées pour Lyon sont déchargées des trois quarts des droits par compensation de celui de la Douanne, les épiceries n'ont aucune diminution : d'ailleurs la Ville a ses droits particuliers sur les mêmes especes, de sorte que les impôts ordinaires sur l'épicerie sont doublés & triplés par rapport à Lyon ; le troisiéme est la franchise des Bourgeois de Marseille, qui leur donne droit d'avoir leurs Commissionnaires à Lyon; enfin le transit accordé de Genes à Marseille. Le dernier commerce qui entre dans la discussion de l'Auteur, est celui de la Librairie, qui n'est plus rien tant au-dedans du Royaume qu'au-dehors.

Il n'y a que deux Libraires qui fassent commerce avec l'Etranger, le principal est celui d'Espagne & celui des Indes Espagnoles, où l'impression n'est point en usage, tant par la négligence de la Nation, que par la rareté du papier qu'ils ne peuvent tirer que de la Rochelle ou de Genes. Les livres que l'on imprime pour l'Espagne sont tous de Scholastique, de Jurisprudence ou de Médecine, composés par des gens de la Nation & ne sont propres que pour eux : le bon marché en fait le plus grand mérite, & même on en taxe le prix en Espagne ; par cette raison on se garde bien dans l'impression de s'attacher ni à la beauté du caractére ni à celle du papier. Mais c'est à cet égard que la Librairie de Lyon souffre le plus, parce que les droits établis sur le papier n'en distinguent point la qualité, le plus méchant paye autant que le meilleur, ce qui fait que ne pouvant plus faire aux Espagnols le bon marché accoutumé, ce commerce s'est entierement porté à Venise : à l'égard des livres de France, il ne s'en imprime gueres à Lyon, si ce n'est ceux que l'on contrefait sur les impreſſions de Paris, sans cela les Libraires de cette Ville mourroient effectivement de faim.

Remarques sur Geneve. L'Auteur avoit ci-devant touché en peu de mots le préjudice que le commerce de Geneve fait à celui de Lyon, il a jugé à propros de faire quelques observations plus particulieres à cet égard ; la premiere, c'est que Lyon l'emporte de bien loin sur cette Ville par sa situation, la multitude du Peuple, Artisans & marchands, au lieu que pour Geneve son travail & son commerce sont bornés à tous ces égards ; mais comme Lyon a eû besoin des franchises qui lui ont été accordées sous Louis XI. pour enlever le commerce de Geneve, il est certain que l'excès des droits qui se sont accumulés sur celui de Lyon a rejetté sur Geneve la meilleure partie de son profit. Car encore

que
com
de ſc
trée q
débit
en eſt
de l'é
en m
même
march
les dra
& de
ſiers,
compl
le mê
sont
droits
Lyon.
ge des
ner le
le faux
prix,
nois :
de l'aſ
ges en
menta
magne
treize.
dant la
précé

que la franchife des foires fubfifte, comme élle ne fe rapporte qu'aux droits de fortie & que ce font ceux de l'entrée qui encherifient la marchandife, le débit n'en eft pas rendu plus aifé : c'eft en effet ce qui a détruit le commerce de l'épicerie dans Lyon & qui l'a porté en même temps à Geneve. Il en eft de même de la draperie, parce que les marchands de Geneve tirent également les draps fins & médiocres d'Angleterre & de Hollande, & de France les groffiers, deforte qu'ils ont des affortimens complets de toutes les efpeces. Ils ont le même avantage fur les toiles qu'ils font paffer par la Bourgogne où les droits font infiniment moindres qu'à Lyon. A l'égard de la dorure, l'avantage des Genevois eft qu'ils peuvent donner le fin à quarante fols par marc, & le faux à dix fols qui eft le fixiéme du prix, à meilleur marché que les Lyonnois: les caufes font d'une part les frais de l'affinage depuis la création des Charges en titre d'Office, & de l'autre l'augmentation du droit fur le trait d'Allemagne, qui de cinq fols a été porté à treize. La difficulté du commerce pendant la guerre fe joignant aux raifons précédentes a tellement favorifé les fabriques de Geneve, qu'elles employent plus de 5 à 6000 ouvriers dans la Ville, & qu'elles font même travailler dans Lyon. Elles ne s'étendent pas néanmoins jufques aux étoffes, mais auſſi y a-t-il bien plus à gagner ſur le ſimple filé, le galon & les dentelles, parce que le débit s'en fait dans les Indes Eſpagnoles où le profit eſt le plus grand quand il réüſſit. Pour bien entendre

Remarques
ſur le com-
merce de Ge-
neve. cela, il faut ſçavoir qu'il ſe tient tous les ans deux grandes foires dans les Indes, l'une à Porto-bello, & l'autre à la Vera-crux; on y porte d'une part toutes les marchandiſes d'Europe qui s'y peuvent débiter; & de l'autre les gens du Pays y apportent leur argent en eſpeces; jamais de part ni d'autre on ne r'emporte rien que l'échange reciproque, c'eſt pourquoi, ſuivant l'abondance de l'argent qu'il y a eû à la foire, les flottes viennent chargées & les marchands profitent. Le principal débit qui ſe fait aux Indes par rapport au filé d'or eſt celui du faux trait & quand on y porte du fin c'eſt toujours le moins parfait, parce qu'on n'y regarde pas de ſi près en ce Pays-là; d'ailleurs on s'y ſoucie peu du titre; Geneve prend ſes avantages à tous ces différens égards.

& par-là on peut juger de la grande perte que Lyon a faite en demeurant privée de ce commerce. L'Auteur fait une réfléxion judicieuſe ſur le grand inconvenient qui ſe rencontre à ruiner une ancienne fabrique pour en établir une nouvelle, comme il eſt arrivé à l'é-gard du faux trait que l'on a anéanti pour établir le fin, au lieu qu'il y a plus à gagner ſur le premier, & le Roi mê-me tiroir 20000 liv. du droit de cinq ſols qu'il prenoit deſſus, au lieu qu'il n'en a pas à préſent 1000 livres quoi qu'augmenté des deux tiers.

Dans le plat-pays il y a cinq ou ſix ſortes de profeſſions différentes parmi le Payſan qui lui donnent le moyen de vivre & payer la taille. 1°. Le mouli-nage de la ſoye à Saint Etienne, Saint Chamont, Virieu & Neufville. 2°. La manufacture des rubans à Saint Etien-ne & Saint Chamont. 3°. La quincail-lerie à Saint Etienne. 4°. Les toiles & futaines dans le Beaujolois. 5°. Les voitures & chariages dans les environs de Rouannes & Saint Etienne, leſquels même portent quelque préjudice au la-bourage. 6°. La navigation, mais elle ſouffre une grande diminution depuis l'établiſſement des Coches d'eau, qui

Manufactu-res du plat-pays.

LYON. privent les particuliers de la liberté accoutumée. 7°. La fabrique des fromages de Roche, dont il se vend tous les ans pour environ 25 à 30000 livres. 8°. Les courses de 7 à 800 Paysans du Forest qui passent en Piémont & même dans le Milanez pour y travailler à la grosse besogne & rapportent annuellement 20 à 25000 liv. dans le Pays. Mais toutes ces Professions diminuent journellement; la fabrique des rubans est entierement tombée avec la mode, elle n'est plus d'usage que pour les femmes & les étrangers; le moulinage de la soye ne donne qu'à peine le moyen de vivre à ceux qui le pratiquent, lesquels gagnent au plus trois sols par jour; les Quincalliers de Forest tirent leur fer de Bourgogne & du Nivernois, il y a parmi eux de très-bons ouvriers, mais parce que le négoce ne va point, ils ruinent eux-mêmes leur commerce par leurs ouvrages à la légere qui en perd la réputation; la manufacture de toile & de futaine diminue pareillement, de cinq mille métiers que l'on comptoit dans la Généralité, elle est réduite à deux mille. Il y a un Commissaire Inspecteur dont la Commission a été étendue dans toute la Généralité en

1692, au lieu qu'il étoit auparavant borné au Beaujolois; la feule Ville de Lyon a obtenu fon éxemption contre lui. Les Magiftrats & Marchands de Villefranche ont fait en 1680 des réglemens pour la même fabrique, qui ont été confirmés par Arrêt du Conſeil, en vertu duquel ils en étendent l'éxécution à dix lieuës autour de leur Ville; tout cela ſe fait à bonne fin & toutefois tout ſe ruine, la liberté jointe à une médiocre facilité de débit étant l'ame du Commerce.

Je finirai cet Extrait par mes remarques particulieres ſur les qualités de ce Mémoire, que l'on peut regarder comme l'un des plus éxacts & des plus précis qui ayent été faits. Mais on y découvre trop la foibleſſe que l'Auteur a eue de cacher les deſordres publics & de n'en pas attribuer la cauſe à leurs véritables Auteurs, les Fermiers du Roi, les donneurs de faux avis, & par deſſus tout l'ignorance de ceux qui préſident au Gouvernement. Il ne touche point auſſi l'état malheureux des peuples, qu'il auroit pris foin de repréſenter s'il avoit eu quelque ſentiment d'humanité & de douceur; mais on peut juger de pluſieurs endroits de ſon

Réfléxions ſur le Mémoire.

Lyon. Ouvrage, qu'il étoit d'un caractére bien oppofé, puifque par exemple il n'a pas jugé que la mifere & la langueur de 7 à 8000 ouvriers, qui font réduits a l'aumône par la ruine de la fabrique des futaines dans Lyon, fut une perte ou un défavantage pour l'Etat.

Fin de la Généralité de Lyon.

EXTRAIT

DU

MEMOIRE

DE LA

GÉNÉRALITÉ

DE

D AUP HINE'

Dreſſé par ordre de Mgr. le Duc
DE BOURGOGNE en 1698.

Par Mr. BOUCHU , *Intendant.*

E Dauphiné , l'une des
plus conſidérables Provinces du Royaume, quand
elle n'auroit d'autre avantage que celui d'être le ti-
tre du fils aîné de nos Rois & de l'héritier préſomptif de la Couronne, eſt
formé comme une eſpece de triangle,

dont le côté Occidental & la pointe
Septentrionale sont bornés ar le fleuve
du Rhône ; le côté Orient. par la Savoye & le Piémont ; & ceu du Midi
par une partie du même iémont, la
Provence, le Comté Ve..tin & la
Principauté d'Orange. Saplus grande
longueur depuis Quirieu r le Rhône jusqu'à la Principauté Orange est
de trente sept lieuës ; & sa largeur
depuis Valence jusqu'à hâteau-du-
bois dans la Vallée de Pajélas est de
trente cinq lieuës. Outre l Rhône qui
sépare le Dauphiné du Buge, du Lyonnois & du Languedoc, ony trouve la
Riviere d'Isere, qui prenat sa source
dans la Tarantaise, coul par la Savoye jusqu'à Pau au-desson de Montmeillan, où elle commenc à porter
batteau, traverse ensuite la rovince en
passant par Grenoble & près vingt-
quatre lieuës de cours se ed ans le
Rhône une lieuë au-dessus de Valence.
Les autres Rivieres non nv gables de
La Durance. la Province sont la Duranc. qui prend
sa source au Mont Genexe dans le
Briançonnois, passe à B..çon &
Ambrun, d'où elle entre en Provenc
La Doire qui sort de la même montagne & se va perdre dans le Pau au-

deſſous de Turin, le Drac, le Guié, la Dromme, la Bourré, la Galante, le Robion, la Berre, la Gierre & l'Auzon : toutes ces rivieres nourriſſent quantité de truites, mais c'eſt l'unique bon poiſſon que l'on en tire. Le Dauphiné a auſſi pluſiers petits Lacs, tels que celui de Paladruen Viennois, celui de la Frée dans Election de Grenoble & celui du Luc dans le Diois ; le plus grand de ces lacs n'a pas une lieuë circonférence, mais s ont tous & particulierement celui de Paladru beaucoup de poiſſon qui eſt d'un goût excellent. Au ſurplus la nature du Pays qui ſera expliquée ci-après ne rend pas ſuſceptible des travaux que on peut pratiquer ailleurs pour l'avantge du commerce en faiſant des canaux & forçant les Rivieres non navigables à porter des batteaux.

On n'a jamais propſé pour le Dauphiné que deux ouvrages, leſquels, quoique très-avantageux aux lieux ou l'on avoit deſſein de les faire, n'ont point eu d'éxécution Le premier eſt d'aligner la riviere d'Isere depuis le Fort de Barrau juſqu à Grenoble, & par ce moyen on auroit de quelque part abbrégé conſidérablement la navigation ; & de

Projet par rapport aux Rivieres.

DAU-
PHINE'.

dont le côté Occidental & la pointe
Septentrionale font bornés par le fleuye
du Rhône ; le côté Oriental par la Savoye & le Piémont ; & celui du Midi
par une partie du même Piémont, la
Provence, le Comté Venaiffin & la
Principauté d'Orange. Sa plus grande
longueur depuis Quirieu fur le Rhône jufqu'à la Principauté d'Orange eft
de trente fept licuës ; & fa largeur
depuis Valence jufqu'à Château-du-
bois dans la Vallée de Prajelas eft de
trente cinq lieuës. Outre le Rhône qui
fépare le Dauphiné du Bugey, du Lyón-
nois & du Languedoc, on y trouve la
Riviere d'Ifere, qui prenant fa fource
dans la Tarantaife, coûle par la Savoye jufqu'à Pau au-deffous de Montmeillan, où elle commence à porter
batteau, traverfe enfuite la Province en
paffant par Grenoble & après vingt-
quatre licuës de cours fe perd dans le
Rhône une lieuë au-deffus de Valence.
Les autres Rivieres non navigables de

La Durance. la Province font la Durance, qui prend
fa fource au Mont Genevre dans le
Briançonnois, paffe à Briançon & à
Ambrun, d'où elle entre en Provence :
La Doire qui fort de la même mon-
tague & fe va perdre dans le Pau au-

deſſous de Turin, le Drac, le Guié, la
Dromme, la Bouruë, la Galante, le
Robion, la Berre, la Gierre & l'Auzon : toutes ces rivieres nourriſſent
quantité de truites, mais c'eſt l'unique
bon poiſſon que l'on en tire. Le Dauphiné a auſſi pluſieurs petits Lacs, tels
que celui de Paladru en Viennois, celui de la Frée dans l'Election de Grenoble & celui du Luc dans le Diois ; le
plus grand de ces lacs n'a pas une lieuë
circonférence, mais ils ont tous & particulierement celui de Paladru beaucoup
de poiſſon qui eſt d'un goût excellent. Au
ſurplus la nature du Pays qui ſera expliquée ci-après ne le rend pas ſuſceptible des travaux que l'on peut pratiquer
ailleurs pour l'avantage du commerce
en faiſant des canaux & forçant les Rivieres non navigables à porter des batteaux.

On n'a jamais propoſé pour le Dauphiné que deux ouvrages, leſquels,
quoique très-avantageux aux lieux où
l'on avoit deſſein de les faire, n'ont
point eu d'éxécution. Le premier eſt
d'aligner la riviere d'Iſere depuis le Fort
de Barrau juſqu'à Grenoble, & par ce
moyen on auroit d'une part abbrégé
conſidérablement la navigation ; & de

*Projet par
rapport aux
Rivieres.*

l'autre augmenté le terrein où coule
cette Riviere de toutes les finuofités
qu'on en avoit retranchées. L'Auteur
dit n'avoir pu découvrir les motifs qui
ont diminué l'ardeur que la Cour avoit
d'abord pour la perfection de ce travail,
mais il a été prefqu'auffi-tôt abandonné qu'entrepris. Le fecond étoit un
Canal ouvert dans le Rhône au-deffus
de Pierre-latte & qui devoit y r'entrer
au-deffous, fon unique ufage auroit été
d'arrofer un terrein confidérable à l'aide de quoi on efpéroit changer fa nature de labeur en prairies. Le Prince
de Conti Seigneur de Pierre-latte & les
particuliers qui ont des terres dans
cette étendue y auroient fait un grand
profit , toutefois après avoir obtenu
des Lettres Royaux portant permiffion
de creufer ce Canal, on n'y a rien fait
de plus. Il y a deux grands marais qui

*Marais d
deffecher.*

fourniroient un terroir de grande étendue s'ils étoient defféchés comme on a
eu deffein de le faire. Le feu Maréchal
de Turenne avoit obtenu la permiffion
de le faire à celui de Bourgouin & cedé
fon privilège à un Hollandois qui y travaille depuis vingt-cinq ans, fans que
l'on s'apperçoive encore d'aucun avan-
cement de fon ouvrage : l'Auteur pré-
fume

fume que ce perfonnage n'a pas la
bourfe affez forte pour foutenir cette
entreprife & juge qu'elle fera bien-tôt
abandonnée ; l'autre marais qui eft à
deffécher eft celui de Branque.

Le Dauphiné fe divife en Pays de
montagnes & en plaines, ou plus proprement en haut & bas ; le premier
comprend la Matefine, le Champfaur,
l'Oyfans, le Diois, le Gapençois, l'Embrunois, & le Briançonnois, tous fitués
dans les hautes montagnes des Alpes;
le bas Dauphiné comprend le Gréfivaudan, le Viennois, le haut & bas Valentinois & les Baronies. Tous ces Cantons qui portent le nom de plaines ne
laiffent pas de contenir plufieurs hautes
montagnes, mais en général ils en ont
beaucoup moins que le haut Dauphiné ; le Gréfivaudan eft une vallée de dix
lieuës de longueur où coule la riviere
d'Ifere, il y a peu de Pays au monde
mieux cultivé que cette étenduë dans
laquelle la Ville de Grenoble fe trouve
fituée. Les montagnes renferment quantité de mines & de richeffes fouterrai-
nes, celle d'Allenard à fix licuës au-
deffus de Grenoble produit du fer très-
doux & qui paffe pour le meilleur que
l'on peut employer; c'eft de ce fer que

*Divifion de
la Province.*

*Montagnes
leurs mines.*

font fabriqués les Canons que depuis vingt ans l'on fond à Saint Gervais fur l'Ifere au-deſſus de Grenoble. Il y a auſſi pluſieurs mines de cuivre dans les montagnes, mais la plûpart font abandonnées, tant à cauſe de la difficulté des chemins, que de la rareté du bois dans les lieux où elles fe trouvent, telle eſt celle de la Coche qui vient d'être nouvellement abandonnée. On tire actuellement du plomb au village de la Piarre dans le Gapençois, la mine qui en étoit fort abondante il y a quarante ans eſt à préſent reduite à une très-petite veine, ce qui fait préſumer qu'elle fera bien-tôt abandonnée, comme l'a été celle de l'Argentiere à quatre lieuës de Briançon. Le Territoire de Breſſe dans le mandement d'Oyſans contient diverſes mines d'ardoiſe. Il y en a une de vitriol & de couperoſe à l'Arnage proche de Tain fur le Rhône; une terre propre à faire des pipes au même lieu de Tain; une de craie entre Caſanne & Seſtrieres à trois lieuës de Briançon, finalement les mines de charbon font communes dans toute la Province. A l'égard des eaux minerales, il y en a de chaudes au Village de la Morte fur le bord du Drac à cinq lieuës de Gre-

noble & au Moutier de Briançon, il y
en a d'autres froides au Moutier de
Clermont à quatre lieuës de Grénoble
fur la route de Provence & à Orel dans
le Diois, les unes & les autres font fa-
lutaires & propres à la guerifon de
différentes maladies. On tire une quantité raifonnable de Salpêtre de toute
la Province, mais il n'y a point de lieu
qui en produife l'un plus que l'autre.

Le Dauphiné a un avantage confidérable par comparaifon aux autres Pays
des montagnes, c'eft celui d'avoir une
quantité fuffifante de bois pour bruler
& même pour bâtir : il y a des Forêts de
chêne qui portent des bois propres à la
conftruction des navires & des galeres,
d'autres de fapin pour la grande & petite mâture. Les principales forêts font
du côté de Guilleftre & de la grande
Chartreufe. D'ailleurs le Dauphiné produit abondamment de   de toutes efpeces & des leg   n &
du chanvre dont on feme quantité dans
tout le bas Dauphiné, & particulierement dans le Viennois, le haut Valentinois & l'Election de Romans. Il y a
quantité de vignes dans toute la Province, à l'exception néanmoins du
Briançonnois, où il ne s'en trouve qu'à

Exiles & à Chaumont, dans le voisinage de Suse. Les vignobles de la plus grande réputation sont ceux de Vienne & de Tain connus sous le nom Côte-rotie. Il y a aussi dans toute la Province quantité de chataigniers & de noyers, qui sont une grande ressource pour les peuples; il s'y trouve aussi des meuriers blanc dont les feuilles servent à la nourriture des vers à soye & quantité d'amandiers & d'oliviers. Les Botanistes frequentent les montagnes pour y découvrir les plantes les plus rares & qu'on ne voit ailleurs dans aucun autre Pays. Les montagnes de Prémol qui est une Chartreuse de filles à trois lieuës de Grenoble, de Bessez & de Grave dans le Mandement d'Oysans, & celle de Touland dans le Diois, près de l'Abbaye de Lyoncelle, sont plus fréquentes qu'aucunes autres en cette espece de

Manne de Briançon. rareté. On recueille par tout le Briançonnois de la manne peu inférieure à celle de Calabre, si toutefois ou veut bien croire que ce soit une rosée condensée ou séchée par la chaleur du Soleil; car les plus sincéres Droguistes avouent que cette résine n'est que le suc de l'arbre de frêne épaissie par la chaleur

Pâturages. du feu. La plûpart des autres monta-

gnes contiennent d'excellens pâturages
pour la nourriture des gros beftiaux, le
laict que les vaches y rendent eft converti en beurre & en fromages qui font
d'un grand débit dans tout le Royaume : les meilleures montagnes de cette
efpece font celles de Saffenage & d'Oyfans dans l'Election de Grenoble; celle
de Greffes, de Valdromme & de Vevors
dans le Diois; celles de Vars & des Or-
res dans l'Embrunois & celles de Quey-
ras & de Pragelas dans le Briançonnois.
Les terres font extrêmement fortes dans
le Gréfivaudan, dans une partie du Viennois & dans le Valentinois, elles font
plus légeres dans la partie baffe du même Canton & ne laiffent pas de donner de bonnes récoltes. Pour le refte
de la Province l'Auteur affure que,
malgré la diminution de Habitans, qui
a été caufée par la guerre & les autres
accidens, il n'y a point de bonnes terres ni même de médiocres qui ne foient
cultivées.

L'Auteur affure encore qu'en g
les Habitans du Dauphiné ont dénéral
prit, mais il avoue que le caractére n'en
eft ni aimable ni poli : il dit que l'induftrie eft particulierement le parrage
des peuples du Briançonnois lefquels

R 3

ordinairement avec les plus foibles
commencemens que l'on puisse imaginer, acquerent par leur application des
richesses considérables : le moyen qu'ils
employent communément à cette fin
est le Commerce, qu'ils vont faire indifféremment en France, en Italie, en
Espagne & même en Portugal, étant
d'ailleurs laborieux & œconomes au
souverain degré. L'infertilité de leur
Pays, qui refuse à leurs travaux des récoltes médiocres, les engage à la nécessité ou de se passer de beaucoup de cho-
ses ou de se les procurer par le trafic.
Au contraire des Habitans de la plaine,
que l'abondance rend paresseux, desorte qu'on ne peut faire aucune compa-
raison de la force pécuniaire entre les
uns & les autres, tant il est vrai que la
Providence distribue des talens à proportion des besoins. Au reste le caractére ordinaire des Dauphinois, à l'exception néanmoins d'un petit nombre
ausquels on peut rencontrer autant de
droiture, de sûreté & d'ouverture de
cœur qu'en aucune autre Province, est
d'être fin & caché : le moyen le plus
sûr de les surprendre, est de les avertir
de ce qu'on veut faire quelque temps
avant d'y travailler, ils sont si éloignés

d'une femblable confiance qu'ils ne
fçauroient la concevoir dans les autres
& ils la prennent toujours au contre-
pied. D'ailleurs il y a auffi peu de liaifon d'amitié entre les particuliers que
de haines formées, ils demeurent les uns
à l'égard des autres dans une difpofition
toujours fufceptible des mouvemens de
tendreffe ou d'averfion qu'ils veulent
lui donner & qu'ils lui donnent toujours
par rapport à leur intérêt, n'y ayant,
felon l'Auteur, aucun Pays où l'on y
ait plus d'attention qu'en celui-ci. A *Nombre du*
l'égard du nombre du Peuple, l'Auteur *Peuple.*
le juge diminué d'une huitième partie
depuis les mortalités qui ont fuivi la famine de 1693 & depuis la révocation
de l'Edit de Nantes, qui a obligé plu-
fieuts Huguenots à fe retirer ; ce font
les deux caufes principales de cette diminution fans exclufion toutefois de la
Milice, des engagemens forcés & de la
mifere générale. On comptoit dans l'E- *Huguenots.*
lection de Grenoble 6071 Huguenots,
il s'en eft abfenté 2025 ; dans l'Election
de Vienne 147, dont 73 ont paffé aux
Pays étrangers ; dans l'Election de Romans 721, dont 333, ont deferté ;
dans l'Election de Valence 4229, dont
il y en a 617 deferteurs ; dans celle de

R 4

Gap, recepte de Briançon, 11296 dont
3782 ont abandonné; dans la même
Election, recepte de Gap, 1200, dont
744 ont quitté la Province; & enfin
dans l'Election de Montelimart 15580,
dont il en eſt ſorti 2716 : deſorte que
la Province entiere, lors des concuſ-
ſions, contenoit 39244 Huguenots,
dont il en eſt ſorti du Royaume 10290:
partant il y reſtoit 28954 nouveaux
convertis, deſquels il eſt mort la meilleure partie depuis l'année de leur changement.

*Villes princi-
pales.*

Le Dauphiné contient dix Villes
principales & pluſieurs Bourgs, les premieres ſont Grenoble Capitale, Vienne, Romans, Valence, Montelimart,
Creſt, Dye, Gap, Embrun & Briançon. Les Bourgs principaux ſont la côte Saint André, Saint Saphorin, Doyon,

Bourgs.

Bourgouin, Cremieu, Cyrieu, la Tour-
du-Pin, Saint Jean de Bournay, Voiron, la Mure ancienne reſidence des
Dauphins, Menel, Tullins, Moirans,
Saint Marcellin, Moras, Beaurepaire,
Saint Vallier, Tain, Loriol, Pierre-late,
Saint Paul-trois-châteaux, Nions-le-
buis, Dieu-le-fit, Chabeuel, Etoille, Saillans, Veynes, Guilleſtre & le Bourg
d'Oyſans. Le détail des unes & des

autres fe trouvera ci-après dans les ar-
tieles des différentes Elections où ils
font compris. L'Auteur ne s'etant point
attaché dans fon Mémoire à traiter les
matieres par raifon de connexité, mais
les donnant toutes feparément & fans
relation des unes aux autres, j'ai cru de
voir rétablir ces defordres autant qu'il
feroit poffible; c'eft pourquoi je fais
fucceder à l'énumération des lieux confidérables de la Province ce qu'il dit
ailleurs des ponts, des chemins, des
foires & marchés, des routes des Troupes & des étapes, dont le détail fera
connoître la liaifon de ces différentes
parties. La plus grande route du Dauphiné eft celle qui cotoye le long du
Rhône, en allant de Lyon en Provence, paffant par Saint Saphorin, par
Vienne, par Saint Vallier, par Tain,
par le port de la Roche, où l'on traverfe l'Ifere qui eft quelquefois fi débor-
dée, qu'on ne la paffe qu'avec peril,
par Valence, par Livron, par le Port
de la Dromme, très-difficile à paffer,
quand les eaux font groffes, par Loriol, Montelimart, Douzere & Pierre-
late, où les routes du Languedoc & de
Provence fe feparent; la premiere tra-
verfant le Rhône fur le Pont du Saint

Chemins & grandes rou-tes.

R 5

Efprit; & la feconde continuant vers
Avignon à travers les terres du Comtat & de la Principauté d'Orange. La
feconde route confidérable eft celle de
Lyon à Grenoble, paffant par Cyrieu,
Artas & Moirans. La troifiéme de Lyon
à Chambery, paffant par Verpilliere ;
Bourgouin & le Pont Beauvoifin. La
quatrième de Grenoble à Chambery
par Crofle, Barreaux & Chapuillan. La
cinquéme & derniere de Grenoble à
Valence par Moirans, Saint Marcellin
& Romans. L'Auteur affure que toutes
ces routes font fort bien entretenuës au
moyen des fonds qui font employés
tous les ans à leur réparation, de forte
que les caroffes & les chaifes y peuvent
paffer commodément ainfi que les char-
rois. Il n'en eft pas de même de la route de Grenoble à Gap, Embrun, Briançon, Pignerol, ou Suze, d'où l'on entre
dans la plaine du Piémont & de celle
qui coupe droit de Grenoble à Briançon en paffant par le Bourg d'Oyfans.
Ces chemins n'avoient été praticables
dans les temps précédens qu'aux gens
de pied & tout au plus qu'aux mulets de
charge ; mais pendant la premiere guerre
de Savoye l'on obligea les Communautés voifines d'y travailler, ce qu'elles ont.

fait, de forte qu'avec peu de dépenfe
pour le Roi, l'on y trainoit non feulement du canon & toutes fortes d'équipages d'artillerie, mais que les chariots
de vivres y paffoient commodément :
toutefois comme les réparations ont difcontinué auffi-tôt que la paix de Savoye a été faite, ces routes fe trouvoient rétombées en leur ancien état,
quand l'Auteur à écrit fon Mémoire ;
mais il eft à préfumer que la guerre
ayant récommencé prefqu'auffi-tôt, la
néceffité des tranfports de vivres &
de canon a obligé d'y faire les réparations néceffaires. L'Auteur ajoute qu'il
n'y a point d'ouvrage plus néceffaire à
la Province que celui d'établir folide-
ment la route de Grenoble à Pignerol,
paffant par Oyfans & Briançon, quoique la dépenfe en puiffe monter à deux
millions : il affure que toutes les autres
routes, dont on pourroit donner l'idée
feroient plus difficiles à pratiquer &
d'une bien moindre utilité.

La matiere des Ponts & Chauffées
fuit trop naturellement l'article des
grands chemins pour les divifer. L'Auteur obferve d'abord que l'année 1651
fut fatale aux ponts de la Province,
puifque celui de Vienne fur le Rhône,

celui de Romans fur l'Ifere, celui de
Saône fur la même riviere tomberent
en ce temps-là : le premier n'a point été
rétabli, il n'en refte qu'une arcade &
quelques piles ; la néceffité du paffage a
obligé à réparer celui de Romans partie de bois & partie de pierre, mais ce
qu'on y a fait eft de nature à ne pouvoir fubfifter plus de dix ou douze ans ;
celui de Saône eft demeuré fans rétabliffement. Il y a deux ponts à Grenoble fur l'Ifere, l'un de pierre conftruit
depuis trente ans & l'autre de bois
conftruit fur des piles de pierre : on
voit à une lieuë de cette Ville le Pont
de Cluy bâti fur le Drac, qui eft d'une
feule Arche & d'une Architecture très-
hardie; la même riviere en a un autre
auprès du Village de Lefdiguieres : la
riviere de Romanche en a plufieurs
tous de bois fervant à la route de Grenoble à Briançon, par Oyfans; la riviere de Durance en a plufieurs autres
auffi de bois dans le voifinage d'Embrun, fervans tous à la route de Gap, à
Suze, à Pignerol. Tous les autres ponts
de la Province ne méritent aucune remarque particuliere. Mais l'Auteur en
fait une néceffaire au fujet des Ponts,
dont le rétabliffement lui paroît indif-

pénſable, tels ſont ceux de Vienne ſur le
Rhône, celui du Pont de la Roche ſur
l'Iſere, celui de Livron ſur la Dromme
& celui de Montelimart ſur le Robion :
il ajoute que ces derniers ſont d'autant
plus importans, que les rivieres qu'ils
traverſent ſont ſujettes à ſe groſſir, de
maniere que le commerce en eſt exceſ-
ſivement retardé & qu'on auroit peine
à imaginer le préjudice qu'il en ſouffre. Il ſemble à propos en continuant
la même matiere de parler des routes
particulieres des Troupes, dont la guerre préſente rend la connoiſſance plus
néceſſaire : il y en a deux principales,
celle de Lyon en Languedoc & en Provence; & l'autre de Lyon dans le Briançonnois frontiere de Piémont; toutes
deux commencent à Vienne, d'où, par
la premiere, l'infanterie s'achemine à
Saint Romans d'Albon, & la Cavalerie
à Moras, Romans, Valence, Livron,
montelimart, Saint Paul-trois-Châteaux
& au Saint Eſprit. La ſeconde route
paſſe aux mêmes lieux juſques à Valence, continue par Creſt, Saillans, Dye,
Veynes, Gap, Embrun, Guilleſtre,
Briançon & Aſanne, d'où celles qui
ſont deſtinées pour Suze, ſuivent la
Vallée d'Oulx; & celles qui vont à Fe-

neftrelles montent la montagne du même nom. Il eft aifé de voir que cette
route forme un détour, qui double
ou triple le chemin ; c'eft pourquoi pendant la guerre on en a fouvent pratiqué
une autre beaucoup plus courte ; mais la
difficulté des neiges fait qu'elle n'eft en
ufage qu'une très-petite partie de l'année.
Dans cette route la Cavalerie partant de
Lyon venoit à Bourgouin, Voiron & Vizille ; l'Infanterie fe rendoit au même lieu
par Vienne, la Côte Saint André &
Vareppe ; de Vizille ou va au bourg
d'Oyfans, à la Grave, au Villars d'A-
rem, & à Briançon ; ou bien partant de
de Vizille on va à la Mure, à Corp, à
Saint Laurent du Cros, à Gap, Embrun, Briançon. La diftribution des
quartiers d'hyver qui femble une matiere attachée à la précédente, y a peu
de rapport dans la maniere dont elle eft
traitée par l'Auteur, parce qu'il fe cou-
tente de dire que le Dauphiné a plufieurs endroits où la Cavalerie peut fe
rétablir commodément, à caufe de l'a-
bondance des grains & des fourages ;
mais pour l'Infanterie, il dit nettement
qu'elle n'y a jamais fait aucun profit ni
augmention. Quant à la quantité de
Régimens que la Province peut porter,

Quartier d'hyver.

il dit que cinq Régimens de Cavalerie,
de douze Compagnies à cinquante Maîtres, y peuvent aisément subsister; &
pour l'Infanterie comme la distribution
s'en fait arbitrairement dans les Villes &
même dans celle de Grenoble, qui en
avoit été exempte jusqu'à l'autre guerre
de Savoye, il ne peut rien fixer de certain.

Marchés.

. Les principaux marchés de la Province se tiennent à Grenoble deux fois
la semaine, à Voiron, à Gomelin, Vizille, la Mure, Corp, Saint Bonnet, Me-
nes, le Moutier de Clermont, le Bourg
d'Oysans, chacun une fois; à Vienne
trois fois; à Lemps deux fois; à la Côte Saint André, à Beaurepaire, à Saint
Jean de Bournay, à Saint Saphorin
d'Ozan, à Cremieu, à Moustel, à Bourgouin, à la Tour-du-pin, au Pont Bau-
voisin, à Romans, à Saint Marcelin, à
Saint Valiers, à Valence, à Chabeuel,
au Pont en Royans, à Montelimart, à
Saint Paul-trois-Châteaux, à Nions,
au Buis, à Crest, à Dye, à Gap, à Tallard, à Veynes, à Orpiere, à Serres, à
Embrun, à Guillestre & à Chaumont
chacun une fois. Les foires sont en
très-grand nombre : Grenoble en a six
par an; Voiron, Gomelin & Vizille une;
la Mure deux, Corp une, Saint Bonnet

quatre, Mens deux, le Moutier de Clermont quatre, Vif trois, le Bourg d'Oyfans trois, Crofté deux, Lemps trois,
la Côte-Saint-André quatre, Beaurepaire trois, Saint Jean de Bournay cinq,
Saint Saphorin d'Ozans une, Moreftel
deux, Bourgouin une, la Tour-du-pin
fix, le Pont de Bauvoifin deux, Eyrieu
trois, Rouffillon une, Briançon deux,
Châteauneuf de Galavre trois, Vinay
cinq, Pont-en-Royans trois, Etoille
quatre, Montelimart quatre, Pierre-late deux, St. Paul-trois-Châteaux deux,
Dieu-le-fit huit, Noyon trois, le Buis
quatre, Creft deux, Dye fix, Châtillon
cinq, la motte-Chalençon quatre, To-
relignan quatre, Saint Lazare-le-Défert
cinq, Vaudronne quatre, Bordeaux
quatre, Uret quatre, Gap trois, Guilleftre trois & Briançon quatre.

*Commerce de
la Province.* Comme l'Auteur a arrangé fa matiere avec peu de réfléxion & de métho-
de, il fait fuivre l'article des foires par
celui du Commerce quoiqu'il n'ait
point encore traité le détail des Elections, & que par conféquent l'on n'en
connoiffe pas le vrai produit ; mais
d'ailleurs ce qu'il en dit eft fi court
qu'il peut aifémenr trouver fa place en
ce lieu. Il confidére le Commerce par

rapport aux trois principaux endroits
où il se fait, Lyon, la Provence & la Savoye. A l'égard de Lyon, on y tranfporte de tout le Dauphiné des foyes en
affez bonne quantité, des laines en
quantité médiocre, des draperies en
petit nombre, des aciers, des papiers
& de l'anis. Du côté de la Provence
on tranfporte des chanvres, des toiles,
du fer, du bois pour la Marine & pour
bâtir en quantité, des bleds plus ou
moins felon l'abondance de la récolte
en Dauphiné & le befoin de la Provence ou du Languedoc, des foyes pour la
Ville de Nîmes, & pour Avignon du
papier & des cartes. On tranfporte en
Savoye & en Piémont des draperies
groffieres en grande quantité & de
l'huile qui fe recueille dans la partie
de la Province qui eft nommée les
Baronies. Au furplus tout le Dauphiné à l'exception des montagnes de
Briançon & d'Embrun rapporte quantité de vins, mais ils font tous mauvais
à la referve de ceux de l'Hermitage, ce
qui fait qu'ils font toujours à bas prix
& qu'il ne s'en tranfporte point hors de
la Province, où on en convertit quelques-uns en eaux de vie, mais feulement pour l'ufage du Pays. Les marchan-

DAU-
PHINE'.

difes du dehors qui viennent en Dauphiné font du côté de Lyon des draperies fines, des étoffes d'or, d'argent &
de foye, des dentelles, des merceries
pour les marchands en détail, du fer de
Bourgogne, de la quincaillerie de Foreft, enfin des toiles fines; du Vivarais
& du Velay il vient de gros beftiaux,
des fromages, du beurre & du vin de
Provence, des fruits fecs, des huiles,
des viandes de carême, des drogues &
des épiceries; du Languedoc quelques
draperies & des vins délicats; du Piémont du vin pour tout le quartier des
montagnes; enfin de Savoye des chanvres, du beurre, du fromage, des peaux
& quelques groffes toiles. Après cela

Manufactu-
res.

l'Auteur fait l'énumeration des lieux de
la Province où font établies les principales manufactures d'où l'on tire les
marchandifes dont il a été parlé précédemment, ainfi les chanvres fe tirent
de Saint Jean-de-Bournay, de la Tour-
du-pin, de Bourgouin, de Jallieu, de
Vienne, de Voiron, de Tulins, de Grenoble, du Pont Beauvoifin : les toiles fe
fabriquent dans les mêmes lieux & dans
ceux de Cremieu, de Rioy, de l'Ifle
d'Abo, d'Artas, de Saint Georges & de
la Buille. Les papiers fe font à St. Do-

nat, à Château-double & Peyrut, à
Difimieu, Chabeuel, Saint Vallier,
Creft, Vienne, Rives, Paviot & Vizille;
les laines fe tirent de Valence, Creft,
Romans, Royans & autres Commu-
nautés des mêmes Cantons. Les cha-
peaux fe fabriquent à Grenoble, Fonte-
nil, Saffenage, Voreppe, Moirans, le
Pont en Royans, Creft & en plus de
cinquante villages des environs. On ha-
bille les peaux à Grenoble, Voiron,
Romans, Valence, Loriol, Livron,
Montelimart, Dieu-le-fit, Vienne, &
Saint Antoine de Viennois ; les gros
cuirs font façonnés à la Côte St. André, Saint Jean-de-Bournay, Vienne,
Serres, Grenoble, Lambin, Crofles &
Gomelin. Les principales forges font à
Saint Hugon, Hurtieres, Theys, Allenard, Laval, Gomelin la Combe, Uriage, Revel, les Portes, Saint Gervais,
Royans, &c. Les fabriques d'acier font
à Rives, Moirans, Voiron, Beaumont,
Fures, Tulins, Beaucroiffant, Chabons,
& Vienne. Les lames d'épée fe fabriquent aux mêmes endroits; on fait des
faulx & des faucilles à Voiron & à Vizille. Les forges de cuivre font à Vienne, Tulins, Moirans, & Beaucroiffant.
Enfin les mines de plomb & autres mi-

nereaux font à Allenard, Laval, la Cor-
fe, Largentière, Lefches, & Beautieres
& à l'Aunage.

Outre cela on fait des foyes dans
toute la Province, à l'exception des
lieux où la terre eft trop froide, tels que
les Bailliages de Briançon, Embrun,
Gap, le haut Viennois, & le Gréfivaudan : ce commerce augmente tous les
jours. On trafique des bois dans tout le
Dauphiné, hors la plaine, où il n'y a
point de Forêt; on fait des draperies
prefque par tout, des gands en divers
lieux, des canons de fer à Saint Gervais,
des ancres à Vienne & dans la même
Ville il y a une fort belle manufacture
pour mouliner & devider la foye. Ce
grand nombre d'ouvrages occupe néceffairement un grand nombre d'Ouvriers,
mais comme, à l'exception des fabriques de Saint Gervais & de Vienne où
les travaillans demeurent enfemble,
tous les Artifans font épars en divers
endroits, l'Auteur croit impoffible d'en
fixer la quantité : il fe contente de dire
que la draperie eft l'ouvrage qui occupe d'avantage les hommes, comme le
filage de la laine & de la foye & la couture des gands font les occupations
principales des femmes, ce qu'il faut

entendre néanmoins du temps où la
campagne n'éxige pas le travail des uns
& des autres; car les hommes préférent
le labourage à tout le reste, ainsi que
la façon des vignes & font prudem-
ment puisque c'est le fonds de leur subsistance. Les Ouvriers sont tous naturels du Pays & leur nombre est suffisant
pour la quantité d'ouvrage qui sort de
leurs mains; on en avoit fait venir de
Suede pour la fonte des canons de Saint
Gervais & d'Allemagne pour travailler aux fers blancs de Vienne; mais cette derniere manufacture ne subsiste plus
au grand dommage de la Province &
de tout le Royaume; l'égard de la premiere les gens du Pays ont si bien pris
la maniere de fondre, que leurs ouvrages sont parfaits dans leur genre &
qu'ils n'ont plus besoin des secours
étrangers. Il n'est sorti du Royaume du
nombre de tous les Ouvriers que quelques nouveaux convertis à l'occasion
de la Religion, ce qui fait dire à l'Auteur que c'est une cause accidentelle &
non la diminution du Commerce qui
les a obligés à se retirer. Il explique en- *Qualités des
suite les qualités particulieres des ou- Ouvrages.*
vrages du Dauphiné, dont il loue en
général la bonté dans chaque espece, il

avoue néanmoins que les draps, serges & estames qui y sont fabr très-grossiers, mais comme ce n'est pas un vice dans l'espece, ils avoient ci-devant un débit extraordinaire sur tout en Levant, & il n'a cessé que par le peu de fidelité qui s'est trouvé dans la fabrique, quelques ouvriers ayant employé de la pelade au lieu de bonnes laines; d'autres négligé dans le tissu de mettre le nombre de fils necessaires; d'autres enfin ayant manqué dans l'apprêt & dans la foulerie. Ces defauts ont tout à fait enlevé la réputation des draperies de Dauphiné : on prétend aujourd'hui la rétablir par une plus éxacte observation des réglemens du Commerce.

Plaintes des Négocians. Enfin l'Auteur fait l'énumeration des plaintes des négocians, au sujet de la gehenne que l'on donne gratuitement à leur commerce, sans qu'il en revienne aucun profit au Roi & à l'Etat en général. 1°. Le Fermier des droits du Roi fait payer la Douanne de Lyon pour les marchandises originaires de Dauphiné qui sont transportées en Auvergne, Lyonnois, Forest & Beaujolois, de même que pour celles qui sont tirées des mêmes Provinces pour être

consommées en Dauphiné. 2°. Les Gardes établis aux passages par le Corps de
Ville de Lyon pour faire acquitter à
son profit le droit de tiers sur-taux &
les autres droits qui lui sont attribués
sur les marchandises qui y passent, les
arrêtent & les conduisent à Lyon où
on leur fait payer tout de nouveau la
Douanne, sous prétexte qu'elle n'a pû
être acquittée valablement ailleurs; on
éxige de même le tiers sur-taux, la subvention & encore d'autres droits, en-
sorte que les Marchands ne peuvent
supporter ni la multiplication injuste de
ces droits, ni le détour inutil, ni les
séjours forcés qu'on leur fait faire. 3°.
Le Fermier empêche que les marchandises venant de Hollande, Allemagne
ou Suisse, dont le trafic est permis en
Dauphiné, n'y entrent par les Bureaux
sur la route, il les oblige de passer au
Pont Beauvoisin, où il leur fait acquitter la Douanné de Valence, delà il les
fait aller à Lyon où on leur fait payer la
Douanne de la Ville, la subvention &
le tiers sur-taux, quoique non dûs puisque Lyon n'est pas l'endroit de leur
destination; néanmoins ressortant de
cette Ville pour y être apportées, on
leur fait payer une seconde fois la

Douanne de Valence, quoiqu'elles n'ayent féjourné à Lyon qu'autant qu'il l'a fallu pour y acquitter les droits. 4°. On prétend dans les Bureaux de la Douanne de Lyon un droit de deux fols pour livre, outre toûs les anciens & nouveanx droits, fans autre fondement que l'éxemple d'une pareille levée qui fe fait dans les Bureaux de Provence & de Languedoc & quoique dans la Ville de Lyon, il foit d'ufage de ne payer pour raifon du même droit qu'un fol pour livre. 5°. L'on fait payer le droit de Foraine aux marchandifes qui vont par le Rhône d'un lieu en un autre de la Province & à celles qui vont en Languedoc, quoiqu'il ne foit dû que pour celles qui vont de Languedoc en Dauphiné. 6°. On fait payer au Bureau de Condrieu & de Sainte Colombe le droit de Foraine aux marchandifes qui viennent de Languedoc & de Provence pour la Ville de Vienne, fous le prétexte qu'elles viennent du Lyonnois, à caufe qu'en montant le Rhône, il eft impoffible qu'elles évitent de paffer devant cette Province, que le fleuve cottoye à fa gauche, & néanmoins ces mêmes marchandifes ont acquitté les droits aux Bureaux d'Arles

les & de Villeneuve d'Avignon. L'Auteur finit ce détail en difant qu'il y a encore divers autres articles de plaintes graves & bien fondées. Donc pour le foulagement de la Province il feroit néceſſaire de faire quelque réparation : toutefois il reconnoît qu'on ne le pourroit faire fans porter atteinte au commerce de Lyon qui eſt confidéré comme l'un des centres de tout le négoce du Royaume. Quant à moi qui me fuis refervé la liberté des réfléxions dans mes Extraits, il me femble que les plaintes précédentes roulent moins fur les droits de la Ville de Lyon, que fur des concuffions arbitraires de la part des Fermiers & des Commis; ainfi l'on pourroit ménager également les droits de la Province & ceux de cette ville, en réduifant la perception à ceux qui font légitimes & fixés par les déclarations du Roi & Arrêts du Confeil fur cette matiere, & faifant rigoureufcment le procès aux Fermiers & Commis qui caufent des dommage fi évidens & fi abfurdes au mépris des ordres du Roi & en abufant de leur autorité. Il refulte des remarques précédentes que l'argent entre dans la Province partie par le négoce & la vente des fruits du Pays,

partie par la fortie de quelques-uns des
habitans, qui vont dans les Provinces
voifines travailler à peigner les chan-
vtes, ou à fcier du bois, & qui y rapportent la meilleure partie de ce qu'ils y ont
gagné, parce qu'ils n'en confomment
gueres en dépenfcs perfonnelles; une
autre moindre partie par la confommation des étapes; & la derniere par les
quartiers d'hyver, dont l'avantage fe
fait fentir par la confommation des
denrées & l'abondance des efpeces, enforte que l'Auteur affure avec certitu-
de que fans le fecours de ce dernier
moyen, il ne feroit point du tout pra-
tiquable d'en tirer les fommes qui y
forment le revenu du Roi fuivant le détail qui va fuivre.

Les Tailles, qui comprennent l'impofition ordinaire dont les Peuples font
rédévables au Roi étoient fixées en l'année 1688 à 1262263 liv. & depuis ce
temps elles ont reçû peu de changement, jufqu'à la confection de ce Mémoire, fi ce n'eft que pendant la guerre, le corps de la taille à été augmenté des charges de l'Uftenfille de la Cavalerie montant à 400000 liv. de la
Capitation montant à 500000 l. & des
quartiers d'hyver, que l'Auteur fait

monter à la même ·fomme, ce qui ·fait
1400000 liv. de furplus, fans ·compter
les affaires extraordinaires, qui ·ont plús
rendu en Dauphiné, par rapport à ·fon
étenduë , qu'en aucune Province de
France. La répartition des tailles dans
les Elections du Département a été faite
felon le calcul de l'Auteur en la maniere fuivante.

	l.
L'Election de Grenoble paye	275010
Celle de Vienne	314730
Celle de Romans	186117
Celle de Valence	112107
Celle de Montelimart	141182
Celle de Gap , pour la recepte du même nom	143043
Et la même recepte de Brian-çon	90014
Total	1262203

Les manieres d'impofer la Taille &
de contraindre pour fon payement font
différentes en Dauphiné de ce qui fe
pratique en toutes les Provinces voifines de Paris; car premicrement les tailles y font réelles & fe payent à proportion d'une eftimation générale des
fonds, qui à été faite par Arrêt du

Conſeil de l'an 1639 en forme de réglement perpetuel : cet Arrêt a déclaré la
nature propre deſbiens, ſçavoir ceux qui
ſeroient eſtimés nobles par conſéquent
exempts, & ceux qui ſont roturiers,
c'eſt-à-dire ſujets à l'impoſition en quelques mains qu'ils puiſſent paſſer. L'a-
vantage de cette forme d'impoſition eſt
d'exclure les inſtances en ſur-taux &
& tous procès qui accablent ordinairement les Pays ſujets à la taille perſon-
nelle. La maniere d'en faire le recouvrement n'eſt pas moins ſinguliere. Les
contribuables ſont diſtingués en briga-
des dont les membres ſont ſolidaires,
& l'aſſemblage eſt fait de telle ſorte
que le Roi ne ſçauroit manquer d'être
payé, parce que l'on aſſocie les riches
avec les pauvres, & les bonnes terres
avec les méchantes : cette forme a ſes
inconveniens, à ce que dit l'Auteur,
parce qu'il n'y a point de ſi bon réglement
ment dont on ne puiſſe abuſer; mais
d'ailleurs elle retranche à coup-ſûr les
frais des courſes des Huiſſiers de tailles
& fait que tout ce qui eſt debourſé par
le contribuable va à ſa décharge effective. Il ajoute qu'il eſt néceſſaire que
l'Intendant tienne la main à l'éxécution
d'un réglement fait à ce ſujet en 1684

& il fuppofe que pourvû qu'il le faffe avec éxactitude, il n'y a aucun moyen de faire fortir les deniers du Roi préférable à celui-ci

La Gabelle du Dauphiné n'eft pas moins differente que la taille de celle des autres Provinces : le trafic du fel y eft permis à tout le monde, pourvû néanmoins qu'il foit pris aux Greniers du Roi, où on le payoit en l'année 1698 fur le pied de 24 liv. 16. f. le minot. Cette facilité que l'on a dans la Province de laiffer trafiquer le fel en augmente la confommation & dans l'ufage il feroit impoffible de le faire fans défoler les peuples, à caufe de la neceffité où ils font de donner du fel à leurs beftiaux de temps en temps, fans quoi ils ne profiteroient pas. La confommation totale de la Province eft de 55000 minots, qui produifoient au temps de l'Auteur 1336500 liv. à la deduction des frais de voiture & de régie & du prix du Marchand, qui donne le fel au Roi ou à fes Fermiers. Il eft vrai que du prix de 24 liv. 16 f. il n'y en a que 22 liv. qui reviennent au profit de S. M. le refte étant de nouveaux droits, qui ont été auffitôt alienés qu'établis, c'eft ce qui fait que l'Auteur réduit le produit de la Ga-

belle du Dauphiné à 1210000 liv. qui
doivent porter de plus les diminutions
accordées aux Fermiers pour l'indemnité de leurs foins. Tout le fel qui fe
confomme en Dauphiné eft tiré de Pe-
cais en Languedoc, d'où il eft porté à
Arles, auquel lieu il eft confervé par un
Directeur & un Controlleur qui tiennent Regiftre de l'entrée & de la fortie,
& de là il eft voituré par le Rhône aux
principaux Greniers de la Province,
d'où il fe diftribue dans les pays éloignés
de ce Fleuve.

La troifiéme efpece des revenus du
Roi dans le Dauphiné confifte dans le
produit des Douannes, qui font au
nombre de trois, fçavoir la Douanne
de Valence, celle de Lyon & l'impofition foraine. La douanne de Valence eft
un droit qui fe leve à préfent fur toutes
fortes de marchandifes & denrées tant
du Royaume qu'étrangeres, venant,
entrant, fortant, ou fe voiturant tant
par eau que par terre dans les limites du
Dauphiné, ou fuppofées y paffer, pour
aller à Lyon d'un côté, ou en Provence
& Languedoc de l'autre & même dans
les petites Provinces du voifinage, Breffe, Lyonnois, Foreft, Beaujolois, Savoye, Piémont, &c. Lefquelles mar-

chandifes font obligées à l'eifet d'acquiter ce droit ; de paffer par un des bureaux de cette Douanne , fous peine de
confifcation & d'amende payable par le
Proprietaire. Ce droit n'étoit d'abord
qu'un Péage qui fut établi à Vienne pour
payer, à un Ligueur , le Sr. Difimieux,
Gouverneur de Vienne, qui s'étoit foumis au Roi Henry IV. la fomme qui lui
fut promife pour la reduction de cette
Ville. Le Connétable de Montmorency
en regla le tarif le 9. Mars 1595 & le
produit n'étoit encore en 1601 que de
37500 liv. En 1621 le nommé du Puys
s'en rendit adjudicataire pour la fomme
de 10000 liv. depuis cela le Connétable de Lefdiguieres defirant, par quelque motif que ce fut favorifer la Ville
de Valence , y tranfporta le fiége de
l'éxécution de ce droit, d'où il a pris le
nom qu'il porte à préfent de Douanne
de Valence. L'Auteur auroit defiré donner une idée nette de fon produit; mais
l'union de toutes les fermes du Roi dans
un même Bail, jointe au fecret que gardent les Fermiers & Commis fur cette
matiere , empêchent que l'on ne connoiffe fa jufte valeur , qu'il eftime cependant à un million de Livres pour le
moins.

La Douanne de Lyon eſt un droit établi par quantité d'Edits & de Déclarations, particulierement ceux du mois de Juillet 1540, du mois de Septembre 1549, du mois d'Octobre 1564, du mois de Novembre 1583, Mars 1585, Decembre 1605 & Juin 1613, lequel ſe prend ſur les marchandiſes leſquelles aux termes des déclarations devroient être conduites directement à Lyon, & ſont par tolérance ſouffertes entrer en Dauphiné ou autres Provinces. L'établiſſement des Bureaux de cette Douanne dans le Dauphiné, qui avoit été long-temps ordonné s'éxécuta réellement en conſéquence d'une déclaration expreſſe du 17 Juillet 1562 & les deux motifs qui determinerent à l'éxécution furent; 1°. d'empêcher l'entrée du Royaume aux marchandiſes étrangeres ſans payer la Douanne de Lyon, parce qu'il étoit facile de la frauder, en détournant les marchandiſes une fois entrées dans le Dauphiné, pour les faire paſſer en tel lieu que l'on vouloit. 2°. de donner plus de facilité aux habitans du Dauphiné, qui par le moyen de l'acquitement des droits de Douanne à ces Bureaux, peuvent avoir à droiture les marchandiſes qu'ils étoient obligés auparavant de tirer de Lyon. Le Fermier reçoit les droits de la Douanne de Lyon dans les mêmes Bureaux où se fait le recouvrement de la Douanne de Valence, à l'exception néanmoins des étoffes d'or & d'argent, drogueries, épiceries & marchandises de Geneve, qui ne peuvent être acquitées à ces Bureaux & doivent être portées directement à Lyon. Sous le nom de Foraine font compris l'impofition foraine, la refue, le haut paffage & le domaine forain, lefquels le Roy Henry II. reduifit par fa déclaration de l'an 1551 au nom d'impofition foraine. Elle fe leve fur les marchandifes, denrées & beftiaux qui fortent du Royaume ou des Provinces où les Aides ont cours, pour aller dans les Provinces où elles ne l'ont pas. Le Tarif de la Foraine contient auffi celui de la Traite Domaniale & du denier St. André. A la rigueur cette Impofition ne devroit pas entrer dans le détail des Droits que le Roi perçoit en Dauphiné, parcequ'elle devroit être acquittée en Languedoc & en Provence; mais en l'année 1662 il y eut un Arrêt du Confeil qui, par quelque confidération que ce fut, ordonna que les Bureaux de la Foraine feroient établis le long de la Durance & fur les frontieres.

du Comtat Venaiſſin dans le territoire
dit les Baronies. Au ſurplus les Droits de
Foraine s'éxigent dans les cas où ils ont
lieu par les mêmes Commis qui reçoivent les Douannes de Lyon, & de Valence & le Directeur des Fermes en Dauphiné a cent onze Bureaux ſous ſa conduite où ſe fait la perception des uns &
des autres. Quant au Domaine, on peut
dire qu'il n'y a point de Province dans
le Royaume, où le Roi en poſſedât plus
qu'en Dauphiné ; mais il eſt à préſent
généralement hors de ſes mains, ayant
été aliené à faculté de rachat en conſéquence des Edits de 1593 & 1638, la
plûpart ſur le pied du denier 30 ; cela
n'a pas empêché que le Roi n'ait fait une
tentative pour y rentrer ; mais la difficulté du rembourſement qui excede la
valeur des choſes engagées, a fait que
Sa Majeſté s'eſt contentée, par une déclaration du mois de May 1696, d'un
ſupplément de finances, qui a été payé
par les Engagiſtes, au moyen de quoi
ils ont été confirmés dans leur jouiſſance & poſſeſſion : ce ſupplément a été fixé
à 136000 liv. pour toute la Province.
On voit par ce qui vient d'être dit qu'il
n'y a point de Province, où le Domaine ait été porté ſi haut qu'en celle - ci,

en effet les sommes capitales de son engagement vont à 1700000 liv. d'ancienne finance, & la raison qui a porté
les acquereurs à les payer à si haut prix
est le petit nombre des Terres Patrimo-
niales qu'il y avoit en Dauphiné, parceque cette Province ayant été partagée
dans son commencement entre divers
petits Seigneurs que la puissance supe-
rieure de la France a engloutis les uns
après les autres, il est arrivé que tout
leur Domaine, qu'ils avoient augmenté
de génération en génération, par des
alliances, des acquisitions & autres
moyens de droit a suivi la destinée commune & s'est trouvé réuni à la Couronne. Mais à présent tout le Domaine du
Roi se trouve reduit aux quatre sols de
controlle des exploits, aux amendes qui
s'ajugent dans les Justices Royales & à
quelques droits de lods & ventes : le
tout ensemble peut valoir 32500 liv.
sçavoir le controlle 27000 l. les amendes 3000 & les profits du Fief 2500.
Les Peages sont la derniere sorte d'imposition qui se leve en Dauphiné & ils
sont de deux sortes sur l'Izere & sur le
Rhône : Les premiers sont établis à
Montfleuri appartenant aux Religieuses
du lieu ; à Sassenage appartenant au

S. 6.

Marquis du même nom ; à St. Quentin appartenant au Marquis de Chaulnes St. Quentin ; Ormieu appartenant au Sieur de Garacgnol ; St. Nazaire au Maréchal de Tallard & Pifançon au Sieur de la Croix Pifançon. Les Péages du Rhône font établis à Quirieu appartenant aux Religieufes Chartreufes de Salettes ; Vertrier au Seigneur du lieu ; Auton au Sr. Vidant Procureur Général du Parlement de Grenoble ; Jounaye au Sieur Guignard par engagement du Domaine ; St. Saphorin d'Ozon au Sr. de Franquier Confeiller au même Parlement à même titre ; Vienne & Valence au Prince de Monaco ; Auberine au Marquis de Gouvernet ; ceux de Serve & de St. Vallier au Comte de St. Vallier ; Rouffillon au Comte de même nom ; la Roche de glan au Sr. de la Barge par engagement ; Montelimár ou Anconne, moitié au Duc de Ventadour & l'autre moitié au Sr. de Chabrieres par engagement du Domaine. Les Droits de ces Péages font tous reglés par deux Arrêts du Confeil du 21 Avril 1664 en conféquence defquels on en a dreffé un Tarif. Leur produit général eft de . . . . dont châque particulier proprietaire de Péage a fa part.

Après ce detail eonfus de remarques générales, l'Auteur traite en particulier de l'ordre judiciaire qui s'obferve dans la Province & il en divife les Jurifdictions en un Parlement féant à Grenoble, lequel a auffi l'attribution de Cour des Aydes, un Préfidial, fept Bailliages, trois Senéchauffées, quatre Judicatures Royales, & autant d'autres Judicatures Seigneuriales qu'il y a de terres particulieres. Le Parlement doit fon Origine à Humbert II. dernier Dauphin de Viennois, de la tige des Seigneurs de la Tour du Pin, lequel érigea l'an 1337 un Confeil Delphinal pour refider à Grenoble & prendre connoiffance au Souverain des caufes litigieufes d'entre fes Sujets, il le compofa d'abord de fept Confeillers fans aucun Préfident, d'un Maître Auditeur de comptes & d'un Tréforier de Dauphiné, ordonnant au furplus que du nombre des Confeillers il y en auroit quatre Profeffeurs en l'Univerfité de Grenoble, deux en droit Canon & deux en Droit Civil : deux ans après l'un de ces fept Confeillers préfida à l'Affemblée en titre d'Office, & il y ajouta un Avocat Delphinal. Louis XI, n'étant encore que Dauphin & s'étant retiré dans la Province au fujet de la méfintelligence où il étoit

DAU-
PHINE'.
Ordre Judi-
ciure du
Dauphiné.

Parlement.

avec le Roi fon pere, érigea en 1453 le
Confeil en Parlement & lui accorda les
mêmes honneurs & privilèges dont
jouiffoient les autres Parlemens du
Royaume, & l'année fuivante il créa
un Procureur Général Fifcal pour le
Dauphiné. Charles VIII. a confirmé
cette éreétion & c'eft à fon fujet que
s'eft formé la difpute de préféance, non
encore decidée entre les Parlemens de
Grenoble & de Bordeaux, celui-ci prétendant que la conceffion de Louis XI
Dauphin de l'an 1453 ne donne aucune
anteriorité au Parlement de Grenoble ,
parceque le Dauphin n'avoit pas pouvoir de l'accorder tant que fon pere
étoit fur le Throne; mais que fa verita-
ble date doit être prife au temps de fa
confirmation par le Roi Charles VIII,
malgré ce foutien la queftion a été décidée en diverfes occafions en faveur de
Grenoble & notamment dans les Affemblées de Notables des années 1557,
1566 & 1617, ainfi que dans la Chambre de Juftice établie à Paris en 1626 :
toutefois dans la derniere Affemblée te-
nuë au même lieu, les Commiffaires du
Parlement de Bordeaux obtinrent la préféance alternative avec ceux de Greno-
noble, quoique conftamment la date

de fon érection ne foit précédée que par celle des Parlemens de Paris & de Touloufe. Le Parlement de Grenoble n'a point d'Enquêtes, de Tournelle, ni de Grand Chambre ; mais il y a quatre Bureaux ou Chambres diftinguées en premiere, feconde, troifiéme & quatriéme, lefquelles roulent de forte que celle qui a été la premiere une année devient la quatrième l'année fuivante. Toutes ces Chambres connoiffent indifféremment des matieres civiles & criminelles ; mais celle qui eft actuellemunt la premiere a l'attribution particuliere des affaires de Police, ou de celles qui concernent le Public ; de plus toutes les Requêtes qui ne viennent point en éxécution d'Arreft y font portées & font enfuite diftribuées aux autres Chambres par le premier Préfident, fuivant qu'elles font en état d'être jugées à l'Audience ou par rapport. Le nombre des Préfidens eft de dix, y compris le premier, parceque l'onziéme Charge qui avoit été créée en 1691 a été unie au Corps des Préfidens qui en ont payé la finance & jouiffent des gages qui y ont été attribués : ils font tous dix Préfidens à mortier, leurs vétemens font d'écarlatte & d'hermine & ils portent leur mortier à la main lors des.

grandes cérémonies. Le premier Préfident eft toujours à la tête de la Grand
Chambre avec trois autres & les fix
reftans fervent dans les autres Chambres deux à deux fuivant qu'ils optent de
la faire chaque année à la St. Martin au
rang de leur ancienneté. Le premier
Préfident a 6204 liv. 18 f. 9 d. de gages fixes, outre lefquels il touche 4500
liv. d'appointemens employés dans l'E-
tat des Finances, les gages des autres
Préfidens font différens depuis 2352 l.
jufques à 3015.

Quant aux Confeillers il y en a cinquante cinq partagés dans les quatre
Chambres, fçavoir cinquante en Laïques & cinq Clercs, un pour chaque
que Bureau, lefquels n'ont aucun droit
utile ni honorifique au deffus des autres.
Ils ont chacun 900 liv. de gages fixes,
& dans leur nombre eft compris le Garde des fceaux, qui demeure toûjours
au premier Bureau, où il a voix inftructive & délibérative fans néanmoins
avoir part aux émolumens; il eft bon
d'obferver que les Confeillers qui compofent un Bureau ne fe feparent jamais,
en cela bien différens des Préfidens, qui
ont le droit d'option, comme il a été
dit en leur article. Il n'y avoit d'abord

qu'une Chambre au Parlement de Grenoble, il en fut créé une feconde par
Edit de 1538, une troifiéme en 1577,
une quatriéme en 1628 & une cinquiéme en 1658, mais cette derniere
n'a fubfifté que quatre ans, les Officiers
qui la compofoient ayant été incorporés
dans les autres Chambres, comme depuis en 1679 à la fuppreffion de la
Chambre de l'Edit les Officiers furent
pareillement incorporés : cela reduifoit
alors le Parlement à trois Chambres ;
mais en 1685 on en établit une quatriéme qui fut formée des Officiers que
l'on tria des autres Chambres. Il eft bon
de remarquer que ces différens changemens ont toujours été accompagnés de
création d'Officiers, jufqu'à celle de
1691 qui a été de trois Confeillers &
d'un Avocat Général. Il y a eu pareillement de la variation dans la Jurifdiction du même Parlement, celle des Aydes qui en avoir toujours fait partie en
ayant été diftraite en 1638 par la création d'une Cour des Aydes, qui fut
établie à Vienne & n'a été fupprimée
qu'en 1658, auquel temps on redonna
au Parlement ce qu'on lui avoit ôté au
moyen de quelque finance. Le Parquet
de ce Parlement eft compofé de trois

Avocats Généraux, qui ont chacun 2250 liv. de gages & d'un Procureur Général qui en a 2508 liv. 17 f. 11 d. outre & par deſſus 2250 liv. d'appointemens dans l'état des finances & 1800 l. pour ſupplément. Il y a eu ci-devant de grandes conteſtations entre les Avocats & les Procureurs Généraux au ſujet des fonctions de leurs Charges ; mais elles ont été enfin décidées par un Arrêt du Conſeil de l'an 1689, qui les a reglées à l'inſtar du Parquet de Paris, enſorte que le Procureur Général & ſes Subſtituts ont toujours la plume & les Avocats Généraux toujours la parole. La derniere ſingularité de ce Parlement eſt qu'il n'y a point de Chambres de Requêtes ; mais que les Officiers de ſon Corps ont le Bailly de Greſivaudan pour premier Juge, par attribution de *Committimus*.

Le Gouverneur de la Province & le Lieutenant Général au Gouvernement ont ſéance au Parlement au-deſſus du premier Préſident & gardent le même rang dans toutes les cérémonies ; c'eſt la ſuite d'un ancien uſage par lequel le Dauphiné fut regardé, après ſon union avec la France, comme un Pays étranger, qui, n'ayant pas été gouverné ſe-

lon les ufages de la Monarchie, devoir avoir un Viceroy, pourvû d'une suprê-
me autorité qui l'élevât par conféquent
au-deffus de tous les Tribunaux ordinaires : & en effet ceux qui furent pour-
vus du Gouvernement de cette Province
avoient un fçeau particulier de leurs
armes, jointes à celles du Dauphiné,
autour duquel on lifoit *Sigillum Regi-
minis Delphinatûs Jacobi de Montemau-
ro*, ou de ceux qui lui ont fuccedé comme Boucicaut ou Guillaume d'Aire Seigneur de Cornillon ; mais on obferve à
l'égard du dernier, lequel étoit en poffeffion l'an 1409, que les Rois de France mal confeillés voulurent alors employer le titre du Vicariat de l'Empire,
qui leur avoit été donné par Charles IV.
& qu'ils avoient un fçeau, dans lequel
l'Aigle Impérial eft repréfenté portant
dans fes pates l'écu de France & celui
du Dauphiné. Le Gouvernement de
Louis de Laval fit ceffer ces différens
ufages ; mais le rang a toujours été confervé à ceux qui lui ont fuccedé. Tous
les Evêques du Royaume font reçûs à
ce Parlement & y ont voix inftructive,
le feul Evêque de Grenoble étant en
poffeffion de la deliberative, il fiège au-
deffus du Doyen des Confeillers. Les

grandes audiences du Parlement se tiennent en la premiere chambre les Lundis & les Jeudis, ou le jour suivant, quand il échet des féries dans les premiers. Les grandes vacations commencent au neuviéme de Septembre & finissent à la St. Martin, jour auquel le Parlement en Corps ayant assisté à la messe, écoute une harangue du premier Préfident, après laquelle il reçoit les sermens du Vice-Bailly du Gresivaudan, du Juge Royal de Grenoble, des Avocats & Procureurs de la Cour. Pendant ces vacances il se tient comme dans les autres Parlemens une Chambre des vacations composée de deux Préfidens & de vingt deux Conseillers, qui sont nommés par une Commiffion du Roi, laquelle est envoyée tous les ans; sa compétence est de connoître de toutes causes civiles jusques à la concurrencé de 300 liv. de toute forte de provisions & de presque toutes les affaires criminelles. Il reste à dire qu'avant l'érection du Confeil Delphinal faite par le Dauphin Humbert II, il y avoit un Juge-Mage des appellations du Dauphiné, auquel tous les Baillys & autres Juges du Prince ressortissoient. Il y avoit alors un Bailly dans chaque siége de Sénéchaussée ;

mais par une Ordonnance du Dauphin
Louis XI. ce Juge Mage fut fupprimé &
fes fonctions unies à celles du Confeil ;
le même Edit réduifit tous les Baillys à
deux feulement, l'un en titre de Bailly
de Viennois pour les fiéges de Grefivaudan, Vienne & St. Marcellin, l'autre
en titre de Bailly des montagnes pour
les fiéges de Briançon, Embrun, Gap
& le Buis. Il reduifit auffi les Sénéchaux
à un feul pour les fièges du bas Dauphiné, Valence, Creft & Montelimar. Cet
ordre a fubfifté jufqu'à l'érection du
Préfidial de Valence, lors duquel on
établit un Sénéchal particulier pour ce
nouveau Tribunal, & depuis ce temps
il y a eu deux Sénéchaux dans le Valentinois, l'un pour le reffort ancien
Valence, Creft & Montelimar ; l'autre
pour le reffort du Préfidial.

Le Préfidial dont il eft queftion a été
érigé par une Ordonnance de l'an 1636,
& il eft compofé d'un Sénéchal, de deux
Préfidens, dont l'un eft Lieutenant Ge-
neral ; de trois autres Lieutenans, l'un
criminel, le fecond principal & le troifiéme particulier ; d'un Affeffeur criminel premier Confeiller Civil ; de vingt
autres Confeillers ; d'un Chevalier
d'honneur, deux Confeillers honorai-

Préfidial
de Valence.

res, deux Avocats & un Procureur du Roi. La Jurifdiction de ce Tribunal eft pareille à celles de tous les autres Préfidiaux, & fon reffort comprend les Bailliages de St. Marcellin, Buis, St. Paul de trois Châteaux, les Sénéchauffées de Montelimar & de Creft & les Judicatures de Valence, de Dye & de Romans. L'édit de fa création lui attribuoit la Jurifdiction du Vivarais, mais elle lui a été ótée au moyen d'un dédommagement en augmentation de gages. Au tems de l'érection de ce Préfidial, l'on établit auffi à Valence une Judicature Royale des conventions, pour connoître en premiere inftance des caufes des Officiers du Préfidial : cetre Cour n'a point d'autre Jurifdiction. L'auteur explique enfuite cé qui concerne les Bailliages de la Province dans l'ordre fuivant. Celui de Grefivaudan a fon fiége

dans la Ville de Grenoble & eft compofé d'un Vice-Bailly de Viennois au fiége de Grefivaudan, d'un Lieutenant particulier; de deux Confeillers Afieffeurs; un Avocat & un Procureur du Roi. Il y a une Ordonnance du Roi François I. donnée à Abbeville fur Somme en 1539, par lequel ce fiége eft inftitué Juge en premiere inftance des caufes des Officiers du Parlement, de la

Chambre des Comptes & du Bureau des finances de Grenoble au défaut des requêtes de l'Hôtel qui ne font point au Parlement. Le Bailliage de St. Marcellin eſt compoſé du même nombre d'Officiers à la tête deſquels eſt le Vice-Bailly de Viennois pour le ſiége de ce lieu. Celui de Vienne a les mêmes Officiers que les précédens, augmenté d'un Conſeiller Rapporteur des défauts. Le Tribunal prend le titre de Bailliage de Viennois & terres de la Tour; il a à ſa tête le Bailly Général de Viennois, qui a le droit d'y préſider ſur un ſiége élevé avec l'épée: il y a voix délibérative, mais le prononcé appartient au Vice-Bailly & eſt conçu en ces termes: Nous de l'avis du conſeil où étoit le ſieur Vice-Bailly de Viennois, &c. A l'égard des lettres éxécutoriales, les unes portent le nom de Bailly, d'autres celui de Vice-Bailly, & quant à l'étenduë de ſa Juriſdiction elle eſt beaucoup plus grande que celle des Bailliages précédens, dans leſquels le Grand Bailly de Viennois a même droit de préſidence qu'en celui-ci. Le Grand Bailly des montagnes a la même prérogative dans les Bailliages particuliers de Briançon, Embrun, Gap & le Buis, ſur leſquels il y a peu de choſes à obſerver, ſi ce n'eſt que le plus

confidérable d'entr'eux eft célui de
Briançon, par ce qu'il ne renferme que
deux Terres Seigneuriales qui y reffor-
tiffent & que tout le refte de fon étenduë releve nuement du Roi; au contraire de celui d'Embrun qui eft diminué
par les terres de l'Archevêché, qui ont
un Juge particulier, qui reffortit nuement au Parlement. Les Charges de
Confeillers font vacantes dans les Bailliages d'Embrun & de Gap, perfonne ne
s'étant empreffé de les lever depuis la
diminution des affaires. Le Bailliage du
Buis autrement dit des Baronies, qui
font Manouillon & Montauban, n'a pas
davantage d'Officiers, que ceux dont
il vient d'être parlé, lefquels font nommés par le Prince de Monaco en qualité
de Duc de Valentinois & pourvû par fa
Majefté.

Il eft bon de dire ici, tant à cette occafion, qu'à celle des matieres qui vont
fuivre que le Roi Louis XIII. défirant
indemnifer le Prince de Monaco de la
perte de fes biens patrimoniaux au
Royaume de Naples, qui lui furent con-
fifqués par l'Efpagne, en conféquence
de ce qu'il avoit reçu Garnifon Françoife dans la Place de Monaco, traita
avec lui en l'année 1641, dans la Ville
de

de Peronne & s'obligea de lui aſſigner
8oooo l. de rente en fonds de terre, tant
dans le bas Dauphiné que dans les Provinces d'Auvergne & de Provence, pour
le fourniſſement deſquels il lui ceda la
Ville de Valence , les Sénéchauſſées de
Creſt & de Montelimart, le Bailliage de
Buis & là Judicature Royale de Romans, qui furent érigées en Duché &
Pairie ſous le nom de Valentinois. Cette
érection fut accompagnée du droit de
préſenter aux Charges de toutes ces Juſtices, en conſéquence de quoi le Prince
de Monaco a tous les caſuels , amendes
& émolumens des Greffes , le Roi ne
s'étant reſervé que le droit de pourvoir
les Officiers , par l'attribution des cas
Royaux ; cela ſuppoſé les Sénéchauſſées
de Montelimart & de Creſt ſont compoſées d'un Sénéchal commun, qui eſt
le Marquis de Gouverner , d'un Vice-
Sénéchal Juge, d'un Lieutenant particulier, d'un Avocat & d'un Procureur du
Roi en chaque ſiége. Il reſte à parler des
Judicatures Royales au nombre de quatre , la premier eſt celle de Grenoble qui
eſt alternative d'année en année , entre
le Roi & l'Evêque , en conſéquence
d'une tranſaction paſſée en Septembre
1293. entre l'Evêque & Humbert I.

Tome VII. T

*Judicatu-
res Royales.*

Dauphin de Viennois, par laquelle l'E-
vêque confentit à partager fa Juftice
avec ce Prince. Les appellations de cette Jurifdiction vont au Parlement , &
quoique le Bailliage de Grefivaudan ait
fon fiége dans la Ville de Grenoble , cependant à la referve des caufes des Officiers qut ont droit de *Committimus* , il
n'a point de Jurifdiction fur les Habitans qui demeurent jufticiables de la
Judicature. La feconde Judicature eft
celle de Romans , qui eft pareillement
en partage entre le Chapitre de St. Bernard de Romans & le Duc de Valentinois , au droit du Roi : les appellations du Juge du Chapitre vont au
Bailliage de St. Marcellin; celles du Juge Ducal vont au Parlement, fuivant le
privilège de la Pairie , qui en a dépouillé le Juge de St. Marcellin. La Judicature de Vienne eft auffi alternative
entre l'Archevêque de la Ville & le Roi,
elle reffortit toute entiere au Bailliage de
Viennois. Enfin la Judicature de St Paul
de trois Châteaux eft pareillement alternative entre le Roi & l'Evêque du
lieu , ils y ont chacun un Juge qui porte le nom de Bailly , mais ils n'ont point
de reffort. Les Juftices de Valence, Die
& Gap appartiennent entierement aux

Evêques des mêmes lieux, qui ont leurs
Juges dont les appellations vont au Parlement. La Juftice d'Embrun eft alternative entre le Roi & l'Archevêque;
Louis XI. attribua par une Ordonnance les fonctions de fa Judicature au
Vice-Bailly du lieu, ce qui n'empêche
pas que le Juge Archiépifcopal n'éxerce
fa Jurifdiction à fon tour année par
année. On conçoit affez que dans toutes ces Juftices en paréage les droits &
émolumens des Greffes font partagés
entre les Poffeffeurs. Mais outre toutes
ces Jurifdictions, il y en a une dite la
Judicature Royale des conventions de
Chabeuil, laquelle n'a d'autorité que
fur ceux qui s'y font foumis par des
actes formels. Cette Cour a été inftituée
pour l'expédition plus prompte des affaires des marchands & l'on n'y reçoit
jamais d'expédition en fait de dettes,
que celle d'une quittance ; toute autre
compenfation ou moyen propofé ne pouvant arrêter l'éxécution par elle ordon-
néc. Il y a un pareil Juge à St. Marcellin & dans l'ufage de la Province,
on les nomme le ftile rigoureux de Chabeuil & St. Marcellin ; il paroit néanmoins que cette Jurifdiction eft peu
fréquentée , puifque la Charge de Ju-

*Judicature
de Chabeuil.*

T 2

ge , qni eft vacante aux parties cafuel-
les, n'a point été relevée depuis un très-
·long-temps.

*Maitrise
dis Eaux &
Forets.*
Le Roi en 1689. a créé nne Maitri-
fe dee eaux & forets avec attribution
de Jurifdiction dans toute l'étenduë de
la Province , elle doit être compofée
d'un Maître , d'un Lieutenant , d'un
Garde-Marteau , d'un Greffier & de
quatre Sergents Garde-Bois. L'Auteur
vient enfuite au détail des tribunaux
de Finance , le premier defquels eft la
*Chambres
des Comptes.*
Chambre des Comptes , dont l'origine
n'eft pas plus ancienne que l'année
1628 ; avant cela le Parlement en avoit
toute la Jurifdiction & il en fut dépouillé par l'érection de cette Chambre qui eft compofée de fix Préfidens ,
le premier compris, de dix-huit Maîtres
ordinaires , de deux Correcteurs , & de
fix Auditeurs, d'un Avocat & d'un Procureur Général. Sa compétence confifte en l'audition & jugement des comptes des Receveurs des Tailles & du Domaine , à recevoir les aveus & dénombremens des terres qui relevent du Roi:
elle a auffi l'œconomat des Bénéfices
vacans en regale , au moyen de l'acqui-
fition qu'elle a faite des Offices d'œ-
conomes nouvellement créés : elle pré-

tend encore avoir le droit d'enregîtrer
les provifions des Evêques & leur ferment de fidelité , mais la Chambre des
Comptes de Paris le contefte, & le procès à ce fujet n'eft pas encore jugé : elle
avoit ci-devant la connoiffance des affaires du Domaine & la liquidation
des lods & ventes qui échoient au profit du Roi ; mais par un Arrêt de l'année 1691 , cette matiere a été adjugée
aux Tréforiers de France : au furplus
la Chambre des Comptes de Grenoble
fuit immédiatement le Parlement dans
les cérémonies , avec cette diftinction
néanmoins , que dans les Affemblées
qui fe font des Cours Souveraines dans
des Eglifes le Parlement prenant pour
lui les hauts fiéges de la gauche , laiffe
ceux de la droite à la Chambre des
Comptes. On prétend que c'eft un refte de la préféance que ce Tribunal
avoit autrefois fur le Confeil avant
qu'il fut Parlement. Les Tréforiers de
France ne faifoient qu'un Corps avec
le Parlement & la Chambre des Comptes jufques en l'année 1628. qu'ils en
furent feparés & établis en corps de
Compagnie par un Edit du Roi : avant
la ceffion du Dauphiné à la France &
long-temps après il n'y avoit qu'un

Tréforier Général dans la Province ; les quatre Généraux des Finances du Royaume ne furent reconnus que long-temps après. Henri II. ayant dans la fuite créé autant de bureaux de Finances que de Généralités, établir à Grenoble des Tréforiers & des Généraux de Finance, dont les Charges furent unies par Henri III. en 1574, on les a depuis multipliées jufqu'au nombre de 27. Officiers, fçavoir un premier Préfident en titre, quatre Préfidens par commiffion, vingt Tréforiers Généraux, un Avocat & un Procureur du Roi. La Jurifdiction de ce Bureau confifte en la direction des Finances réduite aux termes où tous les autres bureaux du Royaume l'éxercent : il avoit la connoiffance du Domaine avant l'engagement qui en a été fait & il lui refte celle de la liquidation des lods & ventes qui échoient au profit du Roi avec l'affiftance près de l'Intendant dans le département des tailles & l'adjudication des travaux néceffaires aux grands chemins, ponts & chauffées de la Généralité ; mais cette affiftance n'a lieu qu'en conféquence d'une commiffion extraordinaire adreffée par Sa Majefté à un ou deux des Préfidens ou Tréforiers du Bureau, felon le choix que

l'Intendant en veut faire lui-même. Enfin le Roi ayant créé en 1697. deux
Charges de Tréforiers de France, Vérificateurs & Commiffaires pour le
compte des étapes, le Bureau de Grenoble les a acquifes & en a réuni les
fonctions qui font éxercées par un Député de la compagnie choifi toutes les
années, lequel affifte près de l'Intendant à la vérification de ces fortes de
comptes.

Le Dauphiné étoit comme l'on fçait
un Pays d'Etats où les impofitions
étoient réglées par délibération commune des membres qui les compofoient, ils
furent fupprimés en 1628. par une Ordonnance qui établit à leur place fix Bureaux d'Elections, Grenoble, Vienne,
Valence, Montelimar, Gap & Romans:
chacun de ces Bureaux a une recette
particuliere à l'exception de celui de Gap
qui en a deux, comme il a déja été remarqué. D'ailleurs chaque Bureau eft
compofé d'un Préfident, d'un Lieutenant, d'un premier Affeffeur, de quatre Elus, d'un Procureur du Roi & d'un
Greffier. Leur compétence eft d'affifter
l'Intendant au département de chaque
Canton, de connoître du fait des tailles
en premier inftance, des affaires des

Elections.

Communautés, des deniers d'octroi,
des contraventions à la ferme du tabac,
à la marque des métaux ; & comme il
y a depuis quelques années de nouvelles créations d'Offices comme de Lieutenant Criminel, Vérificateur des rolles,
de Tiers Referendaire, Taxateur de dépens, Commiſſaires éxaminateurs, En-
quêteurs & Rapporteurs de défauts, chaque Bureau n'a pas manqué d'acquérir
celle de ſon Corps pour en augmenter
le profit & les droits. Il n'y a point dans

Juges des Gabelles tout le Dauphiné de Juriſdiction de
Grenier à ſel, le ſel y eſt une marchan-
diſe libre, pourvû que celui qui en fait
commerce s'en pourvoye aux Greniers
du Roi, cela fait qu'il n'y a point d'autres Juges en cette matiere qu'un Controlleur des Gabelles à Grenoble, un
Viſiteur à Briançon & un autre à Valence, leur Juriſdiction n'a ni Lieute-

Juges des Douannee. nant ni Procureur du Roi. Mais en revanche comme les Douannes compo-
ſent une grande partie des revenus du
Roi en Dauphiné, on a été obligé d'é-
tablir différens ſiéges pour la conſervation de ſes droits ; ſçavoir à Grenoble,
à Veynes, à Valence, au Buis, à Montelimar, & à Briançon. Ils ſont compo-
ſés d'un Préſident Juge de la Douanne,

d'un Lieutenant , d'un Procureur du Roi, d'un Subſtitut nouvellement créé & d'un Greffier. L'auteur donne à la fin de ſon Mémoire une remarque ſur le mérite particulier de ceux qui rempliſ-ſent les Magiſtratures de Dauphiné, en-tre leſquels j'ai cru pouvoir diſtinguer en ce lieu les Préſidens de la Poipe, Grammont & Allois qu'il dit être des gens très-riches & poſſédant de rares talens tant pour les fonctions de leurs Charges de Préſidens à mortier, que pour la littérature : il nomme encore huit ou dix Conſeillers tant Clercs que Laïques , le Sr. de Bourchenu de Val-bonnaire premier Préſident de la Cham-bre des Comptes & le Sr. de Maincy de Ferrieres auſſi Préſident en la même Compagnie avec le Sr. Buſſet premier Préſident du Bureau des Finances. Quant aux Juſtices Seigneuriales l'Au-teur en remarque ſept reſſortiſſantes nuement au Parlement ; ſçavoir celles de Grenoble, Vienne, Valence , Dye, Gap, & Embrun, dont il a été parlé & celle de Tallard appartenante au Comte de Chatte de Rouſſillon. Celles qui reſſortiſſent nuement aux Bailliagès & Sénéchauſſées ſont en grand nombre ſouvent de très-petite étendue. Voici

T 3

celles que l'Auteur a jugé dignes de remarque, Vizille, Saſſenage, le Tonnet,
la Baume, l'Etang, le Pont en Royans,
Montbrun, Chabrillon, Sepleme, Au-
berive, Serrieres, Maubec, Puſignan,
Eyrieu, Auton, St. Chef, Clermont,
Ornacieu, Virieu, Charmes, Clan-
chon, St. Vallier, Vinay, Anjou, Chevrieres, Breſſieux & Monchenu. Il eſt
bon d'obſerver que par le ſtatut Delphinal, qui eſt le réglement de la Cou-
tûme du Pays, il eſt permis à tout Seigneur de faire éxercer ſa Juſtice dans
la Ville de Grenoble, de quelque Bailliage qu'elle ſoit dépendante, toutefois
cela ne ſe pratique point à cauſe de l'é-
loignement; l'uſage eſt de les éxercer
dans le Chef-lieu de chaque Bailliage.

Etat de l'E-
gliſe dans le
Dauphiné.

Je paſſe au détail des Dignités &
Biens Eccléſiaſtiques, renvoyant ce que
l'Auteur ajoute au ſujet des Terres conſidérables de la Province à l'article de
la Nobleſſe qui ſera traité dans la ſuite
auſſi bien que l'Hiſtoire du Pays. Il
conſidére l'Etat de l'Egliſe par Diocèſe,
& quoique cette méthode allonge extrêmement ſa matiere, ellè me paroît mériter d'être ſuivie à cauſe de l'ordre,
quoiqu'il ne nous y ait pas ci-devant
accoutumé. Il y a en Dauphiné deux

Archevêchés, Vienne , Embrun, cinq Evêchés , Grenoble , Valence, Dye , Gap & St. Paul de trois Châteaux , & trois Abbayes ou Maisons Chefs d'ordre , la Grande Chartreuse , Saint Antoine & Saint Ruf. L'Eglise de Vienne, dédiée premierement sous le nom des Macabées & depuis au commencement du VIIIᵉ. Siécle à Saint Maurice & aux Martyrs de la Legion Thebaine, est au sentiment de l'Auteur l'une des plus anciennes de la Chrétienté. Il lui donne Saint Crescent Disciple de Saint Paul pour Fondateur & prétend que la Mission Apostolique, l'obligeant à quitter Vienne, pour aller annoncer la foi en d'autres endroits , il y établit Evêque Saint Zacharie , dont l'Archevêque d'à présent du nom de Montmorin est le cent sixiéme Successeur. Parmi ce grand nombre de Prélats on en compte de très-illustres , tels que Saint Mamert, Alcimeavit, Adon, Guy de Bourgogne depuis Pape, Calixte second, Simon d'Archiac Cardinal, &c. S'il n'est par hors de doute que la fondation de l'Eglise de Vienne se doit rapporter à l'Apôtre Saint Paul ou à Saint Crescent son Disciple , du moins sçait-on assûrément qu'elle est des plus anciennes

T 6

Archevêché de Vienne.

de la Gaule: quand il n'y en auroit
d'autre preuve, que la lettre des Martyrs de cette Ville aux Eglifes d'Afie &
de Phrygie qui fe trouve rapportée par
Eufebe. Cette Antiquité fit tant d'im-
preffion dans l'efprit des autres Evêques de la Gaule, qu'ils concoururent
tous à regarder celui de Vienne comme
le Metropolitan ; l'Evêque d'Arles s'a-
vifa de lui difputer cette qualité dans
le IVe. Siècle & la décifion de ce différend en faveur de Vienne Métropole
Civile eft un événement confidérable
dans l'Hiftoire Eccléfiaftique. Il s'eft
tenu divers Conciles dans cette Eglife;
celui qui fut affemblé en 474. établit
l'abftinence des Rogations ; celui de
1112 fut affemblé fous Guy de Bourgogne Archevêque pour condamner le
Traité que l'Empereur Henri V. avoit
extorqué du Pape Pafchal II. celui de
1119 condamna l'Anti-Pape Maurice
Bourdin ; mais le plus confidérable de
tous eft le Concile œcuménique tenu
en 1311, auquel le Pape Clement V.
préfida & dans lequel l'Ordre des Chevaliers du Temple fut aboli · & la Fête-
Dieu ordonnée dans toute le Chrétienté. Après cela la plus importante
remarque qui foit à faire fur cette Egli-

fe, eſt au ſujet de la ſouveraineté dont
elle a joui très-long-temps & depuis la
conceſſion des Empereurs Conrad le Salique & Frédéric Barberouſſe juſqu'au
traité paſſé en 1448. contre le Dauphin
Louis, depuis Roi XIe. du nom, & Jean
de Poitiers lors Archevêque, par lequel
il reconnut la Souveraineté de ce Prince & engagea le Peuple de Vienne à
lui prêter Serment de fidelité. Il eſt certain que les Dauphins du nom d'Albon
étoient vaſſaux dans l'Egliſe de Vienne
& il n'eſt pas même ſans apparence
qu'ils n'ayent formé en partie leur Etat
des biens & des hommages dont ils dé-
pouillerent les Egliſes de la Province
que les Empereurs avoient rendu Souveraines. Les Dauphins du nom de la
Tour ne furent pas plus ſcrupuleux que
les premiers, on ſçait que Humbert II.
enleva à l'Egliſe de Vienne entr'autres
hommages celui du Seigneur de Clermont, mais il ne lui refuſa pas non
plus que ſes Prédéceſſeurs celui qu'il
lui devoit perſonnellement à cauſe de
ſa Comté d'Albon, & il ne le tranſmit
à la Maiſon de France qu'aux mêmes
conditions, auſſi voit-on que le Dauphin
Charles qui fut depuis Roi V^e. du nom,
rendit par Procureur un hommage pu-

blic à l'Archevêque de Vienne en 1340,
en préfence du Chapitre & de tout le
Peuple. Dans la fuite les Rois de France, s'étant fait revêtir du titre de Vicaires de l'Empire dans les anciennes dépendances du Royaume de Bourgogne,
prétendirent en cette qualité l'éxercice
du pouvoir fuprême fur la Ville de
Vienne, l'Archevêque & fon Clergé;
& leurs longs différends ne furent ter-
minés que par la tranfaction de 1448,
dont il a été parlé, depuis laquelle on
n'a plus connu dans la Province d'autre Souveraineté que celle des Rois.
Les Dauphins fe faifoient honneur d'ê-
tre admis au nombre des Chanoines de
la Cathédrale de Vienne & ils y venoient régulierement prendre leurs places fous la proteftation du Chapitre,
que cette féance ne préjudicieroit point
au droit de Seigneurie Souveraine qui
lui appartenoit fur la Comté d'Albon,
& ne pourroit changer la qualité de
Feudataire en la perfonne du Dauphin.
La cérémonie de l'hommage fe renou-
velloit tous les ans au jour de St. Maurice, & les Dauphins étoient tenus d'y
offrir en perfonne ou par Procureur un
cierge de cire jaune de la pefanteur de
douze livres. Le Juge Royal de Vien-

ne qui s'acquitte aujourd'hui de cette fonction au nom du Roi, protefte en faifant l'offrande que ce n'eft que par dévotion, à quoi le Célébrant répond par une autre proteftation, que cette offrande eft due par hommage. Ainfi l'on voit que cette Eglife de Vienne étoit autrefois extrêmement puiffante, mais elle ne devoit pas fa grandeur feulement à la facilité des Empereurs, il paroit par divers monumens qu'elle étoit entrée au droit des véritables Princes de Vienne, par de légitimes acquifitions, telles que celles que firent l'Archevêque Guy, depuis Pape Calixte II. de fon frere Etienne Comte de Bourgogne & de Vienne; & l'Archevêque Jean de Burnis de Hugues de Vienne Seigneur de Pagney, le dernier de ceux qui avoient droit d'y reclamer la Souveraineté. Toutefois en 1385 elle étoit tellement déchue, que les Commiffaires du Pape, après avoir éxaminé fes facultés & vû ce qu'il lui reftoit, réduifirent fon Clergé à cent Eccléfiaftiques, au lieu de trois cent dont il étoit auparavant compofé : les guerres de la Religion qui font furvenues depuis ont achevé de la ruiner ; on affure même que les Huguenots étant Maîtres de

Vienne vouloient en raſer la Cathédrale juſqu'aux fondemens, mais qu'ils en
furent détournés par la dépenſe de la
démolition. Enfin malgré tant de malheurs elle ſubſiſte encore & l'Auteur
croit pouvoir dire qu'elle eſt une des
plus belles du Royaume & des mieux
ſervies.

*Chapitre de
la Cathé-
drale.* Le nombre de cent Eccléſiaſtiques y
reſte toujours & parmi eux on ne compte que vingt Chanoines, ainſi que dans
l'ancien temps. L'Archevêque confere
les Dignités de Sacriſtain, de Chancelier, & les quatre Archidiaconnés avec
deux Chapelainies; le Chapitre remplit
tous les autres Bénéfices, Dignités &
Canonicats, à la réſerve des places qui
ſont à la collation du Doyen, qui ſont
la Dignité du Capiſtrole, qui eſt la
quatriéme de l'Egliſe, la Cure de Saint
Maurice & dix-huit places des Clercs,
auſquelles il pourvoit de plein droit,
quand elles n'ont point été réſignées
en Cour de Rome. Le Capiſtrol a le
même droit de remplir douze autres
places de petits Clercs, ſurquoi il faut
remarquer que pour parvenir à quelque titre dans l'Egliſe de Vienne, il eſt
néceſſaire d'avoir paſſé par l'une ou par
l'autre de ces places de Clergeon ou de

Clerc; c'eſt un reſte de l'ancienne Diſ-
cipline qui eſt digne d'être obſervée.
Le Corps de cette Egliſe eſt donc compoſé de vingt Chanoines y compris les
Dignités de Doyen, Préchantre, Chantre, Capiſtrol, Sacriſtain, les quatre
Archidiacres & le Chancelier, de deux
Chevaliers, quatre Quaternes, ſix Coad-
juteurs, trente Prêtres, quatre Diacres,
quatre Soudiacres, dix-huit Clercs &
douze Clergeons. Tous enſemble jouiſ-
ſent de 30000 liv. de rente les charges
payées. Les biens de l'Archevêque qui
ont fouffert la même diminution ſont
reduits à 22000 liv. les charges acquittées & c'eſt-là tout ce qui reſte des anciennes richeſſes d'une des plus célebres
Egliſes de la Gaule. La Ville Diocèſe de Vienne contiennent encore cinq
autres Chapîtres, ſçavoir Saint Pierre
dans la Ville de Vienne, ancienne Abbaye de l'Ordre de Saint Benoît, qui a
été ſécularifée en 1616. Saint Leo-
nien un des Patrons du Diocèſe en étoit
l'Abbé au Vᵉ. ſiécle & dans les ſuivans,
cette Maiſon a renfermé juſqu'à 500
Religieux. Il y a un grand nombre de
corps ſaints conſervés dans l'Egliſe ;
l'on croit même que la terre y cache les
os d'une grande quantité de Martyrs

*Autres Cha-
pitres.
St. Pierre de
Vienne.*

qui ont souffert à Vienne durant les
persécutions : cette idée a établi l'usage
de n'y enterrer aucun autre corps. Depuis
la sécularisation le Chapitre est composé d'un Abbé qui a droit de correction
sur les Membres inférieurs ; d'un anciens Officiers Claustraux. L'Abbé qui
est à présent le Sieur Roze fils du Secrétaire du Cabinet en tire 6000 liv. de
rente & le Corps du Chapitre 10000 l.
surquoi chacun est obligé d'acquitter
ses propres charges. L'Abbé doit être
Prêtre, il a droit de se servir de tous
les ornemens Episcopaux ; & enfin les
places Canoniales ne peuvent être remplies que par des Nobles de trois quartiers paternels & maternels. L'Abbé
confére toutes les Dignités & Offices
du Chapitre & les Cononicats alternativement avec le même Chapitre : il a
aussi la collation de six Prieurés séculiers, dont il y en a deux de 1200 liv.
de revenu, & d'un Prieuré de filles à

St. André.

Sainte Colombe près de la Ville. Saint
André-le-Bas est une Abbaye de Bénédictins, mais comme ils vivent séparé-
ment & à la maniere des Chanoines,
elle a rang parmi les Chapitres. L'Abbé
Commandataire qui est l'Abbé de Sain-
tot en tire 2000 liv. & dispose de tous

les Offices, ainsi que des Places mo-
nacales qui sont au nombre de douze.
Ce Chapitre n'a que 4000 liv. de revenu, le Monastére fut édifié dans la Ville de Vienne par le Duc Ancemont l'un
des grands Seigneurs de la Cour du
Roi Gontran, à la priere de sa fille Religieuse de Saint André-le-haut. L'évé-
nement le plus considérable qui y soit
arrivé, est la premiere solemnisation de
la Fère-Dieu & la premiere procession
où l'hostie fut portée par le Pape Clément V. en présence des Rois & des
Prélats qui avoient assisté au Concile.
Saint Sever dans la même Ville est un
Chapitre à présent fort pauvre ; il n'y
a que quatre Prébendes qui ont le nom
de Colléges, leur revenu n'est tout au
plus que de 500 liv. L'Eglise en a été
bâtie sur les ruines d'un ancien Temple
dédié à cent Dieux & à l'honneur de
celui qui détruisit les restes du Paganis-
me à Vienne. Saint Chef à sept lieues
de Vienne étoit une Abbaye qui fut bâtie dans une Forêt alors inhabitée, par
Saint Tuedert Penitencier de l'Eglise
de Vienne : elle fut sécularisée sous le
Régne de François I. & convertie en un
Chapitre noble de vingt-huit Chanoines. La mense Abbatiale en a été unie

à l'Archevêché de Vienne, ce qui donne droit au Prélat d'en conférer tous les
Canonicats, mais il ne les peut donner
qu'à des habitués reçûs par le Chapitre
devant lequel ils font preuve de feize
quartiers de Nobleffe. Le Doyen qui
eft élû par le Chapitre confére tous les
Offices qui étoient anciennement clauftraux. Le revenu total du Chapitre, les
charges déduites eft de 15000 l. dont
les Offices ou Dignités emportent la
moitié. Le dernier Chapitre eft celui de

Romans.

Romans connû fous le nom de Saint
Leonard Archevêque de Vienne qui en
fut le Fondateur, environ l'an 836; ce
Prélat qui avoit été tiré de l'Abbaye
d'Ambournay fut un des plus zélés, par-
tifans de l'Empereur Lothaire contre
Louis-le-Débonnaire fon pere, ce qui
le mêla fi avant dans les troubles de
l'Etat qu'il en penfa perdre fon Evêché.
Dans la fuite il fit fa paix & s'appliquant
au foin de fon Diocèfe, il bâtit cette
Abbaye & la dédia aux Martyrs de
Vienne Severin, Exapert, & Felicien;
elle a été fécularifée il y a plus de 200
ans & la menfe Abbatiale unie à l'Archevêché. Le Chapitre ne confifte qu'en
deux Chanoines & quatre Dignités,
dont le Sacriftain, à préfent l'Abbé de

Lyonne eſt le Chef ; il y a de plus ſix
Prêtres habitués & ſix Clercs à la nomination de l'Archevêque : toutes les autres places ſont remplies par le Chapitre qui poſſede en tout 10000 livres de
revenu.

Les Abbayes du Diocèſe de Vienne
ſuivent l'énumération des Chapitres ;
célle qui mérite d'être remarquée la
premiere eſt Saint Antoine de Viennois
Chef d'un Ordre particulier qui ſuit la
régle de Saint Auguſtin : il y a d'ordinaire ſoixante Religieux Prêtres ſans les
Novices & les Freres, mais on ne connoît guères le produit de leur revenu,
parce qu'ils font eux-mêmes valoir leurs
biens, on l'eſtime néanmoins à 40000 l.
ſelon le bruit commun : l'Abbé qui eſt
régulier eſt à préſent Monſieur de Lan-
geron Maulevrier : cette Maiſon eſt
ſituée à dix lieuës de Vienne dans un
Bourg autrefois nommé la Motte-aux-
bois & qui a pris ſon nom de Saint Antoine, des reliques de ce Saint qui y furent apportées de Conſtantinople par
un Seigneur nommé Goſſelin, que l'on
croit être la Tige de la Maiſon de Poitiers. Le Pape Urbain II. en établit le
culte long-temps après, & comme il
régnoit en ce temps-là une maladie épi-

demique nommée le feu Saint Antoine,
qui faifoit de grands ravages, on commença à y faire des vœux & des péleri-
nages, ce qui donna occafion à deux
Gentilshommes voifins d'y bâtir un Hôpital pour retraite des malades. Plufieurs perfonnes dévotes fe joignirent
à leur inftitut, dont ils obtinrent la
confirmation par le Pape ; leur Supérieur
prenoit la qualité de Maître ou Commandeur & il y en a eu dix-fept jufqu'à 1293, qu'Aimon de Montagny
prit la qualité d'Abbé ; il acquit la Seigneurie du lieu, fit l'union de la grande Eglife de Saint Antoine à fon Hôpital, au moyen d'un dédommagement
qu'il paya aux Religieux du Montma-
jor d'Arles, à qui elle appartenoit par
la conceffion d'Urbain II. Enfin il donna une forme parfaite à l'Ordre de Saint
Antoine qui s'eft depuis répandu dans
toute la France ; cette Abbaye fut ruinée en 1561 par les Huguenots, l'Abbé
Louis de Langheac en commença la
réparation douze ans après. Bonnevaux
Abbaye d'hommes de l'Ordre de Cifteaux & filiation de Clervaux, fondée
par Calixte II. Pape, avant fa promo-
tion au Pontificat, lorfqu'il portoit encore le nom de Guy de Bourgogne : il

y a huit Religieux qui ont 4000 livres.
L'Abbé commandataire en a 2000. Les
autres Abbayes du Diocèse au nombre
de fix & toutes de filles font Saint André-le-haut à Vienne, de l'Ordre de
Saint Benoît, fondée dans le VIe. Siécle
par Saint Leonnin Abbé de Saint Pierre, laquelle poffede 3000 liv. de revenu. Sainte Claire de Vienne de quinze
Religieufes & 2000 l. de rente. Sainte
Goire de l'Ordre de Saint Benoît de
1000 l. Saint Juft de Romans de l'Ordre de Cifteaux de 3000 liv. St. Paul
de Beaurepaire du même Ordre & du
même revenu. Et enfin Laval à la Côte-Saint-André de même Ordre & de
2000 liv. feulement. Il n'y a qu'une
Chartreufe en ce Diocèfe qui eft celle
de Silve Benete à huit lieuës de Vienne
fur le chemin de Grenoble, elle eft de
12000 liv. de revenu. L'Ordre de St. *Autres*
Ruf y a trois Prieurés confidérables, *Monaftéres.*
celui de Vienne dit Saint Martin de
300 liv. feulement; celui de Saint Vallier, dont le Cardinal d'Etrées eft titulaire vaut 5000 liv. & eft à la nomination du Roi; & celui de la Côté-St.-
André à la collation de l'Abbé de Saint
Ruf de 3000 liv. pour le Prieur & huit
Religieux. Les autres Couvens font

dans la Ville de Vienne : la Maiſon de Saint Antoine de dix Religieux ; les Jacobins de ſix ; les grands Carmes de dix ; les Capucins de vingt ; les Auguſtins déchauſſés de ſept; les Minimes de quatre ; les Urſulines de trente Religieuſes & 4000 liv. de rente; les Bernardines de vingt filles & 2000, & les Annonciades de douze filles & 1500 l. Dans le reſte du Diocèſe on compte les Capucins &. les Récolets de Romans au nombre de vingt Religieux pour chaque Maiſon ; les Urſulines & les filles de la Viſitation du même lieu qui ont chacune 2000 & 2500 liv. de revenu. A Saint Marcellin un Couvent de quatre Religieux de Saint Antoine qui deſſervent la Cure, une Maiſon de Carmes anciens, une de Recolets, & une d'Urſulines qui ont 2000 liv. de rente. A Beaurepaire un Monaſtére de Grands Auguſtins; à la Côte-Saint-André un de Recolets de vingt Religieux & un d'Urſulines qui ont 3000 liv. de revenu. A Saint Goire une petite Communauté de filles de la Viſitation; à la Tour-du-pin vingt Recolets ; à Cremieu douze Auguſtins qui ont 6000 l. de rente, & un Couvent'de la Viſitation qui en a 4000; à Bourguoin quin-

ze

ze Auguſtins déchauſſés qui n'ont que
400 livres de rente ; à Paterne dans le
voiſinage un Couvent de Jacobins de
la fondation des Seigneurs de Maubec
qui a 800 liv. & enfin à Pinet à deux
lieuës de Vienne un Couvent de Carmes. Au ſurplus le Diocèſe de Vienne
renferme quarante-neuf Prieurés ſimples
depuis 1500 liv. juſqu'à 40 liv. de revenu ; 414 Cures dont 80 ſont hors du
Dauphiné & toutes à portion congrue
à la reſerve d'une trentaine meillcures
que les autres ; 50 Annexes ou ſuccu-
rales ; 280 Chapelles outre celles de la
Cathédrale & des Collégiaes qui toutes enſemble peuvent poſſeder environ
10000 liv. de revenu. Le Seminaire de
l'Archevêché de Vienne eſt un Bâtiment magnifique qui a été conſtruit par
Monſieur de Villars Archevêque, il eſt
occupé par les Prêtres de l'Oratoire
qui ont 1500 liv. de revenu. Les Je-
ſuires tiennent le Collége de la même
Ville qui a été fondé de 7000 liv. de
revenu par les trois Ordres de la Ville
en 1627.

Le Diocèſe de Grenoble ſuit celui de
Vienne, il eſt compoſé de 340 Paroiſ-
ſes, deſquelles il y en a 64 en Savoye.
Le revenu de l'Evêché eſt d'environ

20000 livres y compris 2500 liv. qui
font en Savoye : les droits de l'Evêque
font fort beaux & le fcroient d'avantage s'il avoit confervé la Souveraineté qui
lui avoit été accordée, ainfi qu'aux autres Prélats de la Province par l'Empereur Frédéric de Barberouffe. Il lui refte le titre de Prince & le partage de la
Seigneurie & de la Juftice de la Ville
avec le Roi. On prétend que la Souveraineté s'étendoit depuis Bellecombe
fur la frontiere de Savoye de ça & de là
l'Ifere jufques à Romans. Il y eut en
1105 un accord qui fut régle par le Pape Pafchal II. entre l'Archevêque de
Vienne & l'Evêque de Grenoble par lequel le Comté de Salmorene fut partagé entre ces Eglifes ; c'étoit alors l'une
des plus confidérables Souverainetés du
Dauphiné. Au furplus l'Antiquité du
Siège de Grenoble remonte jufqu'au
IVe. Siécle de l'Eglife : il eft à préfent
occupé par le Cardinal le Camus dont
la pieté & la vie pénitente ont beaucoup de réputation. Le Chapitre de la
Cathédrale eft de vingt Chanoines y
compris l'Evêque & le Doyen ; le premier y préfide toujours & le fecond a
2700 liv. de revenu. Les Canonicats
font différens, les quatre premiers va-

lent 800 livres , les huit fuivants cinq
à 600 & les autres 300 au plus.
Ceux qui font une fois élus Chanoines
optent ces différens Canonicats par ancienneté ; ils ont de plus des maifons
Canoniales qu'ils peuvent réfigner &
dont le Doyen a la difpofition quand
ils viennent à vacquer. Au furplus l'E-
dit des portions congrues avoit tellement affoibli les revenus de ce Chapitre, que pour lui donner moyen de fubfifter il a fallu fupprimer les portions
du Théologal & du Sacriftain & y réü-
nir le Chapitre avec le Prieuré de la
Riviere, tous deux de la fondation de
Hugues Evêque de Grenoble dans l'onziéme Siécle. Les Habitués dans la Cathédrale font au nombre de vingt &
eux feuls peuvent poffeder les Chapelles
qui y font fondées. Le Chapître de St.
André de Grenoble eft encore fort confidérable, il a été fondé par Guy André Dauphin de Viennois au commencement du XIIIe. Siécle & eft compofé
d'un Prévôt qui a 2000 liv. de rente,
de douze Chanoines, dont les plus riche n'ent ont que 350 & de vingt-deux
Habitués. Il n'y a aucune Abbaye ,
d'hommes dans le Diocèfe de Grenoble, mais feulement une de filles, de

DAU-
PHINE'.

l'Ordre de Cifteaux, dite des Ayes :
elle renferme trente Religieufes qui ont
9000 liv. de revenu ; cette Maifon eft
de la fondation de Marguerite de Bourgogne époufe de Guy VIII. Comte d'Albon & l'on y voit encore fon tombeau.
Au furplus on compte dans le même
Diocèfe quarante Prieurés, defquels le
plus fort eft celui de Saint Theudert
Ordre de Saint Benoît, Congregation
de Saint Maur, il eft de 3000 liv. de
revenu & à la nomination du Roi. Il
y en a fix autres de 10 à 1200 livres, le
refte de 3 jufqu'à 800. Des Cures il y
en a fix qui peuvent valoir 800 l. toutes les autres font à portion congrue,
& celles des montagnes font encore de
moindre valeur. Quant aux fondations
des Chapelles dans les Châteaux de la
Campagne, la plus haute n'eft que de
200 liv. de rente. Les Prêtres de l'O-
ratoire ont la conduite du Seminaire de
Grenoble, le Clergé du Diocèfe leur
paye 1500 liv. pour leur fubfiftance &
on y a depuis uni le Prieuré de St. Pier-

Autres Monaftéres.

re de Miferere. Il y a de plus à Grenoble des Cordeliers à la grande manche
qui ont 3000 liv. de revenu, avec la
penfion des meffes du Parlement. Les
Récolets ont deux Maifons, dont l'une

est de celles que le Roi Henri IV. fut
obligé de bâtir pour penitence en rece-
vant l'absolution du Pape. Les Capucins, les Augustins, les Carmes, les
Minimes ont aussi leurs Maisons à Grenoble ; les derniers en ont deux, l'une
dans la ville de 1500 liv. de revenu &
l'autre dite la Plaine qui en a 3000, y
compris le Prieuré de la Jarri qui y est
uni. Cette Ville a grand nombre d'Hôpitaux, celui qui est nommé le Général
est grand & bien bâti avec une belle
enceinte , ses revenus sont d'environ
30000 liv. mais ses dépenses sont fort
grandes; car outre la nourriture de 300
pauvres qui y sont renfermés, il est
chargé de la subsistance de l'Hôpital
des freres de la Charité, à qui il paye
800 l. pour leur nourriture, 250 pour
les remedes, six sols par jour pour chaque malade & 33 sols pour chaque en-
terrement ; & de celle de l'Hôpital des
femmes à raison de 150 pour les remedes & de même six sols & 33 sols. Les
Monastéres des filles de la Ville de Grenoble sont les Religieuses de Sainte
Claire au nomdre de 40 lesquelles vivent de la quête; deux Maisons de la
Visitation, l'une de 8000 liv. & l'autre
de 2000 de revenu; les Benedictines

V 3

qui ont 3000 liv. les Urſulines qui en
ont 4000; le Verbe incarné qui en a
1000; les Carmelites qui en ont 1800;
la Propagation des Nouvelles Converties
en ont 1500, que le Roi leur donne;
la Maiſon des Orfelines, les ſœurs de
Saint Joſeph, la Maiſon de la Providence qui eſt un inſtitut ſingulier, &
enfin les Repenties, ces dernieres n'ont
point de fonds. Les autres Couvens du

Monaſtéres du Dioceſe. Diocèſe ſont les Capucins de la Mare,
les Auguſtins déchauſſés de Villars-Be-
noir qui ont 800 liv. de Vinet & de
Voirat qui en ont chacun 300 & de
Lozier qui en ont 1000, à cauſe d'un
péierinage qui leur donne quelque profit. Les Cordeliers d'Oriant qui ont
2000 liv. les Récolets de Moirans, les
Minimes de Tullins, les Carmes de
Beauvoir, de la fondation des Dauphins, qui ont 2000 liv. Le Prieuré de
Saint Antoine de Pont-en-Royans de
2000 liv. les Benedictins de Saint Robert de Cornillon qui ont 3000 livres
l'Hôpital de la Charité de Vizille qui à

Grande Chartreuſe. 1600 liv. Et pour finir par une Maiſon
de grande conſidération, le Monaſtére
des Chartreux Chef d'Ordre & ſéjour
perpetuel du Général des Chartreux:
Cette Maiſon eſt bâtie dans un affreux

défert à trois lieuës de Grenoble & renferme trente-six Religieux de Chœur fans les freres. Ses revenus montent à 50000 liv. en terres, dixmes, bois, forges, & mines de charbon; mais leur dépenfe eft très-grande, parce qu'ils y reçoivent tous les Voyageurs pauvres & riches & l'on prétend qu'il y en paffe pour le moins 4000 par année. La fondation de la Chartreufe eft de l'année 1084 & l'ouvrage de Saint Hugues Evêque de Grenoble, ainfi que de Saint Bruno. A l'égard des Monaftéres de filles, on y compte les Dames de Montfleury de l'Ordre de Saint Dominique, fans clôture, fondées par une Princeffe Dauphine, qui ont 15000 liv. de rente; les Chartreufes de Premol au nombre de trente-cinq qui en ont 2000; les Bernardines de Chabons à Tullins qui en ont 8000; les Urfulines du même lieu de Tullins qui en ont 3000; celles de Moirans qui en ont 1000; celles de Vif qui en ont 2000, & enfin les Bernardines de Voiron du même revenu.

L'Evêché de Valence eft encore un des Suffragans de Vienne & n'eft pas moins ancien que celui de Grenoble; le Diocèfe eft à préfent compofé de 105 Paroiffes, dont il y en a 70 en Dauphi-

Diocèfe de Valence.

né & le reſte en Vivarais. Le Pape Gregoire IX. augmenta beaucoup ſon étendue en 1275, quand il y joignit l'Evêché de Dye qui en a depuis été ſéparé;
celui de Valence vaut à préſent 14000 l.
de revenu. Le Chapitre de la Cathédrale, qui eſt dédié à Saint Apollinaire
l'un des Evêques du lieu, eſt compoſé
de quatre Dignités; le Doyen qui a
2000 liv. le Prévôt qui en a 450; l'Abbé Saint Felix qui en a 350 & l'Archidiacre dont la portion eſt conſommée
par une portion congrue dont il eſt
chargé. Les Canonicats, au nombre de
14, tous inégaux depuis 1150 juſqu'à
300 liv. & les Prébandes y ſont optées
par ancienneté : le Bas Chœur eſt de
huit Chapelains & huit enfans de chœur.
Les autres Chapitres du Diocèſe ſont
celui de Saint Pierre du Bourg de Valence de huit Chanoines ſous un Prévôt;
les Prébandes y ſont inégales comme
dans la Cathédrale, mais bien moins
fortes, & ſont pareillement optées par
ancienneté. Le Chapitre de Montelimart eſt compoſé d'un Doyen & neuf
Chanoines qui ont 250 liv. chacun &
le Doyen 400. Les Abbayes de ce Diocèſe ſont Saint Ruf dans la Ville de
Valence Chef d'Ordre d'une Congre-

gation qui suit la régle de Saint Auguftin : on la dit fondée en 1196; cette
Maifon eft en régle & vaut encore
5000 livres de rente. Il y a quantité de
Prieurés particuliers dans fa dépendance. La feconde Abbaye eft celle de
Pioncel de l'Ordre de Cifteaux fondée
en 1137; elle eft poffedée en Commande par l'Abbé Servin à qui elle vaut
3000 liv. de revenu. La troifiéme eft
celle de Saint Saon de l'Ordre de Saint
Auguftin, elle ne vaut que 500 liv. à
l'Abbé. Il y a auffi deux Abbayes de filles
toutes deux fituées dans la ville de Valence; Soyon de l'Ordre de Saint Benoît de 2800 liv. de rente & Vernaifon
de 2500 fort endettée; celle-ci eft de
l'Ordre de Cifteaux, & l'Auteur la croit
en fi méchant état qu'il n'efpere point
fon rétabliffement. Il compte 31 Prieurés dans ce Diocèfe, defquels celui de
Saint Felix de l'Ordre de Saint Ruf &
de nomination Royale vaut 13 à 1400 l.
celui d'Alex de l'Ordre de Cluny & régulier vaut 1500 liv. celui de Marche-
ville uni aux Jefuites du Puy de 1200 l,
celui de Rochepault uni aux Minimes
de Rouffillon de 1800 liv. le plus fort
des autres ne vaut pas plus de 700 liv.
Il y en a quinze au-deffous de 200 &

dix au-deſſous de 100. Quant aux Curcs il y en a quatre de 600 liv. de revenu, les autres ſont à portion congrue
& celles où les Décimateurs ont abandonné les Dixmes ne vont pas à 200.
Dans la Ville de Valence il y a des Capucins, des Récolcts & des Minimes &
trois Couvens de filles, Sainte Marie ou
la Viſitation, les Urſulines & les filles
de Notre-Dame tous peu accommodés.
A Montelimart des Capucins, Cordeliers & Récolcts, des filles de Sainte
Marie & des Urſulines. A Chabeuel
des Urſulines : Enfin il y a à Valence
un petit Seminaire fort mal bâti & un
Hôpital très-pauvre. La derniere choſe
digne de conſidération dans le Diocèſe
de Valence eſt l'Univerſité fondée à
Grenoble par le Dauphin Humbert II.
en 1339 & transferé à Valence par le
Roi Louis XI. Dauphin : elle eſt compoſée de trois Facultés, Théologie,
Droit Civil & Canon, & Medecine. Il
y a deux Profeſſeurs en Théologie, quatre en Droit Civil & Canon & deux en
Medecine, cinq Aggregés en Théologie, neuf en Droit & cinq en Medecine. On compte parmi les ſuppoſts de
cette Univerſité Philippe Decius, Jean
Decoras, Antoine Duncan, Jacques

Cujas, François Hottoman, Jules Pacius & plusieurs celebres Jurisconsultes.

Le Diocèse de Dye plus étendu que celui de Valence contient 200 Paroisses, dont trois ou quatre font dans le Comtat, autant en Provence & le reste en Dauphiné; l'Evêque qui est reconnu Seigneur Suzerain de tout le Pays Dyois a tant en terres qu'en droits Seigneuriaux 12 à 13000 l. de rente. La Principauté & Seigneurie de cet Evêque a le même fondement que celle de tous les autres de la Province, sçavoir des concessions Impériales de Conrad le Salique & de Frédéric de Barberousse; mais celle-ci est singuliere en ce que les Comtes de Dyois faisoient hommage aux Evêques, quoique dans la suite le titre de Comte ait emporté le droit de Souverain tel que le Roi le possede. Le Chapitre de la Cathédrale est composé de deux Dignités; le Doyen qui a 1100 liv. le Sacristain qui en a 800; dix Chanoines qui en ont 600 & deux Honoraires qui n'ont ni revenu ni voix délibérative; le Bas Chœur est si peu de chose qu'il ne mérite pas d'être compté. Il y a dans la Ville de Crest un autre Chapitre de six Chanoines & deux Di-

Evêché de Dye.

Chapitre.

V 6

gnités qui possèdent en tout 3000 l. de rente. La seule Abbaye de ce Diocèse est celle de Valcroissant, de l'Ordre de Cisteaux, possédée en Commande par l'Abbé Canet, il n'y a point de Religieux, la mense monacale ayant été unie à celle de Lioncel au Diocèse de Valence. Il y a en revanche nombre de Prieurés, soit de l'Ordre de Saint Ruf, soit de celui de Saint Benoît, dépendans de l'Abbaye d'Aurillac en Auvergne, mais ils sont tous de très-petit revenu; celui de Sainte Croix près de Dye est le plus riche de tous, il vaut 1500 liv. & appartient aux Religieux de Saint Antoine, l'Evêque précédent y avoit placé son Seminaire, mais celui d'à-préfent l'a confié aux Jesuites de Dye, pour l'établissement duquel il a beaucoup travaillé. Les autres Couvens des Diocèse sont les Jacobins & Cordelier de Dye autrefois puissans, mais à préfent ruinés depuis les guerres de Religion, les Ursulines de la même Ville qui ont 3000 l. & les Jesuites qui en ont 300 payés par l'Evêque, 300 par le Chapître & 240 par la Ville. Les Cordeliers & Capucins de Creft, les filles de Sainte Marie & les Ursulines du même lieu, qui ont les premieres 2500 liv. & les secondes 3000 livres; il y a encore des Auguftins

déchauffés à Taulignan. Au furplus les
Cures de ce Diocèfe font affez bonnes
& il y en a trois de diftinction, la Chapelle, St. Agnan en Verçois qui valent
13 à 1400 l. & Soucheres qui envaut 8
à 900.

L'Archevêché d'Embrun n'a point
de Suffragans dans la Province; il ne
contient qu'un fort petit Diocèfe de 99
Paroiffes, fçavoir 18 dans la Vallée de
Barcelonette & les Etats du Duc de
Savoye & 81 dans le Dauphiné. On
compte jufqu'à 216 Chapelles dans ces
Paroiffes, mais elles font toutes de très-
petit revenu. L'Archevêque d'Embrun
qui eft à préfent Monfieur de Genlis
prend le titre de Prince d'Embrun ,
Comte de Beaufort & de Guilleftre
parce qu'en effet il a été Souverain de
tous ces lieux. Le plus ancien Prélat de
ce Siége eft Saint Marcellin, qui fouffrit le Martyre au IVe. Siécle : entre fes
fucceffeurs on compte des Saints & plufieurs perfonnages illuftres, tels que
Guillaume de Benevent vivant en 1130,
auquel Pierre-le-Vénérable donne de
grands éloges; Bermond Légat du Saint
Siège ; Pierre de Poitiers Théologien
illuftre mort en 1205 ; Henri de Suze;
Guillaume Mandagot Compilateur des
Décretales fous Boniface VIII. Raimond

de Meuillon qui y affembla un Concile; Julien de Médicis, depuis Pape Clement VII. Nicolas de Fiefque; François de Tournon, Robert de Lenon-
court, &c. Le revenu de l'Archevêché
peut monter à préfent à 18000 liv. de
rente & celui du Chapitre de la Cathédrale à la même fomme, ce qui eft le
refte des anciennes richeffes de cette
Eglife, qui a été ruinée tant par les Hé-
rétiques du XVIᵉ. Siécle, que par les
entreprifes des Dauphins qui font plus
anciennes. Le Chapitre eft compofé de
quatre Dignités, entre lefquelles le Prévôt a 19000 liv. de revenu : de dix-
neuf Chanoines outre la place affeftée
au Roi & d'un Bas Chœur peu confidérable. Il n'y a qu'une feule Abbaye
dans le Diocèfe qui eft celle de Bofcau-
don, fondée en 1132 par l'Archevêque
Guillaume de Benevent & Lentelme
fon frere, elle a paffé de l'Ordre de St.
Auguftin à celui de Saint Benoît &
vaut à l'Abbé Commandataire environ
4000 liv. de rente, charges acquittées,
y compris le Prieuré de Paillard en
Provence qui y eft annexé. Les Religieux en ont 2500. Les autres Monaftéres du Diocèfe font les Jefuites d'Embrun, qui ont 3000 liv. de revenu ; les
Cordeliers du même lieu qui en ont.

500 liv. les Capucins, & la Viſitation, qui en a 1500. Dans Briançon, il y a des Jacobins qui ont 500 liv. des Cordeliers qui en ont 300. & des Urſulines qui en ont 800. Toutes les Cures du Diocèſe ſont à portion congrue, à l'exception de quatre ou cinq qui ont juſqu'à 600 liv. de revenu.

Le Diocèſe de Gap renferme 209 Paroiſſes, dont il y en a 150 en Provence; elles ſont toutes ſituées dans les montagnes des Alpes, à la reſerve de 16 qui ſont des Bourgs du plat-pays. L'Evêché vaut 9000 l. de revenu, l'Evêque a titre de Prince, en conſéquence de la conceſſion de l'Empereur Frédéric I. de l'an 1158; & toutefois les Comtes de Forcalquier en prétendoient la Souveraineté & la firent paſſer aux Dauphins par le mariage de Beatrix de Clauſtrat petite fille de Guillaume VI. Comte de Forcalquier, avec Guy André Dauphin en l'an 1202; cette alliance fut l'occaſion de pluſieurs conteſtations entre l'Evêque & le Dauphin, juſqu'en 1332, que Dragonnet Evêque reconnut par un Acte ſolemnel la Seigneurie du Dauphin Guy XIII. & lui fit hommage. L'Egliſe Cathédrale & ſes titres ont été brulés, toutefois le Chapitre jouit encore de 6000 livres de rente & confiſte en treize Chanoines, le Doyen, & trois Perſonnats compris & douze Bénéficiers du Bas-Chœur. On ne compte dans ce Diocèſe que l'Abbaye de Clauſonne va-

Abbaye.

lant ſeulement 300 livres; trente quatre

Prieurés.

Prieurés, dont il y en a quatre aſſez conſidérables depuis 1000 juſqu'à 2000 l. de revenu, ſçavoir Romet, Sigoyer, La Grand & Tallard; quelques Cha-pelles dans les Châteaux à la campagne

Monaſtéres.

avec les Monaſtéres ſuivans. Les Char-treux de Durbon qui ont 6000 liv. de rente pour treize Religieux de Chœur & ſix freres; les Dominicains de la Bau-me qui ont 515 livres; les Religieux de Saint Antoine de Veynes qui ont 380 l. les Cordeliers de Gap qui en ont 316; les Jacobins de la même Ville qui en ont 500; les Capucins; les Urſulines qui en ont 1500 & enfin les Doctrinai-res qui occupent le Seminaire auquel le Diocèſe paye 600 liv. Le Diocèſe de Saint Paul-trois-Châteaux n'eſt compo-ſé que de 34 Paroiſſes, dont les huit plus conſidérables ſont dans le Comtat Ve-naiſſin : l'Evêché ne vaut que 6000 l. de rente, y compris ce qu'il a dans le Comtat. L'Evêque étoit Seigneur tem-porel & ſpirituel de ſon Diocèſe avant

le traité de partage fait entre l'Evêque
Deodat de l'Eſtang & Guillaume de
Lair Gouverneur du Dauphiné, Procureur ſpecial du Dauphin Louis fils de
Charles VI. de l'année 1407, par lequel
ce Prélat céda au Dauphin la moitié
par indivis de ſon temporel à l'exception de la Souveraineté du lieu de Suze,
de laquelle cependant il n'eſt plus en
poſſeſſion. Le Chapitre de la Cathédrale compoſé de dix Chanoines & trois
Hebdomadiers à 4000 livres de rente
charges acquittées. Mais outre ces Diocèſes dont les Siéges Epiſcopaux ſont
en Dauphiné, il y en a de voiſins qui
y ont leur extenſion, tel eſt celui de
Lyon qui poſſede deux Archiprêtrés,
Meiſieu de vingt-huit Paroiſſes & Moreſtel de vingt-quatre. Il y a dans le
premier quatre Prieurés, ſçavoir Saint
Saphorin de 400 liv. de rente, Pouil-
leu à l'Abbaye d'Aiſnay, Chandieu &
Heyrier chacun 500 liv. un ſeul Couvent de Trinitaires au fauxbourg de la
Guillotiere: dans le ſecond on ne compte qu'un Prieuré uni aux Religieuſes
de Saint Pierre de Lyon, il vaut 1500l.
deux Monaſtéres, la Chartreuſe de Sa-
lette, de trente-ſix filles de chœur outre les converſes, & quatre Chartreux

pour le fervice ; cette Maifon à 15000 l. de rente. Le dernier Dauphin Humbert II. l'a comblée de graces en confidération de fa tante la Dauphine qui en étoit Prieure en 1334, elle y mourut en odeur de Sainteté en 1383. Le fecond Monaftére eft celui des Auguftins de Moreftel qui ont 1500 liv. Les Cures de ces deux Archiprêtrés font toutes à portion congrue.

Diocèfe de Turin.

L'Archevêché de Turin a auffi une extenfion très-confidérable dans le Dauphiné, mais tout ce qui en dépend à l'égard des fonctions vraiment Épifcopales a été féparé quant à la Jurifdiction depuis l'an 1064 que Cumbert Archevêque de Turin inveftit le Prévôt Eccléfiaftique d'Oulx du droit de conférer les Bénéfices & d'éxercer toute Jurifdiction dans les Vallées d'Oulx, Cezanne, Bardonneche & Valclufion ou Pragelas. Le Prévôt d'Oulx eft à

Prévôté d'Oulx.

préfent un Bénéfice en commande à la nomination du Roi & vaut 4000 l. de revenu, mais c'étoit autrefois la premiere Dignité du Chapitre Regulier du même lieu, lequel eft à préfent réduit à quinze Chanoines qui ont table commune & 120 liv. pour leur vêtement. Le fecond Monaftére de ce Canton eft celui des Jefuites de Feneftrelle, qui ont été fondés en ce lieu pour donner des Miffionnaires dans les Vallées abandonnées des propres Pafteurs. Le feu Prince de Conti pere augmenta cette fondation de deux places. Au furplus les Cures de ces Vallées au nombre de vingt-neuf font toutes à portion congrue. L'Archevêque de Turin a confervé la Jurifdiction immédiate dans la vallée de Château-Dauphin qui ne contient que quatre Paroiffes. La partie du Diocèfe de Bellay comprife dans le Dauphiné contient deux Prieurés & dix-neuf Paroiffes. Les Prieurés font celui du Pont - Beauvoifin uni au Chapitre de Saint André le Bas à Vienne , & celui de Courbelin à préfent poffedé en Commande qui eft de 2200 liv. Les filles de Notre-Dame ont un Couvent affez pauvre au Pont-Beauvoifin. Enfin le Diocèfe de Vaifon dans le Comtat s'étend fur feize Paroiffes du Dauphiné, parmi lefquelles fe trouvent les Bourgs de Nions & de Buis. Le Prieuré des Benedictins de Nions vaut 900 liv. le Prieuré de Vinfobres uni à la Prévôté de la Cathédrale de Veifon vaut 600 l. celui de Venterol en a 620, celui de Saint Mauricé 600, celui de Rulette uni

au Prieuré du Pont Saint Efprit vaut
5600 liv. les Dominicains du Buis ont
2000. les Urfulines du même lieu 1600.
& finalement il y a un Couvent de Récolets à Nions, qui fubfifte de la quête. L'Auteur fait un Article féparé du
mérite des Eccléfiaftiques de la Province & donne d'amples éloges à l'Archevêque de Vienne, au Cardinal-le-Ca-
mus Evêque de Grenoble, au Sieur Lo-
nel Prévôt de Saint André & à divers
autres, mais il tombe rudement fur les
mœurs des Evêques de Gap & de Saint
Paul-trois-Châteaux, aufli bien que fur
la conduite de l'Archevêque d'Embrun
qu'il dit s'occuper à des études abfurdes, qui empêchent qu'il ne fe communique autant qu'il devroit pour s'attirer l'amour de fes Diocèfains.

Etat Militai-
re du Dau-
phiné.

L'Auteur confidére enfuite l'Etat Militaire de la Province d'une maniere fi
imparfaite qu'il ne rapporte fimplement
que le nom des Officiers de guerre,
fans rien dire des droits attachés à leurs
Emplois. Il faut donc fe contenter de
dire que le Duc de la Feuillade eft Gouverneur en Chef de la Province; que le
Maréchal de Tallard en eft Lieutenant
Général; que les Lieutenans de Roi de
nouvelle création font les Sieurs de

Mont-Martin, de Ventanon, de Cham-
brillan & le Marquis de Virieu; que
les Gouverneurs particuliers font, à
Grenoble le Marquis de Marcieu, à
Briançon le Sr. de St. Sylveſtre, Lieutenant Général des Armées, à Mont-
Dauphin le Marquis de Larray auſſi
Lieutenant Général, à Feneſtrelle le Sr.
de Barriere, à Exilles le Sieur de Caumont, à Château-Dauphin le Sieur de
Saint Paul, ci-devant Major dans les
Gardes Françoiſes, à Embrun le Sieur
de Saume, à Gap le Sieur de Grandval
du Saix, à Dye le Sieur de Saint Feroil,
au Buis le Sieur de Soiſſans Capitaine
de Galeres, à Nions le Sieur de Sainte
Colombe, à Creſt le Marquis de Va-
cheres, à Montelimart le Comte de
Virville, à Valence le Sieur de Plain-
point, à Romans le Marquis de Lionne, à Vienne le Sieur de Saint André
Marnais, à Saint Marcellin le Sieur de
Painon & au Fort de Barreaux le Sieur
de Bachevilliers Lieutenant Général.

Quant à la Nobleſſe, voici le détail *Nobleſſe.*
qu'il en donne, il compte 205 Gentils-
hommes dans le Bailliage de Greſivaudan, la Ville de Grenoble compriſe,
224 dans le Bailliage de Vienne; 133
dans celui de Saint Martin; 55 dans la

Sénéchauſſée de Valence; 109 dans celle de Montelimart; autant dans celle de
Creſt; 64 dans le Bailliage de Buis;
15 dans celui de Briançon ; 23 dans
celui d'Embrun & 92 dans celui de
Gap , ce qui fait en total 1059 Gentilshommes ou familles nobles, entre
leſquelles voici celles qu'il a diſtin-
La Maiſon guées. La Maiſon de Clermont diviſée
de Clermont. en pluſieurs Branches, dont trois ſeulement ont des établiſſemens en Dau-
phiné. Le Comte de Clermont dit de
Tonnerre y poſſede la Comté de Clermont en Viennois érigée en 1547, compoſée de dix-huit Paroiſſes avec les terres
de Preſſieu , la Baſne, Mont-Gaſcon ,
Mont-Severoux & Tullins qui eſt un
engagement du Domaine. Le Sieur de
Montoiſon deſcend de Philibert de
Clermont , qui ſervit honorablement
ſous Charles VIII. & Louis XII. aux
guerres d'Italie , poſſede la terre de
Montoiſon dans le Valentinois & celle
de Vaumenés qui eſt du Domaine. Le
Comte de Chatte qui fait la troiſiéme
Branche poſſede la Comté de Rouſſillon en Viennois érigée en Comté en
1465, en faveur de Louis bâtard de
Bourbon Amiral de France. Cette Terre conſiſte en ſept groſſes Paroiſſes. Il

y auroit bien des chofes à dire fur la
Maifon de Clermont, qui eft originairement une des bonnes de la Province,
mais qui depuis un temps affez moderne à affecté une hauteur & une diftinction qui a révolté bien des gens, fur
quoi l'on peut remarquer que les Seigneurs de Clermont étoient dans le
principe non feulement Feudataires,
mais Sujets de l'Eglife de Vienne.
Qu'Aimard II. Seigneur de Clermont
fut élevé par la faveur de l'Archevêque
Guy de Bourgogne, lequel étant devenu Pape fous le nom de Calixte II.
augmenta fa fortune par des privilèges
& lui donna même une diftinction honorable, en permettant que fes armo-
ries fuffent chargées des clefs de Saint
Pierre, non pour l'avoir rétabli par fes
armes comme on le prétend, mais pour
l'avoir accompagné en Italie & avoir
témoigné pour fa perfonne un attachement auquel il crut devoir accorder
quelque recompenfe honorable. Dans
la fuite la puiffance des Evêques de
Vienne déclinant de jour en jour par le
démembrement de quelque portion de
leur Etat, que les Dauphins, les Comtes de Savoye, ou les autres Grands de
la Province leur enlevoient ; il eft cer-

tain que les Seigneurs de Clermont acquirent une espece d'indépendance dans
leurs terres, mais il n'y a aucun fondement à la regarder comme un droit de
Souveraineté, duquel il ne se trouve
pas le moindre titre. Enfin ces mêmes
Seigneurs se trouvant par l'accroissement
des Dauphins hors d'etat de conserver
leur indépendance, s'aviserent de se
donner au dernier d'entreux Humbert
II. & de reconnoître leur terre mouvan-
te de sa Seigneurie, parce qu'en recom-
pense de leur soustraction à la mouvance de l'Eglise de Vienne, ils reçû-
rent de lui des titres honorables, dont
leurs descendans se parent aujourd'hui
avec éclat, quoique d'autres familles
qu'ils tiennent bien inférieures à la leur
les eussent possedé avant eux, telle est
celle de la Poepe qui fut investie de la
Marêchauffée en 1279 par Humbert I.
Enfin le Dauphiné étant venu à la France, les Seigneurs de Clermont ne pa-
roissent avoir été distingués en rien des
autres sujets de la Province jusqu'au
Règne de Henri II. qui érigea leur terre en Comté : depuis ce temps-là, ils
ont eû divers sujets de mérite qui se
sont avancés à la Cour & dans les Armées, ils ont fait des Alliances honorables

rables particulierement celle des héritiers de Tonnerre & de Piney Luxembourg par le moyen defquelles ils ont
formé de nouveaux établiffemens dans
le voifinage de la Cour & font devenus
beaucoup plus confidérables qu'ils ne
l'avoient été jufques-là. Il n'y a d'ailleurs aucune vraifemblance à la faire
defcendre des Ducs & Comtes d'Auvergne, ou de prendre en cette Famille une veine de Sicile qui n'en fut jamais. Les premiers Seigneurs de Clermont dont les titres faffent mention font
de l'onziéme Siécle, ce qui fait une
affez grande antiquité pour former une
bonne Maifon. On peut remarquer encore que la terre de Rouffillon & la plûpart des autres du Dauphiné ont eu le
même avantage de Souveraineté, dont
on honore celle de Clermont par une
diftinction peu réelle. Ce fut l'effet de
l'aviliffement de la puiffance Impériale
d'une part & de la facilité des Evêques
de l'autre, lefquels voulant favorifer
leurs parens fe mirent peu en peine de
conferver les Domaines & l'autorité de
leurs Eglifes.

La feconde Famille diftinguée par
l'Auteur eft celle de Grofféc, dont le
Marquis de Virville eft le Chef; il pof-

Grofflé.

sede la terre dont il prend le nom érigée en Marquisat en 1620 au mois d’A-
vril & celle de Chantonnay, l’Isle d’A-
beau, Tulignan, & Voiron qui est du
Domaine. Le Comte de Peyre Lieutenant de Roi en Languedoc est de la
même Maison, il possède en Dauphiné
la terre de Monbretton; cette famille a
été honorée du Cordon bleu & de plusieurs Emplois distingués. La troisiéme
est celle d’Allemand, dont le Sieur de
Montmartin Lieutenant de Roi en
Viennois & le Sr. de Champier : l’Auteur remarque au sujet de cette famille
qu’elle a donné des Grands Maîtres de
la Maison des Dauphins, ausquels elle
étoit alliée; qu’elle avoit le droit particulier de ne faire aucun hommage au
Prince pour ses terres, mais seulement
un serment personnel; qu’elle a donné
un grand nombre de Prélats illustres,
entr’autres le Cardinal Louis Allemand
Archevêque d’Arles qui présida au Concile de Basle & qui est mort en odeur
de sainteté. Sibut Allemand Evêque de
Grenoble, qui l’an 1455 assembla chez
lui tous les Chefs des différentes Branches de son nom, pour les engager à
porter des armes pareilles & supprimer
le desordre qui étoit parmi eux de pren-

dre des armes arbitraires : il s'y trouva vingt-trois perfonnes Chefs de Famille, qui convinrent de porter de gueule femé de fleurs de lys d'or à la cotice d'argent brochant fur le tout. La Branche qui s'établit en Breffe en 1320 porte un lion. La quatrième famille donnée par l'Auteur eft celle de Berenger, laquelle prétend fon extraction des Rois d'Italie de même nom, mais qui fans chimere eft fort illuftre. Elle eft divifée en plufieurs branches, celle des Marquis & Comte de Saffenage, celle du Comte de Gua & celle de Ventanon. Le Marquis de Saffanage aîné poffede les titres de deux Baronies du Dauphiné à préfent Marquifat qui eft compofé de huit belles Paroiffes & le Marquifat de Pons-en-Royans érigé en 1617 compofé de fept Paroiffes : Le Comte de Saffenage poffede la Comté de Monteiller dans le Valentinois ; le Comte de Gua poffede la Comté de Charmes érigée en 1652 en faveur de Jacques de Cofte Préfident au Parlement de Grenoble avec les terres de la Ferriere & de Vif. Le Sieur de Ventanon Lieutenant de Roi de l'Embrunois & des Baronies poffede les terres de Vantanon & de l'Empife. L'Auteur fait defcendre cette famille d'un nom-

mé Ismidon vivant en 1040 & si puissant en ce temps-là que le Pays de
Royans qui lui appartenoit en étoit
alors nommé *Ismidonis Principatus*. Les
armes propres de cette familles sont Gi-
ronne d'or & de gueules de dix piéces.
La Branche de Sassenage descend directement de celle de Pons-en-Royans, &
n'a pris les armes de Sassenage qu'après
avoir hérité de cette terre, qui étoit
l'une des quatre grandes Baronies, & a
joui incontestablement du droit de souveraineté avant que les Dauphins eussent opprimé tous les autres Seigneurs
de la Province. On trouve dans l'an
1223 un Aimar de Sassenage nommé
Arbitre entre le Dauphin Guy André &
Aimar de Poitiers Comte de Valentinois pour la restitution de la dot de la
premiere femme de ce Dauphin, lequel
la condamna d'une maniere singuliere
qui sera ci-après rapportée. La cinquiéme Maison de Crequy Blanchefort
à cause de la Duché de Lesdiguieres
& des autres terres de la succession de
Bonne, qui lui sont échus par le mariage du Maréchal de Crequy Ayeul avec
les filles du Connétable de Lesdiguieres.
La Duché de Lesdiguieres premier patrimoine du Connétable fut érigée en

1611 & comme c'étoit une terre fort
peu confidérable, le Roi lui unit le
le Pays de Champfaut qui avoit été autrefois un Duché en la poffeffion du
Dauphin & comprife dans la ceffion
d'Humbert II. Elle contient à préfent
dix-fept Paroiffes & plufieurs terres qui
en font mouvantes, mais la plûpart peu
confidérables. Les autres terres de la
Maifon de Lefdiguieres font Vizille,
Saint Jean de Bournay, Eyrieux, la
Verpilliere, Folanier & Saint Laurent,
Domure, Ance, Morians, Montbord,
Mens, Oyfans & la Mure qui font des
engagemeus du Domaine. La fixiéme
Maifon eft celle de Viennois portant le
nom & les armes des Dauphins, elle
étoit autrefois connue fous le nom
d'Orfent ou Urfuant, à caufe que le
Dauphin Humbert II. duquel elle defcend, donna par Acte de l'année 1352
à Amedée fon fils naturel 150 liv. de
rente, fur le mandement d'Urfent, dont
fa Poftérité jouit encore. Elle eft à préfent fort pauvre. La feptiéme eft celle
de Vefcq l'une des anciennes de la Province qui a donné un Grand-Maître à
Ordre de Malthe & plufieurs Prélats à
l'Eglife : elle eft à préfent divifée en
trois Branches, celle de Becomne, que

d'autres difent defcendre d'Etienne de
Vées Sénéchal de Beaucaire fous Charles VIII., celle de Comfos & celle de
l'Alo , dont le Chef eft Confeiller à
Grenoble. La huitième eft celle de la
Beaume d'Hoftun dont le Maréchal de
Tallard eft le Chef ; il poffede la Comté de Tallard érigée en faveur d'Arnaud de Trians de qui elle a paffé en fa
famille ; elle eft compofée de fept Paroiffes : il poffede de plus le Marquifat
de la Beaume, dont l'éreétion ne fe trouve pas & la terre de St. Nauzaire avec
celles de Saint Jean & de Saint Etienne
en Royans & la Baronie d'Arlans, toutes du Domaine engagé. La neuviéme
eft celle de la Poepe, connue très-an-
ciennement ; elle eft divifée en trois
branches, celle du Préfident de Saint
Julien, celle de Servieres & celle de
Vertrieu, qui eft mal dans fes affaires :
l'Evêque de Poitiers d'à-préfent en eft

Simianne. forti. La dixiéme famille remarquée par
l'Auteur eft celle de Simianne divifée
en une grande quantité de branches.
Celle du Marquis de Pianffe eft l'aînée,
il eft comme l'on fçait établi en Piémont & premier Miniftre de Savoye ;
celle du Marquis de Simianne Trache-
nu poffede en Dauphiné les terres de

Chalençon & d'Arnayon; celle du Marquis de Gordes, dont le Chef est en
démence, a été honorée du Cordon
bleu & de l'Evêché de Langres : elle
possede dans la Province la Terre de
Saint Etienne de Laval. Celle du Marquis de Moucha ne possede en Dauphiné que la terre de Jouage. Celle de
Moncance consiste en un héritier peu
accommodé , dont le pere . Président
aux Comptes de Grenoble n'a pas laissé
de bien. Enfin la Branche de la Coste
possede les terres de la Terrasse, Lambin, Saint Bernard, Rayard & Avallon
qui est du Domaine : le pere du Sieur
de la Coste étoit Président à Mortier à
Aix , sa veuve a épousé le Sieur de Lan-
galliere Lieutenant Général. L'Auteur
remarque les illustrations modernes de
cette famille & ne dit rien de son antiquité.

La onziéme est celle du Puy dont le
Marquis de Montbrun est le Chef; le
premier Grand-Maitre de l'Ordre de
Saint Jean étoit de cette Maison, qui
est ancienne par conséquent. Outre la
Terre de Montbrun en Dauphiné, le
Marquis de ce nom possede celle de la
Noesle en Bourbonnois. Le Sieur de
Villefranche Seigneur de Beauregard ,

X 4

Juillans, Meimans & de Joncheres
eſt auſſi de cette Maiſon; le Marquiſat de Montbrun au Bailliage du Puy
a été érigé en 1620. La douzième eſt
celle de Montrainard, dont le Seigneur
de la Pierre & Duchamp & le Marquis
de Montfin en Languedoc ; l'ancien
nom de cette famille étoit Heynard ſim-
plement & elle eſt des bonnes de la
Province. La treiziéme eſt celle de Maugiron, dont le Seigneur du même nom
Bailly de Viennois, Seigneur d'Ampuis en Lyonnois , de Montleans &
Beauvoir en Dauphiné. La quatorzié-
me eſt celle de la Beaume de Suze,
dont le Marquis de Breſſieux eſt l'aîné,
il eſt neveu de l'Archevêque & du Comte de Suze qui demeure à Avignon,
lequel lui a fait donation de tout ſon
bien à charge d'une penſion de 16000 l.
Le Marquiſat de Breſſieux eſt la troiſiéme Baronie du Dauphiné, qui même ne le céde point à Maubec cenſée
la ſeconde, ayant droit d'alterner avec
elle ; ſon érection en Marquiſat ſe fit
en 1612 en faveur de Louis de Groſ-
léc, y ayant déja long-temps que la famille du nom de Breſſieux eſt éteinte :
cette Baronie eſt compoſée de cinq Paroiſſes. La quinzième eſt celle de Mon-

tauban qui prétend être iſſue de l'ancienne Maiſon des Artaud, qui a
donné les premiers Princes de Foreſt.
On voit par l'Hiſtoire que le Dauphiné n'avoit point de plus illuſtre
famille au temps des Rois de Bourgogne & que Ratburne Vicomte de Vienne frere d'Artaud I. épouſa une fille du
Roi Conrard dans le Xe. ſiécle. Iſmi-
don, dont il a été parlé au ſujet de la
Maiſon de Berenger, étoit frere d'Artaud III. deſorte que pendant que la
branche aîné poſſedoit le Foreſt, les cadets continuerent leur ſéjour en Dauphiné où ils établirent des familles puiſſan-
tes, telles que les Berenger & les Montauban; la derniere eſt à préſent celle du
Sieur de la Roche au Bailliage de Buis
ſeul réputé du nom & des armes; &
les autres réellement uſurpateurs ſont
le Sieur de Montauban Jarjain Officier
des Gardes du Corps, le Marquis de
Montauban & le Marquis de Soyans,
tous trois neveus du Marquis de Montauban Lieutenant Général & Gouverneur de Franche-Comté. La ſeiziéme
famille eſt celle d'Agouſt, dont la branche aînée, qui poſſedoit la Comté de
Sault en Provence, s'éteignit en Chriſtine d'Agouſt mere du premier Maréchal

Agouſt.

X 5

de Crequy, gendre du Connétable de
Lefdiguieres. Les branches de cette
Maifon qui reftent en Dauphiné, &
font néanmoins fort douteufes, font
celle du Baron de Montmaur qui poffede la terre de Montmaur dans le Gapençois, quatriéme Baronie du Dauphiné; & celle de Bonneval, de Piegon
& de Rochebrune; celle du Sieur de
Charouffe qui poffede auffi la terre de
Montjay. Cette famille a éxercé la Souveraineté dans la Comté de Sault en
conféquence d'une inféodation, que les
uns prétendent être de Saint Henri Empereur en l'an 1004, les autres de Frédéric Barberouffe dans le XIIᵉ. Siécle.

Beaumont. La dix-feptiéme eft celle de Beaumont
fort ancienne. Il y a eu un Chancelier
du Dauphin Humbert II. qui fe nommoit Amblard; le fameux Baron des
Adrets en étoit forti; les Sieurs d'An-
tichamp établis en Anjou en font à préfent les aînés. La dix-huitiéme eft celle
Moreton. de Moreton auffi fort ancienne, le Marquis de Chambrillon Lieutenant de Roi
du Valentinois & d'Afois en eft le Chef,
il poffede les terres de Chauvoine,
d'Oureche & de Saint Gervais. La dix-
De la Croix. neuviéme eft celle de la Croix, dont le
Comte de Saint Vallier, qui eft auffi

Baron de Clerieu & Marquis de Chevrieres ; c'eſt une famille de Robbe du Par-
ment de Grenoble, dont les Ancêtres
faiſoient les affaires des Seigneurs de
Saint Vallier du nom de Poitiers. La
Terre de Saint Vallier a titre de Comté ſans que l'on en trouve d'érection ;
elle a long-temps appartenu à la Maiſon de Poitiers, ainſi que celle de Clerieu qui eſt très-grande & a de belles
mouvances. Chevrieres a été érigé en
Marquiſat en 1682, c'eſt encore une
très-grande terre. Les héritiers du Sieur
de la Croix de Seyne Préſident à Grenoble & de la même famille poſſedent
encore le Marquiſat d'Ornacieu érigé
en 1643. La vingtiéme eſt celle de De Prunier.
Prunier, dont le Marquis de Saint André Colonel du Regiment de la Couronne ; il eſt fils & petit fils de Préſident à Mortier & poſſéde le Marquiſat
de Virieu érigé en 1635, les terres de
Saint André, de Bauchêne & de la Boiſ-
fiere. En dernier lieu l'Auteur remar- De Pracontal.
que le Marquis de Pracontal Seigneur
d'Anconne qu'il dit ſortir d'une ancienne famille d'épée. On peut bien
juger par le petit nombre de familles
nobles dont l'Auteur donne le détail,
& par le mélange qu'il a fait des gran-

des Maifons avec les plus communes;
qu'il eft peu inftruit de l'état de la Nobleffe & qu'il s'eft peu intéreffé à la diftinction qu'on en doit faire. J'ai tâ-
ché de donner les éclaircillemens dont
il ne parloit pas au fujet des familles
qu'il a rapportées; partie de celles qu'il
a omifes trouveront leur place dans
l'Abbrégé de l'Hiftoire de la Provence
qui doit terminer cet Extrait, après que
nous aurons parlé des principales terres dont l'Auteur a fait une énumération féparée.

*Terres titrées
de la Pro-
vence.
Maifon de
Poitiers.*
Il y a dans le Dauphiné deux Duchés
& Pairies, fçavoir Lefdiguieres, dont
il a déja été parlé & le Valentinois comprenant les Comtés de Valence & Dye
ancien Patrimoine de la Maifon de Poitiers. Il eft affez difficile de définir en
quel temps précis les Comtes de Valentinois ont commencé, ni quelle étoit
effectivement leur origine; les uns les
font defcendre d'un Comte nommé
Goultard vivant en 950; d'autres les
font fortir de la Maifon d'Aquitaine
par Bernard Comte de Nevers; mais
l'opinion la plus probable eft qu'ils for-
toient de Guillaume de Poitiers l'un des
plus grands Seigneurs du Royaume fous
Rodolphe-le-Lache. L'Hiftoire obferve

que ſes poſſeſſions s'étendoient depuis l'Iſere juſqu'à l'extrémité du Dauphiné & qu'il prétendoit à la ſucceſſion de ce même Prince, étant fils de Guillaume Duc de Gothie & de Berthe niéce de Hugues Roi d'Italie; mais il y a plus d'apparence qu'il étoit fils de Guillaume III. Comte de Poitou & d'Adelle de Normandie, lequel vivoit en 970. Guigues de Poitiers Comte de Valentinois fils d'un autre Comte apporta de Conſtantinople dans le XIIᵉ. Siècle le corps de Saint Antoine & c'eſt une des choſes qui dans les temps poſtérieurs a le plus accredité cette Maiſon. On remarque que le Valentinois étoit mouvant des Dauphins de Vienne, comme le Dyois des Comtes de Forcalquier, de qui il vint à la Maiſon de Poitiers en 1189, elle s'eſt maintenue dans la poſſeſſion de ſes grandes Seigneuries juſqu'à Louis de Poitiers, qui par un Traité du 11 Août 1404, les céda au Roi Charles VI. Il confirma ſa donation par un Teſtament de 1419 & quoique ſes héritiers réclamaſſent, le Roi s'en mit en poſſeſſion, qui fut ſuivie de deux tranſactions finales des années 1426 & 1443 : la Maiſon de Poitiers ſe dépouilla de tout ſon droit. Louis XI.

lors Dauphin s'engagea à tenir ces belles terres unies à sa Couronne, mais
depuis Louis XII. les donna à Céfar
Borgia fils du Pape Alexandre VI. & les
érigea en Duché en sa faveur; l'érection
en fut renouvellée en faveur de Diane
de Poitiers & dernierement le Roi par
Traité de 1642 en a gratifié le Prince
de Monaco, pour dédommagement des
biens qu'il perdit alors par confifcation
des Efpagnols. Les Villes de Romans,
Creft, Montelimart, le Buis, Chabeuel,
&c. font Membres de ce Duché. Après

Baronie de Maubec. les Duchés viennent les grandes Baronies au nombre de cinq; Clermont
& Saffenage dont il a été parlé font les
premieres; Maubec ancien héritage de
la Maifon de Rofcozet, à préfent connue fous le nom de Montgontier, l'une
des plus illuftres de la Province appartient aujourd'hui au Prince d'Harcourt
& eft compofé de vingt Paroiffes : Breffieux alterne avec la précédente & Montmaur eft la derniere: on a parlé ci-devant de l'une & de l'autre. Les autres
Terres dont l'Auteur fait mention font
le Marquifat de Pons-en-Royans, celui
de Montbrun, celui de Virville defquels il a été parlé; celui de l'Eftang
dans le Bailliage de Saint Marcellin éri-

gé en 1643 en faveur de la Maison de
Murat de l'Estang qui le possède avec
cinq Paroisses qui en dépendent ; celui
d'Ornaciere ; celui de Vineu , celui
de la Garde érigé en 1656 en faveur
de la famille dite Escalin de la Garde; celui de Clausson érigé en 1678 en
faveur de la Maison de Lionne , le Marquis de Boni en est aujourd'hui posses-
seur; celui de Chabrillan ; celui de Bou-
tieres érigé en 1659 pour le Sieur Aimé de Marcieux Gouverneur de Grenoble ; celui de Chevrieres ; celui de Vaul-
bonnois, ancien héritage de la Maison
d'Allemand, par laquelle il a été possedé en souveraineté comme les Baronies & autres grandes terres, appartient
aujourd'hui au Sieur Moret de Bouche-
nu Président aux Comtes de Grenoble ;
celui de Septeme, héritage de la Maison illustre de Beauvois, de laquelle
descendent les Marquis de Varembon,
appartient aujourd'hui au Sieur Pecoit
Maître des Requêtes , originaire de
Lyon ; celui de Dolomier érigé pour le
Grater Président des Comptes ; Chaulnes érigé en 1684 pour le Sieur de
Chaulnes qui en jouit ; le Bourg de
Valence érigé pour le Sieur de Vernes
du Praget qui le possède ; la Baume

d'Hoftung dont l'érection ne fe trouve
point. Voicy à préfent les Comtés ;
Roufillon dont il a été parlé ; Suze de
la Rouze érigé en 1637, pour la Maifon de la Beaume ; la Roche au Bailliage de Gap, érigé en 1592 pour la Maifon de Flotte, l'une des plus pauvres &
plus anciennes de la Province ; Difimieux appartient aujourd'hui au Comte de Verme de la même famille ; Anjou, héritage de l'ancienne Maifon de
Roufillon pour François Mitte de Chevrieres Comte de Saint Chamon & de
nouveau en 1679 pour Alexandre de
Falcas de Blanche, dont les enfans le
poffedent ; Charmes érigé en 1652 pour
le Préfident de la Cofte à préfent poffè-
dé par le Marquis de Guas du nom de
Berenger, dont il a été parlé, ainfi que
de Montelier appartenant au Comte de
Saffenage ; le Bouchage érigé pour la
Maifon de Batarnay par le Roi Louis
XI. en 1478 à préfent poffedé par le
Préfident Grallet. Saint Vallier, dernier
héritage de la Maifon de Poitiers en
Dauphiné érigé en Comté pour Dianne
de Poitiers, avant qu'elle fut Ducheffe
de Valentinois, après avoir paffé à fes
filles, a été poffedé par différentes perfonnes jufqu'au Comte de Saint Vallier

d'à-préfent de la Famille de la Croix ;
Tallard, érigé en Vicomté en 1326 par
le Dauphin Guy III. en faveur d'Arnaud
de Trianis, appartient aujourd'hui au
Maréchal qui en porte le nom de la
Maifon de Beaume d'Hoftien; Clermont
en Triers, érigé en Vicomté en 1340
pour la Maifon de Clermont, appartient
aujourd'hui au Sieur de Bardonnage
Confeiller au Parlement, comme l'ayant
acquis de la Maifon de Clermont; St.
Prieft, érigé en Vicomté en 1646 pour
Jacques Guynard Confeiller au Parlement à Grenoble, eft encore dans la
même famille, qui en a pris le nom;
les Avenieres Vicomté érigé depuis peu
en faveur du Sieur de Reval Confeil-
ler au Parlement de Metz. Clerieu Ba- *Baronies.*
ronie eft une terre de grande mouvan-
ce autrefois fouveraine, quand elle appartenoit à la Maifon de Poitiers, Clan-
chont, Monchant, Batatny, Majay &
Larnage en dépendent; Auton, Baronie
érigée en 1434 pour la Maifon de Sa-
luces, eft aujourd'hui poffedée par le
Sieur Vidaud de la Tour Procureur Général du Parlement; Uriage, Baronie
érigée en 1496 pour la Maifon d'Allemand, appartient aujourd'hui au Sieur
Langon; Greffe, dont on ne fçait point

l'érection, eſt une Baronie poſſedée par le Sieur Cormac Conſeiller ; Auzellier, au Bailliage de Gap, qualifiée Baronie & Marquiſat ſans érection, appartenoit au Sieur de Pottinet ſorti de France pour le fait de la Religion ; Château-neuf de la Bene qualifiée ancienne Baronie du temps qu'elle appartenoit aux Evêques de Grénoble : le Marquis de la Pierre en Savoye en eſt à préſent poſ-ſeſſeur ; les Adiers Baronie ſans érection appartient à la Maiſon de Reaumont dont il a été parlé ; & finalement Jons ſe trouve dans le même cas, mais l'Auteur n'en nomme point le Proprietaire.

*Hiſtoire gé-
nérale de la
Province.*

Il reſte à dire un mot de l'Hiſtoire générale de la Province, dont l'Auteur a donné une idée ſi imparfaite, qu'on ne peut s'empêcher de retoucher entiérement ce qu'il en a dit : & veritablement je penſe que lui & la plûpart de ceux qui ont écrit ſur cette matiere ont été engagés à ne pas éclaircir l'origine & le fondement de la Souveraineté, qui y eſt aujourd'hui reconnu, à cauſe de la foibleſſe de ſon principe, par rapport aux Dauphins anciens & des droits inconteſtables des Egliſes & de la Nobleſſe du Pays que l'autorité de Monarchie a

abſorbés. Il eſt vrai què d'autres Auteurs ont pris la choſe d'une maniere
moins embaraſſante, établiſſant les droits
de la France ſur la ceſſion des Empereurs particuliérement de Charles IV ;
mais eſt-il queſtion du droit, quand la
poſſeſſion réelle eſt établie par une preſ-
cription auſſi ancienne & ſi peu conteſtée. Diſons donc de bonne foi les
choſes telles qu'elles ont été & que
nous les connoiſſons , & éxaminons le
progrès inſenſible de la puiſſance qui
regne aujourd'hui dans la Province avec
une étendue que le Dauphin Humbert ,
tout ambitieux qu'il étoit, n'auroit jamais imaginée dans ſes ſucceſſeurs. Il
eſt peu neceſſaire pour connoître les ſouverains du Dauphiné , qui l'ont tranſ-
mis à la France, de remonter aux temps
des premiers Gaulois & des Romains ;
mais parceque ce morceau d'Hiſtoire
peut ſervir à rectifier ce qui a été débité
avec peu d'éxactitude dans les autres
Memoires des Généralités & particulierement à l'égard des deux Bourgognes, nous dirons que le Dauphiné faiſoit partie du Pays des Allebroges ; que
ſes Habitans étoient ordinairement diſtingués par les noms de Geſſates & Ca-
vares, que l'on derive des armes offen-
ſives dont ils ſe ſervoient; qu'ils eurent

Dauphiné
Gaulois.

une grande part dans la premiere expédition que les Gaulois firent en Italie au
temps du premier Tarquin, fous la conduite de Bellovefle neveu d'Ambigas Roi
de Bourges. On fçait que ce Capitaine
s'empara de toute l'étendue qui fut depuis nommée Gaule Cifalpine & fonda
les Villes de Milan, de Brefle, de Ve-
ronne, Rimini, Cefene & même celle
de Gennes. Depuis ce temps-là l'Italie
étant ouverte aux Gaulois, il y vint divers eflains de jeunefle des Peuples les
plus reculés de la Gaule, qui y firent
leurs établiflemens ; mais comme ils jugerent, après avoir referré les Tofcans
qui étoient auparavant les Maîtres de
cette Contrée, qu'ils pourroient aifément aflujettir tout le refte de l'Italie ;
Brennus Chef d'une feconde entreprife
vint jufqu'à Rome, la prit & la brûla ;
mais il fe retira de devant le Capitole,
au moyen des grandes fommes d'argent
qui lui furent payées par les Romains,
pour racheter les reftes de leur Ville, &
cet argent, malgré ce qu'en dit Tite
Live fut prêté par les Grecs établis à
Marfeille. Les Gaulois après ces expé-
dirions tournerent contr'eux mêmes les
armes, qu'ils employoient auparavant
contre leurs ennemis : leur divifion fut

fi grande qu'ils penferent s'exterminer réciproquement, furtout les Allobroges conçurent une haine irréconciliable contre les Cifalpins leurs Compatriotes. Les Carthaginois commencerent à fe fervir des Gaulois dans leurs Armées en la premiere Guerre Punique , & ce fut par leur moyen qu'ils obtinrent la victoire dans la quelle Regulus fut leur prifonnier ; ils mécontenterent enfuite les Gaulois qui les obligerent par la force à tenir les conditions qu'ils leur avoient promifes. Les Carthaginois recoururent alors aux Romains qui , fpectateurs intereffés de ces divifions , refuferent de s'en mêler ; le mécontentement que les premiers en conçurent donna occafion à la feconde Guerre Punique. Mais auparavant les Romains ayant voulu occuper les Terres des Gaulois , particulierement la Ville de Sienne , les Cifalpins demanderent fecours aux Geffates , qui leur envoyerent une Armée fous la conduite de leurs Rois Congoliton & Encroeft , leur éxpédition ne fut pas heureufe par le defaut de courage de ces mêmes Rois , qui furent l'un tué & l'autre mené en Triomphe. Britoman , qui leur fuccéda , ne fut pas plus heureux ayant été tué en bataille de la main du Conful Marcellus : les débris de fon Armée repafferent les Alpes & donnerent par leur retraite occafion aux Romains de s'emparer de Milan & de foumettre toute la Cifalpine. Hannibal , ayant entrepris depuis de paffer en Italie par la Gaule , fit une étroite Alliance avec les Geffates & pacifia le différend de leurs Rois; il s'engagea enfuite à traverfer les Alpes, dont il trouva tous les Habitans foulevés contre lui, il paffa néanmoins par la montagne de Leftrieres la Vallée dite à préfent de Pragelas, & le lieu où eft aujourd'huy Pignerol ; mais pendant les quinze jours qu'il mit à fon paffage, il perdit tant de foldats que fon Armée fe trouva reduite à 18000 hommes de pied & 6000 chevaux. Les Gaulois fes Alliés vinrent bientôt augmenter fes forces à tel point, que la Fortune ayant fecondé fes deffeins, il penetra jufqu'à l'extrémité de l'Italie & mit Rome dans un peril éminent de fa perte. La defaite d'Hannibal & la ruine de Carthage furent fuivies de la vangeance des Romains contre les Gaulois. Les Habitans de Marfeille leur donnerent entrée par leurs Villes & les Peuples de la Province nommés alors Saliens furent foumis les premiers en l'année de Rome 529.

DAU-
PHINE'.

Le Proconful Caius Sextius fonda

Conquête du
Dauphiné par
les Romains.

deux ans après la Ville d'Aix & Domitius qui lui fuccèda porta la guerre en Dauphiné, dont il foumit toute la plaine ; ce fut alors que pour rendre à l'avenir le Pays praticable aux Armées Romaines, il fit dreſſer les grands chemins, dont on voit encore les reſtes en divers endroits de la Province, leſquels retinrent les noms de Voyes Domitiennes. Toutefois les Allobroges ſe revolterent & prirent pour Chef de leur entreprife Bituit Roy d'Auvergne ; mais ils furent encore vaincus par les Romains & Bituit mené en triomphe par Fabius Maximus, deſorte que ceux qui voulurent éviter la domination Romaine furent obligés de ſe retirer dans les Alpes, où la guerre n'avoir point encore pénétré. Peu après les Cimbres & les Teutons étant ſortis du Nord vinrent tomber dans cette partie des Gaules, ils étoient au nombre de 300000 hommes ; mais leur armée s'accrut du double par la jonction des Allobroges & des Liguriens qui vouloient abſolument ſe délivrer du joug des Romains, & même faire perir cette Nation qu'ils regardoient comme l'ennemi de la li-

Guerres des
Cimbres.

berté de toutes les autres ; les Chefs de ces Peuples s'assemblerent à Embrun pour couvenir de la forme qu'ils don-neroient à leur entreprise, & comme la multitude étoit si grande qu'elle se se-roit affamée en quelque Province qu'el-le eut porté ses pas, ils convinrent de se diviser par Nations qui entrerent en Italie par différens passages & commen-cerent par la defaite de quatre Armées Consulaires. Les Allobroges eurent moins de chemin à faire que les autres, ils vinrent attaquer les Romains dans la Provence & leur tuerent dans deux batailles plus de 100000 hommes. La République, qui ne s'étoit point vue dans un si grand péril que celui-là, confia la conduite de cette guerre à Ma-rius, qui ne put d'abord faire autre chose que se retrancher à l'embouchure du Rhône, parce qu'ayant perdu tout le Pays à l'exception d'Aix & de Marseille, il ne pouvoir plus tirer sa subsistance que par la mer. Ce fut alors que pour fortifier son Camp, il fit tirer le Canal qui renferme aujourd'hui la Camarque, laquelle a pris son nom du Camp qu'il y forma. Plutarque fait un récit si cir-constancié de ce qui se passa en cette guerre & des moyens que Marius em-

ploya

ploya pour vaincre, qu'il n'eſt pas beſoin d'en faire ici le détail; il ſuffit de
dire que tous ces Peuples furent vaincus
au voiſinage d'une riviere du territoire
d'Aix qui a pris le nom d'Arc, à cauſe
de l'Arc de triomphe qui y fut élevé
pour mémoire de l'action de Marius;
qu'il y eut une ſeconde défaite à Saillant
près Dye & une troiſiéme à Valence,
où le Roi des Teutons ſe fit tüer pour
ne pas ſurvivre à ſes eſperances. Les
Vainqueurs éleverent des Arcs de triomphe dans tous les lieux; mais la plus
ſenſible peine qu'ils firent aux Habitans, fut le changement total de leurs
mœurs, de leurs Loix & de leur Gouvernement qu'ils les obligerent d'abandonner pour prendre ceux que l'on ſui-
voit en Italie.

Depuis ce temps tout l'eſpace du Pays

compris entre le Rhône, les Alpes & la
Mer prit le nom de Province Romaine,
les Vainqueurs y ayant voulu éteindre
juſqu'au nom de Gaule qui leur avoit
été juſques-là ſi contraire. Vienne, qui
étoit déja une grande Ville en fut établie
la Métropole & reçût dans la ſuite divers degrés d'honneur qui la rendirent
plus célébre qu'aucune autre en deça
des Alpes. Elle avoit alors quatorze

Tome VII.   Y

Cités fous fa Jurifdiction, fçavoir Gé-
neve, Grenoble, Albe à préfent Viviers,
Dye, Valence, Avignon, Carpentras,
Arles, Marfeille, Riez, Vaifon, Orange & Cavaillon; & de ce nombre il n'en
refte dans le Dauphiné que Vienne,
Grenoble, Valence & Dye. Embrun
dépendoit de la Province des Alpes ma-
ritimes & Briançon des Cottiennes : fur
quoi il faut remarquer que dans la divifion des Provinces Romaines faites
par Augufte, la plaine du Dauphiné fut
mife dans la Province Narbonnoife &
conféquement laiffée à la difpofition du
Sénat comme Pays tranquille & d'ancienne conquête, au lieu que les Alpes
qui n'avoient été foumifes que long-
temps après demeurerent fous l'autorité
directe de l'Empereur qui y envoyoit un
Préfident. Le Vicaire du Préfet des
Gaules faifoit fa réfidence à Vienne par
diftinction, parceque le Préfet lui-même en qualité de Gouverneur Général
n'avoir point encore d'endroit fixé pour
fa demeure, étant cenfé fe devoir trouver par tout où il étoit néceffaire. Le
Procureur du Préfet des Gaules réfidoit
auffi à Vienne de même que le Préfet
de la Marine du Rhône, dont la Flotte
étoit à Arles; celui de la Marine de la

Durance réfidoit à Embrun : ces deux
Préfets avoient environ 2000 hommes
fous leur commandement. A l'égard
des garnifons ordinaires il y eut d'a-
bord une Légion à Vienne & c'étoit la
feptiéme dite Claudienne, une Cohorte
à Grenoble & à la fin une autre de 1000
Sarmates à Saillant. Quant aux Colo- *Colonies Ro-*
nies que les Romains envoyerent en *maines.*
Dauphiné, la plus illuftre fut fans doute celle de Vienne, qui reçût même le
privilége du droit Italique, c'eft-à-dire,
celui de l'éxemption des impôts des
Confuls qui accabloient les autres Villes; les autres Colonies du Dauphiné
telles que Valence, Grenoble, Dye, les
deux Agouftes, dont la principale étoit
Augufta Tricaftinorum près de Creft, le
Forum Neronis qui eft le Village de
Ments, & la Ville d'Embrun fe conten-
terent du droit Latin, qui ne confiftoit
proprement qu'en Jurif. iction.

Ici l'occafion m'engage à un détail *Digreffion*
de la maniere dont les Romains éxi- *fur les Tri-*
geoient les tributs des Provinces foumi- *buts des*
fes à leur Empire, & quoique l'on puif- *Romains.*
fe le regarder comme une digreffion
hors de propos, la matiere me paroît fi
digne de curiofité qu'en fa faveur je
crois ne devoir pas être fcrupuleux fur

l'ordre de cet Extrait. Il faut, ce me
femble, diftinguer trois temps différens
à cet égard ; celui qui fuivit immédiatement chaque Conquête jufqu'à la Dic-
tature de Jules-Cefar qui fut un efpace
pendant lequel les Préteurs & les Pro-
confuls n'avoient d'autres régles que
leur volonté. Fonteius Capito Proconful de la Narbonnoife & par conféquent
du Dauphiné, avant la révolte dont il
fera parlé ci-après, fut accufé au Sénat
par les Allobroges, de les avoir chargés
avec excès par des levées d'hommes for-
cées, par des fournitures de bled aux
magafins & par des impôts pécuniaires
au-delà de leurs forces ; ce qui explique les trois fortes de charges ordinaires des Provinces quand elles n'avoient
point de priviléges. Le fecond temps eft
celui de Jules-Cefar qui, pour aider les
Peuples à porter la pefanteur du joug
Romain, retrancha cette puiffance, arbitraire des Gouverneurs & fixa lui-même la quotité & quantité des impôts de
chaque Province. Le troifiéme temps
eft celui d'Augufte & des Empereurs qui
l'ont fuivi, qui n'a pas été fans variation; toutefois on y remarque généralement de la diftinction des deux droits
primitifs, le tribut, & le vectigal : le

premier fe rapporte à la déclaration qui fe devoit faire par chaque propriètaire devant le Cenfeur ou Cenfiteur de la Province, des biens meubles & immeubles, art, trafic, négoce, induftrie & généralement de tout ce qu'ils poffedoient; le fecond fe rapporte aux péages, douannes, gabelles & redevance en grains, fourages & argent pour avoir la jouiffance & la proprieté de certains fonds. En conféquence de ce dernier droit on payoit les entrées aux portes des Villes, la douanne dans les ports de mer & elle étoit fi forte qu'elle étoit fixée pour la plûpart des marchandifes au huitiéme de leur valeur; mais à l'égard de celles qui venoient des terres hors de la domination Romaine, il n'y avoit aucune mefure, parce qu'on vouloir en dégouter le peuple. La vente du fel qui avoit été longtemps une marchandife libre à tout le monde fut reftrainte, l'an 548 de la fondation de Rome, fous la cenfure de Livius furnommé par cette raifon *Salinator*, à certains Traitans qui feuls avoient droit de le débiter : le motif de ce changement fut la mauvaife qualité du fel que l'on vendoit communément & le haut prix où les Marchands le te-

noient. En effet, le Peuple fut foulagé
par le nouvel ordre qui fut mis fur cette
denrée ; mais il n'en profita pas long-
temps ; les Miniftres appellés aux Gouvernement des interêts publics deviennent en peu de temps les ennemis des
interêts particuliers, d'où il arrive que
ce qui a été inventé pour le foulagement commun, devient la caufe d'une
oppreffion univerfelle, parceque le général n'eft formé que des particuliers ;
ainfi la vente du fel fut réduite en ferme
publique, & les abus, les concuffions la
rendirent auffi odieufe parmi les Romains, qu'elle l'eft aujourd'hui parmi
nous. On nommoit les Traitans du fel
Alabarchæ. A l'égard des autres impôts
fonciers, ils prirent leur origine de la
coutume générale qui étoit en ufage,
que les Vaincus perdiffent la proprieté
de leurs fonds dont les Vainqueurs
s'emparoient, laiffant les terres de rebut
à leurs nouveaux fujets, à des conditions onéreufes de payer le dixiéme ou
le cinquiéme de leurs fruits. Les terres
communes tomberent dans le même cas
chaque particulier qui y prétendoit
droit d'ufage, étant obligé à un Enre-
giftrement public de fa perfonne & de
fes beftiaux, on le nommoit *Scriptura*,

la maniere de l'obtenir étoit le payement de certaine finance différemment
taxée. Outre tous ces impôts, Augufte
en établit d'autres fous le nom de Caiffe
militaire, fçavoir la vingtiéme partie
des hérédités , la vingt-cinquiéme du
prix des efclaves & la centiéme des marchandifes : l'Italie ni les Cités jouïffantes
de ces priviléges ne furent point éxemptes de ces droits, quoiqu'elles le fuffent
de l'impôt cenfuel dont il a été parlé.
Nous avons déja dit que ce troifiéme
âge des impôts fut fujet à divers changemens, tels qu'on les peut concevoir
dans un Gouvernement arbitraire ; mais
ce qui eft étonnant , c'eft que les Princes les plus odieux par leurs dérègle-
mens ont été les plus indulgens aux
Peuples ; Caligula éxempta l'Italie de
l'impôt du centiéme , Neron ôta le
vingt-cinquiéme du prix des efclaves &
eut la penfée d'abolir tous les fubfides
de la caiffe, ce qu'il auroit fait fans
l'oppofition des plus fages Senateurs ,
qui l'obligerent à reftraindre fa bonté ,
à accorder la prefcription contre le fifc
pour le terme d'un an & à rendre public
par des affiches les droits du même fifc
afin que perfonne n'y fut trompé. Tra-
jan, Adrian & Antonius y firent encore

d'autres changemens, pour en adoucir la rigueur. Enfin Gratien fit des loix fi favorables au Peuple, qu'il fembloit avoir aboli tout ce qu'il y avoit de rude dans le payement des impôts, les réduifant à une Capitation moderée. D'autre part Conftantin quoique Chrétien fit revivre la defcription fenfuelle, qui fut faite fous fon Regne avec une extrême rigueur ; & parceque felon la Jurifprudence Romaine la perfonne eft plus noble que fes poffeffions, on revint à taxer les perfonnes avec peu d'égard à leurs facultés. On voit fort évidemment dans les livres, que les Ordonnateurs des impôts croyoient alors que ce feroit diminuer leur pouvoir que d'établir une Loi fixe par laquelle les fonds auroient payé une taxe proportionnée à leur produit ; ils aimoient mieux, tout comme on l'a pratiqué depuis, être les maîtres abfolus de taxer qui bon leur fembloit : c'étoit un moyen fur d'être toujours redoutable & de s'attirer les hommages de toutes les Provinces. Conftantin fit encore plus, il ruina le privilège des Colonies & les affujettit à un impôt arbitraire payable de 15 en 15 ans, qui fut nommé l'Indiction, dont la première commença l'an du Salut 312. Ses

fucceſſeurs furent encore moins retenus,
ils renverſerent l'ordre politique, établi
depuis tant de Siécles, ils ne conſide-
rerent ni Loix ni Priviléges & réduiſi-
rent tous leurs Sujets aux mêmes points
de ſervitude : on remarque cependant
que le plus onéreux de ces impôts étoit
la Capitation rigoureuſe & exceſſive que
l'on éxigeoit. Pour rendre ce joug plus
ſupportable les premiers Empereurs
avoient la coutume de rendre tous les
ans un compte général de la recette des
deniers publics & de leur emploi. Cette méthode qui ne préjudicioit point à
leur ſuprême autorité étoit ſouvent accompagnée de remiſes gratuites, tant
particulieres à certaines Provinces, que
générales , & c'étoit ſans doute une
grande conſolation pour les ſujets auſ-
quels on propoſoit l'amour paternel du
Prince comme le premier objet, & la
néceſſité de l'Etat pour le ſecond. Mais
quand le pouvoir arbitraire eut pris la
place de toutes les Loix , les Peuples
changerent bien - tôt leur idée , ils ne
payerent plus que par force & perdi-
rent auſſi-tôt leur affeétion pour le Gouvernement. *Poſtquam jus Romanæ liber-
tatis amiſerunt , etiam honorem Romani
nominis amiſerunt.* Après qu'ils ont per-

du le droit de la liberté Romaine ; ils ont aussi perdu l'honneur du nom Romain. C'est un passage de Salvien qui explique la cause des malheurs de son Siècle & de la chute du vaste Empire des Romains.

Mais pour reprendre la suite de notre Histoire, il faut sçavoir qu'aussi-tôt que la guerre civile de Jules-César éclata, les Allobroges, comptant que c'étoit une occasion favorable pour secouer le joug, qui leur étoit insupportable, attaquerent la Colonie de Vienne & chasserent les Romains de leur territoire, de sorte que s'étant retirés de l'autre côté du Rhône, ils y formerent un nouvel établissement, qui a été l'origine de la Ville de Lyon, déclarée Colonie nouvelle par Munatius Plancus suivant un Décret du Senat l'an 43 avant J. C. Cette sédition s'appaisa & l'ordre rétabli dans le Pays n'y fut plus troublé dans la suite, parceque les Romains y devinrent insensiblement maîtres de tous les fonds d'héritages, qui furent payés en argent aux anciens proprietaires par une libéralité d'Auguste, dont quelques inscriptions font mention, de sorte qu'il ne restoit presque plus de Gaulois naturels dans la Province Romaine, fi ce n'eft des gens qui vivoient de leur travail ou de leur fervice. Il paroît peu néceſſaire de fuivre les événemens arrivés en Dauphiné fous les Régnes des Empereurs Romains, n'y en ayant aucun qui foit propre à fes Habitans, parceque l'importance de la Ville de Vienne où * réfidoit le Senat des Gaules l'a fouvent rendu le théatre des divifions des mêmes Empereurs. Il vaut mieux paffer au temps où les Bourguignons conduits par leur Roi Gibica y furent reçus & y formerent un puiſſant Royaume. On prétend, & il y a tout lieu de le croire, que les Bourguignons ont été les moins féroces de tous les ennemis des Romains ; on leur reproche avec juftice les défauts, qui font la fuite d'une ignorance. groffiere & d'une éducation barbare ; mais on ne les accufe point d'inhumanité, ils n'approcherent des terres de l'Empire que comme amis & y furent reçus comme un fecours que la fortune offroit aux Peuples contre l'invafion des Goths ; auffi le Patrice Conftance leur céda avec joye toute l'étendue du Pays, qui par fon voifinage de l'Allemagne & des Alpes, étoit le plus expofé aux eourfes des Nations Septentrionales ; ils en pouffèrent en-

DAU-
PHINE'.

* Voyez les Mémoires des deux Bourgognes.

Dauphiné Bourguignon.

Y 6

suite les bornes jufqu'à la riviere du Rhône. Les Peuples las de l'oppreffion & de l'injuftice de leurs Gouverneurs, les regarderent comme leurs Libérateurs, & en effet ils les trouverent remplis d'eftime pour les fciences des Romains & parfaitement dociles aux inftructions. Ils embrafferent d'abord la Religion Chrétienne, dans laquelle les uns veulent qu'ils ayent été inftruits par des Maîtres Ariens, quoiqu'il foit plus vraifemblable de rapporter l'Arianifme de quelques Bourguinons à leur opinion particuliere. Il paroît par la Chronique d'Idace, qu'ils eurent quelques mécontentemens des Romains, fous la Préfecture d'Arlius, & que celui-ci, qui les avoir déja domptés une fois, les chaffa encore de devant Narbonne & leur tua 20000 hommes l'an 436. Toutefois cette méfintelligence ne dura pas, puifque lorfqu'Attila entra dans la Gaule, à deffein d'y éteindre abfolument le nom Romain, Gundaire I. Roi de Bourgogne le combattit dabord avec tout le zele d'un Allié fidelle, mais avec un fi mauvais fuccès, qu'il y perdit la vie. Son fils Gundioch lui fuccéda.

Le premier fervice que celui-ci rendit aux Romains, fut l'expulfion des

Sueves, qui, fuivant la même route que
les autres Barbares, étoient venus tomber dans les Gaules. Mais la mort de
l'Empereur Avitus ayant ruiné l'intelligence des deux Nations, les Bourguignons commencerent à faire des entreprifes fur les Romains ; ils prirent la
Ville de Lyon & la faccagerent, &,
quoiqu'elle fut reprife peu après par
l'Empereur Majorien, ils s'en emparerent une feconde fois, ainfi que de celle
de Vienne, & poufferent leurs conquêtes jufqu'à Aix & Marfeille ; cela arriva
environ l'an 465. Mais Gundioch étant
mort peu après, fes enfans, qui demeurerent quelque temps fous la tutele & le
gouvernement de fon frere Cloudouvé,
étant devenus Rois après fa mort, di-
viferent fes Etats & commencerent entr'eux des guerres civiles qui les ruine-
rent & les uns & les autres. Gondebault
qui étoit l'aîné eut Vienne & le Dauphiné pour fon partage, & comme dans
le même temps Evaric Roi des Goths
achevoit la conquête de l'Auvergne,
où il traitoit inhumainement les perfonnes confidérables, la Cour de Gondebault fe groffit de tous ceux qui furent
affés heureux pour échaper à fa barba-
rie. Il vivoit donc dans une grande

profperité & une eftime générale, lorfque Chilperic & Gondemar deux de fes
freres s'aviferent de lui faire la guerre,
fous le prétexte de l'inégalité de leur
partage : comme les Peuples n'étoient
pas bien difpofés pour eux ils fe firent
affifter des Allemands. Gondebault mar-
cha au-devant d'eux & leur donna bataille dans le voifinage d'Authun ; mais
il la perdit de maniere qu'il crut ne
pouvoir fe fauver qu'en répandant lui-
même le bruit de fa mort, en attendant
l'occafion qui fe pourroit préfenter de
rétablir fes affaires. En effet fes freres
s'emparerent de Lyon & de Vienne qui
étoient les Villes Royales, & ne croyans
plus avoir d'ennemis, ils renvoyerent
leurs Allemands au-delà du Rhin : ce
fut alors que Gondebault fortit de fa retraite. L'amour que les Peuples avoient
pour lui, lui fournit bien-tôt une Armée
avec laquelle il fe préfenta devant Vienne, qui lui ouvrit fes portes : Chilperic
y fut pris & y perdit la tête ; fa femme,
caufe principale de la guerre, fut précipitée dans le Rhône ; fa fille aînée fut
obligée d'entrer dans un Monaftere ;
mais la cadette Clotilde, que la Providence réfervoit pour l'inftrument de la
ruine de fa Maifon, fut confervée en

considération de sa jeunesse ; Gondemar frere de Chilperic & l'autre Chef de cette guerre infortunée périt par les flammes dans les ruïnes du Château de Vienne, qui avoit autrefois été le séjour des Empereurs. Cette guerre achevée, Gondebault, au comble de la prosperité, disposa de l'Empire Romain pour .... après la mort d'Olibrius ; mais la méconnoissance de cet Empereur l'ayant obligé de l'abandonner, il se fit une Ligue entre les Bourguignons & les Goths, en conséquence de laquelle Evaric Roi de ces derniers, s'empara d'Aix, d'Arles & de Marseille, & fixa sa résidence en la seconde de ces Villes où il publia des Loix pour sa Nation. Gondebault, de sa part, voulant reconcilier les esprits, tint une Assemblée générale des Grands de son Etat en la Ville de Lyon ; il s'y trouva trente-deux Comtes, desquels le second fut le Patrice Avremond Fondateur de l'Eglise de St. André le Bas à Vienne ; les réglemens qui y furent faits acheverent de gagner à ce Prince l'affection de ses sujets. La plus grande difficulté du Gouvernement consistoit alors en l'éxécution du Traité fait entre le Patrice Constance & les Bourguignons, par lequel ceux-ci devoient avoir la proprieté du tiers des Efclaves & des deux tiers de toutes les terres. Cette ftipulation exceffive n'avoit pas eu fon effet entier, au moins en divers endroits. Gundioch & Gundachere, confidérant la défolation d'une infinité de familles, qui fe feroient trouvées dépouillées de leurs poffeffions, confentirent qu'elles en demeuraffent Maitreffes, fous la condition de nourrir & entretenir un certain nombre de Bourguignons. Cette régle avoit été reçue fous le nom d'hofpitalité; mais dans la fuite les Hoftes mécontens voulurent éxiger l'éxécurion entiere du premier Traité & il y eut à ce fujet une infinité de procès & de querelles, particulierement après l'invafion d'Attila & la mort de Gundioch. Le réglement de Gondebault confirma donc la Loi de l'hofpitalité & fit ceffer toutes les difputes nées à fon fujet, par une défenfe précife de pourfuivre l'éxécution de la premiere Loi; cette grace fut accordée aux Naturels du Pays, en confidération de ce qu'ils étoient déja en plus grand nombre que les Bourguignons dans les Armées, & fur le principe que l'on voit ordinairement par expérience, que des moindres du peuple, il fe fait de bons soldats ; mais que rarement les soldats deviennent bons sujets & bon peuple.

L'Empire Romain avoit été éteint dans l'Occident dès l'année 476, par la défaite d'Auguſtus Empereur & de son pere, qui périrent par les armes ; Dodon Roi des Herules, lequel établît une naturelle domination en Italie, peu de temps après la conquête que les François firent dans les Gaules, y éteignit auſſi la puiſſance & le nom des Romains : la Bourgogne ſervit encore alors de retraite à ceux qui purent échaper la fureur des François comme des Viſigots; d'ailleurs la famine, les tremblemens de terre ſe joignirent aux malheurs de la guerre & de l'invaſion des Barbares, pour achever la ruine de cette belle partie de l'Europe. Cependant le Royaume de Gondebault en ſouffrit moins qu'aucun autre, puiſque ce Prince ſe trouva encore en état de porter la guerre en Italie, où il la fit avec gloire, toutefois il fut bien-tôt rappellé pour des ſoins plus importans. Le mariage de ſa niéce Clotilde avec Clovis Roi des François, qui ſembloit devoir aſſurer leur intelligence, fut la cauſe de leur diviſion. Cette Princeſſe remplie de haine & de vengeance obligea ſon mari à porter ſes

armes contre fon oncle; celui-ci alla au-
devant ; mais il fut défait dans une bataille donnée près de Dijon, par la tra-
hifon de fon frere Godegefile qui paffa
du côté de Clovis, & après avoir perdu
Lyon & Vienne, il fe trouva réduit à
s'enfermer dans Avignon ; là il foûtint
un fiége avec tant de vigueur, qu'il donna loifir à Theodoric Roi d'Italie & à
Genferic Roi des Goths, réfidents à Arles de ménager un accommodement,
par lequel Gondebault céda Lyon &
Vienne à fon frere Godegefile & ne conferva que le territoire d'Avignon, fous
l'obligation d'en payer un tribut à Clovis. La bataille de Dijon fut donnée
l'an 500, comme on le voit par le nom
des Confuls de cette année rapporté par
Marius d'Avanches. Clovis s'étant retiré après la paix, Gondebault fe trouva
en état de reprendre à fon frere ce qu'il
avoit été contraint de lui céder : il parut
avec une Armée toute fraiche & Godegefile ne put prendre d'autre parti, que
celui de foutenir à fon tour un fiége
dans Vienne, où il avoit 5000 François
en garnifon ; fon deffein étoit d'y attendre le retour de Clovis ; mais il y fut
forcé & il y mourut ; Vienne fut facca-
gée d'une maniere barbare, & Gonde-

bault remonta une troifiéme fois fur le Thrône, où il fe maintint avec beaucoup d'habileté & de gloire, dans un temps infiniment difficile, puifque la profperité de Clovis, qui avoit tué & défait dans une bataille le Roi des Goths, conquis l'Aquitaine & même la Ville de Touloufe, jointe à l'implacable haine de la Reine Clotilde, le tenoir dans une continuelle inquiétude. Cependant ce fut cette même profpérité de Clovis qui le fauvà, parceque Theodoric Roi d'Italie s'en étant allarmé & ayant fait paffer des Troupes en Provence, pour la fûreté commune, Clovis étant occupé d'ailleurs de la Police & du réglement de fes nouvelles conquêtes, & plus que tout, du foin de fe défaire de tous les Rois François capables d'exciter fa jaloufie, ou de difputer fa fucceffion à fes enfans, il n'eût ni la commodité ni le temps de porter une nouvelle guerre dans la Bourgogne, comme fa femme ne ceffoit de l'en folliciter. Gondebault vécut donc paifiblement jufqu'en l'année 517, ayant furvêcu de fix ans entiers fon ennemi capital le Roi Clovis : il laiffa la Couronne à fon fils Sigifmond plus dévot, mais beaucoup moins habile que lui. Il eſt à remarquer au ſujet de l'étendue de la domination de Gondebault qu'il n'y a point de bonnes preuves que Clovis l'ait jamais dépouillé de la Bourgogne au-deçà de la Seine, comme quelques Auteurs l'ont prétendu ; mais qu'il y en a de fort bonnes que Theodoric Roi d'Italie retint, pour les frais de l'armement qu'il envoya dans les Gaules, la Provence entiere, & qu'il voulut que l'Iſere termina le Royaume de Bourgogne de ce côté-là. En cet état le Dauphiné, tant pour la partie qui en appartenoit aux Bourguignons, que pour celle qui venoit d'être unie au Royaume d'Italie, auroit pû ſe flater d'une longue paix, ſi la haine de la Reine Clotilde incapable de s'affoiblir par la longueur du temps, n'avoit armé ſes enfans contre la poſtérité de Gondebault ; ce ne fut toutefois qu'en l'année 523, parceque Sigiſmond lui-même avoit abdiqué la Couronne & s'étoit retiré dans une ſolitude voiſine de l'Abbaye de Saint Maurice en Valois. Quelques-uns veulent même que ç'ait été dans les Pyrenées, où il fut reconnu quelque temps après & ramené malgré lui dans ſes Etats, dont il reprit le Gouvernement : on donne communément pour cauſe

d'une fingularité fi extraordinaire en la
perfonne d'un Prince régnant, fi toutefois elle doit être crue véritable, le re-
gret qu'il avoit de la mort de Sigeric
fon fils, qu'il avoit fait étrangler fur
l'accufation de fa belle mere.

Ce fut le prétexte de la nouvelle guerre que lui firent les enfans de Clovis, en
laquelle Thiery l'aîné d'entr'eüx, qui
avoit époufé la fille de Sigifmond, re-
fufa de prendre parti; celui-ci, tout occupé des foins du Monaftére d'Angonne
qu'il avoit de nouveau fondé, fit peu
de réfiftance, il fut pris & même livré
par fes fujets avec fa femme & fes enfans & conduit à Orleans. Mais après
la retraite des Rois François, Gondemar fit bien-tôt révolter tout le Pays
contr'eux, il accabla leurs garnifons &
rentra dans toutes les Places importantes. Clodomir Roi d'Orleans, qui avoit
profité prefque feul de la défaite des
Bourguignons, fut obligé de faire une
Armée pour les foumettre de nouveau;
il crut intimider Gondemar par le fup-
plice de fon prifonnier, & en partant le
fit mourir avec toute fa famille, dont
les corps furent jettés en un puits, pour
éviter d'en faire les funerailles qui auroient été odieufes. Clodomir entrant

en Bourgogne y porta le fer & le feu, Gondemar ne s'oppofa à fa rapidité qu'au delà du Rhône dans la plaine de Vefe- ronne : ce fut en ce lieu l'an 524 que fe donna la bataille où le Roi d'Orleans perdit la vie, quoique l'avantage du combat demeurât aux François, qui par leur perte fe virent obligés de fe reti- rer ; mais ils y revinrent en 534 con- duits par Childebert & Clotaire autres enfans de Clovis, qui terminerent la guerre par la prife d'Authun, dans la- quelle Gondemar s'étoit enfermé efpé- rant ruiner leur armée par un fiége : on ne s'accorde guerres fur la fin de ce Prince, quelques-uns difent qu'il fut pris & étranglé, d'autres qu'il fe retira chez les Gots ; quoiqu'il en foit, il eft certain qu'il fut le dernier Roi de la Race de Gibica premier Conquerant de ce Pays-là. Il ne faut pas terminer cet article des premiers Rois de Bourgo- gne, fans remarquer qu'il fe tint un Concile d'Evêques de la domination des Bourguignons au commencement du Regne de Sigifmond, dans le lieu que les Latins nomment Eparene qui n'eft autre que le Bourg de Ponas à une lieuë de Vienne. On juge par le catalo- gue de fes Evêques, de l'étendue du

Royaume des Bourguignons , & parti-
.culierement que le prétendu Traité de
Clovis avec Gondebault , qui referroit
la Bourgogne entre les Alpes d'un côté,
le Rhône & la Saône de l'autre , n'eft
pas véritable, ou n'avoit pas eu d'éxécution , puifqu'entre les Evêques de
Bourgogne, on trouve ceux de Befan-
çon , de Châlons , de Langres , d'Authun , de Nevers , d'Apt , de Cifte-
ron , &c.

La Province Viennoife échut à Childebert , par le partage que les trois freres firent de la Bourgogne; ce fut alors
que Beliffaire , ayant entrepris'la guerre
contre les Gots de l'Italie , ceux-ci , pour
fe faire des Alliés , retirerent leurs garnifons de la Provence & la céderent aux
François, ce qui fut confirmé par Jufti-
nien après la Victoire de fon Général.
Childebert mourut en 558 le 23 Décembre ; & Clotaire fon frere , qui lui
fuccéda , en 561 le 12 de Novembre.
La France fut de nouveau partagée entre
les enfans du dernier, & le Viennois
échut à Gontrand le meilleur d'entr'eux.
Sigebert Roi d'Auftrafie avoit auffi fa
part du Dauphiné & de la Provence ,
puifqu'il étoit maître d'Avignon. On
voit fous ce règne, que le Gouverne-

*Dauphiné
François.*

ment de la Province étoit poſſedé par un Còmte nommé Amemond., ce qui rend inçertain, lequel de celui-çi ou d'un autre, qui vivoit ſous Gondebault; eſt le Fondateur de l'Abbaye de Saint André de Vienne. Mommole fut auſſi Patrice, c'eſt-à-dire, Gouverneur Gé-néral de Bourgogne; il en repouſſa les Lombards, qui y étoient entrés par dif-férens paſſages des Alpes; mais il ne put empêcher que ces nouveaux Barbares n'y fiſſent une prodigieuſe déſolation. Les Viſigots du Languedoc ſembloient les avoir favoriſés, ce qui porta Gon-trand à leur déclarer la guerre; mais l'Armée qu'il aſſembla pour ce deſſein, étoit ſi mal compoſée, qu'elle fut en-tierement défaite par Recarede fils de Louvigilde Roi d'Eſpagne, au voiſi-nage de la Ville de Niſmes; & ce Prince profitant de ſa victoire prit les Villes d'Arles & de Marſeille & la plus grande partie du Dauphiné. Il paroît toutefois que Gontrand reſta maître des Villes prin-cipales & que cette guerre n'eut pas de plus fâcheuſes ſuites. Le Règne de Gon-trand n'eſt célébre par aucun autre évé-nement, à la réſerve des fréquens Con-ciles qu'il aſſembla à Mâcon; Lyon, Vienne, Valence, &c. & par la révolte du

du même Patrice Mommol, à laquelle
il ne furvêcut gueres, étant mort en
593. Childebert fon neveu fils de Sigebert & de Brunehaut fut fon héritier &
fon fucceffeur; mais il mourut trois ans
après, laiffant à fes deux enfans l'Auftrafie & la Bourgogne en titre de différens Royaumes, fous la régence de leur
Ayeule. On fçait affez que cette Princeffe les anima les uns contre les autres
& qu'elle les fit tous deux perir. Clotaire II. leur grand oncle leur fuccéda,
par l'affiftance d'un Seigneur nommé
Varnier, ou Varnacheres, qui lui livra
tout l'Etat de Bourgogne l'an 614. Il
l'en créa Maire perpétuel & fucceffif en
recompenfe d'un fervice fi important;
mais il mourut bien-tôt & fon fils Go-
din n'ayant occupé que peu de temps
la même Dignité, elle fut fupprimée à
la grande fatisfaction des Peuples, aufquels on donna néanmoins des Princes
amovibles pour les gouverner de plus
près que les Rois ne pouvoient faire.
Les fucceffeurs de Clotaire fecond poffedoient le Dauphiné & le gouverne-
rent dans une pleine paix, moins toutefois par eux mêmes, que par leurs
Maires, & ce fut un grand bonheur
pour le Pays, que leurs divifions con-

tinuelles eurent leurs effets dans les parties septentrionales de la France & ne se firent point sentir aux rivages du Rhône. Pendant ce repos, le siège de Vienne fut occupé par des Prelats illustres, qui firent fleurir la Religion de tout leur pouvoir; mais on peut dire qu'ils pousserent leur zèle à l'excès par le grand nombre de Monastéres qu'ils établirent autour de cette Ville : on y comptoit plus de 1500 Moines & quantité de Religieuses; le Clergé séculier n'étoit pas moins nombreux, & ce fut alors que Vienne acquit le surnom de Sainte, en considération de ce peuple d'Eccléfiastiques, qui en faisoit la plus forte partie.

Guerres des Sarrasins.

Un cruel orage succéda à cette longue paix. La ruine de Gots en Espagne attira les Sarrasins en deça des Pyrénées, où ces mêmes Peuples possédoient le Languedoc & la Provence. La guerre commença par la prise de Narbonne, d'où elle passa à Toulouse, Nîmes & autres Places, mais ce ne fut alors qu'un mal passager; les Sarrasins s'étant portés dans l'Aquitaine & jusqu'à Tours où ils furent defaits. Leur seconde invasion fut bien plus terrible & fut procurée par les enfans du Duc Eu-

des de Guienne ,· qui privés de leur héritage par Charles-Martel, eurent recours aux Conquérans pour regagner
ce qu'on leur avoit ôté. Les intelligences que les Sarrafins trouverent par
leur moyen dans le centre de la France,
leur livrerent Arles ; Avignon, Vienne,
Valence, Lyon , Authun, Mâcon, Châlons , Auxerre, & en général toutes les
Villes jufqu'à Sens qui leur refifta.
Dans cette courfe impétueufe, ces Barbares s'attacherent à ruiner les Eglifes
& les anciens monumens , ce qui leur
fit perdre l'affection des Peuples , qui
fans cela auroient pû fe déclarer pour
eux, tant les Eccléfiaftiques avoient al-
lumé la haine publique contre Charles-
Martel, qui les dépouilloit de leurs
biens ; mais ce Heros étant repaffé d'Allemagne en France , au bruit de cette
guerre nouvelle, repouffa bien-tôt les
Sarrafins, regagna tout le Pays, établit
de nouveaux Comtes ou Gouverneurs,
& força la Ville d'Avignon, dont il fit
abattre les murailles en punition de fa
réfiftance. Pepin fucceffeur de Charles-
Martel dans la Mairie, & depuis Roi de
France , par la difpofition de Chilperic
dernier de la Race des Merovingiens ,
honora fouvent la Ville de Vienne de

fa préfence. Il y reçût le Pape Etienne
& fon frere Carloman Moine du Mont-
Caffin, député pour folliciter la paix
en faveur des Lombards : ce même
Prince y mourut dans la courfe de cette
Ambaffade.

A Pepin fuccéda Charlemagne, qui
ne fit rien de particulier en faveur du
Dauphiné, fi ce n'eft le bâtiment d'une
Chapelle à Septeme qu'on lui attribue,
Il eft certain d'ailleurs, qu'il paffa &
repaffa plufieurs fois dans la Province,
à l'occafion de fes Voyages d'Italie &
de l'Efpagne; mais comme fon Gouvernement fut ferme & vigoureux, il n'y
eût aucun événement particulier en
Dauphiné. Louis-le-Débonnaire fon fils
n'eût pas la même force que fon frere;
fon Régne, quoique glorieux eut le
malheur d'être troublé des divifions de
fes enfans, qui le firent dépofer & le
confinerent dans un Monaftére duquel
il fortit cependant avec avantage &
l'humiliation de ceux qui l'avoient dépouillé. Lothaire fon fils aîné & principal Succeffeur fit fa retraite à Vienne
& y féjourna jufqu'à ce qu'il paffa en
Italie par les ordres de fon pere qui
mourut en 840, laiffant fon Etat partagé, deforte qu'avec l'Italie & l'Auftra-

fie , Lothaire eut tous les Royaumes de
Bourgogne avec le titre d'Empereur.
La division des freres continua sous le
Règne de celui-ci, la bataille de Fontenay en fut le plus triste effet : & après
cette sanglante Journée, il se négocia une
paix en 843 , dans laquelle le partage
de Lothaire fut confirmé. Il mourut 7
ans après, s'étant retiré dans l'Abbaye
de Pruin où il ne vécut que quelques
mois. Il partagea ses Etats à ses trois
enfans; Louis eut le titre d'Empereur
avec l'Italie; Lothaire l'Austrasie, &
Charles le Royaume de Bourgogne avec
la Provence depuis la Saône jusqu'à la
mer. Ces deux derniers eurent quelque
mésintelligence, qui fut promptement
accommodée par la médiation de Charles-le-Chauve; & Charles Prince foible
& dévot régna dans une paix profonde
jusqu'en 863. Il residoit au Palais de
Montaille à quatre lieuës de Vienne.
Après sa mort ses freres partagerent son
Royaume; Louis prit la Provence & la
Tarentaise, laissant à Lothaire le Lyonnois & Dauphiné. Ce Lothaire II. mérita peu d'estime , toute la renommée
qu'il a laissé ne regarde que ses amours
pour Valdrade , au mépris de son épouse Thierberge; il n'eut que deux enfans

de la premiere, Hugues, qu'il établit
Duc en Alface, & Berthe épouse du
Comte Thibaut, duquel sortit Hugues
Comte de Vienne Marquis d'Arles &
depuis Empereur en Italie. Charles-le-
Chauve, après la mort de Lothaire,
s'empara de ses Etats, au préjudice de
l'Empereur Louis son frere aîné de ce
Prince, qui, croyant néanmoins être
affez puissant pour soutenir son droit,
entra en Dauphiné, où il se fit reconnoître par la faveur du Comte Girard
de Roussillon, qui en étoit Gouverneur
depuis le Règne de Lothaire I. Il est
bien difficile de déterminer quel étoit
ce Girard, que l'on surnomme de Rouffillon. On voit par son Testament qu'il

*Girard de
Roussillon.*

étoit fils de Luthard & de Grinuldis,
& que les Comtes Leufroy & Adelard
étoient ses proches parens; d'ailleurs il
avoit épousé Berthe fille de Hugues &
de Bava. Il avoir le surnom de Roussillon, à cause de la terre du même nom
en Dauphiné, où il avoit fait édifier un
Château considérable : & enfin on prétend qu'il est le Chef de l'Ancienne
Maison de Roussillon, qui a posédé
cette même terre plus de 800 ans après
lui ; mais de juger si ce Comte est le
même que celui qui a été Fondateur

de l'Abbaye de Ponthieres en Bourgogne & qui y eſt enterré, cela eſt difficile à dire : il y a même toute apparence
qu'ils étoient fort différens & par le
ſiécle où ils ont vécu & par la date de
leur mort. Quoiqu'il en ſoit, Girard
ayant fait reconnoître l'Empereur Louis,
celui-ci fut obligé de repaſſer promptement en Italie, à cauſe de la guerre
que les Sarraſins y avoient portée. Charles-le-Chauve profitant de cette con-
joncture vint en Bourgogne avec de
fortes troupes, la ſoumit en peu de
temps, puis paſſant en Dauphiné, dont
Girard avoit fortifié toutes les Places,
il vint mettre le Siège devant Vienne
au mois de Septembre 870. Berthe femme de Girard la défendit 15 mois durant & ne la rendit à compoſition que
le jour de Noël de l'année ſuivante.
Par ce Traité Girard perdit le Gouvernement de la Province & le titre de
Comte de Vienne, qui fut donné à
Bozon frere de Richilde, épouſe de
Charles-le-Chauve, mais il conſerva
tous ſes autres biens. Louis Empereur
mourut en 875, laiſſant une fille qui
ne pouvoit lui ſuccéder par les Loix
de l'Etat, ce qui donna occaſion à Charles-le-Chauve de paſſer en Italie & de

DAU-
PHINE'.

*Impôts du
Règne de
Charles-le-
Chauve.*

s'y faire couronner Empereur, au préjudice de Louis de Germanie son frere
aîné. Il tint avant de partir une assemblée générale de Prélats & de Grands
à Compiegne, dans laquelle on régla
les impôts qui seroient levés pour cette
dépense, sçavoir un sol d'or sur chaque
Mas du Domaine Royal, quatre deniers
d'or sur chaque Mas roturier ou servi-
le & deux autres deniers sur les possesseurs de ces derniers Mas. Ce Règlement fait connoître. 1°. Que l'usage
des Fiefs n'étoit point encore établi.
2°. Que tout le territoire du Royaume
étoit divisé en portions nommées Mas,
quasi mansiones, dont les uns appartenoient au Roi, les autres à la Nation
Françoise & partant censées libres, les
autres à la Nation Gauloise & partant censées serviles. 3°. Que les unes
& les autres étoient taxées pour raison
du fond ; les Domaines Royaux plus
que les autres, parce qu'ils appartenoient
foncierement aux Rois, quoiqu'ils
eussent passé aux mains de leurs créatures ; les Domaines libres un tiers moins ;
& qu'à l'égard des serviles estimés les
moindres en valeur, ils payoient moins
en un sens, mais que les possesseurs en
étoient personnellement taxés par aug-

mentation. Le Clergé fut auſſi engagé
à fournir une contribution par les mains
des Evêques ; ſçavoir les Prêtres les
plus riches cinq ſols d'or, & les plus
pauvres deux deniers, les Tréſors des
Egliſes à proportion : & de la totalité
de ces impôts le Roi mit en ſes coffres
500 livres d'argent, ſomme très-conſidérable en ce temps-là. Charles qui
avoit laiſſé la régence de la France à
Richilde ſa femme, mena avec lui le
Comte Bozon ſon beaufrere & étant
obligé de repaſſer promptement les Alpes, il lui confia le Gouvernement de
l'Italie ſous le titre de Duc de Lombardie ou de Milan, ayant déja établi deux
Ducs, Guy à Spolette, & Berenger à
Benevent, qui tous deux auſſi bien que
Bozon parvinrent bien-tôt à une grande fortune. Le retour de Charles en
France fut une fuite précipitée, cauſée
par l'entrée de Carloman fils de Louis
le Germanique en Italie, où il venoit
ſoutenir les droits de ſon pere ; mais il
n'étoit pas plus hardi que Charles, deſorte qu'après être venu en Lombardie
il rebrouſſa tout à coup en Allemagne,
laiſſant l'Italie en proye aux Gouver-
neuts que Charles y avoit laiſſés. En
effet Bozon épouſa en ſecondes nóces

Ermengarde fille unique de l'Empereur
Louis & par-là s'acquit, fi non un droit
légitime à l'Empire , du moins une
couleur pour prétendre le Royaume de
Bourgogne, dont il avoit déja le Gouvernement. Charles - le - Chauve avoit
non feulement confenti à ce mariage,
mais en mourant il ordonna que Bozon
demeureroit Chef du Confeil de Louis-
le-Begue fon fils, & il faut reconnoître
qu'il s'aquitta fidelement de ce Minif-
tére tant qu'il vécut; mais après fa
mort, la France étant pour ainfi dire en
proye à l'ambition de tous les Grands,
Bozon crut pouvoir les priver tous en
fe faifant élire Roi de Bourgogne &
confacrer folemnellement dans l'Eglife
Cathédrale de Vienne le 15 Octobre
879. Cette demarche lui attira l'envie
de tous les Seigneurs François, qui,
pour fe préparer à le detrôner, fe hâte-
rent de couronner les enfans de Louis-
le-Begue, Louis & Carloman, & firent
entr'eux le partage de la France, enforte que la Bourgogne & le Dauphiné
furent cédés au dernier. Ces Princes
affemblerent un nombreux Parlement
en 881, où Charles-le-Gros Roi d'Allemagne fe trouva : il fut réfolu que
toutes les forces des deux Royaumes

s'employeroient à chaſſer Bozon de la
Bourgogne, & Hugues fils de Lothaire
& de Valdrave de l'Italie. Charles entreprit ce dernier ennemi & le ruina.

Louis & Carloman, ſous la conduite
de Charles Comte d'Authun ou Duc de
Bourgogne, qui étoit pourtant frere de
Bozon, vinrent aſſiéger Vienne, qui fut
enfin forcée de ſe rendre en 882 ; mais
deux ans après, Bozon rentra dans ſes
Etats & fut reconnu par l'Empereur
Charles-le-Gros, auquel il fit hommage, ce qui aſſura ſa poſſeſſion. Ce Prince fut extrêmement libéral aux Egliſes
& gouverna dans tous les temps avec
tant de ſageſſe & de piété, qu'il fut paſ-
ſionément aimé des Peuples & des Eccléſiaſtiques : il mourut le 11 Janvier
de l'année 888, laiſſant de ſa ſeconde
femme, Louis qui lui ſuccéda & une
fille épouſe de Rabdold tige des premiers Comtes de Provence. A l'égard
de ſa généalogie, elle eſt fort ignorée,
mais il y a lieu de ſuppoſer, qu'il étoit
du ſang des Rois, parce que Richard
Comte d'Authun ſon frere eſt reconnu
pour tel. Leur pere Beuvin Comte d'Ar-
dende étoit frere du proche parent de
de la Reine Thierberge épouſe malheureuſe de Lothaire II. L'ardente affec-

tion des Peuples fut le plus solide héritage que Bozon laissa à son fils, encore
enfant; sa mere la Reine Ermengarde
lui procura la protection de l'Empereur
Arnould Successeur de Charles-le-Gros,
qui lui assura la Couronne, du consentement de tous les Grands de Bourgogne, assemblés au lieu de Varennes en
889, cependant il ne fut couronné que
l'année suivante. Entre les Seigneurs de
ce Parlement, on remarque le Comte
Bernon Abbé de Gigny & ensuite de
Cluny, Bernard Plante pelice, Vindo,
Ratierde, Theubert, Ragenard & Guy
que l'on croit avoir été Comte de Gresivaudan & Chef de la Race des premiers Dauphins. L'exemple de Bozon
avoit tellement enflammé l'ambition de
tous les Seigneurs des Royaumes François, qu'il n'y en avoit aucun qui ne
prétendit à se faire Roi de quelque Canton. Eudes se fit couronner Roi de la
France Occidentale, au préjudice de
Charles-le-Simple ; Rodolphe fils de
Conrard, fils de Hugues dit l'Abbé,
que l'on prétend aussi avoir été frere de
la Reine Thierberge, se mit en possession de la Bourgogne Transjurane ; Guy
de Spolette & Berenger de Benevent
partagerent entr'eux l'Italie ; Richard

de Bourgogne frere de Bozon balan-
çant entre la poſſibilité de ſe faire un
Royaume & la néceſſité d'obéïr à quel-
qu'un plus puiſſant que lui, aima mieux
choiſir un maître dans ſa Famille & ſe
détermina à reconnoitre Louis ſon neveu. Ce fut dans ces circonſtances que
ce Prince fut couronné : ſa jeuneſſe l'empêcha quelque temps d'agir, mais dès
qu'il fut en âge, les deſordres de l'Italie, où Berenger s'étoit emparé du titre
d'Empereur après la mort de Guy de
Spolette & au préjudice de Lambert
ſon fils, lui devinrent un ſujet de ten-
tation. Il paſſa en ce Pays, à la priere
d'Aldebert Marquis de Toſcane, marié
depuis peu à la Reine Berthe fille de
Lothaire II. & de Valdrave & veuve du
Comte Thibaut, qui n'eſt connu que
par la qualité de Général des armées de
ſon beaufrere Hugues auſſi fils de Valdrade. Cette expédition qui eſt de l'année 898 lui fut peu favorable, il fut
contraint de regagner le Dauphiné ; toutefois la ſeconde qu'il fit en l'an 900
lui fut bien plus facheuſe. Il avoit commencé par s'y faire couronner Empereur dans Rome par le Pape Jean IX.
& même avoit régné neuf ans en Italie,
lorſqu'il fut ſurpris dans la Ville de Ve-

ronne par les créatures de Berenger,
qui le condamnerent à abdiquer ſa
dignité & à perdre les yeux, après quoi
il ſe retira en deça des Alpes, où il
continua de régner ſur ſes anciens ſujets. Sa diſgrace ne l'empêcha pas néanmoins de ſonger au mariage, il épouſa Adelais d'Angleterre fille du Roi
Edouard, de laquelle il eut Charles
Conſtantin ſon fils unique, qui fut
malheureuſement exclus de la Couronne que ſon pere avoit portée ſi long-
temps.

Hugues.　　La Reine Berthe, dont il vient d'être
parlé, avoit un fils de ſon premier mariage, nommé Hugues, qualifié Comte
de Vienne, Marquis d'Arles & Duc
ſans domination de terre particuliere,
lequel poſſedoit l'entiere affection des
Peuples, des Grands & des Prélats du
Royaume de la Bourgogne Cisjurane :
il ſe mêla fort avant dans les affaires de
ſon temps; en France pour ſoutenir le
Roi Raoul fils de Richard Duc de Bourgogne; & en Italie où il ſe fit couronner après la mort de Berenger & l'ex-
pulſion de Rodolphe II. Roi de la Bourgogne Transjurane. Il ſe démit alors
de la Comté de Vienne en faveur de
Charles Conſtantin, fils de l'Empereur

Louis l'Aveugle ; mais ce jeune Prince
en fut bien-tôt dépouillé par Raoul
Roi de France, quoique fon parent.
Comme il n'avoit qu'onze ans lorfqu'il
perdit fon pere en 933, il ne put être
élu Roi pour lui fuccéder, outre que
Raoul même ne feignit pas de s'emparer des Etats de Bourgogne ; mais celui-ci étant mort en 936, Hugues y fut
reconnu d'un confentement général,
tant à raifon des grandes Seigneuries
qu'il y poffedoit que de la proximité de
fon Royaume d'Italie, & l'on oublia
tout à fait les intérêts de Charles Conftantin. Dans la fuite les grandes affaires, qui occuperent Hugues toute fa
vie, & la néceffité de fe faire un ami
de Rodolphe Roi de la Bourgogne
Transjurane le porterent à lui faire une
ceffion de tout ce qu'il occupoit en delà des Alpes, Bourgogne, Dauphiné &
Provence. Il y a toutefois apparence
que Hugues retint l'ufufruit de fes Etats
fa vie durant, ce que l'on juge tant
par divers actes de Souveraineté qu'il y
a éxercé après le Traité, que par la
guerre qu'il entreprit contre les Sarrafins, pour les chaffer de Fraxinet, qu'ils
occupoient en Provence depuis l'an
891. Il fe fervit pour les forcer du fe-

cours de l'Empereur Grec, qui lui envoya une flotte qui brula celle des Sarrafins, & ce fut la premiere fois qu'on
vit en Occident le prodigieux effet du
feu Grec, qui a depuis été fi renommé.
Les Maures, effrayés de la perte de leurs
vaiffeaux, fe retirerent de Fraxinet, &
fe fauverent dans les Alpes, où ils fe
maintinrent encore long-temps au lieu
nommé depuis eux le Puy-Maure. Enfin
Hugues las des affaires & de la fortune
qui favorifoit Berenger II. à fon préjudice, céda le Royaume d'Italie à fon
fils Lothaire & fe fit Moine dans l'Abbaye de Saint Pierre de Vienne où il
mourut. Son fils ne lui furvécut que
cinq ans étant mort en 950, laiffant
Adelais fa veuve fille du Roi de Bourgogne Rodolphe II. qui époufa dans la
fuite Othon-le-Grand, & une fille nommée Emme femme du Roi Lothaire de
France mort en 986. La mort de Hugues ralluma les efpérances de Charles
Conftantin fils de l'Empereur Louis
l'Aveugle, il fe remit en poffeffion de
la Comté de Vienne dès l'an 952 & en
fit hommage au Roi de France Louis
d'Outremer.

D'autre côté Conrard Roi de Bourgogne fils de Rodolphe II. éxerçoit dès

l'année suivante l'autorité supérieure
dans la même Comté, & l'on verra
dans la suite qu'il en demeura en pof-
fession & la laissa à ses successeurs, il
prit même le titre de Roi de Vienne,
par préférence à celui de Bourgogne à,
cause de la dignité de cette Ville. Quant
à la fortune de ce Conrard, il la dut
tout entierement à Othon-le-Grand,
qui le fit élever à sa Cour & lui con-
serva le Royaume de son pere; ainsi il
ne faut pas s'étonner qu'il en transporta
l'hommage aux Rois d'Allemagne, qui
depuis Othon prirent le titre d'Empereurs Romains, parce qu'ils ont été
Maîtres de l'Italie, de laquelle Othon
chassa Berenger second, après avoir
épousé Adelais soeur de Conrard Roi
de Vienne & veuve de Lothaire fils de
Hugues. Le premier & le seul exploit
de Conrard fut contre les Sarrasins,
qui étoient revenus s'établir à Fraxinet
& contre les Hongres qui firent une
terrible invasion dans ses Etats en l'année 954; il eut l'adresse de commettre ces
deux Nations l'une contre l'autre & tomba sur eux, quand il les jngea assez affoi-
blies, desorte qu'il en vint aisément à
bout, en ayant fait tuer un très-grand
nombre & vendre le reste pour servir

d'efclaves dans les Provinces voifines ;
mais Fraxinet & le Puy-Maure ne purent
encore être forcés, les Sarrafins y ap-
pellerent de grands fecours d'Afrique,
avec lefquels ils fe trouverent en état
de porter la guerre dans le Dauphiné
& d'affiéger Gap. En revanche Guillaume Comte d'Arles, l'un des Généraux
de Conrard prit Fraxinet & réduifit ces
infideles, à fe cantonner dans les Alpes, où ils refterent encore quelques
années : cela arriva en 973. Conrard
avoit époufé Matilde fille du Roi de
France Lothaire, & cette Alliance qui
lui procura, à ce que l'on prétend, l'in-
dependance de cette Couronne , lui
donna nombre d'enfans. Il mourut en
994, ayant régné cinquante-fept ans &
ayant le titre glorieux de Pacifique, qui
eft toujours plus favorable aux Sujets
que celui de Conquérant, dont les Rois
s'honorent fouvent à leur grand préjudice. Rodolphe III. fils & Succeffeur

*Rodolphe-le-
Lâche.*

de Conrard n'eut ni affez de courage
pour fe faire craindre, ni affez de bonnes qualités pour fe faire aimer comme
fon pere. Il fe fit fous fon Gouvernement un foulévement général des Seigneurs, aufquels il vouloir ôter quelques droits & Domaines, qu'il jugeoit

lui appartenir; mais l'efprit de liberté, & l'amour de l'indépendance s'étoit tellement emparé de tous les cœurs, que quand il entreprit de les contraindre à obéïr, par le moyen d'une armée, ils oferent lui en oppofer une autre, & dans la bataille qui fe donna l'an 1001 le fuccès fe déclara pour eux. Cependant fa tante Adelais veuve d'Othon-le-Grand, quoique très-âgée, vint exprès d'Allemagne pour tâcher d'appaifer ces defordres domeftiques, & fon crédit eut un effet extraordinaire auprès des Seigneurs, mais comme elle ne vécut pas long-temps, le mal recommença bien-tôt plus fort que jamais. Guillaume de Poitiers Comte de Valence étoit le plus confidérable d'entre les Seigneurs; la grandeur de fa naiffance d'une part; celle de fa mere, qui étoit niéce du Roi Hugues, dont il fe prétendoit héritier, d'autre part; & enfin fon ambition particuliere le rendirent fi puiffant, qu'il ne lui manquoit que le nom de Roi. Les Auteurs du temps difent que Rodolphe étoit réduit à vivre des penfions qu'il tiroit des bénéfices de fes Etats, & que fi on ne le dépouilla pas de la Couronne, c'eft que les Seigneurs ne convenoient pas entr'eux

de celui qui l'auroit dû porter. Alors
Othon III. étant mort l'Empire fut dé-
féré par les Allemands à Henri Duc de
Baviere; mais les Italiens élurent Har-
douin Marquis d'Yvré petit fils de
Berenger I. Henri fut donc obligé de
paſſer en Italie pour s'en défaire; Har-
douin avoit déja porté la guerre dans
les Etats de Rodolphe, avec le ſecours
des Sarraſins des Alpes. On prétend
qu'un Guillaume Berard Connétable de
Rodolphe, iſſu des anciens Princes de
Saxe, & que l'on fait Tige de la Maiſon de Savoye, les défit entièrement,
mais il y a toute apparence que ce Guillaume n'eſt autre que Guillaume de
Poitiers, dont il a déja été parlé. En
ce temps, Rodolphe, n'eſpérant plus
pouvoir regagner par lui même l'auto-
riré & le rang qui lui appartenoient,
céda enfin ſon Royaume & ſes droits à
l'Empereur Henri II. par un Acte ſolemnel de l'an 1013; mais cette conduite
irrita tellement les eſprits, que Rodolphe & l'Empereur eurent bien de la
peine, par force & par préſens, à vaincre la réſiſtance générale : Guillaume de
Poitiers refuſa conſtamment d'y ac-
quieſcer. Un autre Comte des plus ac-
credités qui portoit le nom de Guy,

étant venu à mourir , Humbert son fre-re, qui étoit Evêque de Grenoble, ob-tint pour les enfans l'inféodation du Château de Moras & plusieurs terres qui étoient à la bienséance de la Comté d'Albon , qui devint dès-lors le titre particulier de cette famille, & à cette condition ils donnerent leur consente-ment. Un autre Comte nommé Hum-bert, que l'on prétend fils de la Reine Hermengarde femme de Rodolphe , & être le Chef de la Maison de Savoye y consentit pareillement; mais les autres ne purent être amenés à ce point. L'Em-pereur vint lui-même en personne dans la Bourgogne, où toutes les grosses Vil-les lui fermerent leurs portes, il se van-gea sur la campagne qu'il désola & fut enfin obligé de se retirer en Allema-gne , laissant la conduite de cette guer-re à Garnier Evêque de Strasbourg, qui la fit plus heureusement que lui , ayant gagné une bataille qui rétabit Rodolphe.

Henri étant mort en 1024, ce Prin-ce se trouva de nouveau exposé à la mauvaise humeur de ses Sujets, il fallut pour le contenter revoquer la cession faite à l'Empereur Henry , de laquelle Conrard son Successeur prétendoit se

Conrard-le-Salique Em-pereur.

prévaloir, d'autant plus qu'il avoit
époufé Gifile fille de Hermant Duc d'Allemagne & de Gerberge fœur de Rodolphe. Il s'enfuivit une nouvelle guerre dans laquelle les Seigneurs de Bourgogne fe trouverent obligés de plier &
on la termina par le renouvellement du
premier Traité, en conféquence duquel,
l'Empereur Conrard fut reconnu pour
Succeffeur de Rodolphe en tous fes
Etats. Enfin Rodolphe mourut fans enfans, le 6 Septembre 1032, il avoit
époufé Hermengarde, que l'on prétend,
fans preuve, être fille de l'Empereur
Othon II; cette Princeffe étoit veuve &
avoit des enfans de fon premier mariage, entre lefquels on compte Humbert
dont il vient d'être parlé. L'Empereur
Conrard eut quelque peine à fe faire
reconnoître en Bourgogne; il eut guerre
contre Eudes Comte de Champagne,
qui fembloit avoir le droit le plus ap-
parent en cette fucceffion, étant fils de
la Sœur aînée de Rodolphe; mais comme leur puiffance n'étoit pas égale, il
l'accabla bien-tôt & l'obligea au moyen
de quelque Domaine qu'il lui céda, à
renoncer à la Couronne de Bourgogne:
le Comte Eudes mourut depuis en bataille contre un Duc de Lorraine. Con-

rard reconnu enfin de tous les Etats, qui compofoient le Royaume de Vienne, affembla un Parlement Général dans la Ville de Soleurre en 1038, dans lequel il ratifia l'aliénation qu'il avoit déja faite de la plus grande partie de fon Domaine, en faveur des Seigneurs Bourguignons, & à ce prix il obtint le couronnement de fon fils Henri avec l'obligation du ferment & de l'hommage de tous les mêmes Seigneurs, ne fe refervant, que le droit de Souveraineté fuprême, qui s'évanouït bien-tôt dans fa poftérité.

On voit en effet qu'il fe forma de là une Anarchie univervelle dans le Dauphiné : les Villes les plus confidérables avec leurs territoires fe donnerent aux Evêques, tant à caufe du refpect qu'on portoit à leur dignité, qu'à caufe de la réputation de leur merite perfonnel & de la juftice de leur Gouvernement. La Nobleffe forma anffi fes établiffemens & comme il fe trouvoit parmi ce Corps des particuliers plus diftingués les uns que les autres, les poffeffions qu'ils fçurent fe procurer, eurent auffi des étenduës & des qualités différentes. Ceux qui prirent le nom de Comtes, eurent certainement une fuperiorité effective,

Anarchie.

Evêché.

tels ont été ceux de Provence, de Bourgogne, de Maurienne, d'Albon & Forcalquier, de Salmorene, de Genevois,
de Valentinois, Dyois & d'Orange. Au

Comtes.

deffous de ceux-là fe forma un fecond
rang de Nobleffe, qui fut celui des Ba-

Baronies.

rons de la Tour, de Montauban, de
Meouïllon, de Clermont & de Saffenage; & enfin au-deffous de ceux-là un
troifiéme rang de ceux qui, fans poffeder de fi grandes terres, étoient reconnus pour être d'illuftre Maifon & jouiffoient de la même indépendance que les
précédens. On pourroit ici entrer dans
le détail de chacune de ces grandes terres & montrer en quoi elles confiftoient
en ce temps-là; mais comme cela feroit
inutile par rapport au temps préfent, à
caufe des changemens qui y font arrivés, il vaut mieux fe réduire à obferver 1°. que jufques au XIIIᵉ. Siècle, les
noms propres des familles & leurs ar-
moiries n'eurent rien de reglé ni de
fixe; 2°. que les Dauphins eux mêmes
n'avoient point pris ce titre de Dignité
avant l'an 1120, & que leurs armes
ont été indifféremment une ou plufieurs
Tours, ou bien un Château jufques à la
fin du XIIᵉ. Siècle, que la figure du Dauphin commença à s'introduire dans leurs
fçeaux,

fçeaux ; mais que 150 ans après, Humbert II. rejetta tout à fait les anciennes
armes & voulut que le fçeau du Confeil qu'il établit à Grenoble , ne portât
d'autre empreinte que celle du Dauphin,
qui eft demeuré fous la domination de
France.

A l'égard du nom de Dauphin , qui *Dauphins.*
eft confideré comme titre de Dignité, il
n'eft gueres poffible d'en marquer l'origine précife; l'apparence eft néanmoins
que Guy VIII, qui l'a porté le premier,
l'avoit reçû comme un fobriquet perfonnel , qui lui fut donné à caufe du
cimier de fon cafque : en effet il garda
toute fa vie la qualité de Comte d'Albon, qui étoit le feul titre de la Dignité
de fes peres; mais fes Succeffeurs à qui
fa memoire étoit glorieufe & chere s'at-
tribuerent plus particulierement le nom
de Dauphin , comme une qualité , jufques-là que le Comté d'Albon en perdit infenfiblement fon titre pour prendre celui de Dauphiné, c'eft pourquoi
dans les hommages rendus aux Dauphins depuis ce temps-là & dans la ceffion faite à la France par Humbert fecond, il n'eft parlé que de la Terre, Fief,
ou Principauté du Dauphiné , *Delphi-* *Du nom*
natus ; en forte que les titres de Comtes *d'Albon.*

d'Albon, de Gréfivaudan &c. font demeurés abforbés par celui-là. Le premier des Comtes d'Albon, depuis Dauphin, dont il foit fait mention dans
l'Hiftoire & les Titres, eft le Comte
Guy, lequel fe trouva à l'Affemblée de
Varennes pour la reconnoiffance de
Louis fils du Roi Bozon en l'année 889;
fon fils Guy II. mourut en 940, fon
petit fils du même nom vivoit encore
en 1015 : il y a plufieurs titres qui le
font connoître ; mais le plus fingulier
eft la donation qui lui fut faite du
Château de Moras par le Roi Rodolphe
en 995; il fut pere de Guy IV, lequel
fe retira dans le Monaftére de Cluny
l'an 1050. Guy V. fon Succeffeur vécut
peu & laiffa Guy VI. furnommé le Vieil,
lequel fe rendit auffi Religieux à Cluny
& y mourut en 1075. Guy VII. fils de
ce dernier, fut furnommé le Gras : entre fes freres puifnés, on compte Guy
Raimond, lequel devint Comte de Foreft, par fon mariage avec l'héritiere
d'Artaud V ; le premier fe fit auffi Religieux dans le Monaftére de St. Robert
près de Grenoble qu'il avoit fondé. Guy
VIII. fon fils eft le premier qui, comme
l'on a déja dit, a porté le nom de Dauphin, il fe rendit auffi illuftre dans les

armes que ses peres l'avoient été par
leur pieté, il mourut en 1149 d'une
blessure reçuë en un combat près de
Montmeillan, laissant de Marguerite de
Bourgogne nièce du Pape Calixte II. un
fils & trois filles, dont l'aînée fut Beatrix
femme de Robert sixiéme Comte d'Auvergne, de qui sont descendus les Dauphins de cette Province. Guy IX. épousa
Beatrix de Montferrat niéce de l'Empereur Frederic Barberousse & par cette
Alliance s'acquit la protection de ce
Prince, qui lui accorda une Chartre
d'indépendance & le confirma dans la
souveraineté de ses terres ; il mourut en
1167, ne laissant qu'une fille héritiere
dite Beatrix, laquelle fut mariée trois
fois la premiere avec Guillaume Taillefer fils puisné de Raimond V. Comte
de Touloufe ; la feconde avec Hugues
troisiéme Duc de Bourgogne, dont issut
Guy André de Bourgogne Dauphin ; &
la troisiéme avec Hugues Sire de Coligny & de Revermont duquel, ainsi
que du premier, elle n'eut point d'enfans.

Guy André Dauphin fut marié trois
fois, la premiere avec Semnoreffe fille
d'Aimar de Valentinois, de laquelle il
n'eut point d'enfans ; la feconde avec

A a 2

Beatrix de Clauſtral de la Maiſon de
Sabran, héritiére en partie de celle de
Forcalquier laquelle apporta en dot au
Dauphin pluſieurs terres dans l'Embrunois & le Gapençois, qui juſques là
avoient été du domaine de Forcalquier,
il vint de ce mariage une fille unique
dite Beatrix, qui épouſa Aimeric fils
ainé de Simon Comte de Montfort, &
enſuite Demetrius de Montferrat. Enfin
le Dauphin André épouſa Béatrix de
Montferrat, dont il eut Guy XII. ſon
ſuccefſeur, lequel épouſa Béatrix de Savoye Dame de Foncigny, dont il eut
Jean I. mort ſans enfans dans ſa jeuneſſe, & Anne héritiere qui fut mariée à
Humbert de la Tour du Pin, l'un des
Grands Seigneurs du Dauphiné. Ce

Du nom de
la Tour du
Pin.

Dauphin Humbert I. mourut l'an 1308,
laiſſant Jean II. ſon Succeſſeur & pluſieurs autres enfans, dont l'énumération
ne ſeroit utile, que pour marquer que
la France a depuis acquis les droits de
la plupart de leurs Succeſſeurs. Jean II.
épouſa Beatrix de Hongrie ſœur de Clemence Reine de France, qui le rendit
pere de Guy XIII. & de Humbert II; le
premier épouſa Iſabelle de France fille
du Roi Philippe le Long & fut tué en
1333 devant le Château de la Perriere

qu'il affiégeoit ; le fecond, qui lui fucceda époufa Marie de Baux fille de Bertrand & de Marie de Sicile fœur du Roi
Robert de Naples, de laquelle il eut
André mort enfant, après le decès duquel Humbert difpofa de fes Etats en
faveur de la Maifon de France & fe fit
Religieux Jacobin, il laiffa un fils naturel Amedée Seigneur d'Oifene ou Vi-
fan, dont la Poftérité fubfifte encore aujourd'hui, & de laquelle il a été parlé
dans l'Article de la Nobleffe de la Pro-
vince.

J'ai rapporté cette filiation des Dauphins fans interruption; mais elle éclair-
ciroit mal l'Hiftoire, dont nous vou-
lons donner une idée, fi l'on n'obfer-
voit que le Domaine de ces Princes,
qu'ils ont étendu petit-à-petit, n'a jamais renfermé ce qui étoit fuppofé annexé à la Royauté de Bourgogne, fçavoir la Juftice fouveraine de la Ville de
Vienne & de fon territoire avec les Palais & les péages de la même Ville. On
voit par les Titres que tous ces droits
régaliens pafferent en la perfonne de
Vothe Guillaume Comte de Bourgogne,
que l'on prétend avoir été fils d'Adel-
bert Marquis d'Ivré ou de Lombardie,
& de Gerberge fille de Conrard Comte

*Régale de
Vienne.*

de Bourgogne, & que ſes Succeſſeurs
en ont toujours joui, juſques-là qu'ils
en ont pris la dénomination de leur Famille du nom de Vienne. Ce n'eſt pas
que les Empereurs n'y euſſent leur droit,
en conſéquence de la diſpoſition de Rodolphe III. qui a été expliquée; mais
leur éloignement & la reſiſtance que
leur firent les Comtes de Bourgogne,
en refuſant l'hommage où ils ſembloient
être tenus firent enfin oublier ce qu'on
leur devoit. Dans le progrès des années, Guy de Bourgogne Archevêque
de Vienne, au moyen de 8000 ſols
d'or qu'il prêta à ſon frere le Comte
Etienne pour un voyage d'outremer,
acquit les regales de la Ville; mais
comme le Contrat fixoit cette aliénation à ſix années, au bout du terme ſes
héritiers prétendirent rentrer dans leur
droit, qui leur fut néanmoins conteſté
par la raiſon du non-payement de la
ſomme principale. Enfin leur ſucceſſion
échût à l'Empereur Frederic premier
par ſon mariage avec Beatrix héritiere
de Vienne & de Bourgogne, lequel
confirma & augmenta tout ce qui avoit
été fait par ſes Prédéceſſeurs en faveur
de l'Egliſe Cathédrale de cette Ville.
Mais d'un autre côté & précédemment

à ce temps-là, le refus que Guillaume
& Renaud troisiéme Comte de Bourgogne avoient fait de rendre hommage
aux Empereurs d'Allemagne, avoit al-
lumé la colere de Lothaire de Saxe &
de Conrard II. lesquels mirent leurs
Etats au Ban de l'Empire & en donnerent la confiscation à Conrard Duc de
Zeringue, dont les héritiers prirent depuis la qualité de Rois, Ducs & Comtes de Bourgogne, jusques à Berthold
IV, qui par un Acte de l'an 1155 céda
au Dauphin Guy André les droits qu'il
prétendoit lui appartenir sur la Ville de
Vienne. Cette cession donna lieu à un
accommodement entre l'Archevêque &
le Dauphin, par lequel celui-là aban-
donna à celui-cy l'un des Palais de Vienne & une partie de la Jurisdiction su-
balterne sous la condition de l'hommage
& du serment de fidelité. Ce Traité fut
éxécuté & l'on voit depuis cela que les
Dauphins & leur postérité ont commencé à porter le nom de Vienne &
qu'ils ont été éxacts à rendre leur hommage à l'Eglise Cathédrale. D'un autre
côté la succession de l'Empereur se trouva partagée entre ses petites filles, Beatrix & Jeanne ; l'ainée porta la Comté
de Bourgogne dans la Maison de Me-

ranie; la feconde époufa Gerard Comte
dé Macon, qui prit auffi la qualité de
Comte de Vienne, quoiqu'il n'y ait jamais été reconnu. Enfin leur fille Beatrix époufa Etienne Prince de la même
Maifon, de qui le frere ou le fils ou le
gendre, felon l'opinion moderne, Guillaume Seigneur de Pagney, dont la pofterité a pris auffi le nom de Vienne;
traita fidélement avec l'Archevêque
Jean de Burnis de tous les droits qu'il
pouvoit prétendre fur la Comté de
Vienne, au moyen de 7000 francs d'or,
dont il reçût le payement & donna fi
bonne quittance, qu'aucun de fes Def-
cendans n'a prétendu depuis y réclamer
le moindre droit.

Voilà, felon mon fentiment, ce que
l'on peut remarquer de plus fommaire
touchant l'Hiftoire générale du Dauphiné. Il ne refte fuivant la méthode que
nous avons obfervée en quelques autres
Extraits, qu'à y joindre un petit cata-
logue de la principale Nobleffe qui y a
brillé, depuis que les Familles ont commencé d'y porter ces diftinctions appel-
latives. En 1119 vivoit Amédée Sei-
gueur de Hauterive, qui prétendoit tirer fon origine des mêmes Ancêtres,
que l'Empereur Conrard le Salique; fa

*Ancienne
Nobleffe.*

mere étoit sœur de Guy VII. Comte d'Albon, il se rendit Religieux de l'Ordre de Cistaux en l'Abbaye de Bonnevaux avec seize Gentilshommes de ses vassaux. Sous le Dauphin Guy André de Bourgogne en 1233, l'on trouve Aimar de Sassenage & Aimar de Bressieu, qui, ayant été nommés Arbitres entre ce Prince & Aimar de Poitiers Comte de Valentinois, pour estimer ce que le premier devoir au second pour la restitution de la dot de sa fille, le condamnerent à rendre 30000 sols d'or, & pour l'éxécution dans un terme marqué, l'obligerent à demeurer en ôtage au lieu de Romans avec dix Gentilshommes, qui sont nommés, Aimar de Bressieu lui-même, Odon Alleman, Guy de Bosuzel, Olbert Maréchal, Aimar Boeza, André Falancl, Rostaing, Tricolcis, Guillaume de Bellecombe, Hugues de Miroil & Hugues de Lemps. On peut bien juger que toute cette Noblesse étoit feudataire du Dauphin, il en eut difficilement trouvé d'autre qui l'eut voulu cautionner de son corps. On trouve encore sous le même Dauphin Aimar de Briançon & ses enfans avec Didier de Sassenage. Sous le Dauphin Humbert I. en l'an 1273, on trouve un accommodement reglé entre le même Prince & Beatrix de Savoye veuve du Dauphin Guy XII, lors femme de Gaſton Vicomte de Bearn; les Arbitres de ce Traité qui en furent auſſi les cautions, ſont Aimar de Poitiers Seigneur de Tullins, Artaud de Rouſſillon Seigneur de Tournon, Guy & Aimon Payen, Erſinood d'Arus, Hugues Seigneur de Breſſieu, Roger Seigneur de Clerieu, Falque de Monteliu, Guillaume de Claveſſon, Eynard de la Tour, Eynard de Châteauneuf Seigneur de Villars, Aimar Beranger auſſi Seigneur de Villars, le Comte de Geneve, Huguonet de Saſſenage, Odon Alleman & Guy ſon fils, Renaud de Montauban, Guillaume Artaud, Guy Berenger, Perronet fils du Seigneur de Chaſte, Pierre de Murinais, François Alleman, Aimeric de Briançon & Pierre ſon frere, Pierre de Haut Villars, Eynard de Rame. Par rapport au nom de la Tour, qui étoit celui du Dauphin Humbert I. Juſſet qui a donné l'Hiſtoire de la Maiſon dite de la Tour d'Auvergne, a prétendu qu'Albert ſecond du nom vivant en 1213 eut quatre fils dont le dernier Albert III. a fait la Branche de la Tour dite Du Pin, parce qu'il en eut la Sei-

gneurie, que fon pere avoit mife dans
fa famille par fon mariage avec l'héritiere Du Pin : le pere de cet Albert II. fut
felon lui Albert I. qui fut fils de Girard
III. & celui cy arriere petit fils de Girard
I. Comte d'Auvergne & Duc de Guienne : tout cela eft dementi par un hommage rendu à l'Abbaye de Cluny l'an 1181,
du Château de la Tour & de la terre de
St. Pardoulf, dans lequel on voit que
Girard I. Albert I. & II. &c. n'éxiftoient
aucunement dans le temps où il les fait
vivre; mais que Bernard fils de Bertrand & neveu de Guillaume étoit en
poffeffion de ces terrés de la Tour &
de St. Pardoulf en Auvergne. Quant au
nom de la Tour en Dauphiné, il fe
trouve dans un Acte de l'an 1055 fous
le Regne de l'Empereur Henri III. fils
de Conrard. Parmi les hommages rendus
à ce Dauphin Humbert I. on trouve
ceux d'Amédée Seigneur de Chafte &
de Peronnet fon fils, de Simon de Murinais, d'Amblard de Chaufene, d'A-
médée de Rouffillon & Perronet fon
frere, de François Alleman Seigneur d'U-
riage, d'Aimeric de Briançon Seigneur
de Varfes, de Hugues de Saffenage Seigneur en partie de Saffenage & de Pavis, de Sibone Alleman Seigneur du

même lieu de Pavis , de Didier de Pavis Seigneur du même lieu de Pavis en
partie , de Jean du Guan , de Jean-Alle-
man Seigneur de Sehilliane , de Pierre
Berenger Seigneur de Morges , de Raimond Aynard Seigneur de la Motte , de
Raimond Alleman Seigneur de Cham
&c. On trouve en 1326 Jean de Mont-
luel Seigneur de Bellegarde , Humbert
de Chollay Seigneur de Lullanis &
Guillaume de Compeis Seigneur de
Thorene. En 1220 Aimard de Clermont ; en 1251 Guillaume de Saſſenage ; en 1220 Aimar de Poitiers portoit
un ſoleil d'or en Chef & un croiſſant en
pointe ; en 1279 Bertrand de Meouïllon
portoit un lion ; en 1251 Hugues & Aimar de Pierre-gourde étoient vaſſaux
du Comte de Valentinois ; en 1249
Guillaume de Beauvoir étoit Seigneur
de Beauvoir & de Septeme ; en 1276
Aimon de Bozerzel étoit Seigneur de
Maubec & portoit d'or en chef échi-
queté d'argent & d'azur de deux traits ;
en 1231 Berlion & Aimard de Châteauneuf portoient d'argent au chef de gueules ; en la même année Emeric de Briançon portoit une croix ; N. de Buffeyent
portoit des ailes de moulin à vent, on en
a fait une croix clechée & vuidée d'or en

champ de gueules; en 1275. on trouve
Aimon de Salvaing portant une Aigle
éployée. En un hommage de l'an 1234
Jean de Haut Villars à préfent Arvillars
eft qualifié *Nobilis*, ainfi qu'Emeric de
Briançon en un autre hommage de
1284, ainfi qu'Artaud Seigneur de
Rouffillon & d'Annonay & Guy de
Rouffillon Seigneur d'Anjou & de Se-
nieres. Pareillement Guichard Seigneur
de Clerieu, Girard Seigneur d'Anjou,
Hugues de la Tour Seigneur de Vignay,
Folque Seigneur de Montchenu, Nicolas Conftant Seigneur de Châteauneuf,
de Bordete font qualifiés *Nobilis viri;*
dans le Traité d'entre Dragonnet Evêque de Gap & le Dauphin Guy XIII.
de 1332, Guillaume *Aguer* Seigneur
d'Ofe eft qualifié *Nobilis & Potens Vir;*
dans un hommage de l'an 1316, Guy
de Montefon a le même titre dans un
autre hommage de 1345. En 1250
Pierre de Morges qui étoit du nom de
Berenger eft qualifié *Miles* Chevalier,
Guy Dauphin Baron de Montauban fils
de Humbert I. prend la même qualité
de *Miles* en 1316. Guillaume de Brion,
Arnaud de Claveffon font qualifiés Da-
moifeaux dans un Acte paffé entre Aimard de Châteauneuf & Humbert Sei-

gneur de la Tour de l'an 1277, pareillement Roger de Clérieu, Artaud &
Guy de Rouſſillon, Aimard de la Tour,
Dronet & Huguonet de Clavel, Aimard
de Clermont, Givonnet de Loras fils de
Louis qualifié *Miles*, Louis de Poitiers
fils d'Aimar Comte de Valentinois,
Humbert de St. Ivers, Guiffrey de Virieu Seigneur de Montrevel & de Faverge, Saffrey de Moras & Aimard de
Rivoire ſont auſſi qualifiés Nobles Da-
moiſeaux & Chevaliers ſans diſtinction
par des Actes des années 1248, 1272,
1276, 1289, 1297, 1329 & 1381. Il
y a Contrat de l'an 1287, par lequel
Didier & François de Saſſenage ſoumet-
tent à tenir leur Baronie de Saſſenage &
la Seigneurie du Pont en Royans en fief
du Dauphin Humbert I, ſous la condition que lui ny ſes Succeſſeurs ne pourront en aucune façon acquerir terres,
fiefs, hommages ou ſervitudes d'hommes
dans le territoire des mêmes Seigneuries : il paroît par-là que les acquiſitions
continuelles, que faiſoient ces Princes,
incommodoient fort la Nobleſſe; mais
quelque ſolennel que fut ce Traité,
Humbert II. le revoqua & pour en obtenir la confirmation, en 1343 Henry
de Saſſenage paya 600 florins d'or au

moyen defquels il obtint un Acte fi au-
thentique que dans l'hommage qu'il
rendit an Dauphin Charles de France
en 1351 la même condition y fut ex-
primée de la part du nouveau Prince.

· En 1253 Robert Aurvec étoit Séné- *Sénéchaux
de Dauphiné.*
chal du Dauphiné, l'an 1346 le Dauphin Humbert rendit cette Charge hé-
réditaire en faveur de la Maifon de
Clermont, & toutefois en 1359 Aimé
de St. Pierre en étoit pourvû; en 1430
c'étoit Jean de Torchefelon; en 1453
c'étoit Jean Bâtard d'Armagnac Sei-
gneur de Tournon. Jean Humbert étoit *Chanceliers.*
Chancelier du Dauphiné en 1330; en
1334 c'étoit Jacques de Brumée, dont
eft defcendu la famille de la Larnage ;
en 1349 Jacques de Palme Seigneur
d'Apremont; en 1358 Antoine de Lon-
don; en 1359 Charles de Montine; en
1360 Henri de Monlanc; en 1384 Pierre d'Orgemont; en 1450 Jean de Sce-
paux; en 1457 Guy de Poifieux Archevêque de Vienne. A l'égard des Bailliages dont il a été déja parlé dans le corps
du Mémoire, on trouve que les Dauphins en avoient un dans le Viennois,
compofé de la Comté d'Albon & des terres démembrées du Domaine de Vienne; Gillet Alleman en étoit Bailli en

1371; Amblard de Briod étoit Bailli de Gresivaudan en 1339; Loüitzo Berard l'étoit en 1309 & Didier Conseigneur de Saflenage en 1357. Les Comtes de Savoye & de Geneve avoient aussi leurs Baillis pour les terres qu'ils possedoient en Dauphiné, Hugues de Chandée l'étoit du premier en 1302 & Pierre Bâtard de Genere du second en 1359. Les Barons de la Tour-du-Pin avoient pareillement leurs Baillis ; Artaud Seigneur de Clavefon en faifoit la fonction en 1310 ; Guillaume Artaud Seigneur de la Val Beauchêne étoit Bailli d'Embrun pour le Dauphiné, Guy XIII. en 1319; Silvion de Clerieu l'étoit du Gapençois en 1247; & Eudes Alleman Seigneur de Champs en 1257 ; Siffrey d'Acres étoit Bailli du Briançonnois en 1417; Aimar de Tolignan Seigneur de Rochefort étoit Bailli du Valentinois pour le Comte-Louis en 1340. Il est encore bon de remarquer que parmi les familles nobles du Dauphiné, il y en a plusieurs qui descendent des Officiers de Judicature , & que les meilleures d'entr'elles sortent des plus anciens & de ceux qui remplissoient les emplois les plus considérables, tels étoient les Juges Majors des appellations du Dau-

phiné, du Viennois, du Valentinois,
&c. qui avoient l'autorité dont le Parlement eſt aujourd'hui revêtu. Guy
d'Armeſin étoit Juge en Viennois pour
le Dauphiné & reſidoit à Bourgouin en
1207; Jean de Goncelin en 1242; An-
roine Chatet Chevalier en 1280. Guillaume de Claïs étoit Juge de la Cour
du Dauphiné en 1250; Bertrand de
Veyſerac en 1302; Pierre du Pieure en
1329; la Baronie de Merullion avoit
auſſi des Juges ſouverains & parmi eux
ont été Antoine de Chatellord & Jean
Bonnet en 1323. Les premiers Conſeillers du Conſeil Delphinal établi par
Humbert II. en 1340 furent Guillaume
Dumas, Hugues Bernard, Raimond du
Falavel, Michel de Seſanne, Pierre du
Durand, Girin d'Imola & Rouillard de
Reniac. Entre les premiers Préſidens
du Conſeil on compte Pierre de Tholon
de Sainte Taille, Adam de Cambray en
1429, Etienne Guillon, deſtitué par le
Dauphin Louis & enſuite rétabli : Entre les premiers Préſidens du Parlement
on trouve Jean Baille en 1455, de lui
deſcendent-les familles du Paix & de
Villebois; Folques d'Aurillac en 1514,
ſa fille unique fut mariée à Laurent Re-
bot Conſeiller au Parlement, Claude

*Premiers
Préſidens.*

de Believre en 1541 ; Jean de Believre
Seigneur de Hautefort en 1578 ; Em-
mond Rabot son gendre en 1584 ; Artus premier de Saint André en 1603 ;
Claude & Louis freres en 1616 & 1641 ;
Pierre & Denis-le-Goux de la Berchere
en 1644 & 1653. La derniere espece
de Dignité usitée anciennement étoit
celle de Châtelain & de Mistral, *quasi
ministerialis*, il s'en trouve des meilleures familles qui ont possedé ces sortes
d'Emplois. Hugues de Mailles étoit
Châtelain de Briançon, en 1249 &
chargé de la conservation du gibier ;
Siboud de Clermont étoit Mistral du
Dauphiné à Vienne en 1339 & Aimonet de Virieu Châtelain du Pipet, qui
étoit le Château des Dauphins en cette
Ville ; en 1338 Pierre de Montorsia
Seigneur de Pellufol étoit Châtelain de
Bellecombe ; Amblard de Briord d'Ala-
val, Artaud de Beaumont de Moirene,
Guy de Commien & Reauinont en
1346, Etienne de Lambert l'étoit de
Saint Saphorin d'Ozon ; en 1365 Pierre du Terrail étoit Vice-Châtelain d'A-
valon & Exécuteur de cent usages &
droits Seigneuriaux. En 1280 Giraud
de Bellecombe Chevalier étoit Mistral
du Comte de Geneve en toutes les ter-

res qu'il poſſedoit en Dauphiné ; en 1339 Aimonet de Clermont étoit Miſtral de Guichard de Loras & prend qualité de *negotiorum geſtor Domini Guichardi.* Il ſe trouve encore des Charges dont le titre a quelque choſe de plus bas, qui ont été éxercées par des perſonnes d'illuſtres familles : telles étoient celles de Viguier & de Courier, c'eſt-à-dire, Lieutenans & Juges de certaines Egliſes; en 1261 Guy de Moreſtel étoit Viguier de Monbonord & vendit ſa Viguerie à Pierre Aurvec Seigneur du même lieu ; en 1337 Guy de Rouſſillon étoit Courier de Vienne & Siboud de Clermont ayant été dépoſé de la Miſtralie par l'Archevêque Bertrand de la Chapelle, il lui fut ſubſtitué; Antoine de Groſlée étoit Courier de Vienne en .... Guionnet de Torche Felon en 1416, Pierre de Martel en 1510, &c. On voit de même pluſieurs perſonnes de bonne Maiſon qui ont éxercé le Notariat & devant leſquels on a fait différentes reconnoiſſances, il s'en trouve du nom de Bellegarde & de pluſieurs autres; c'étoit ſans doute l'effet de la grande inutilité de cette Nobleſſe, qui ne prenoit que peu ou point de part aux guerres du Royaume, & qui ſe trouvoit quel-

quefois réduite, pour foulager fa pauvreté, quand il y avoit beaucoup d'enfans dans une maifon, à éxercer toutes
fortes d'emplois, fans tenir le domefti-
cité à honte, non plus que toute autre
occupation lucrative.

Dénombre-
ment du
Peuple.

Enfin l'Auteur finit le Mémoire de
cette Généralité par le détail des Peuples qui l'habitent; fçavoir dans l'Election de Grenoble 125912 perfonnes,
en 173 Communautés, dont la principale eft celle de Grenoble qui contient
feule 18900 perfonnes. Les autres lieux
plus peuplés de cette étendue font Bellecombe de 1064, Uriage de 1220,
Goncelin de 1012, Avalon de 1212,
Vorepe de 1240, Voiron de 4720, St.
Laurent du Pont de 1152, Mirebel près
Exilles de 1234, Saffenage de 912,
Villars de Lemps de 1160, Claix de
820, Mens de 1216, Morges de 936,
Sehiliane en Oyfans de 1140, la Mure
ancienne refidence des Dauphins de
1240, Saint Bonnet de 1280, Faudon
de 1160 & Ourcieres de 1228. Dans
l'Election de Vienne 108961 perfonnes en 191 Communautés, dont les
plus confidérables font Bourguoin de
1392 perfonnes, Jailes de 1032, Saint
George de Perauche de 1460, Falamir

de 1636 , Saint Saphorin de 1424 ,
Beauvoir de 2000 , Revel de 1432 , la
Cofte-Saint-André de 2244, Sinay de
1980, Chabons de 900, Aumoras de
1180 , Moreftel de 2544, Cremieu de
1372 , Mornas de 1628, Maubec de
2564, Eparces de 1040 , Colombier de
1032, Septeme de 1960, Saint Jean de
Bournay de 1896 , Virieu de 2068,
Saint Georev de 2348 , Château-vilain
de 1956, Faverge de 1352 , Villeneuve de Mure de 964, Lemps de 840 &
la Cité de Vienne de 7585. Dans l'E-
lection de Romans 68707 perfonnes en
103 Communautés, dont les principales font Romans de 5935 perfonnes ; le
Bourg de Pifançon de 1440 , Breffieux
de 2248 & Saint Lattier de 1540 ,
Moirene de 1356 , Periny de 2292 ,
Albon de 1484, Moras de 1504, Saint
Etienne, Saint Gevir de 1792 , Tullins
de 2448 , Rives de 1024, Saint Marcelin de 1292, Chafte de 1068 , Saint
Antoine de 1284, Montrigaud de 1008,
Saint Vallier de 880 , Châteauneuf de
Galavre de 780, Saint Donat de 948 ,
Serville de 980, Serre de 1240, Rey-
bon de 1260, Vinay de 1052, Beaure-
paire de 1412, Rouffillon de 1816 &
Anjou de 1559. Dans l'Election de Va-

lence 54670 perſonnes en 80 Communautés dont les principales ſont la
Ville de Valence de 5390 perſonnes,
le Bourg de Valence de 1592, Etoille
de 1976, Livron de 1500, Lauriol de
1403, Miremonde de 1048, Mont-
meiran de 1044, Beaumont de 780,
Chabeuel de 2616, Montellier de 1172,
Château-double de 1180, Charpeas de
de 1880, Alexandre de 1280, le Pont
de Royans de 996, Yzeron de 1416,
Saint Quentin de 1552, Cleirieux de
1012, & Châteauneuf d'Iſere de 1232.
Dans l'Election de Montelimart 93119
perſonnes en 230 Communautés, dont
les principales ſont Montelimart de 5577
perſonnes, Dieu-le-fit de 1608, Mauria-
ne de 936, Toulignan de 1544, Don-
zere de 2044, la Garde de 1116, Pier-
re-lare de 1636, St. Paul des trois Châteaux de 1516, Vantrol de 888, Châteauneuf de Mayence de 928, Creſt
de 2756, Chubrillan de 1708, Grave
de 1052, Saon de 932, Aouſte de 928,
Saillans de 996, Bordeaux de 932, le
Buis de 1572, Nions de 1904, Vinſo-
bres 1164, Mirebel aux Baronies de
1152, Montbrun de 892, Dye de 2076,
Châtillon de 968, la Croix haute de
1316 & Tulette de 1012. En l'Election

de Gap Recette de 53864 perſonnes en 124 Communautés, dont les principales ſont Fers de 1084 perſonnes, Repaix de 708, Tallard de 1012, Riberis de 1172, Veynes de 1184, Gap de 4109, Embrun, Saint André, & Saint Sauveur de 4152, Chorges de 1052, Largentiere de 740, les Crottes de 812, Saint Creprin de 1260, Châteauroux de 1324. En la même Election recette de Briançon 37552 perſonnes en 22 Communautés, dont les principales ſont Briançon de 2368, Moneſtier en Briançon de 2456, la Salle de 1336, Saint Chaffrey de 1124, Villars Saint Pamereau de 824, Fermieres de 756, Revache de 908, Mont Genevre de 1328, Cezanne de 3324, Valeluſon de 2336, Saint Martin de 1304, Valouſe de 3104, Oulx de 1040, Exilles & Salbertrand de 1980, Bardouche de 3172, Queiras de 4960, Château Dauphin de 2320, & Chaumont de 1124.

Ainſi le Dauphiné contient en tout 543585 perſonnes en 923 Communautés.

Fin du Tome Septième.